인류학의 역사와 이론

History and Theory in Anthropology

by Alan Barnard

인류학의 역사와 이론

세계 인류학의 패러다임

앨런 바너드 지음   김우영 옮김

한길사

인류학은 17, 18세기에 모든 사회과학의 기반이 되었던 계몽사상, 특히 사회계약의 개념에 바탕을 두고 발달했다. (위에서부터 시계방향으로)『사회계약론』을 쓴 루소와 사회학적 전통을 형성한 몽테스키외 · 생시몽 · 콩트.

위 | 현지조사를 하고 있는 인류학자. 문화적 차이의 이해는 인류학 탐구의
가장 중요한 목적 중 하나이므로 민족지 연구의 뒷받침이 없는 이론은 무용지물이다.

아래 | '참여관찰'에 기초한 현지조사의 전통을 수립한 영국 인류학의 대가 말리노프스키와
그와 함께 영국 인류학의 한 축을 이룬 래드클리프-브라운.

위 | 상대주의적이고 문화중심적인 미국 인류학을 확립한 보아스.
그는 문화의 차이를 강조하고 세상에 대한 다양한 이해가 지니는 도덕적 가치를 존중하는
새로운 사조의 인류학을 창시했다.

아래 | 고구마와 물고기를 교환하는 뉴기니 사람들. 사회제도는 어떻게 작동하는가,
인간은 자신을 둘러싼 주변의 사물을 어떻게 바라보는가. 인류학은 자신이 속한 사회를 이해하려고
시도할 때나 인류의 보편적 특성을 이해하려고 할 때 유용한 학문이다.

(위에서부터 시계방향으로) 친족과 신화에 관한 방대한 분석을 통해 20세기 구조주의
인류학을 개척한 레비-스트로스, 포스트모던 인류학으로 가는 길을 닦은 해석주의 인류학의
선구자 거츠, 오리엔탈리즘의 개념을 통해 서구적 담론의 허구를 파헤친 사이드,
성찰성 이론에 바탕을 둔 여성주의 인류학자 스피박.

모든 이론을 망라하는 포괄적인 인류학사

• 옮긴이의 말

『인류학의 역사와 이론』은 앨런 바너드(Alan Barnard)의 *History and Theory in Anthropology*(2000, Cambridge University Press)를 우리말로 옮긴 것이다. 이 책은 인류학의 고전적 이론부터 최신 경향에 이르기까지 인류학 이론의 역사를 일별하게 해주는 균형 잡힌 개설서다. 저자는 인류학 이론 또는 패러다임을 주요 인류학자의 영향, 논쟁이 발생한 역사적 맥락, 인류학 안팎의 새로운 사상, 국가별 전통과 학파의 발달 등 다각적인 관점에서 살피고 있다. 그의 의도는 "인류학 이론을 최대한 다양한 모습으로 이해할 수 있게 해주리라고 생각되는 독특하지만 절충적인 접근법"을 제시하는 것이다.

저자는 인류학 이론이 통시적 접근에서 공시적 시각을 거쳐 상호작용론적 접근으로, 또한 사회를 강조하는 관점으로부터 문화를 강조하는 관점으로 전환되어왔다고 보며, 책의 구성도 대체로 이 순서에 따르고 있다. 이 책에서 다루어지는 내용은 인류학 여명기의 선각자들, 여러 가지 진화론, 전파론과 문화영역 이론, 기능주의와 구조기능주의, 행위와 과정에 초점을 두는 이론과 마르크스주의 이론, 다양한 형태의 상대주의, 구조주의와 후기구조주의, 최근의 해석주의와 포스트모더니즘 등 실로 광범위하고 포괄적이다. 이에 걸맞게 이 책에는 무수히 많은 사회사상가와 인류학자의 이름이 거명되고 있는데, 조금 과장하면 여기에서 누락된 학자는 적어도 인류학의 역사에서는 중요한 인물이 아니라고 여겨도 무방할 정도다.

바너드는 인류학자답게 모든 이론을 체계적으로 분석하고 비교하면서, 이론 자체의 내적 일관성에 주목하는 동시에 각 이론이 발생한 사회적·지적 배경은 물론 그것이 현대 인류학에 던지는 의미까지 고려하는 총체적인 접근방식을 취하고 있다. 또한 그토록 다양한 학파의 공과를 평가하면서 한쪽으로 치우치지 않고 학문적으로 객관적인 자세를 유지하고 있다는 것도 이 책의 큰 장점이다. 다만 아쉬운 점이 있다면 그람시, 윌리엄스, 톰슨 등의 연구에 바탕을 두고 영국을 중심으로 발달했던 문화연구도 인류학에 적지 않은 영향을 미쳤는데, 저자는 문화연구가 문학비평의 한 분파라고만 짤막하게 언급하고 넘어간다는 것이다.

결코 두껍지 않은 책 속에서 거의 모든 이론을 망라하는 포괄적인 인류학사를 제시하는 것은 결코 쉽지 않은 작업인데, 바너드는 이를 성공적으로 수행하고 있다. 한 가지 비결은 저자가 간결하고 명료하며 압축적인 문체를 구사하고 있다는 것이다. 그는 화려한 미사여구를 삼가고 평이한 단어를 주로 사용하고 있는데, 이런 경제적인 표현양식 덕분에 적은 말로 많은 것을 표현할 수 있었다고 본다. 물론 그 결과 그의 글이 다소 딱딱하고 건조한 것은 사실이다. 꼭 필요한 말만 하겠다는 스타일 때문에 때로는 뭔가 생략되었다는 느낌을 주기도 한다.

인류학자 개개인의 이론적 성향이 조사대상 지역의 특성과 무관하지 않듯이, 번역서의 성격(특히 직역과 의역의 혼합 정도)

도 원저의 내용과 스타일에 의해 상당한 영향을 받는다고 생각한다. 개인적으로 바너드의 스타일을 좋아하는 옮긴이는 원저자의 의중을 그대로 옮겨내는 일에 주력했으며, 의역이라 해도 특별히 어색한 곳만 가다듬는 정도에 그쳤다. 다만 독자들의 이해를 돕기 위해 용어를 해설하는 역주뿐 아니라 내용을 부연 설명하는 역주를 몇 군데 달았으며, 번역문의 흐름을 방해하지 않는 한도 내에서 의미 전달을 돕기 위해 중괄호 안에 몇 마디를 추가하기도 했다.

옮긴이는 인류학 이론이나 인류학사를 배우는 학생들에게 이 책을 꼭 읽어보라고 권하고 싶다. 또 본서는 인접 분야의 학생은 물론 일반 독자에게도 인류학 이론을 소개하는 훌륭한 길잡이가 될 것이다. 부록으로 첨부된 용어해설도 주요 인류학 개념을 간략히 잘 소개하고 있다.

이 책을 옮기는 과정에서 가장 큰 도움을 준 사람은 저자인 바너드 교수다. 바너드는 여러 차례에 걸친 이메일 교환을 통해 옮긴이의 질문에 신속하고도 친절하게 답변해주었다. 이 과정에서 옮긴이가 발견한 몇 가지 오류가 수정되었으며, 바너드가 꼼꼼히 일러준 사항들도 번역에 반영되었음을 밝혀둔다. 이 자리에서 다시 한 번 그에게 고마운 마음을 표하고 싶다. 끝으로 이 책이 나오기까지 여러모로 도와주신 한길사 김언호 사장님과 관계자 여러분에게도 감사드린다.

2003년 9월
옮긴이 김우영

인류학의 역사와 이론

머리말

이 책은 인류학 이론 강좌를 위한 강의 노트로 시작되어, 시간이 지나면서 그 성격이 바뀐 것이다. 나는 인류학 이론에 관한 논쟁들을 사상의 역사, 국가별 전통과 학파의 발달, 개별적 인류학자들과 그들이 인류학에 도입한 새로운 시각 등의 측면에서 다각도로 검토해보면서 책의 내용을 여러 차례 손질했다. 그 결과 인류학 이론을 최대한 다양한 모습으로 이해할 수 있게 해주리라고 생각되는 독특하지만 절충적인 접근법이 탄생했다.

나의 목적은 각자 나름대로의 가정과 의문을 가진 인류학자들의 관심이 수렴되고 분기되는 현상을 배경으로 인류학 이론이 발달하는 과정을 제시하는 것이다. 예를 들어 문화를 공유된 지식의 체계로 간주하는 보아스는 상호 연결된 관계들의 조합인 사회에 주된 관심을 갖는 래드클리프-브라운과는 상당히 다른 질문들을 제기할 것이다. 오늘날의 인류학자들은 양자 모두에게 경의를 표하겠지만, 이들이 지니는 가정과 의문은 또 다르다. 이 책의 구성은 주제별·시대별 요소를 모두 지니며, 한편으로는 인류학적 사고의 연속성과 변형을 모두 강조하면서, 다른 한편으로는 고금의 위대한 인물들이 남긴 영향을 부각시키려고 노력했다. 인류학자들이 핵심적인 질문을 바꾸었을 때나 기존의 가정을 포기했을 때, 또는 흔히 볼 수 있듯이 바로 전 세대의 사상을 거부했을 때와 같이 필요한 경우에는 단절적인 측면도 강조했다. 이러한 연속성, 변화, 단절의 배후에 있는 개인적·사회적 요인도 매력적인 주제다.

인류학 분야의 역사에 대한 사전지식이 없는 독자들을 위해 각 장의 끝에 '읽을거리'를 추천했으며, 인류학 용어에 대한 설명과 함께 이 책에서 언급된 거의 모든 학자들의 생몰년을 부록에 포함시켰다. 여기에서 누락된 소수의 인물들은 주로 아직까지 살아 있는 비교적 젊은 인류학자들이다. 또한 참고문헌에서는 내가 인용한 판(版)이 출판된 연도뿐 아니라 초판이 간행된 연도를 중괄호 안에 넣어 밝혀두었다. 번역서의 경우 중괄호 안에 든 연도는 책이 원어로 처음 발표된 해를 가리킨다. 본문에서 책에 수록된 특정 논문을 언급할 때 중괄호에 들어 있는 연도는 그 논문이 처음 발표된 때를 나타낸다. 참고문헌에서 중괄호 안에 있는 여러 해에 걸친 연도들은 그 책에 수록된 모든 논문들이 발표된 기간을 뜻한다.

이 책이 나오기까지 여러 사람의 도움이 있었다. 조이 바너드, 아이리스 진-클라인, 샤를 예드레이, 애덤 쿠퍼, 제시카 쿠퍼, 피터 스칼닉, 디미트리 친칠로니스, 그리고 익명의 독자 세 명이 많은 조언을 해주었다. 좋은 질문을 던져서 중요한 이슈로 나의 관심을 유도한 학생들의 도움도 컸다.

I 인류학의 전망

　인류학은 이론을 매우 중시하는 학문이며, 또한 이론과 실천이 밀접하게 관련된 분야이기도 하다. 이 장에서 우리는 인류학적 탐구의 일반적 성격을 살펴볼 것이다. 인류학이 상이한 국가별 전통에서 정의되는 방식, 이론과 민족지의 관계, 공시적 접근과 통시적 접근의 차이, 인류학자들과 역사가들이 인류학의 역사를 바라보는 방식 등이 특별히 관심을 끈다.

　이 책은 엄밀한 의미에서 인류학사는 아니지만 부분적으로는 시대별로 구성되었다. 인류학 이론의 역사를 이해하기 위해서는 인류학 사상의 역사와 그 특징, 주요 사건들을 비롯해서 인류학 자체의 역사를 어느 정도 알아두는 것이 필요하다. 인류학 이론을 구성하는 여러 측면 사이의 역사적 관계는 복잡하고도 흥미롭다. 연쇄적인 사건, 시간적인 틀의 연속, 사상의 체계, 병립적인 국가별 전통의 조합 또는 새로운 연구방침이 출현하는 과정 중에서 어느 것이 인류학 이론을 가장 잘 이해할 수 있게 해주는 시각인지에 대해서는 이 장의 마지막 부분에서 다루고자 한다. 이 문제는 어떤 의미에서 이 책 전체를 관통하는 주요 관심사다. 일단은 인류학의 일반적인 성격과 인류학을 규정하는 몇몇 용어들의 의미부터 고찰하기로 하자.

인류학과 민족학

'인류학'(anthropology)과 '민족학'(ethnology)은 시대와 장소에 따라 다른 의미를 지니고 있었다.

'인류학'이란 말은 원래 그리스어에서 '인간'을 뜻하는 *anthropos*와 '논의' 또는 '학문'을 뜻하는 *logos*를 합한 말이다. 인류학이 학문적 분야를 규정하기 위해 최초로 쓰인 예는 16세기 초의 라틴어 *anthropologium*이었다고 추정된다. 당시 중부 유럽의 학자들은 해부학과 생리학을 포괄하는 용어로 *anthropologium*을 채택했으며, 이는 후에 '체질적'(physical) 또는 '생물학적' 인류학이라 불리는 분야의 일부가 된다. 17세기와 18세기에는 유럽의 신학자들이 신에게 인간다운 특징들을 부여하는 작업을 가리키기 위해 인류학이란 용어를 사용했다. 18세기 후반 러시아와 오스트리아의 일부 학자들은 다른 민족 집단들의 문화적 속성을 설명하기 위해 독일어 *Ethnologie*를 사용하기 시작했다(Vermeulen 1995 참조). 그러나 그런 식의 용법이 다른 지역의 학자들에게 받아들여진 것은 한참 후의 일이다.

18세기와 19세기 초의 학자들은 문화적 차이와 보편적 인간성의 특징에 대한 연구를 가리키기 위해 '민족학'이란 용어를 사용했다. 이 영어 용어와 그에 해당하는 프랑스어 *ethnologie* 또는 독일어 *Ethnologie*는 아직까지 유럽 대륙과 미국에서 사용되고 있다. 미국을 제외한 영어권 국가와 영국에서는 '사회인류학'이 보다 보편적인 명칭이다. 유럽 대륙에서 '인류학'이란 용어는 아직도 '체질인류학'을 의미하는 경향이 있으며, '사회인류학'은 '민족학'의 동의어로 점차 입지를 굳히는 추세다. 유럽 인류학자들의 주된 조직은 '유럽사회인류학회'(Europeans Association of Social Anthropologists 또는 l'Association Européenne des Anthropologues Sociaux)라고 불린다. 이 조직은 동서 유럽에서 인류학 분야가 급속도로 확산되던 1989년 창설되었다. 미국에서는 '민족학'이란 용어가 '문화인류학'과 공존하고 있다.

독일과 중부 및 동부 유럽의 일각에서는 *Volkskunde*(민속학)과 *Völkerkunde*(민족학)를 구분한다. 영어에는 이에 대응하는 정확한 단어가 없는데, 양자의 구분은 매우 중요한 의미를 갖는다. *Volkskunde*는 주로 자국 내의 수공예를 포함한 민속(folk-lore)이나 지역의 관습을 연구하는 것으로, 위에서 말한 유럽 지역과 스칸디나비아에서 특히 발달한 분야다. *Völkerkunde*는 주로 외국의 문화를 연구하는 보다 광범위하고 비교론적인 사회과학으로 독일에서는 *Ethnologie*라 불리기도 한다.

이상에서 살펴보았듯이 인류학과 민족학은 하나의 분야는 아니며, 그렇다고 두 분야도 아니다. 두 용어는 통일된 의미로 사용되지는 않지만, 오늘날 다양한 성격의 이슈들을 논의하기 위한 구심점이 된 것도 사실이다. 전체적으로 볼 때 양자가 다루는 주제는 일반적인 것(인류학)과 문화적으로 특수한 것(민족학)으로 나뉜다고 보면 무난하다.

'네 분야'의 접근방식

북아메리카에서는 유럽에 비해 상황이 비교적 단순하다. 미국과 캐나다에서 '인류학'은 네 분야 또는 하위분과를 포함하는 것으로 이해된다.

① 생물학적 인류학(체질인류학)
② 고고학
③ 인류학적 언어학(언어인류학)
④ 문화인류학

본서의 주된 관심은 문화인류학이지만, 북미 인류학의 각 분과들을 차례대로 살펴보기로 하자.

① 생물학적 인류학은 인류를 탐구한다는 넓은 의미의 인류학적 전제 아래 인간 생물학을 연구한다. 이 하위분야는 때때로 오래된 용어인 '체질인류학'으로 불리기도 한다. 이 용어는 비교해부학에 대한 관심을 반영하는 경향이 있다. 이는 인간이라는 종(human species)과 고등 영장류(침팬지나 고릴라)의 관계나 오늘날의 인간과 우리 조상들—오스트랄로피테쿠스 아프리카누스(*Australopithecus africanus*)와 호모 에렉투스(*Homo erectus*)—의 관계를 해부학적으로 비교하는 작업을 포함한다. '인종들'의 해부학적 비교는 눈부시게 발전하는 인간 유전학 분야에밀려 지금은 거의 행해지지 않는다. 유전학은 인구학, 법의학, 고의학(palaeo-medicine) 등과 함께 넓은 의미에서 현대의 생물학적 인류학을 구성한다.

② 고고학(유럽에서는 '선사고고학'이라 부른다)은 인류학의 다른 분야와 밀접히 관련된 하위분야다. 예를 들어 발견된 화석의 해부학적 특징은 당연히 생물인류학의 몫이지만, 그러한 유물

과 출토지의 관계를 조사하고 선사사회의 구조를 밝혀줄 실마리를 찾는 일은 고고학에 속한다. 고고학은 집단들 사이의 관계를 탐색하고 비교적 최근에 일어난 사회생활을 재구성하기도 한다. 이는 특히 문자기록 이전의 시대에 속하는 북아메리카 원주민의 유물을 연구할 때 해당되는 사항이다. 미국 고고학자들은 자신들이 종사하는 하위분야가 과거를 연구한다는 점을 제외하고는 문화인류학과 다를 바가 없다고 생각한다.

③ 인류학적 언어학은 무엇보다도 언어의 다양성에 관심을 기울이는 연구다. 이 분야는 언어학 전체와 비교하면 소규모이며, 60년대 초반 이후 대부분의 주류 언어학자들이 모든 언어의 기본구조에 집중해왔던 것에 비해 인류학적 언어학자들은 문화의 다양성을 강조하는 인류학적 관점을 유지해왔다. 단순화시켜 말한다면 현대 언어학자들이 언어의 보편성을 연구하는 반면에, 보다전통적인 언어인류학자들은 언어의 특수성을 연구한다. 언어인류학은 20세기 초 보아스(제7장 참조)의 인류학에서 태동한 문화인류학의 '상대주의적' 시각에 연결되어 있다.

④ 문화인류학은 가장 큰 하위분야다. 넓은 의미에서 이 분야는 문화적 다양성의 연구, 문화적 보편성의 탐구, 사회구조의 해명, 상징의 해석 및 여러 관련된 문제들을 포괄한다. 문화인류학은 다른 하위분야 모두와 관련되며, 이 때문에 대부분의 북미 인류학자들은 실제로는 이 분야만 전공하고 있으면서도 자신들이 통합적 학문인 인류학의 관점을 유지한다고 주장한다. 옳든 그르든 여러 대륙의 곳곳에서 '인류학'은 주로 '문화인류학'을 뜻하게 되었으며, 북미의 인류학자들은 고전적인 '네 분야'의 균형 있는 발전을 고려하는 접근방법을 견지하고 있다.

마지막으로 대다수 미국 인류학자들은 **응용인류학**(applied anthropology)도 당당히 하나의 분야를 구성한다고 본다. 응용인류학은 문화인류학의 사고방식을 의학, 재난구조, 공동체 개선 등 문화와 사회에 대한 지식과 관련된 여러 영역에 적용하는 것이다. 넓은 의미의 응용인류학은 생물인류학과 언어인류학, 고고학을 포함한다. 예를 들면 생물인류학은 피살자의 신원을 밝히는 데 도움이 될 수 있고, 언어인류학은 청각장애인의 교육과 언어장애 치료에 응용될 수 있으며, 고대의 관개시설에 관한 고고학적 발견은 현대적인 관개체계를 구축하는 일을 도와줄 수 있다.

미국인류학회의 조사(Givens, Evans, and Jablonski 1997: 308)에 따르면, 응용인류학은 전형적인 네 분야에 속하지 않는 주제와 함께 1972년과 1997년 사이에 배출된 미국 인류학 박사학위의 7퍼센트를 차지한다. 문화인류학 학위는 50퍼센트(이 중 다수는 응용된 문제를 다룬다), 고고학은 30퍼센트, 생물인류학은 10퍼센트, 언어인류학은 3퍼센트를 각각 차지하고 있다. 이런 통계수치와 무관하게 일부 인류학자들은 '순수'와 '응용'의 구분을 거부하는데, 모든 인류학이 양 측면을 갖는다는 것이 주된 이유다. 다시 말하면, 응용인류학은 독립된 하위분야라기보다는 네 분야 모두의 일부분이라고 볼 수 있다.

이론과 민족지

사회인류학 또는 문화인류학에서는 '민족지'(ethnography)와 '이론'을 구별하기도 한다. 글자 그대로 해석하면 민족지는 민족들에 대해 조사한 바를 쓰는 행위다. 통상적으로 인류학자들은 자신의 문화보다는 다른 문화를 연구하므로, 민족지는 흔히 다른 민족의 사고방식을 이해할 수 있도록 해주는 방법을 의미하기도 한다. 이론 역시 인류학 고유의 사고방식을 이해하게 해주는 방법이라는 측면을 지닌다.

하지만 이론과 민족지는 결국은 하나로 결합된다. 무엇이 중요하고 무엇이 미미한지를 고려하지 않고 민족지만 기술한다는 것은 불가능하다. 인류학 이론이 무슨 쓸모가 있느냐고 이따금 질문하는 학생들은 민족지가 왜 필요한 것인지도 물어볼 것이다. 이상적인 민족지는 추상적인 문화의 이해를 증진시키고, 사실상 문화라는 존재에 근거를 두는 인간성의 본질을 규명하는 데 이바지한다. 또한 문화적 차이의 이해는 적어도 인류학적 탐구의 가장 중요한 목적 중 하나이므로 민족지의 뒷받침이 없는 이론은 무용지물이다.

이론은 질문, 가정, 방법, 증거라는 네 가지 기본적인 요소로 이루어진다고 볼 수 있다. 가장 중요한 **질문**은 '우리가 발견하려고 하는 것은 무엇인가'와 '그렇게 해서 얻은 지식이 왜 유용한가?' 등이다. 인류학적 지식은 자신이 속한 사회를 이해하려고 시도할 때나 인류의 특성을 이해하려고 노력할 때 유용하다. '사회는 어떻게 변화하는가?' 또는 '사유재산과 사회적 위계 중 어느 것이 먼저 발생했는가?' 같은 인류학적 질문들은 역사적이다. 또한 오늘날의 당면문제에 관한 인류학적 질문들도 있다. 예컨대 '사회제도는 어떻게 작용하는가?' 또는 '인간은 자신을 둘러싼 주변의 사물을 어떻게 바라보고 분류하는가?' 같은 질문들이다.

가정은 공통적인 인간의 속성, 문화적 차이, 모든 문화에 통용되는 가치, 또는 각 문화의 고유한 가치 등에 대한 관념들을 포함한다. 좀더 구체적으로 말하자면 인류학자들은 인간이 창의적이라고 가정할 수도 있고 그렇지 않다고 가정할 수도 있으며, 사회가 개인을 속박한다고 가정하거나 개인이 사회를 창조한다고 가정한다. 일부 가정은 모든 인류학자에게 공통적이며 어떤 가정은 그렇지 않다. 따라서 인류학자들은 공동의 존립기반을 가지면서도 대상을 바라보는 방식에서 상당한 차이를 보이는 것이다.

방법은 인류학의 역사를 통해 발달해왔으며 모든 현지조사의 일부를 이룬다. 하지만 인류학적 방법에서 현지조사 못지않게 중요한 것이 비교다. 비교는 분명히 방법론적인 구성요소지만, 그것이 어떻게 처리되고 이해되느냐는 이론적 시각에 따라 달라진다. 일부 인류학자들에 의하면 비교란 특정한 문화영역을 묘사하는 방법이다. 다른 인류학자들에게 비교는 자신이 발견한 것을 범세계적인 유형에 비추어 설명하는 방법이다. 또 다른 인류학자들은 친숙한 자기문화와의 차이를 통해 낯설고 이국적인 문화를 이해하게 마련이라는 원칙론에는 동의하지만, 비교 자체는 가공의 목표라고 간주한다.

마지막 논점은 **증거**란 도대체 무엇인가라는 존재론적 문제를 제기한다. 다른 분야와 마찬가지로 인류학에서 유일하게 합의된 사항은, 증거란 현재 다루고 있는 문제와 관련되는 것이어야 한다는 사실이다. 다시 말하면 이론이 증거에 의존함은 물론이거니와, 증거 자체도 인류학자가 해답을 찾으려 노력하고 있는 문제에 바탕을 둔다. 고고학의 경우 고고학자가 오래된 장소 아무 곳이나 판다고 해서 중요한 것이 발견되리라는 보장은 없다. 도시화 과정에 관심이 있는 고고학자는 고대 도시의 유물이 나올 법한 장소를 발굴할 것이다. 마찬가지로 사회인류학자는 자신이 흥미를 느낄 만한 것을 발견할 수 있는 장소로 가서, 각자의 이론적 성향에 따라 구성된 커다란 문제에 대한 증거를 얻기 위해 상세한 질문들을 던지게 된다. 예를 들면 성별(gender)과 권력의 관계에 관심이 있는 자는 성별 차이가 확연한 공동체로 가서, 개개인의 여성과 남성이 각자의 위치를 극복하거나 유지하기 위해 동원하는 전략을 밝혀내고자 각종 질문을 던질 것이다.

사회인류학의 탐구에는 이상의 네 가지 요소 외에 두 가지 특수한 측면이 더 있다. 이것들은 인류학자가 어떤 이론적 입장을 고수하는가에 상관없이 인류학적 방법을 규정하는 특징들로 다른 사회과학, 특히 사회학의 특징적인 접근법과 구별되는 인류학적 접근방법을 정의하는 데 기여한다. 그 두 측면은,

① 사회의 각 요소가 다른 요소들과 어떻게 결합하며, 그 관계가 의미하는 바는 무엇인지 밝히기 위해 사회를 총체적으로 (society as a whole) 관찰하는 것과

② 각 사회를 다른 사회들과의 관련 속에서 조사하여 유사점과 차이점을 발견하고 설명하는 것이다.

사회를 총체적으로 관찰하는 일은 사회적 요소들이 어떻게 연관되는지를 이해하려는 노력을 동반하게 된다. 예컨대 정치가 친족이나 경제와 어떻게 조화를 이루는지, 또는 특수한 경제제도가 다른 제도들과 어떻게 결합하는지 등이다. **다른 사회와의 관련 속에서 사회를 고찰하는 작업**은 사회간의 유사점과 차이점을 찾아내고 설명함을 뜻한다. 이때 우리는 현지조사가가 하나의 마을이나 민족 집단을 연구할 때보다는 광범위한 틀을 채택할 필요가 있는

데, 여기에도 여러 가능성이 있다. 그러한 틀이 포함할 수 있는 것은 ① 독립적 사례들의 비교(멜라네시아의 트로브리안드 도민과 동아프리카의 누에르인의 비교), ② 지역 내의 비교(멜라네시아의 민족지적 맥락에서 본 트로브리안드 도민들), 또는 ③ 좀더 보편적인 성격의 비교(지구상의 여러 사회를 고려하는 비교) 등이다. 대다수의 사회인류학자들은 어떤 형태의 비교가 가장 유용할 것인가에 관해 의견 차이를 보이겠지만, 상황에 따라서 사실상 세 가지 비교 모두에 관여하게 된다.

따라서 인류학자들이 답하고자 하는 문제는 각기 다르다 하더라도, 사회인류학 또는 문화인류학은 폭넓게 합의된 방법론 프로그램을 가진다고 말할 수 있다. 이론과 민족지는 이 프로그램의 두 기둥이며, 거의 모든 인류학적 탐구는 단도직입적인 비교나 비교가 야기하는 어려움을 처리하려는 명시적 시도를 포함한다. 논쟁의 여지는 있지만 인류학은 그 비교론적 성격으로 인해 사회학처럼 비교에 덜 의존하는 분야에 비해 이론적 전제를 좀더 의식하게 되는 경향이 있는 것이 아닌가 생각된다. 아마도 이 때문에 방법론보다는 이론에 대한 특별한 관심이 인류학을 지배하게 되었다. 모든 인류학자들은 현지조사가일 뿐만 아니라 이론가이기도 하다. **다른** 사회과학 분야에서 '사회이론'은 종종 일상적인 관심에서 유리된, 독립적이고 추상적인 영역이라 여겨지기도 한다.

인류학적 패러다임

'이론'과 '이론적 시각'을 구분하는 일은 여러 학문 분야에서 흔히 발견된다. 이론적 시각이란 보통 거대이론(grand theory)을 의미하며 때로는 이론적 틀, 또는 세상을 바라보는 개괄적인 방식이라고도 불린다. 인류학에서는 이론적 시각이 '전통적인' 문화에 관한 것이면 **우주론**, 서구 과학자들에 관련되면 **패러다임**(paradigm)이라고 부른다.

'패러다임'의 개념

이론적 시각, 우주론, 또는 패러다임은 이론가가 관심을 기울이는 주요 문제들을 규정한다. 전통문화의 구성원이든 인류학자든 자연과학자든 원리는 같다. 과학철학에는 과학적 사유의 정확한 성격이나 과학적인 지식을 획득하는 과정, 그러한 지식의 존재론적 지위에 대해 여러 가지 다른 의견이 있다. 철학자들 사이의 논쟁은 그들에게 맡길 일이지만(최소한 그러한 논쟁이 인류학에 영향을 주는 제7장 이전까지는), 한 명의 철학자는 여기에서 언급할 가치가 있다. 그는 쿤(Thomas Kuhn)으로 그의 저서 『과학혁명의 구조』(*The Structure of Scientific Revolutions*, 1970〔1962〕)는 비록 그 대상이 물리학과 자연과학에 한정되지만, 사회과학자들이 자신들의 분야를 이해할 수 있도록 도와주었다. 쿤에 따르면 패러다임이란 자체 내에 작은 이론들을 포함하는 큰 이론이다. 작은 이론들이 세상의 이치를 더 이상 설명하지 못할 때 위기가 발생한다. 사회과학에서는 양상이 다르겠지만 최소한 자연과학에서 그러한 위기에 직면한 기존의 패러다임은 궁극적으로 전복되며, 특별한 경우 새롭고 더욱 커진 패러다임 속으로 통합되기도 한다.

쿤이 보여준 것처럼 뉴턴 물리학과 아인슈타인 물리학의 차이를 고려해보라. 뉴턴 역학의 출발점은 우주 만물이 고정된 준거점을 갖는다는 사상이다. 아인슈타인의 틀에서는 만물(시간, 공간 등)이 서로에 대해 상대적이다. 뉴턴 물리학에서 자기와 전기는 분리된 현상으로 따로 설명될 수 있으나, 아인슈타인 물리학에서 자기는 전기의 필수적인 부분으로 설명된다. 자기에 대한 뉴턴의 설명이나 아인슈타인의 설명은 둘 다 절대적인 의미에서 옳거나 그른 것은 아니다. 오히려 그 설명들의 가치는 보다 큰 이론적 도식으로부터 파생된다. 아인슈타인의 패러다임이 '더 좋은' 평가를 받는 것은 바로 뉴턴의 물리학이 설명할 수 없는 현상들을 설명해주기 때문이다.

인류학이 물리학과 같은 과학인지 아닌지에 대해서는 논쟁의 여지가 있으나, 인류학이 하나의 포괄적인 틀(즉 인류에 대한 이해)을 가지며 그 안에 보다 특수한 패러다임들(예를 들면 기능주의나 구조주의)을 갖는다는 점에서 적어도 물리학과 어떤 연관성을 지닌다는 사실은 대부분 인정할 것이다. 패러다임 안에는 인류학적 연구를 구성하는 특수한 사실과 설명이 들어 있다. 시간이 경과하면서 인류학은 '혁명' 또는 '패러다임의 전환'을 겪는데, 그런 현상의 구체적 성격은 자연과학의 경우와 다를 수 있다. 인류학의 패러다임 전환에는 설명력 못지않게 유행도 한몫을 차지한다.

통시적 시각, 공시적 시각, 상호작용론적 시각

인류학 내의 어떤 틀에나 경쟁적인 이론적 시각들이 존재하며 그 이론적 수준에는 위계가 있다고 생각하는 것이 좋다. 진화주의와 전파주의를 예로 들어보자. 진화론은 시간이 흐르면서 문화의 복합성이 증가한다는 사실을 강조하는 이론적 시각이며, 전파주의는 문물이 한 지역에서 다른 지역으로 전달된다는 점에 중점을 두는 이론적 관점이다. 그 둘은 문화의 변화라는 같은 현상에 대해 상이한 설명을 제시하므로 서로 경쟁관계에 있지만, 사실은 사회변동론이라는 거대이론의 일부다.

진화론과 전파주의를 포용하는 더 큰 이론적 시각은 통시적 시각(시간의 흐름을 통한 사건이나 사물들의 관계를 탐구하려는 입장)이라 불리기도 한다. 그 반대는 공시적 시각(일정 시점에서 사물들의 관계를 고찰하려는 입장)이다. 공시적 접근은 기능주의, 구조주의, 해석주의를 비롯하여 시간이라는 요인을 고려하지 않고 특정 문화를 설명하려고 노력하는 시각을 말한다.

세번째 인류학 이론들의 집합은 상호작용론적 시각이라 부를 수 있다. 이 시각, 더 정확히 말하자면 시각들의 조합은 통시적인 면과 공시적인 면을 동시에 지닌다. 그 지지자들은 공시적 분석의 정태적인 성격을 거부하며, 고전적 진화론과 전파주의의 단순한 역사적 가정 역시 배격한다. 상호작용론적 접근의 옹호자는 주기적인 사회적 과정이나 문화와 환경 사이의 인과관계를 연구하는 학자들이다.

표 1.1은 주요 인류학 접근법들을 이상에서 언급한 세 가지 커다란 이론적 집단에 포함시켜 분류한 예다. 상세한 설명은 앞으로 할 것이며, 지금 명심할 점은 인류학이 위계적인 이론적 수준들로 구성된다는 사실—특수한 접근을 상위수준에 포함시키는 작업이 항상 명쾌한 것은 아니지만—이다. 인류학 이론을 구성하는 다양한 '주의'들은 우리가 대상을 이해하는 상이한 방식들을 형성한다. 인류학자들은 진화의 원인이나 연대기에 대해 진화론자들끼리 이견을 보이는 것처럼 좁은 관점 내에서 논쟁하기도

하고, 더 큰 시각(진화론 대 전파주의 또는 통시적 접근의 옹호자 대 공시적 접근의 옹호자) 내에서 설전을 벌일 수도 있다.

광범위하게 보면 인류학의 역사는 통시적 시각에서 공시적 시각으로, 공시적 시각에서 상호작용론적 시각으로 이행되어왔다. 초창기의 통시적 연구들, 특히 진화론은 종종 범세계적이지만 매우 독특한 이론적 문제들에 초점을 두었다. '부계출계(patrilineal descent)와 모계출계(matrilineal descent) 중 어느 것이 먼저인가?'가 그 예다. 이 질문의 이면에는 남녀관계, 혼인의 성격, 사유재산 등에 대한 일련의 관념들이 숨어 있었다. 그러한 질문을 통해 상당히 거대한 이론들이 구축되었다. 이 이론들은 설명력이 대단했지만 신중한 반론 및 비판에 취약했고, 때때로 모순적인 민족지적 증거를 사용했다.

20세기 초를 풍미했던 공시적 접근은 진화론처럼 거시적이고 흥미진진한 이론적 질문을 제기하지는 못했다. '부계출계와 모계출계 중에서 어느 것이 문화적으로 더 적절한가?'는 '어느 것이 먼저인가?'보다 의미나 호소력 면에서 약했다. 이에 따라 공시적 접근은 특수한 사회들에 초점을 맞추는 접근방식을 취했다. 인류학자들은 사회를 깊이 있게 연구하게 되었으며 아이를 기르고, 친족 사이의 유대를 유지하고, 다른 친족 집단의 구성원을 대하는 문제를 각 사회가 어떻게 다루는지 비교하기 시작했다. 출계(친족집단 내의 관계)와 결연(alliance: 통혼하는 친족 집단간의 관계) 중 어느 것이 더 중요한지에 대한 논쟁도 등장했다. 그러나 전체적으로 공시적 접근의 주안점은 특별한 관습의 구조나 기능, 의미 어떤 면을 연구하든 한 번에 한 사회를 이해하는 것이었다.

상호작용론적 접근은 개인이 다른 개인들과의 경쟁에서 이득

표 1.1 통시적 시각, 공시적 시각, 상호작용론적 시각

통시적 시각

　진화주의
　전파주의
　마르크스주의(일부 측면)
　문화영역 접근법(일부 측면)

공시적 시각

　상대주의('문화와 인성' 포함)
　구조주의
　구조기능주의
　인지적 접근법
　문화영역 접근법(대부분의 측면)
　기능주의(일부 측면)
　해석주의(일부 측면)

상호작용론적 시각

　거래행위론
　과정주의
　여성주의
　후기구조주의
　포스트모더니즘
　기능주의(일부 측면)
　해석주의(일부 측면)
　마르크스주의(일부 측면)

을 추구해나가는 메커니즘 또는 개인이 그가 처한 사회적 상황을 규정하는 방식에 주력했다. 이러한 접근에서 예상되는 질문들은 '모계 또는 부계출계에는 그러한 원리에 기반을 두는 집단을 분열시키는 감춰진 특징이 내재하는가?' 또는 '개인은 출계집단이 부과하는 구조적 규제를 어떻게 조작하는가?' 등이다.

　이와 같이 다양한 이론적 입장을 취하는 인류학자들은 똑같지는 않지만 서로 관련된 이론적 문제들을 해결하려고 애쓰는 것이다. 그런 문제들 사이의 복잡한 관계야말로 인류학의 가장 흥미로운 측면 중 하나다.

사회와 문화

인류학의 패러다임을 분류하는 또 하나의 방법은 주된 관심을 **사회**(사회적 단위)에 두느냐 아니면 **문화**(공유된 생각, 기술, 사물의 조합)에 두느냐에 따르는 것이다. 이 상황은 통상적인 명칭인 '사회인류학'(영국과 몇몇 다른 나라에서 실행되는 분야)과 '문화인류학'(북미에서 실행되는 분야)이 암시하는 것보다 다소 복잡하다(표 1.2 참조).

최초의 인류학적 관심은 인간이 서로서로 관련을 맺는 방식, 시간이 흐름에 따라 사회가 변화하는 양상과 그 원인 등과 같이 기본적으로 사회의 성격에 관한 것이었다. 통시적인 호기심이 전복된 후에는 사회가 어떻게 조직되고 기능하는가라는 것이 주된 관심이었다. 기능주의, 구조기능주의, 구조주의는 개인간의 관계, 사회제도간의 관계, 개인들이 차지하는 사회적 범주간의 관계 중 어느 것을 강조할 것인지를 놓고 논쟁을 벌였다. 그럼에도 불구하고 그들은 근본적으로 문화적인 것보다는 사회적인 것에 더 큰 관심을 보인다는 공통점을 지닌다. 거래행위론, 과정주의, 마르크스주의도 마찬가지다.

전파주의는 문화결정론을 낳았고, 이는 보아스의 상대주의에서 절정에 달했다. 이후 유럽과 미국의 해석학자들과 근래의 포스트모더니스트들은 사회구조를 강조하는 입장은 물론 사회적 과정에 관한 견고한 전망도 거부했다. 사회-지향적인 인류학자들과 문화-지향적인 인류학자들(다시 한 번 말하지만 이는 '사회인류

표 1.2 사회와 문화에 대한 관점

사회에 대한 관점

    진화주의
    기능주의
    구조기능주의
    거래행위론
    과정주의
    마르크스주의
    후기구조주의(대부분의 측면)
    구조주의(일부 측면)
    문화영역 접근법(일부 측면)
    여성주의(일부 측면)

문화에 대한 관점

    전파주의
    상대주의
    인지적 접근법
    해석주의
    포스트모더니즘
    문화영역 접근법(대부분의 측면)
    구조주의(대부분의 측면)
    후기구조주의(일부 측면)
    여성주의(일부 측면)

학자'와 '문화인류학자'의 구분과는 다르다)은 다른 언어로 이야기하고 전혀 다른 학문행위를 하는 듯하다.

몇몇 관점은 극단적인 문화와 사회의 개념을 내세우는 양자의 연구들을 통합했다. 특히 구조주의는 사회-지향적인 관심(예컨대 혼인동맹이나 의례적 행위에서 표현되는 지위 변화)과 문화-지향적인 관심(상징이론의 어떤 측면)을 공유했다. 여성주의 역시 사회-지향적인 흥미(사회적·상징적 질서 내에서의 남녀관계)와 문화-지향적인 호기심(상징적 질서 그 자체)을 내비친다. 문화영역 또는 지역중심의 접근도 문화적·사회적 전통 모두에서 유래한 것으로, 구조주의나 여성주의와 마찬가지로 통째로 분류 하기가 쉽지 않다.

이 책의 제2장(선구자들), 제3장(진화주의), 제4장(전파주의와 문화영역 접근법)은 주로 **통시적 시각**을 다룬다. 진화론은 대체로 사회에 관심을 가지며, 전파주의는 문화에 더 큰 관심을 보인다. 제5장(기능주의와 구조기능주의)과 제6장(행위중심의 접근, 과 정주의적 접근, 마르크스주의)은 기본적으로 **사회**를 다루고 있으 며, 정태적인 관점과 역동적인 관점이 혼재되어 있다. 제7장(상대 주의 등), 제8장(구조주의), 제9장(후기구조주의, 여성주의 사상), 그리고 제10장(해석주의와 포스트모더니즘)은 모두 **문화**가 주된 대상이다(후기구조주의의 경우 사회적인 요소가 강하긴 하지만). 따라서 이 책은 크게 보면 통시적 접근에서 공시적 시각을 거쳐 상호작용론적 접근에 이르는, 그리고 사회의 강조로부터 문화의 강조로 전환된 역사적 변화를 중심으로 구성되었다.

인류학 역사의 조망

㉠ 사건 또는 새로운 사상이 잇따라 일어나는 과정(예를 들면 Stocking 1987; Kuklick 1991)

㉡ 발달단계나 쿤의 패러다임처럼 내적으로 분석되어야 할 시간적인 틀의 연속(Hammond-Tooke 1997; Stocking 1996a도 어느 정도 이 시각을 보여줌)

㉢ 시간을 통해 변하며 역동적으로 분석되어야 할 사상의 체 계(Kuper 1988; Harris 1968에도 약간 나타남; Malefijt

1976)

ⓔ 병립적인 국가별 전통의 조합(Lowie 1937; Hammond-Tooke 1997에도 나타남)

ⓜ 새로운 연구방침이 출현하는 과정(Kuper 1996〔1973〕에 암시적으로 드러남)

인류학 이론의 형태는 인류학의 역사를 어떻게 바라보느냐에 따라 좌우된다. 예컨대 인류학은 시대별로 사건 또는 새로운 사상의 연쇄적인 과정을 거쳐 발달하는가? 아니면 더 큰 시간적인 틀, 즉 발달단계나 쿤이 말하는 패러다임의 연속으로 이루어지는가? 인류학은 구조적으로 변형되고 있는가? 그것은 독특한 국가적 전통들이 서로 영향을 주고받으며 분기되고 수렴되는 과정을 통해 발전하는가? 또는 인류학의 역사는 본질적으로 '연구방침의 출현과정'(agenda hopping)으로 볼 수 있는가?

마지막 관점에 대해 로이 단드라데의 설명을 들어보자.

연구방침이 출현하는 과정은 다음과 같다. 기존의 조사방침 하에서는 최고 수준의 연구자들도 더 이상 신선하고 자극적인 작업을 내놓지 못하는 시점이 도래한다. 이는 이전의 방침이 완결되었다거나, 너무 많은 모순이 축적되어 체념할 지경에 이르렀다는 것은 아니다. 정작 문제가 되는 것은 많은 것이 알려질수록 연구자는 조사 중인 현상이 상당히 복잡하다는 사실을 깨닫게 된다는 것이다. 새로운 무엇을 창출하기 위해서는 점점 더 많은 노력을 기울여야 하고, 기껏 발견한 것들도 별로 호기심을 유발하지 못한다. 이런 상황이 발생했을 때 일부 연구자들은 정말 흥미로운 무엇인가를 찾아낼 희망을 주는 새로운 연구방향, 즉 다른 방침으로 이탈하게 되는 것이다. (D'Andrade 1995: 4~8)

이상에서 살펴본 다섯 가지 가능성은 모두 인류학의 역사에 대한 적절한 관점이다. 게다가 각각은 이 책의 어딘가에서 나타나게 될 것이다. 사건을 강조하는 ㉠은 가장 객관적인 관점을 표출하지만, 사상들간의 복잡한 관계를 파악하기 어렵다. ㉡처럼 패러다임의 내부적 작용을 강조하는 것은 과학사 연구가에게서 흔히 나타나는데, 이때 관찰자는 ㉢과 같은 역동적 관점이나 ㉣의 비교론적 시각을 확보하기 어렵다. 인류학자들이 낡은 질문을 새로운 틀에 통합시키기보다는 포기하고 만다는 점을 시사한다는 면에서 ㉤은 ㉡의 역이다. ㉢은 매력적이기는 하지만 전체적인 역사를 조망할 때 모든 다양성과 복합성을 고려한다면, 단일한 체계를 이루고 있는 인류학의 개념을 유지하기가 어려워진다.

어느 정도 예외는 있겠지만 ㉠과 ㉡은 역사가의 관점, ㉢과 ㉣과 ㉤은 인류학자의 관점을 나타내는 경향이 있다. 나 자신의 입장은 ㉣과 ㉤ 쪽으로 기울어지며, ㉣은 인류학의 가장 온건한 시각을, ㉤은 가장 자유분방한 시각을 각각 대표한다.

요약

사회·문화인류학의 이론은 인류학자가 제기하는 질문에 의해 좌우된다. 인류학 분야가 조직되는 구조와 이론과 민족지적 발견 사이의 관계는 그러한 질문과 결합되어 있다. 거시적으로 보면 이론들은 그 초점에 따라 통시적·공시적·상호작용론적 시각으로 분류된다. 자연과학의 패러다임은 일반적으로 명쾌하게 합의된 목적을 갖는 데 비해, 인류학적 패러다임은 딱 꼬집어 규정하기가 쉽지 않다. 인류학의 역사는 핵심적인 질문들이 바뀌고 새로운 연구방향이 등장하는 역사라고 특징지을 수 있지만, 또한 패러다임의 전환과 국가별 전통의 계승이라는 요인을 갖는 역사이기도 하다.

이 책의 나머지 부분은 이러한 관념들을 지침으로 삼아 인류학적 사고의 발달을 고찰할 것이다. 이 책은 통시적 접근에서 공시적 접근을 거쳐 상호작용론적 접근에 이르는, 그리고 사회의 강조(특히 제5장, 제6장)로부터 문화의 강조(제7장에서 제10장까지)로 전환된 역사적 변화를 중심으로 구성되었다.

읽을거리

Ingold가 편집한 『인류학 백과사전』(*Companion Encyclopedia of Anthropology*, 1994)은 인간이라는 존재의 생물학적·사회적·문화적 측면을 포함해서 광범위한 인류학의 전망을 제시한다. 또 다른 유용한 참고도서로는 Adam Kuper와 Jessica Kuper가 편집한 『사회과학 백과사전』(*Social Science Encyclopedia*, 1996〔1985〕), Barnard와 Spencer가 편집한 『사회·문화인류학 백과사전』(*Encyclopedia of Social and Cultural Anthropology*, 1996), Barfield의 『인류학사전』(*Dictionary of Anthropology*, 1997), Bonte와 Izard가 편집한 『민족학 및 인류학 사전』(*Dictionnaire de l'ethnologie et de l'anthropologie*, 1991)이 있다.

Chalmers의 『과학이란 무엇인가?』(*What is This Thing Called Science?*, 1982〔1976〕)는 쿤의 이론과 그에 대한 비판을 비롯해서 과

학철학의 주요 이론들을 기술하고 있다.

나와 다른 접근방법을 취하고 있는 최근의 인류학 이론서로는 Barrett 의 『인류학』(*Anthropology*, 1996), J. D. Moore의 『인류학의 거장들』 (*Visions of Culture*, 1997), 그리고 Layton의 『인류학 이론 입문』(*An Introduction to Theory in Anthropology*, 1997)이 있다. Barrett는 인류학의 역사를 '기초 정립 기간', '수정 및 보완 기간', '파괴와 재구성 기간'의 세 단계로 나누어 설명하고 있다. Moore는 타일러에서 페르난데스에 이르는 주요 이론가 21명의 생애와 저작들을 압축적으로 소개한다. Layton은 비교적 근래에 발생한 경쟁적인 패러다임들에 초점을 맞추고 기능주의, 구조주의, 상호작용론, 마르크스주의, 사회생물학, 포스트모더니즘을 설명한다.

2 인류학적 전통의 선구자들

인류학이 독자적인 학문의 지파로 등장한 것은 인간의 진화에 대한 일반인들의 관심이 뜨거웠던 19세기 중반 무렵이라는 데 대부분의 인류학자들이 동의할 것이다. 전문적인 인류학자들이 대학, 박물관, 정부 부서에 채용되기 시작했는데, 인류학이 하나의 학문 분야로 정립된 것은 그보다 좀더 이후였다. 하지만 인류학적 사유가 그보다 훨씬 이전부터 존재했다는 점에 대해서는 의문의 여지가 없다. **그것이 언제인가**에 관해서는 이견이 있을 수 있으나 특별히 활발한 논쟁거리는 아니며, 이야기를 풀어나가기 시작할 적정시점에 대해 개개인의 인류학자와 인류학사 연구자가 나름대로의 생각을 하게 됐다고 보면 된다.

'사상사'의 관점에서 보면 고대 그리스의 철학자와 여행가, 중세 아랍의 역사가, 르네상스 시대 유럽의 여행가, 이후의 유럽 철학자, 법학자, 다양한 부류의 과학자가 남긴 저술들이 모두 나무랄 데 없는 인류학의 선각자적 발자취라 할 수 있다. 그러나 내가 선택한 것은 '사회계약'의 개념과 그 개념에서 나오는 인간성과 사회·문화적 다양성에 대한 인식들이며, 나는 이 지점부터 설명을 시작하려고 한다.

이와 직접적인 관련은 없지만 인류학적 사고의 또 다른 발단은 '존재의 거대한 사슬'(Great Chain of Being)이라는 개념으로, 이 개념에 따르면 인종은 신과 동물 사이에 위치하는 것으로 규정된다. 이 생각은 어떤 면에서 진화론의 전조인데, 여기에 대해서는 다음 장에서 논하기로 하자. 언어의 기원 및 인간과 고등 영장류의 관계에 관한 18세기의 논쟁과 더불어 복수기원론자(polygenist: 각 '인종'이 독자적인 기원을 갖는다고 믿는 이)와 단일기원론자(monogenist: 아담이든 유인원이든 인류의 조상은 하나임을 강조하는 이) 사이의 19세기 초 논쟁도 인류학적 사고의 기원과 관련된다. 그런 사상들은 역사적 '사실'로서 중요할뿐더러, 근대 인류학이 스스로의 존재를 인식하는 계기를 마련하는데 일조했다는 점에서도 중요하다.

자연법과 사회계약

서구 문화의 후기 르네상스와 그 뒤를 이은 계몽주의 시대에는 자연상태의 인간성에 대한 강렬한 관심이 대두되었다. 하지만 이러한 관심이 전 세계의 다양한 문화에 대한 충분한 지식을 배경으로 나타났던 것은 아니었다. 게다가 그 관심은 인간과 동물의 경계에 있는 존재 — 눈이 배에 붙어 있고 머리에 발이 달린 기이한 괴물 — 에 대한 믿음으로 얼룩져 있었다(Mason 1990 참조). 인류학이 존재하기 위해서는 그러한 종류의 환상에 빠진 견문록이 극복될 필요가 있었다. 오늘날의 관점에서는 모순적으로 들릴지도 모르지만, 그 당시의 실정으로는 민족지적 '사실'이라 불리던 것들을 제쳐놓고 이성이나 이론을 내세우는 것이 불가피했다.

17세기

단순한 '사실'을 뛰어넘는 전망을 지녔던 최초의 저술가들은 주로 17세기와 18세기의 법학자와 철학자들이었다. 그들의 관심은 개인과 사회, 사회와 그 지배자, 민족 또는 국가들 사이의 추상적 관계에 있었다. 그들이 활동했던 시대는 혼란기였으며, 이는 인간성에 관한 그들의 사상에 반영되었다. 후에 인류학을 탄생시키게 될 철학적 논의는 정치, 종교와 밀접하게 연결되어 있었다.

그로티우스(Hugo Grotius)부터 살펴보기로 하자. 그로티우스는 레이덴 대학에서 수학했고 헤이그에서 법률가로 활동했으며 후에 네덜란드의 극심한 정치적 갈등에 연루되어 투옥되었다가 파리로 피신했다. 그는 파리에서 자신의 기념비적 저서 『전쟁과 평화의 법』(De jure belli ac pacis, 1949〔1625〕)에 나타난 사상들을 발전시켰다. 세계의 국가들은 자연법(Law of Nature)에 의해 지배되는 커다란 초국가적 사회의 일부라고 그로티우스는 믿었다. 이전의 학자들이 인간 사회의 신학적 기반을 추구한 데 비해, 그로티우스는 인류의 사교적인 성격에서 사회의 존립근거를 찾았다. 그는 각 사회에서 개인을 지배하는 자연법이 평화로운 시기에나 전쟁 중에나 사회들 사이의 관계에도 똑같이 적용되어야 한다고 주장했다. 그의 저서는 국제법의 초석으로 남아 있다. 그것은 또한 인간 사회의 성격에 관한 진정한 인류학적 사고의 개벽을 나타낸다고 주장할 수도 있겠다.

독일과 스웨덴에서 활약한 푸펜도르프(Samuel Pufendorf)도 동일한 관심을 확장시켰다. 그의 연구는 무슨 영문인지 근대 인류학에서 거의 부각되지 않았지만, 인간의 '사회성'(sociality)

에 대한 1980년대와 1990년대의 토론을 일찌감치 예고하는 흥미로운 것이었다. '사회성'은 최근에 개발된 인류학적 단어다. 하지만 그것은 푸펜도르프가 사용한 라틴어 *socialitas*의 직역에 가까운 것으로, 영어권 해설가들이 주로 사용하는 역어 '사교성'(sociability)과는 다소 의미가 다르다. 게다가 푸펜도르프 자신도 *sociabilis*, 즉 '사교적인'(sociable)이란 형용사를 사용했다(근래에 그의 책을 편집한 사람은 '사교 능력이 있는'이라고 표현했다). 인간은 사교적인 존재로 태어나므로 사회와 인간성은 어떤 의미에서는 구분될 수 없는 것이라고 그는 믿었다.

그런 믿음에도 불구하고 푸펜도르프는 때때로 사회가 없다면 인간성은 어떠할 것인지, 그리고 문명의 여명기에 사람들은 어떤 상태에 처해 있었는지에 대해 관조했다. 후자에 대한 그의 결론은 이목을 끌기에 충분하다. 그의 개념에서 '거기'(there)는 사람들이 분산되어 살고 있는 곳이며, '여기'(here)는 사람들이 국가의 통제하에 통합된 곳이다. "거기는 격정이 지배하여 전쟁·공포·가난·초라함·고독·만행·무지·야만이 존재하는 반면에, 여기는 이성이 지배하며 평화·안전·부·호화로움·사회·품위·지식·박애가 존재한다"(1991〔1673〕: 118).

한편 정치적 소용돌이에 휩싸여 있던 영국에서는 토머스 홉스가 유사한 문제에 몰두했다(예를 들면 1973〔1651〕). 인간에게는 본래 사회를 형성하려는 성향보다는 이기심을 충족시키려는 경향이 강하다고 홉스는 역설했다. 그는 이런 경향이 통제될 필요가 있으며, 합리적인 인간들은 평화와 안정을 성취하기 위해 권위에 복속해야만 한다는 사실을 인식하기에 이르렀다고 믿었다. 따라서 사회는 동의와 공동의 합의(사회계약)에 의해 이루어진다. 그가 저술활동을 했던 불안정한 시대에 그의 사상은 성직자, 법학자, 통치자 등 사회의 유력한 세력에 의해 이단시되었다. 그들은 홉스의 복합적인 주장에서 적어도 한 가지 이상의 요소에 대해 불편한 심기를 드러냈다. 그렇지만 인간성에 대한 홉스의 염세주의적인 관점은 다른 사상가들로 하여금 사회의 기원을 합리적·경험적으로 연구하도록 영감을 불러일으켰다. 그의 시각은 아직도 인류학자들의 집단에서(특히 수렵채집사회 전문가들 사이에서) 토론되고 있다.

존 로크는 인간성을 좀더 낙관적으로 보았다(1988〔1690〕). 영국의 입헌군주제가 확립되던 시기에 활동한 그는 정부의 힘이 이상적으로 제한되어 있으므로 사회계약에 동의하는 것이 완전한 복종을 의미하지는 않는다고 보았다. 그는 '자연상태'를 평화롭고 평온한 것으로 여겼지만, 분쟁해결을 위해 사회계약이 필요해졌다고 믿었다. 인간은 절도 같은 죄를 저지를 수 있으며 이에 대해 자연상태에서는 과도한 형벌이 주어질 수 있지만, 사회의 발달로 인해 재산은 물론이고 인간이 자연상태에서 누리던 본연의 자유까지 보호받게 되었다는 것이다.

18세기

로크의 자유주의적 관점은 장-자크 루소를 포함한 다음 세기의 사상가들에게 영감을 주었다. 하지만 루소는 『사회계약론』(*Of the Social Contract*)에서 로크를 전혀 언급하지 않았다. 대신 루소는 인간의 권력이 피지배자의 권익을 위해 정립된다는 사실을 부인한 그로티우스를 공격하면서 논의를 시작한다. "그렇다면〔그로티우스의 논리를 따르자면〕인종은 금수와 같이 여러 무리로 나뉘고, 각 집단의 우두머리는 그들을 착취할 목적으로 돌보아주는 격이다"(Rousseau 1973〔1762〕: 183). 루소에게 정부와 사회계약은 다른 것이었다. 정부는 부자들이 획득한 재산을 지키려는 욕망에서 비롯된다. 이에 반해 사회계약은 민주적인 동의에 기초한 것이다. 그것은 모두에게 이로운 생활수단을 함께 만들게 해주며, 이를 간직하기 위해 사람들이 합의한 이상적인 사회를 설명해준다.

사회계약론은 '자연상태'와 '사회상태'의 논리적 구분을 전제하며, 그 옹호자들은 사회계약이란 자연상태에 살고 있는 사람들이 함께 모여 사회를 형성하기로 동의하는 것에서 유래한다고 설명한다. 이 관념은 궁극적으로는 가설이다. 홉스, 로크, 루소 등과 그에 반대하는 자들(흄이나 벤담)은 기본적으로 '자연상태'를 수사적인 도구나 법적인 허구로 인식했다. 태초의 인간들이 실제로 사회계약을 창안했다는 사실을 그들이 어디까지 믿었는지는 짐작하기 어렵다.

오늘날 대부분의 인류학자들은 '자연적'(어원학적으로 탄생과 관계됨)인 것과 '문화적'(경작에 어원을 둠)인 것을 분리할 수 없다는 관점을 받아들이는데, 이는 양자 모두 인간성이라는 사상 자체에 내재하기 때문이다. 우리는 법과 법체계에 대한 이해를 인간화시키고자 노력했던 근대 초기 학자들의 관점을 계승하고 있다.

18세기 유럽인이 본 인간성

유럽의 계몽시대에는 중요한 인류학적 질문들이 근대적 형식을 띠고 제기되기 시작했다. 추상적인 의미에서 인종을 정의하는 것은 무엇인가? 인간을 동물로부터 구분해주는 것은 무엇인가? 인류 본연의 상태는 어떠했는가? 이러한 질문을 통해 인간의 세 가지 형태가 주목을 끌었는데, '야생소년'과 '야생소녀'(feral children: 야생아), 오랑우탄(Orang Outang: 유인원), '야만인' (Savages: 다른 대륙의 토착주민)이 그것이다.

야생아

'하노버의 야생아' 피터, '샴페인의 야생소녀' 마리-안젤리크 르 블랑(실제로는 북아메리카 원주민으로, 도망친 노예였다), '아베롱의 야생소년' 빅터 등 야생의 아이들은 18세기에 많이 나타났다. 이들은 숲속에서 혼자 있다 발견되었고 후에 '문명화된' 교육을 받았다. 피터는 조지 1세 통치기에 영국으로 보내졌고, 하노버 왕가에서 제공하는 연금으로 오래까지 살았다. 그는 어느 언어를 배워도 몇 가지 이상의 단어를 익히지 못했다. 반면에 르 블랑은 결국 프랑스어를 배웠고, 1768년에 회고록까지 출판했다. 세상을 떠들썩하게 했던 빅터는 아마도 농아였던 것 같으며, 그에게 의사소통하는 법을 가르치려 했던 노력은 청각장애인 교육에 깊은 영향을 미쳤다(Lane 1977 참조).

야생아에 대한 인류학적 관심은 이후 급격히 사라졌다(Lévi-Strauss 1969a〔1949〕: 4~5). 근대의 인류학자들은 야생아들이 보여주리라 여겼던 추상적이고 원형적인 '인간성'보다는 각 사회의 구성원인 인간들 사이의 구체적 관계에 더욱 관심을 기울이게 되었기 때문이다.

오랑우탄

오랑우탄 문제는 좀더 복잡 미묘하다. 말레이어로 '숲속의 사람'을 뜻하는 이 단어는 계몽시대 유럽에서는 대충 오늘날 유인원(ape)이 의미하는 바를 나타냈다(당시 'ape'는 비비를 지칭하는 단어로 쓰였다). '오랑우탄'은 인간과 유사한 동물을 나타내는 포괄적인 용어로 사용되었으며, 나는 18세기의 개념을 그대로 나타내기 위해서 당시의 스타일로 *Orang Outang*이라고 표기할 것이다. 보다 구체적으로 말하자면 오랑우탄은 린네(Carolus Linnaeus 1956[1758])와 그 동료들이 *Homo nocturnus*('밤의 인간'), *Homo troglodytes*('동굴 인간') 또는 *Homo sylvestris*('숲의 인간')라 분류하던 '종'이다. 여행가들은 인간에 가까운 이 정체불명의 동물이 에티오피아와 동인도제도의 동굴에 살고 있다고 보고했다. 분명한 것은 당시의 여행자나 과학자들이 진짜 오랑우탄(orang-utan, *Pongo pygmaeus*라 불리는 종)과 침팬지(*Pan troglodytes, Pan paniscus*)를 정확히 구별할 수 없었다는 사실이다. 고릴라(*Gorilla, gorilla*)는 그때까지 알려지지 않았다.

오랑우탄의 중요성은 흥미로운 두 인물, 제임스 버넷(몬보도 경으로 널리 알려져 있음)과 헨리 홈(케임스 경) 사이의 논쟁을 통해 고조되었다. 몬보도와 케임스는 스코틀랜드 민사최고법원의 판사들이었다. 케임스(1774)는 인간성에 대한 좁은 정의를 견지했다. 그의 주장에 따르면, 문화간의 차이는 상당히 크기 때문에 세계의 민족 집단들을 독자적인 종으로 간주하는 것이 합리적이다. 그는 아메리카 원주민이 유럽인에 비해 생물학적으로 열등하며, 유럽의 문화를 배울 능력이 없다고 여겼다.

몬보도(1773~92; 1779~99)는 반대 입장을 고수했다. 그는 북아메리카 원주민 언어 중 일부가 바스크어 및 스코트-게일어와 서로 통할 수 있다는 그릇된 주장을 내세웠다. 그는 아메리카 인디언이 완전한 인간이라고 믿었을 뿐만 아니라, 심지어 자신의 동포와 동일한 언어를 구사한다고 생각하기조차 했다. 몬보도는 한걸음 더 나아가 언어를 구사하지 못하는 사람들과 아프리카와 아시아의 오랑우탄까지 포함할 수 있도록 인간성의 정의를 확대했다. 그는 '오랑우탄'이 '우리 자신'(유럽인·아프리카인·아시아인·아메리카 인디언을 포함하는 범주)과 동일한 종이라고 확신했다.

유인원과 인간의 관계에 대한 몬보도의 관점은 일반적으로 인정되는 것 이상으로 정곡을 찌른 것이었다. 그가 접한 증거에 비추어 '오랑우탄', 특히 중앙아프리카의 침팬지는 인간처럼 보였다. 여행가들의 보고에 의하면 오랑우탄은 오두막을 짓고, 무기를 만들고, 그가 '우리 자신'이라 부른 자들과 짝짓기까지 하는 등 '사회'를 이루고 생활했다. 몬보도는 그들이 군집생활을 한다는 보고를 그대로 받아들였다. 오늘날 학계의 정설에 따르면 동남아시아의 오랑우탄은 상대적으로 개인생활을 하지만, 아프리카의 침팬지는 실제로 집단생활을 하고 도구를 만들며 분명히 문화와 사회를 갖고 있다(McGrew 1991).

그러나 몬보도 이론의 핵심은 언어다. 그 시대의 지식인들이 사실상 벙어리였던 야생소년 피터를 인간으로 인정했듯이, 말 못하는 오랑우탄 역시 인간으로 받아들여야 한다고 몬보도는 역설했다(Monboddo 1779~99[1784], III: 336~7, 367). 그의 관점에서는 본연의 인간성이 먼저였고, 그 다음으로 '사회계약'을 통한 사회가 이루어졌으며, 말과 언어는 그 다음이었다. 이와 대조적으로 케임스는 북아메리카 원주민이 공통의 유라시아어를 사용했을 가능성 자체를 수용하지 않았다(언어능력이 없는 인디언은 유럽인과는 본질적으로 다른 인종이라고 생각했다). 이처럼 케임스와 몬보도는 인간성의 정의에 대한 두 가지 극단적 입장을 대표한다.

'야만인'의 개념

'야만인'은 당시로서는 반드시 경멸적인 말은 아니었으며, 단지 거칠고 자유롭게 산다는 것을 암시했을 뿐이었다. 원형적인 야만인은 북아메리카 원주민으로, 이들은 비록 근대적 의미의 '문화'를 간직했음에도 불구하고 보통 유럽인의 사고방식 속에서 프랑스인이나 영국인보다는 이상적인 '자연인'에 훨씬 더 가깝다고 여겨졌다.

'고상한 야만인'(noble savage)의 개념은 주로 이방인에 대한 계몽시대의 이미지와 연관된다. 그 표현은 1692년 초연된 드라이든(John Dryden)의 희곡 『그라나다 정복』(*The Conquest of Granada*) 제1부에서 유래했다.

……자연이 최초로 인간을 만들었을 때처럼 자유롭게,
문명의 구속이 시작되기 전에,
고상한 야만인은 거침없이 숲속을 누볐다.

드라이든의 표현은 인간의 자연상태가 문명화된 상태보다 우월함을 주장하는 학파의 구호가 되었다.

17세기와 18세기 초 인간성에 대한 전형적인 시각은 인간이 '길들여진 야수'에 지나지 않는다는 것이었다. 홉스의 표현(1973 〔1651〕: 65)에 의하면 야만적 삶은 "외롭고, 불쌍하고, 초라하고, 잔혹하고, 궁핍한 것이다." 이처럼 자연과 사회의 관계는 집중적인 토론의 대상이었다. 어떤 이들은 이를 기독교식으로 이해했다. 즉 선한 존재인 자연에 비해 사회는 아담과 이브의 타락 이후 인간에게 전해진 원죄를 통제하기 위해 요구되는 필요악으로 보았다. 이에 반해 인간은 사회를 통해서만 발견되기 때문에 사회는 인간이라는 존재의 진정한 성격을 대표한다고 주장하는 이들도 있었다. 푸펜도르프가 제안하듯이 인류의 '자연적' 생활상은 사회적이고 문화적이며, 자연과 문화는 불가분의 관계에 있다.

　　몬보도처럼 루소도 기본적으로 오랑우탄을 인간으로 받아들였으나, 몬보도와는 달리 그들이 고독한 존재라고 생각했다. 이는 또한 '자연적' 인간에 대한 그의 관점이기도 했다. 그는 몬보도와 같이 야만생활을 동경했으나, 홉스와 같이 '자연인'(*l'homme naturel* 또는 *l'homme sauvage*)은 고독한 존재임을 강조했다. 루소의 『인간 불평등 기원론』(*Discourse on the Origin of Inequality*)의 본문은 두 종류의 불평등을 구별하면서 시작된다(1973〔1755〕: 49~51). 첫째는 체력이나 지능 면에서 나타나는 개인차와 같은 '자연적 불평등'이다. 둘째는 사회의 존재와 함께 생긴 간극, 즉 '인위적 불평등'이다. 그는 인위적 불평등의 설명에 주력했다. 루소가 생각하는 고독한 '자연인'은 초라하고 비열하며 야성적인 것이 아니라, 건강하고 행복하며 자유로웠다. 인간의 사악함은 사람들이 사회를 형성하고 사회가 암시하는 인위적 불평등이 발달한 후에나 등장했다.

사람들이 정착해 주거생활을 시작하면서 사회가 등장한다는 것이 루소의 이론이다. 그 결과 가족이 형성되고 이웃간의 유대가 생기며 언어도 발달한다. 루소가 말하는 '원초적 사회'(*société naissante*)는 황금시대였지만, 대부분의 인류에게 그 기간은 오래 지속되지 못했다. 오래지 않아 질시와 반목이 나타났고, 사유재산의 발생으로 인한 부의 축적은 부를 둘러싼 사람들 사이의 갈등을 유발했다. 문명, 또는 '문명사회'는 불평등을 심화하는 방향으로 발달했다.

그렇지만 과거로의 회귀는 불가능했다. 루소가 볼 때 시민사회 자체는 폐지할 수 없는 것이었다. 시민사회는 다만 정당한 법체계를 확립하고, 사라져버린 자연상태의 평등을 되찾기 위해 스스로 노력할 수밖에 없었다. 자연상태의 평등을 회복하는 일이 정부의 주된 목적이었으나, 그 시대 대부분의 유럽 정부는 그 목적을 실현하지 못하고 있었다. 그러나 모든 사회가 같은 속도로 진보한 것은 아니었다. 루소는 야만사회가 황금시대의 속성을 어느 정도 간직하고 있다고 생각했으며, 이 때문에 아프리카나 아메리카의 특정한 야만사회를 칭송했다.

루소가 동경하던 단순하고 평등한 사회의 개념은 '자연법'에 대한 기존의 원리와 결합하여 미국 및 프랑스 공화국 수립의 사상적 배경이 되었다. 루소의 이상향은 영국, 특히 스코틀랜드의 철학자들에게 영향을 주기도 했다. 애덤 스미스는 루소가 다룬 두 가지 핵심적인 문제, 즉 언어의 기원(Smith 1970〔1761〕)과 사유재산의 중요성이 생성되는 과정(1981〔1776〕)을 천착하려고 애썼다. 퍼거슨(Adam Ferguson 1966〔1767〕)은 아메리카 인디언 사회가 타락하지 않았음을 높이 샀고, 다른 대륙의 '야만인들'에 대해서도 깊은 공감을 표했다. 남부 에든버러의 '세련된' 주민들은 게일어(아일랜드어)를 쓰는 퍼거슨을 북부지방의 '고상한 야만인' 정도로 여겼다.

우리는 '고상한 야만인'에 관한 18세기의 상상력으로부터 얼핏 생각하는 것보다 훨씬 많은 것을 물려받았다. '원시적' 사회와 '비원시적' 사회의 차이를 강조하는 인류학 이론(이를테면 진화론)에서 고상한 야만인은 미개상태 '자연'의 표본으로 남아 있다. 그러한 구분을 하지 않는 인류학 이론(예를 들면 상대주의적인 관점)에서 고상한 야만인은 모든 문화의 뿌리에 있는 공통의 인간성을 반영하는 것으로 간주된다.

사회학적 사고와 인류학적 사고

야생아, 오랑우탄, 고상한 야만인에 대한 낭만적인 관심에서 어느 정도 거리를 두고 있는 것은 몽테스키외(Montesquieu), 생시몽(Saint-Simon), 콩트(Comte)에 의해 구현되는 사회학적 전통이다. 이와 병행하여 스코틀랜드 계몽주의의 후계자들은 '인종들' 간의 생물학적 관계에 대해 열띤 토론을 펼쳤다. 양자의 발달은 19세기와 20세기의 인류학에 발자취를 남기게 된다.

사회학적 전통

몽테스키외 남작의『페르시아인의 편지』(*Persian Letters*, 1964 〔1721〕)는 프랑스 사회를 비판하는 가상의 페르시아 여행자 두 명의 모험을 연대기로 엮은 책이다. 이 책은 민족지 장르뿐 아니라 성찰성(reflexivity, 제10장 참조)까지 예고하고 있다. 그러나 그보다 더 중요한 저서인 『법의 정신』(*Spirit of the Laws*, 1989 〔1748〕)은 정부의 형태, 각 민족의 기질, 기후가 사회에 미치는 영향 등을 세계 각국의 민족지적 사례들을 통해 탐구하고 있다. 그의 주장에서 핵심이 되는 것은 한 문화의 본질적 요소인 일반 정신(*esprit général*)의 개념이다. "자연과 기후는 야만인들을 완전히 지배하며, 예의범절은 중국인들을 통제하고, 법은 일본을 폭정으로 장악한다. 예전에 스파르타에서는 도덕적 관습이 기강을 바로잡았으며, 로마에서는 정부의 행동지침과 고대 관습이 기풍을 좌우했다"(1989〔1748〕: 310). 레비-스트로스는 루소가 사회과학의 창시자라고 보는 반면에, 래드클리프-브라운은 그 영광을 몽테스키외에게 돌렸다. 사실 구조주의와 구조기능주의의 전통은 각기 루소의 합리주의와 몽테스키외의 경험주의에 힘입은 바크다.

19세기가 시작될 무렵 생시몽 백작과 그의 제자 콩트는 사회과학에 대한 몽테스키외의 관심을 물리학, 화학, 생물학까지 포용하는 하나의 틀 안에 통합시키려는 포괄적 개념들을 개진했다. 생시몽은 남긴 저작도 별로 없고 그나마 악문으로 유명했다. 그렇지만 그의 저술 및 사회과학에 관한 콩트의 유명한 강의(1869 〔1839〕: 166~208)에서 우리는 콩트가 사회학이라 명명한 학문의 탄생을 확인할 수 있다. 콩트가 제안한 사회학 분야는 몽테스키외, 생시몽을 비롯한 프랑스 학자들의 사상과 우리가 후에 진화론이라 부르는 인류학적 사회관을 포괄하고 있다.

사회학을 포함한 모든 사회과학은 적어도 부분적으로는 18세기 영국에서 도덕철학이라 불리던 것으로부터 유래하며, 근대적인 생물학은 자연사—당시에는 박물학이라 불렸다—에 대한 18세기의 관심으로부터 성장했다. 콩트는 자신의 사회학 방법론이 생물학과 유사하다고 보았는데, 어떤 의미에서 사회학은 새로운 분야의 명칭을 콩트가 사려 깊게 만든 데서부터 시작되었다. 사회학의 경우 콩트 이전의 사상이 콩트를 거쳐 후대의 학자들에게 전해지는 발달의 계보가 분명한 반면에, 인류학이나 민족학의 발달은 그렇지 못하다. 인류학적 사상들은 분야의 형성과 명칭을 앞서고 있었다. 제1장에서 보았듯이 '인류학'과 '민족학'이란 이름은 후일의 주류 사회인류학과 별다른 관련 없이 독립적으로 존재했다.

복수기원론과 단일기원론

19세기 초는 인류학의 역사를 연구하는 이들에게 별로 주목받지 못하는 시기라고 흔히 말하곤 한다. 18세기 계몽시대를 인류학의 여명기로 보는 이들은 19세기 초반을 한 걸음 퇴보한 시기로 간주한다. 한편 19세기 후반부터 인류학이 시작된다고 보는 사람들은 19세기 초반을 인류학의 기본원리들이 수용되기 이전의 단계라고 본다. 양쪽의 관점은 분명히 어느 정도 사실이다. 그러나 우리가 아는 인류학은 단일기원론 사상을 수용하는 데서 출발하며, 따라서 단일기원론자들과 그 반대론자들 사이의 논쟁은 인류학이 하나의 분야로 정립되는 최초의 계기를 마련했다.

단일기원은 '하나의 기원'을 의미하며, 복수기원은 '하나 이상의 기원'을 의미한다. 프리처드(James Cowles Prichard), 호지킨(Thomas Hodgkin), 벅스턴(Thomas Fowell Buxton) 등의 단일기원론자들은 모든 인류가 하나의 기원을 갖는다고 믿었으며, 녹스(Robert Knox)와 헌트(James Hunt)에 의해 대표되는 반대론자들은 인류가 다수의 기원을 가지며 '인종'(races)은 종(species)과 유사하다고 믿었다.

현대 인류학은 모든 인류가 생물학적·심리학적 측면에서 기본적으로 동일하다고 전제한다. 그러한 관점은 생물학적 특징이나 정신적 능력이 아니라 기후가 문화적 차이를 만들어낸다는 몽테스키외의 주장에도 내포되어 있다. 19세기 초에는 그러한 단일기원론이나 진화론의 사고방식이 정치적 자유주의로 여겨졌고, 어떤 상황에서는 매우 급진적이라고 받아들여졌다. 문화진화론은 인종차별주의에 반대하는 20세기의 상대주의적 이론(제7장에서 논의될 것임)과 마찬가지로 모든 민족이 근본적으로 생물학적·지적 유사성을 지니고 있다는 사실에 바탕을 둔다.

19세기 유럽과 미국의 백인 진화론자들은 자신들이 다른 '인종들'보다 우월하다고 느꼈지만, 그럼에도 불구하고 모든 사회가 동일한 단계들을 거쳐 진화한다고 믿었다. 그러므로 그들은 '낮은 단계의' 인종들을 연구하면 자신들이 속한 사회의 초기 단계에 대해 무엇인가 알 수 있다고 추정했다. 하지만 19세기 초의 복수기원론자들의 생각은 달랐다. 그래서 복수기원론자들은 오늘날 우리가 아는 인류학을 만들어내지도 못했고 또 그럴 능력도 없었다.

이제 사상의 역사에 대해서는 그만 다루기로 하고, 대신 신생 학문의 정치적 측면에 주목해보기로 하자. 단일기원론 진영은 두 개의 조직, 즉 1837년 창설된 원주민보호협회(Aborigines Protection Society)와 1843년 창설된 런던민족학회(Ethnological Society of London)에 기반을 두었다(Stocking 1971 참조). 전자는 인권단체였으며 후자는 학문적 배경으로부터 성장한 것이다. 양 단체의 지도자들은 주로 퀘이커교도였다. 당시에는 영국 국교회 신자만이 잉글랜드의 대학에 다닐 수 있었으므로, 대학교육을 원했던 퀘이커교도는 스코틀랜드나 아일랜드에서 수학했다. 프리처드(후에는 국교회파가 됨)와 호지킨은 에든버러 대학에 다녔고, 벅스턴은 더블린의 트리니티 칼리지에 다녔다. 우연의 일치인지는 몰라도 프리처드와 호지킨은 스코틀랜드의 마지막 계몽주의자였던 스튜어트(Dugald Stewart)——그의 인류학적 사고는 몽테스키외에서 유래했다——로부터 물려받은 관점을 지니게 되었다. 그들은 복수기원론이 득세한 암울한 시대에 스튜어트가 남긴 단일기원론의 작은 불씨를 살렸다.

프리처드와 호지킨, 벅스턴은 모두 의사였다. 그들은 원주민보호협회를 통해 자신들의 직업 및 인간의 존엄성에 대한 신념을 열정적으로 실천했고, 이로부터 자연히 얻어지는 인류의 과학적 이해는 런던민족학회를 통해 증진시켜나갔다. 프랑스의 민족학 정립에 일조한 호지킨은 병리학 분야의 주요 업적으로 유명한 인물이었다. 벅스턴은 개혁 성향의 유명한 하원의원이 되었고, 특히 영국의 식민지였던 아프리카 토착주민들의 생활여건을 개선하는 일에 관심을 기울였다.

복수기원론의 초창기 지도자는 녹스로서, 그는 에든버러의 악명 높은 도굴꾼이자 살인마였던 버크와 헤어에게 희생된 시신들을 부검했던 해부학자다. 『인종 소고』(*Races of Men: A Fragment*, 1850)에서 녹스는 케임스와 마찬가지로 상이한 인종은 실제로 종이 다르며, 독자적인 기원을 갖는다고 주장했다. 프리처드는 『인간의 신체적 역사 탐구』(*Researches into the Physical*

History of Man, 1973(1813))의 여러 개정판을 통해 단일기원론을 표명했다. 그의 책은 5판까지 나왔으며 오랫동안 초창기 진화론의 고전으로 남아 있었다. 프리처드는 당시 알려진 인종들이 동일한 지적 능력을 가졌다고 믿지는 않았으나, 열등한 인종도 개선될 수 있다고 믿었다. 그러한 관점은 오늘날에는 당연히 보수적이라 간주되겠지만, 인류학의 암흑기였던 당시로서는 참다운 자유주의를 나타내는 것이었다.

뒤돌아보면 복수기원론을 주창한 자들이 인종간의 차이에 관심을 보였다는 사실은 흥미롭다. 그들은 자신들을 '인류학자'라 불렀으며, 단일기원론 진영의 성원들은 종과의 연관성이 덜 부각되는 '민족학자'라는 용어를 선호했다. 그들의 갈등이 인류학 분야의 형성에 도움을 주었다는 점은 분명하므로, 우리가 투쟁과정을 무시하고 승리한 지적 선각자, 즉 단일기원론자만 따로 기억한다면 근본적인 역사적 사실을 부인하는 격이다. 우리는 또한 인류학이 모든 인종에 공통적인 인간성과 민족간의 문화적 차이 모두를 연구하는 분야라는 사실을 명심해야 한다.

요약

인류학이 언제 시작되었는지 정확히 규정하기는 불가능하지만, 인류학적 사상들은 인류학이 학문으로 정착되기 오래 전에 이미 나타났다. 인류학적 사고의 전개과정을 살펴보기 위해 우선 17세기와 18세기에 정립된 자연법과 사회계약의 관념을 이해하는 것이 불가피하다. 이런 사상들은 대부분의 사회과학자들이 버린 지 오래된 것이지만, 사회의 성격에 대한 토론의 발판을 마련했다.

18세기의 인류학적 관심은 야생아, 오랑우탄, 고상한 야만인의 개념 등을 포함한다. 현대적인 의미의 민족지는 당시 존재하지 않았다. 몽테스키외와 루소는 현재 사회과학의 창시자들로 추앙받고 있으며, 몽테스키외로부터 내려온 사회학적 전통은 인류학적 전통과 병립하여 발달했다. 인류학의 창설은 19세기 초의 복수기원론과 단일기원론 간의 논쟁으로부터 연유한다고도 볼 수 있다. 오늘날의 인류학은 인류가 하나라는 단일기원론의 전제를 계승하고 있다.

읽을거리

Slotkin의 『초창기 인류학 강독』(*Readings in Early Anthropology*, 1965)은 원전에서 짧은 글들을 뽑아서 수록한 훌륭한 책이며, Adams 의 『인류학의 철학적 기반』(*Philosophical Roots of Anthropology*, 1998)은 이 책에서 언급한 문제들을 심도 있게 다루고 있다. Gierke의 『자연법과 사회이론』(*Natural Law and the Theory of Society*, 1934) 은 자연법에 관한 고전이다.

나의 논문 「오랑우탄과 인간의 정의」(Barnard 1995)는 케임스와 몬보도 간의 논쟁을 구체적으로 설명한다. Berry의 『스코틀랜드 계몽주의 사회이론』(*Social Theory of the Scottish Enlightenment*, 1997)과 Corbey와 Theunissen의 『유인원, 인간, 원인』(*Ape, Man, Apeman*, 1995)도 참조하라. 그 시대에 관한 유용한 참고문헌으로는 Yolton 의 『블랙웰 계몽주의 편람』(*Blackwell Companion to the Enlightenment*, 1991)이 있다. 또한 Daiches, Jones, Jones의 『천재의 온상』 (*A Hotbed of Genius*, 1986)도 참조하라.

Levine의 『사회학적 전통의 전망』(*Visions of the Sociological Tradi-*

tion, 1995)은 사회학 및 일반적인 사회이론에 대한 훌륭한 개설서다. 그의 접근법은 이 책에서 인류학에 적용했던 것과 유사하며, 국가별 전통을 좀더 강조한다. Stocking의 논문 「이름이 뜻하는 것은 무엇인가?」는 단일기원론과 복수기원론 사이의 논쟁을 배경으로 왕립인류학회(Royal Anthropological Institute)의 창립과정을 서술하고 있다. 프리처드의 1973년 판 『인간의 신체적 역사 탐구』에 실린 Stocking의 서론도 참조하라.

3 진화에 관한 다양한 시각

1860년대에 이르면 영국과 유럽 대륙에서 이른바 민족학이라 불리던 분야 내에 진화론적 인류학이 스스로 모습을 드러낼 분위기가 무르익는다. 진화론은 특히 덴마크의 고고학에서 이미 그 존재를 확인했다. 덴마크에서는 1836년 무렵부터 톰센(Christian Jürgensen Thomsen), 닐손(Sven Nilsson) 등에 의해 삼시대 이론(석기, 청동기, 철기)이 체계적으로 확산되고 있었다(Trigger 1989: 73~86 참조). 그러나 태동기 영국 인류학의 진원지는 덴마크 고고학이나 생물학의 진화론적 사고가 아니라, 당대의 '야만인' 또는 '원시인'과 빅토리아 시대 영국의 관계에 대한 의문이었다.

이 장에서는 생물학적 전통과 인류학적 전통의 유사점과 차이점을 검토할 것이다. 나는 19세기 중반 영국에서 진화론적 인류학이 성립되는 과정과 더불어 그것이 기능주의와 상대주의 이전에 인간 사회를 이해하는 주된 패러다임으로 급성장하는 경위를 살펴볼 것이다. 20세기 중반 미국에서 일어난 진화론적 사고의 부활과 20세기 후반 진화론 사상의 발전도 이 장에서 다루어진다.

기본적으로 인류학에는 단선진화론, 보편진화론, 다선진화론,

신다윈주의라는 네 가닥의 폭넓은 진화론적 사고가 있다. 단선적·보편적·다선적 진화론은 점진적인 변화에 주목하는 접근법으로, 스튜어드(1955〔1953〕: 11~29)가 붙인 명칭이다. 신다윈주의는 1970년대의 사회생물학과 그것이 남긴 여파로부터 상징적 문화의 기원에 대한 최신 접근방법에 이르기까지 여러 모습을 띠고 있다.

생물학적 전통과 인류학적 전통

중세의 백과전서파(encyclopedists: 프랑스에서 백과전서〔1751~81〕의 집필과 간행에 참여한 계몽사상가 집단. 감수자였던 디드로와 달랑베르가 대표적 인물이며, 이성을 앞세우고 근대적인 지식과 사고방식으로 당시 사람들을 계몽하는 한편 교회와 절대왕정의 권위에 대해 비판적인 태도를 취해 프랑스 대혁명의 사상적 배경이 되었다―옮긴이)는 신을 정점으로 천사, 인간, 동물, 식물 등에 이르기까지 위계에 따라 우주를 분류했다. 그들은 세상의 질서가 정해져 있다고 믿었으며, 살아 있는 모든 것들을 결합시키는 '존재의 거대한 사슬'에 구현된 원리에 따라 그 질서를 알아낼 수 있으리라 생각했다. 이 용어는 18세기까지 사용되었으며 근대적인 진화론은 그 개념을 정교하게 다듬은 것이라고도 볼 수 있다.

하지만 존재의 거대한 사슬과 진화론 사이에는 두 가지 중대한 차이점이 있다. 첫째, '진화'의 개념은 공간적·시간적 측면을 가진다. 즉 사물은 시간을 통해 변하거나 진화한다. 둘째, 존재의 거대한 사슬은 종들이 고정되어 있다는 고전적인 개념에 근거를 두는 데 비해, 생물학적 형태의 진화론은 종들이 항시 변한다는 정반대의 개념에 기초한다. 즉 낮은 수준의 형태는 더 높은 수준의 형태로 진화한다는 것이다.

사회적 진화는 생물학적 진화와 병행한다. 이는 대부분의 사람들이 책을 통해 생물학적 진화 및 다른 문화에 대한 정보를 접하는 요즘 세상에서는 자명한 사실이다. 그것은 사회적 진보가 생물학적 진화와 유사한 것으로 간주되던 19세기 후반에도 명백해 보였다. 그렇지만 사회진화를 단지 이런 식으로만 보는 것은 과거의 역사를 잘못 이해하는 것이다. 지식인층에서 '진보'의 개념이 널리 수용되는 역사적 기반 위에서 비로소 우리가 아는 진화론이 등장하는 것이다. 18세기 진화론자들은 생물학적 불변성의 틀 안에서 인류 진화의 사고를 받아들였으며, 19세기 후반이 되어서야 현대적인 사회진화의 관념이 '상호경쟁'이나 '적자생존' 같은 개념들과 결부되었다.

존재의 거대한 사슬과 진화론 사이의 경계는 칼로 자르듯 정확한 것은 아니며, 생물학적 변화의 메커니즘에 대한 믿음들도 각양각색이었다. 기본적으로 반진화론자인 린네는 교배를 통해 잡종들이 끊임없이 새로운 속(genus)을 만들어내는 체계를 믿었다. 뷔퐁(Buffon) 백작은 44권에 달하는 저서 『박물지』(*Histoire naturelle*, 1749~1804)를 완성하는 동안 자신의 생각을 여러 번 바꾸었던 것으로 보이는데, 처음에는 어떤 종이 다른 종의 조상이라는 식의 관계를 일절 거부했고, 나중에는 퇴화론적 또는 반진화론적 관점으로 기울어 순수한 몇 가지 원형 동물의 형태가 순수함을 잃은 다수의 근대적 형태로 변했다고 주장했다.

『동물학의 철학』(*Philosophie zoologique*, 1914〔1809〕)에서

라마르크(Jean-Baptiste de Lamarck)는 각 혈통이 점점 복잡한 생명체를 생산하는 방향으로 진화하지만, 예전의 형태도 자연발생적으로 재생산된다고 제시했다. 태초의 아메바는 해파리로 진화했으며 이것이 어류로, 다시 파충류로, 다음에는 포유류로 진화해나간다는 것이다. 한편 근래에 생긴 아메바는 해파리와 어류로 진화했지만, 파충류나 포유류가 되지는 못했다. 그보다 더 후에 생긴 아메바는 해파리로 재생산되었지만 아직 어류가 되지는 않았다.

라마르크는 기관들이 그 잠재적 능력에 맞게 사용되느냐 아니냐에 따라 개선되기도 하고 퇴화하기도 한다고 믿었다. 그는 또한 개별적인 생명체는 획득된 형질을 후손에게 전할 수 있다고 생각했다. 이를테면 어린 시절에 그림을 배운 소녀는 나중에 성장한 뒤 자신의 태아에게 그 능력을 물려줄 수 있다는 것이다. 요컨대 라마르크는 진화의 개념을 가졌으나 그 메커니즘을 제대로 이해하지는 못했다.

다윈(Charles Darwin 1859)은 라마르크의 견해를 거부하고, 대신 우리가 오늘날 유전적 특질이라 부르는 것을 후대에 물려줌으로써 진화가 진행된다고 주장했다. 우연한 돌연변이는 다양한 변종을 생산하며, 주어진 환경에 가장 성공적으로 적응한 형태가 좀더 효율적으로 재생산된다. 다윈은 월리스(Alfred Russel Wallace: 다윈과 비슷한 결론에 도달한 학자)와 함께 진화의 메커니즘을 '성의 선택'(sexual selection)이라 묘사했다. 재생산에 성공한 개체만이 유전자를 전달할 수 있으므로, 이 과정에서 생존을 보장해주는 돌연변이가 선호된다. 격리는 좀더 큰 변화를 초래하며 궁극적으로 새로운 종의 형성을 촉진한다. 다윈 사상의 보급은 기독교의 정통사상에 대한 위협으로 간주되어 서구사회에 엄청난 파장을 불러일으켰다. 다윈의 진화론은 사회과학에도 지대한 영향을 미쳤다(Kuper 1994 참조).

그러나 진화론적 인류학의 발달을 단순히 다윈 이론의 확장으로 보는 것은 옳지 않다. 다윈은 1871년 자신의 가장 '인류학적'(다윈 자신은 '민족학적'이란 말을 선호했다고 한다)인 저서 『인류의 계통』(The Descent of Man)을 내놓았는데, 모건과 타일러의 중요한 저작도 같은 해에 출판되었다. 라마르크의 이론은 생물학적으로 결점이 있긴 하지만, 점진적인(즉 단선적 또는 보편적인) 문화진화를 유추해서 설명하기에는 다윈의 이론보다 그럴싸하다고 주장할 수도 있다. 라마르크가 생각한 것처럼 생물학적 형질이 태아에게 유전되지는 않더라도 새로 개발된 문화적 특질은 개인에게 빠른 속도로 전달될 수도 있다. 또 새로운 문화특질은 기존 사회관계를 변형시킬 힘을 가질 수도 있다. 이런 과정이 지속되면서 사회는 좀더 복잡해진다.

단선진화론

단선적 진화론(unilinear evolutionism)은 하나의 지배적인 진화의 계보가 존재한다는 관념이다. 다시 말하면 모든 사회가 동일한 단계들을 거친다는 것이다. 사회에 따라 진보의 속도가 다르기 때문에 느리게 발달하는 사회는 빨리 진보하는 사회에 비해 '낮은' 수준에 머무르게 된다. 물론 이 모든 주장에 대해 사회제도의 '진보'나 '진화'가 정확히 무엇을 의미하는가라는 질문을 제기할 수 있다. 단선진화론자 각자가 강조하는 바는 물질문화, 생계수단, 친족조직, 종교적 믿음 등 다양했다. 그러나 단선진화론자들은 일반적으로 그런 현상들이 상호 관련되어 있으므로 생계수단의 진화는 친족조직, 종교적 신념과 실천 등의 진화를 야기한다고 믿었다.

메인, 러벅, 모건

단선진화론은 19세기 초의 단일기원론으로부터 발달해왔지만, 19세기 후반 황금기를 맞이하여 인류학적 사고의 중심개념으로 우뚝 섰다. 가장 큰 쟁점은 **가족** 대 **사회계약**의 문제로, 논의의 결과는 이후 인류학적 토론의 중심무대가 된 친족이론과 직결된다.

사회계약은 거의 200년간 법적 사유의 초석으로 건재를 과시했다. 그러던 중 1861년 스코틀랜드 출신 법학자 메인 경(Sir Henry Maine)이 그 사고방식에 반기를 들었다. 그는 사회계약의 작위적 성격을 비판했으며, 그것이 그릇된 법적 허구로 보이는 것에 적용되는 것도 반대했다. 메인은 로마법이 위대한 고대의 유산이라 가정하고 이에 대한 전문지식을 원용하여 사회가 가족 및 가족에 기초하는 친족집단에서 유래했다고 설파했다. 인류학 내부의 반대가 별로 없는 상태에서 가족과 친족에 근거한 메인의 이론은 쉽사리 학계를 장악한 듯이 보였다. 하지만 그의 주장은 가족과 출계제도 이전의 역사, 그 제도와 '원시난혼'(primitive promiscuity)의 관계, '사유재산'의 개념, 그리고 '근친상간 금기'(incest taboo) 등에 대한 격렬한 토론으로 이어졌다.

메인의 저서가 출판된 지 약 10년 후 영국과 미국에서는 두 명의 전직 정치인이 인류학자로 명성을 날리게 된다. 러벅(John Lubbock)은 자유당 하원의원이었으며, 후에 에이브버리 경

(Lord Avebury)으로 귀족의 반열에 오른다. 그의 직업은 은행가였으며 오늘날에는 '은행휴일'(bank holiday: 러벅은 이 표현이 '노동자의 휴일'보다 보수당 반대파의 지지를 얻기가 용이하리라는 것을 염두에 두었다)을 제정한 그의 법안으로 인해 기억되고 있다. 그는 인류학, 고고학, 그리고 자연과학 분야에서 많은 저서를 남겼다.

성공적인 사업가이자 정치인이며 자연사 분야의 아마추어 저자였다는 점에서 모건(Lewis Henry Morgan)의 경력도 닮은 구석이 있다. 그는 철도사업의 거물이었으며 북부 뉴욕 주 의회의 공화당 상원의원이었다. 러벅에 비해 그의 정치적 명망은 대단치 않았다. 그렇지만 그의 주요한 인류학적 사상이 마르크스와 엥겔스(1972〔1884〕)에 의해 채택되었다는 이유로 인해 그의 영향력은 막대한 것이었는데, 이는 상당히 풍자적이다. 〔보수적이며 시장경제를 옹호하는〕 공화당 상원의원이 사유재산을 진화의 원동력으로 강조한 점이 공산주의 이론가들을 감명시켰던 것이다. 1871년 영국을 방문했을 때 모건은 러벅을 만나 그런 문제들을 토론했다고 한다.

모건은 주로 두 가지 측면에서 기억되고 있다. 첫째, 그는 진지한 현지연구를 행했던 몇 안 되는 19세기 이론가 중 한 명이었다. 모건은 서구 교육을 받은 이로쿼이(Iroquois) 인디언 파커(Ely Parker)를 우연히 알게 된 후 이로쿼이족과 여타의 아메리카 원주민 집단에서 여러 해 동안 작업하게 되었다. 그는 특히 그들의 친족체계와 전통적인 정치제도를 연구했으며, 그들 편에 서서 토지소유권 캠페인에도 적극적으로 참여했다. 둘째, 그는 '유별적(classificatory) 분류체계'——기본적으로 평행사촌(parallel cousin: 부모와 성이 동일한 형제자매를 통해 연결된 사촌으로, 우리의 친사촌과 이종사촌이 여기에 속함—옮긴이)을 형제, 자매와 같은 용어로 분류하는 체계—를 발견했으며, 친족체계의 범세계적 이해를 위한 비교론적 모델을 발전시켰다. 이 작업이 선사시대의 인간사회를 밝혀주는 실마리라고 보았던 것이다.

모계 대 부계

19세기 학자들 대다수는 모계가 부계에 선행했다고 믿었지만, 이에 대한 물증이나 하나의 단계출계체계가 먼저 등장하고 이로부터 다른 체계가 진화하게 되는 이유에 대해서는 서로 다른 관점을 가지고 있었다. 러벅(1874〔1870〕)은 원시 모계제에 대해 회의적인 입장을 견지했으나, 현존하는 모계사회가 유사한 경로를 따라 진화해왔다는 사실은 수긍했다. 그는 혼인제도가 완전히 발달하기 이전에는 모계가 좀더 보편적이어서, 남성은 여자형제의 자녀들에게 재산을 물려주었다고 믿었다. 혼인의 정착과 더불어 비로소 남성은 자신의 자녀들(부계)에게 재산을 상속하게 된다는 것이다.

그러나 러벅은 가장 '야만적인' 사회에서는 혼인에 대해 알려진 바가 없으며, '여성의 미덕'이 존중되지 않았고, 여성은 남성에 비해 열등한 존재로 취급되었다고 지적하기도 했다. 이로 말미암아 그는 당시 부상하던 보다 강력한 모권설은 지지할 수 없었다. 보다 확실한 부계이론가였던 메인(1913〔1861〕)은 아득한 고대의 로마나 히브리, 그리스, 게르만 민족은 모두 부계사회였다고 생각했다. 그는 더 오래된 민족지를 찾는 작업이나 전(前)세대의 법학자들이 남긴 연구 이상의 추론이나 고찰은 불필요하다고 보았다.

모계의 우위를 선호했던 자들은 부계이론가들뿐 아니라 다른 모계이론가들과도 논쟁을 벌였다. 모건과 그의 앙숙 매클레넌(John Ferguson McLennan: 그 역시 법률가였으며 스코틀랜드 의회를 위해 공문서를 작성했다)은 부계이론가들을 제쳐놓고 서로 신랄한 비판을 주고받았다. 논쟁의 핵심은 모계가 부계에 선행한 이유에 관한 것이었다. 매클레넌(1970〔1865〕)은 역사 초기 단계에 일어난 식량 확보를 위한 투쟁의 결과 어린 여자아이를 살해하는 관습(female infanticide)이 생겨났다고 보았다. 그 여파로 여성이 부족하게 되어 일처다부제(polyandry: 한 여성이 여러 남편과 사는 제도)가 실행되었다. 이런 고대사회의 구성원들은 특정한 아이의 아버지를 확인할 길이 없었으며, 그래서 모계를 통해 혈통을 인식하게 되었다. 그러다가 남성이 여성을 약탈하고, 다른 군단(band)과의 여성 교환을 주도하게 되면서 부계제가 발달했다는 것이다.

모건(1871; 1877)의 경우 매클레넌이 거의 가치를 인정하지 않은 친족용어에 의거했다. 모건의 주장은 부분적으로 전파주의였다. 뉴욕 주와 온타리오의 이로쿼이족(모건은 1840년대와 50년대에 그들을 연구했다)은 몇 가지 면에서 남부 아시아 지역 주민과 유사한 모계출계, 상속, 친족관계 용어를 갖고 있었다.

이웃한 오지브와(Ojibwa)족은 매우 다른 언어를 구사하면서도 유사한 구조의 친족용어를 사용한다는 점에도 그는 주목했다. 그는 북아메리카 최초의 주민이 아시아에서 이주해온 것이 틀림없다고 결론지었으며, 이는 당시에는 추론에 불과했지만 오늘날에는 확고한 사실로 정립되어 있다. 나아가 그는 아시아인이 한때는 모계제도를 갖고 있었다고 주장했다. 그들이 공통적으로 아버지와 아버지의 형제를 하나의 관계용어로 분류하고, 평행사촌을 '형제자매'로 분류하는 것은 여러 형제들이 한 명의 여성과 혼인하는 체계를 의미한다고 모건은 해석했다. 그런 체계로부터 모계출계가 출현한다는 것이 모건의 생각이었다.

모건은 친족관계용어가 보존성이 강해서 고대사회에 일어났던 사실을 반영한다고 믿었다. 다시 말하면 그것은 과거 사회조직의 흔적을 간직하고 있는데, 이는 사회의 다른 측면이 성원들이 사용하는 용어보다 빨리 변하기 때문이다. 그의 도식에서 부계제는 사유재산과 그에 관련된 부자간의 상속법이 정립되고 나서 비로소 출현하게 된다. 이로쿼이족의 모계제는 '난혼관계'의 단계와 부계출계 중간에 위치한 진화의 단계를 나타낸다. 난혼의 초기 국면은 형제자매간의 동거나 근친혼 체계로 진화해 '공동가족'(communal family)을 낳았으며, 형제들과 그 부인들의 집단 또는 자매들과 그 남편들의 집단이 서로를 공동으로 '소유'하는 관습(하와이에서 보고됨)을 탄생시켰다. 이러한 관습의 흔적은 형제자매와 그 배우자 간의 관계를 당시까지도 친밀한 관계(*pinalua*)라고 기술하는 하와이의 친족집단 용어에 반영되어 있었지만, 성적인 관계를 공유하는 행위는 더 이상 유지되지 않았다(실은 그런 제도가 과연 존재하기는 했는지도 의문이다). 하와이와 다른 폴리네시아 언어의 친족용어체계는 세대에 의해서만 구분될 뿐, 부모와 그 형제자매는 모두 '아버지'와 '어머니'로 불리며 형제자매와 사촌들은 모두 '형제'와 '자매'로 불린다.

스위스의 법학자 바흐오펜(J. J. Bachofen)은 『모권론』(*Das Mutterrecht*, 1967[1861]: 67~210)에서 모계의 우위를 주장하는 또 하나의 이론을 제시했다. 그의 이론은 태초의 남성우위를 전복시킨 초창기 여권운동의 존재에 기반을 둔다. 이 사회는 후에 남성 권위의 부활에 의해 대체된다. 바흐오펜이 내세운 증거는 모권 시대로부터 유래한 여신에 대한 관념의 잔재와 남아메리카에서 발견된 민족지적 사실인 쿠바드(*couvade*) 등이다. 프랑스어 쿠바드는 임신한 부인의 남편이 마치 자신이 임신한 양 행동하는 관습을 가리킨다(바흐오펜의 해석에 의하면 이 관습은 임신과 출산을 독점하는 여성이 아이에 대해 배타적 권리를 주장하던 모권제가 전복되었음을 나타낸다. 즉 남편들이 자신도 임신한 듯 행동함으로써 아이에 대한 권위를 내세우는 것이다. 이런 식으로 남성이 개입하는 것은 과거에는 여성의 권위가 지배적이었음을 방증한다—옮긴이). 남아메리카 원주민이 그렇게 하는 것은 악령을 물리치고, 그로부터 태아를 보호하기 위한 것이라고 보고된 바 있다. 사실 바흐오펜은 모계(어머니를 통한 출계)와 모권(어머니들의 지배)을 혼동하고 있었는데, 당시에는 그의 이론을 추종하는 이들이 적지 않았다. 그의 이론은 '원시사회'에 대한 혁명적이고 여성해방론적인 근래의 시각을 예고하는 것이기도 했다.

이 모든 주장이 단선진화의 틀 내에서 개진되었다는 사실은 매우 중요하다. 문화적 다양성 자체에 대한 관심은 별로 없었음을 뜻하기 때문이다. 단선진화론자에게 있어 문화적 다양성이란 거대한 진화론적 도식 안에서 다른 단계들을 나타내는 지표가 될 경우에만 중요했다. 논쟁의 주역들이 대부분 법률가라는 사실도 꽤 의미심장하다. 법적 분쟁에서 상반된 주장을 펼치는 것이 본업인 그들은 여가가 생기면 출계에 대해 토론을 벌였다. 논쟁의 논리와 뉘앙스도 그들에게는 중요했다. 자연법(과 사회계약)의 개념에 대한 것이든, 가족과 친족(메인 이래로 인류학적 논의의 초점이 된)에 대한 논쟁과 관련된 것이든, 우리가 아는 인류학은 진정 법적 담론과 더불어 시작되었다고 판단된다.

'토테미즘'에 관한 이론

19세기의 마지막 25년 동안에 친족은 여전히 지대한 관심을 모았지만, 문화의 다른 측면들도 부각되기 시작했다. 그 중에서도 종교, 특히 **토테미즘**(totemism)이 눈길을 끌었다. '토테미즘'에 대한 간략한 민족지적 검토는 논점을 명료하게 이해하는 데 도움을 준다.

'토테미즘'은 현재 따옴표를 써서 표시하곤 하는데, 이는 그 범주 자체가 하나의 특수한 현상을 나타내는지에 대해 심각한 의문이 제기되기 때문이다. 많은 학자들은 토테미즘에 대해 이야기하는 것은 실제로는 다른 문화에 속한 극히 다양한 현상에 대해 말하는 것이라고 주장한다. 하지만 19세기 저술가들은 일반적으로 토테미즘을 북아메리카·남아메리카·오스트레일리아·아시아·아프리카·태평양 연안에서 발견되는 범세계적인 현상으로 인식했다. 자연현상으로 사회적 현상을 상징적으로 표상하는 '토테미즘'의 본질은 유럽인의 사고에서도 발견되지만(한 가지 명백한 예는 군사적 상징으로서, 부대나 작전명을 동물이름으로 부르는 것이다), 그 정도나 응집성이 오스트레일리아 원주민의 사고와 같지는 않았다.

토템이란 단어는 오지브와족에서 유래했다. 그 말은 1791년 한 영국 상인에 의해 영어에 유입되었지만, 1856년 감리교 선교사며 오지브와 추장이었던 존스(Peter Jones)에 의해 오지브와 토템의 사고방식이 본격적으로 기술되기 시작했다. 1885년 또 다른 민족지적 설명을 제공한 자 역시 오지브와인이었고, 이어지는 모든 통문화적 토템 개념은 적어도 부분적으로는 이 두 원주민의 설명으로부터 나왔다(Lévi-Strauss 1969b〔1962〕). 오지브와 사고에서 **토템**은 **마니투**(manitoo)와 대비된다. 토템은 하나의 동물 종에 의해 대표되고 부계 씨족(clan)을 상징한다. 그것은 신화에 나타나며 토템을 공유하는 사람들끼리는 혼인할 수 없다는 규칙이 있다. 마니투 역시 하나의 동물 종에 의해 대표되지만, 집단이 아니라 개인의 수호정령이라는 점에서 다르다. 그것은 꿈에 나타나며 개인은 그의 마니투를 죽이거나 먹을 수 없다.

유사한 관념이 여러 문화에서 발견되지만 차이점도 있다. 예를 들어 오스트레일리아 민족지 연구자들은 여섯 형태의 '토테미즘'을 기록했는데, 그 중 두세 가지 형태가 각 원주민 사회에서 발견된다.

① 오지브와족의 마니투와 유사하지만, 일반인이 아니라 마법사(medicine man)에게 속하는 '개인 토템'

② 오지브와족의 토템처럼 부계 씨족이나 모계 씨족의 문장(emblem)인 '씨족 토템'

③ 씨족들의 집단인 협족(phratry)의 토템

④ 사회가 부계 또는 모계 원리에 따라 반으로 갈라지는 반족(moiety: 반을 뜻하는 프랑스어 *moitié*에서 유래)의 토템

⑤ 출계와 세대의 원리가 결합된 혼인 가능한 범주인 구역 토템과 하위구역 토템

⑥ 성지의 영혼들에게 귀속되는 토지를 기반으로 한 토템

오스트레일리아에서 이 모든 종류의 토템은 그 육신을 먹을 수 없는 존재, 그리고 그 성원들끼리는 연인이나 배우자가 될 수 없는 집단의 존재를 나타낸다. 그래서 그것은 오지브와족의 마니투와 토템의 추상적인 원리들을 통합하는 경향이 있다.

'토테미즘', 특히 오스트레일리아의 다양한 토테미즘에 관한 민족지적 문헌들이 늘어나면서, 유럽의 안락의자 이론가들은 그 문헌들을 이용해서 토템의 기원과 심리학적 특성에 대해 추론했다. 프랑스의 사회학자 뒤르켐(1963〔1898〕)은 가장 '원시적인' 남성들이 피를 두려워하고 같은 씨족의 여성들과 동거하기를 거부했던 것은 토템신이 씨족의 핏줄에 깃들여 있다고 믿었기 때문이라고 주장했다. 스코틀랜드의 민속학자 랭(Andrew Lang)과 프레이저 경은 인간과 토템의 동질적 관계를 강조했다. 타일러는 토테미즘이 조상숭배의 특수한 사례에 불과하다고 보았다.

이러한 의견 차이에도 불구하고 당대의 이론가 대부분은 토테미즘과 외혼제(exogamy: 자신이 속한 집단이나 범주 외부에서 배우자를 선택하는 혼인의 형태 및 규정으로 족외혼, 집단외혼이라고도 함—옮긴이)의 관계에 주목했고, 토테미즘이 먼저 진화했다고 생각했다. 나아가 대부분의 진화론자들은 토테미즘이 원형적 인간사회의 문제에 대한 해답이라는 점을 암시하고 있는데, 이는 오스트레일리아 원주민 문화가 고대문화의 잔재를 대표한다고 믿었기 때문이다(자세한 논의는 Kuper 1988: 76~122; Barnard 1999 참조). '원시문화'의 전형은 메인 경의 로마에서 오스트레일리아 원주민으로 바뀌었다.

프로이트는 흥미로운 토테미즘 이론(1960〔1913〕: 140~155)을 제시했다. 그의 이론은 기본적으로 라마르크의 영향을 받았지만, 다윈과 신학자 스미스(William Robertson Smith)의 사상도 참조한 것이었다. 그는 토테미즘의 기원, 희생, 그리고 근친상간 금기를 한꺼번에 설명하고자 노력했다. 프로이트는 남성과 여성의 시원적 집단(primal horde)에서 한 명의 남성이 결국 우두머리가 되는 상황을 상정했다. 이 남성만이 여성들을 통제하고 성적으로 향유할 수 있었다. 이 집단의 성원들은 그를 신으로 경배하게 되었으나, 젊은 남성들은 그의 권위에 반감을 느꼈다. 그들은 그를 살해하고 자매, 어머니들과 성적 관계를 맺은 후 자신들이 저지른 일에 대해 죄의식을 느끼게 되어 토테미즘을 만들어냈다. 정확히 말하면 남성 지배자, 즉 집단의 가부장은 토템적 존재로 기려지게 되었으며, 후손들은 그의 영혼을 달래기 위해 희생의례를 치르기로 했다. 그들은 남성이 어머니와 관계를 가지려는 '자연적' 성향을 근절시키기 위해 근친간의 관계를 금하는 규정을 제도화했다. 프로이트의 관점에 따르면 이로 말미암아 살인과 근친상간이라는 악몽 같은 일은 잊혀지게 되었지만, 그 상처는 오스트레일리아 원주민의 토템 체계와 모든 인류의 잠재의식에 깊이 남아 있다. 오이디푸스에 대한 그리스 신화와 '오이디푸스 콤플렉스'(Oedipus Complex)는 오래 전에 발생한 사건에 대한 '기억'이라고 프로이트는 보았다.

타일러와 프레이저의 고대 종교론

종교는 많은 학자들의 관심을 끌었다. 그 중에서도 타일러(Edward Burnett Tylor)와 프레이저(James Frazer) 두 명은 인류학에서 차지하는 위상, 지대한 영향력, 높은 연구수준으로 인해 주목할 만하다. 그들은 모두 장수하면서(타일러는 1832년부터

1917년까지, 프레이저는 1854년에서 1941년까지 살았다) 수많은 출판물과 대중연설을 통해 수십 년 동안 단선진화론의 정립된 관점을 대변했다. 특히 프레이저의 경우 진화론적 관점에 반기를 든 후학들이 내놓은 전파주의, 기능주의, 상대주의의 도전에 맞서야 했다.

타일러는 북아메리카로 여행하던 도중 인류학에 입문하게 되었다. 그는 아바나(Havana)에서 탐험가이자 타일러와 같은 영국 퀘이커교도인 크리스티(Henry Christie)를 만나 함께 멕시코로 향한다. 그는 후에 멕시코에서 보고 들은 것에 관해 첫 저서(Tylor 1861)를 발표했다. 그 책과 이어지는 저서들, 특히 『원시문화』(*Primitive Culture*, 1871)에서 타일러는 '잔재'(Survivals)의 원리에 입각해 문화의 진화를 탐구했다. 오늘날의 문화 속에는 [과거의 문화를 짐작케 하는] 요소들—지금은 그 기능을 상실했지만, 현재 존재한다는 사실 자체만으로도 예전에 중요했던 것들임을 알 수 있게 해주는—이 간직되어 있다는 것이 잔재의 원리의 요체다. 모건의 친족용어가 한 예다. 타일러가 즐겨 들던 예는 과거에는 명백한 기능을 지녔으나 당시에는 장식효과만 남아 있던 의복의 특징들이다. 즉 재킷 뒤쪽의 허리 부근에 사용하지도 않는 단추가 달린 것이나, 비스듬히 재단된 옷깃이 항상 접혀 있는 것 등이다.

런던의 초등학생에 대한 타일러의 연구는 그가 택한 방법론의 흥미로운 단면을 보여주는데, 그는 어린이가 덜 성숙하고 덜 배웠기 때문에 원시적 사고의 단서를 간직하고 있으리라 믿었다. 종교의 영역에서 고대의 의례나 신앙의 잔재는 원래의 의미가 잊힌 후에도 존속되며, 문명화된 인류에 잠재된 본능적이고 원시적인 사고 속에는 종교적 관념의 초기 발달단계를 알려줄 실마리가 숨어 있다고 타일러는 주장했다.

타일러의 종교이론은 종교가 '애니미즘'(animism)——물질세계와 독립적으로 영혼(라틴어 *animi* 또는 *animae*에 해당함)이 존재한다는 포괄적인 원리——으로부터 진화했다는 도식에 근거한다. 타일러는 실제로 모든 인간사회에서 죽음을 초월하는 영적인 본질에 대한 공통된 믿음이 있다는 점에 주목했다. 세상 사람들은 죽은 자에게, 그리고 영혼이 깃들여 있다고 믿어지는 나무나 개울 같은 숭배의 대상에게 제물을 바친다. 타일러는 태초의 인간이 꿈에 영혼이 나타나는 현상을 통해 애니미즘의 개념을 갖게 되었으며, 사회는 결국 영혼이나 정령, 신에게 제물이나 공희를 바치는 관습을 발달시켰다고 가정했다. 페티시즘(fetishism: 물질적 대상을 통해 인간이 신을 조정하는 것)이나 토테미즘(동식물이 영혼을 부여받는 것)은 애니미즘에서 발달했다고 그는 믿었다.

여러 가지 대목에서 타일러는 러벅과 일치했는데, 19세기 인류학자들이 받아들인 단선진화론의 도식을 간단명료하게 진술한 것은 사실 러벅이었다. 그는 **무신론**(atheism: 신에 대한 명확한 관념의 부재)에서 **페티시즘, 자연숭배** 또는 **토테미즘, 샤머니즘**(신은 초연하고 강력하며, 샤먼을 통해서만 접촉할 수 있다는 믿음), **우상숭배**(idolatry: 인간화된 신에 대한 숭배)를 거쳐 **유신론**(the-ism)에 이르는 과정을 제시했다(Lubbock 1874〔1870〕: 119). 타일러가 그러한 명시적인 과정을 제안하지 않은 것은 이전 단계의 잔재가 새로운 사상과 겹치고 다른 종류의 애니미즘이 동시에 발생하는 등 종교의 진화가 보다 복잡한 문제라고 생각했기 때문이다. 그러므로 타일러의 공헌은 실질적이라기보다는 이론적·방법론적 가치를 지니며, 그의 연구는 단선진화론의 패러다임이 노정하는 문제점에도 불구하고 진화론적 사고의 업적으로 우뚝 서 있다.

프레이저 경은 그의 경력 대부분을 고전학자 및 케임브리지 대학 트리니티 칼리지의 특별연구원(Fellow)으로 보냈다(그는 1921년 늦은 나이에 트리니티 칼리지의 교수가 되었다—옮긴이). 1907년 리버풀 대학이 그에게 사회인류학 교수 직함을 부여했지만, 그는 그 자리를 명예직으로만 간직했다. 수줍음이 많은 성격 탓에 강의하기를 싫어했다고 알려져 있는 그는 독자들에게 크나큰 영향을 미치며 널리 애독된 여러 권의 저서 덕분에 많은 인세를 받기도 했다.

『황금가지』(*The Golden Bough*)는 가장 위대한 인류학 서적 중 하나로, 여러 세대를 거치면서 다방면의 지식인들로부터 폭넓은 사랑을 받았다(수학을 전공하고 있던 젊은 시절의 말리노프스키는 영어실력 향상을 위해서 이 책을 읽었다고 한다). 표면적으로『황금가지』는 고대 이탈리아의 사제 겸 왕(priest-king)들이 그 계승자에 의해 차례대로 살해된 기원과 의미를 설명하려는 시도로 보인다. 하지만 심층적인 수준에서 그 책은 신화와 역사, 민족지와 이성을 결합하여 인간의 심리와 사회질서에 대한 환상적이고 시적인 조감도를 만들어낸다.『황금가지』는 1890년 처음 출판되었으며 1900년에는 12권으로 늘어났다. 1922년에 나온 축약본의 마지막 부분을 인용해보자.

미래에 대한 천착은 이제 그만하고, 사유가 지금까지 지나온 경로를 세 가지 색깔의 실—주술의 검은 실, 종교의 빨간 실, 과학의 흰 실—로 짜인 직물에 비교해 설명해보자. 원시시대로부터 사유의 직물을 유심히 관찰해보면, 그것은 처음에는 진실과 허위의 관념들이 뒤섞인 검은색과 흰색의 무늬로만 이루어져 있고, 종교의 빨간 실에 의해서는 거의 물들지 않았다는 사실을 아마 인지할 수 있을 것이다. 그러나 계속해서 직물에서 눈을 떼지 않고 있으면 검은색과 흰색의 무늬는 여전히 남아 있지만, 직물의 가운데 부위에……검붉은 색이 배어 있고, 그 색조는 과학의 흰 실이 점점 늘어남에 따라 서서히 엷은 빛깔로 변색되어가고 있다는 것을 알 수 있다. (Frazer 1922: 713)

여기에서 흥미로운 것은 프레이저가 문화의 한 영역(즉 과학)을 다른 영역에 비해 특별히 우대하기는 하지만, 그럼에도 불구하고 그것이 개화된 문화뿐 아니라 원시문화에도 존재하는 것으로 여긴다는 점이다. 상대주의적 관점(제7장 참조)에서 보면 이른바 원시사회의 주술은 응용과학 또는 기술에 해당한다고 생각할 수 있다. 프레이저는 종교가 원시과학에서 진화한 것으로 보았고, 근대문화는 그 두 가지 실을 모두 포용한다고 보았다. 이러한 포괄적 관점을 자칭 '창조론자'인 기독교 근본주의자들과 다윈주의를 맹신하는 미국 인류학자들 사이에 벌어진 최근의 논쟁에 비추어보면 흥미롭다(Williams 1983; Stipe 1985). 양쪽 모두 '과학자'의 지위를 앞세우며 과학이 곧 진리(프레이저 역시 과학은 진리를 나타낸다고 믿었다)임을 표방했다.

친족을 다루든 종교를 다루든 모든 단선진화론자는 현재와 과거를 연결하는 과학적인 인류학에 대한 전망을 갖고 있다. 그들은 기원을 추구했고 그들의 '원시적' 동시대인에게서 그것을 찾아냈다. 하지만 다음 세대가 기원의 문제로부터 등을 돌리면서 그들의 방법론적 기교는 의미를 상실했다. 반진화론자들은 전파, 사회적 기능, 문화적 다양성으로 눈을 돌렸다. 이 이야기는 나중에 살피게 될 것이다. 여기에서는 다음 단계의 진화론적 사고인 보편진화론은 기원이 아니라 보편적 역사에 대한 야심만만한 질문으로 회귀하려는 시도라는 것만 알아두자.

보편진화론

보편적 진화론(universal evolutionism)은 20세기 초에 단선진화론의 신조를 유연하게 다듬어 등장했다. 새로운 민족지적·고고학적 증거들에 비추어볼 때 통문화적이며 범세계적으로 적용될 수 있는 명확한 단선적 단계들은 더 이상 지지될 수 없었다. 대신 '야만'(savagery), '미개'(barbarism), '문명'(civilization) 간의 고전적 구분—모건이 대표적이다—처럼 광범위하고 '보편적인' 진화의 단계들이 상정되었다.

모계 대 부계에 대한 논쟁도 더 이상 고찰하기에는 지나치게 사변적이라는 이유로 배척되었다. 토테미즘에 대한 프레이저의 여러 가지 분석(특히 Frazer 1910: vol. iv)처럼 **지나치게 세부적인 부분** 역시 배격되었으며, 위에서 예시한 프레이저의 인용문—보편 진화주의 사고를 예고하는—에서 엿보이는 일반성이 선호되었다. 어쨌든 1930년대에 출현한 보편진화론은 프레이저의 미학적이고 심원한 인간 영혼의 추구보다는 모건의 유물론에 더 크게 의지하고 있다. 진화론의 신세대는 기능주의에 반대했으며, 특히 당시 인류학계를 휩쓸던 상대주의적 편향에 반기를 들었다.

보편진화론의 주도적 인물은 오스트레일리아의 고고학자 차일드와 미국의 문화인류학자 화이트였다. 그들은 좌익 성향의 정치적 관심으로 말미암아 마르크스와 엥겔스의 이론 및 이에 영향을 미쳤던 모건 같은 인류학자의 연구를 검토했다.

고든 차일드

오스트레일리아 노동당의 좌익 인사로 이름을 날리던 차일드(V. Gordon Childe)는 보수적인 자국의 대학교에서 자리를 구하지 못했다. 그는 1921년 영국으로 이주했고, 유럽 각지를 돌아다니다가 1927년 에든버러 대학의 고고학과 교수가 되었다. 그는 후에 런던 대학 고고학 연구소로 자리를 옮겼고 오스트레일리아로 돌아가 생을 마감했다. 차일드는 영국에서 현장 고고학자 및 이론가로 명성을 날렸다. 그의 사상은 문화인류학에 비해 보편적 진화론이 보다 자연스럽게 어울리는 고고학계에서 널리 수용되었다. 기술을 통해 본 인류의 발달단계는 고고학적 기록에 뚜렷이 나타났으며, 선사와 역사가 다른 방법론을 가진 같은 주제라는 차일드의 신념은 당시의 고고학자들에게는 매력적으로 느껴졌다.

차일드는 많은 저서를 남겼지만, 짧은 대중적 저서 두 권이 두드러진 영향력을 행사했다. 『인간은 스스로 창조한다』(*Man Makes Himself*, 1936)는 인류역사 전체를 검토하여 이전까지 주로 유럽에만 국한시켰던 그의 연구를 다른 대륙까지 확대시킨 책이었다. 그것은 수렵채집으로부터 농경의 발생을 거쳐 국가의 형성, 도시혁명, '인간의 지식 혁명'에 이르는 진화를 추적한 것이다. 속편으로 나온 『역사에 무슨 일이 일어났는가』(*What Happened in History*, 1942)는 훨씬 비관적인 관점을 드러내고 있다. 제2차 세계대전 초반부에 쓰인 이 책은 유럽이 비록 일시적이기는 하지만 새로운 '암흑기'를 향해 나아가고 있다고 전망했다. 차일드는 1957년 고고학과 보편사를 사회과학으로 정립시키고자 했던 열망을 채 이루지 못하고 세상을 떠났다.

레슬리 화이트

상대주의가 판치던 미국 인류학계에서 화이트(Leslie White)가 진화주의자로 생존하기 위해 벌인 고독한 투쟁은 차일드의 경우보다 더 힘겨웠을 것이다. 40년 동안(1930~70) 미시간 대학에서 교편을 잡으면서 그는 서서히 자신의 '신진화론'을 따르는 학생과 동료의 무리를 형성해나갔다. 화이트는 푸에블로 인디언에 대한 다섯 권의 민족지를 펴내기도 했으나, 이론적 연구로 더 잘 알려져 있다. 그는 『문화과학』(*The Science of Culture*, 1949)에 수록된 일련의 논문들을 통해, 기술이 가장 중요시되는 통합적·역동적·상징적 체계로서의 문화에 대한 관념을 발전시켰다. 그러한 현상을 연구하기 위해 그는 '문화학'(culturology)이라는 분야를 제안했다. 이것은 심리학에서 주제를 따온 것이었지만, 기술에 의해 유발되는 문화적 힘이 역사를 구성한다고 보는 점에서 기존의 심리학 이론에 반대하는 것이었다. 사회학과의 관계도 마찬가지여서 문화학은 사회적 상호작용에 초점을 두는 사회학이 할 수 없는 것을 설명하고자 했다.

『문화의 진화』(*The Evolution of Culture*, 1959)에서 화이트

는 '영장류의 혁명'(Primate Revolution: 상징행위를 할 수 없는, 문화를 갖지 않은 영장류에서 상징행위를 할 수 있는, 문화를 가진 영장류로의 혁명적 변화로, 생물학적 진화과정에서 상징능력이 있는 영장류, 즉 인간이 출현하는 혁명적 과정―옮긴이)부터 로마제국의 멸망에 이르는 진화의 경로에 관심을 기울인다. 그는 '에너지'가 문화진화의 원동력이라고 주장했다. 인류의 초기단계에 에너지는 인간의 신체적 형태로만 존재했다. 이후 인간은 불, 물, 바람 등의 자원을 동력으로 이용하게 된다. 이에 따라 도구의 제작, 동식물의 사육, 집약적 농경이 발달하여 효율성을 증가시켰고 문화진화에 박차를 가했다.

화이트 스타일의 진화론은 제자들의 작업을 통해 그의 사후에도 계속되었다. 어느 누구보다도 살린스(Marshall Sahlins, 특히 그의 초기 저작을 보라), 서비스(Elman Service)와 해리스(Marvin Harris)가 화이트의 지적 영향을 받았다. 그러나 문화생태학의 탄생과 더불어 그들의 관점은 화이트의 전망에 비해 보다 특수한 것이 되었고, 그들의 접근방법은 분명히 다선적인 것이었다. 이런 후기의 학자들이 마르크스와 엥겔스의 영향을 인정한 데 비해, 화이트는 그의 주저에서 이에 관해 침묵했다는 점도 역설적이다.

다선진화론과 문화생태학

단선진화론의 주장은 검증이 불가능하며, 이미 민족지적 사례에 의해 그 허구성이 드러났듯이 전혀 보편적이지 않다는 문제점을 안고 있었다. 단선진화론은 세계 어디에서나 같은 방식으로

(동시에 일어나지는 않더라도) 만사가 생겨나고 변화한다는 가정에 의존했다. 엄격한 단선적 접근에 따르면 특수한 문화의 변화조차 일률적으로 설명 ── 어떤 설명을 제시할지는 이론가에 따라 다르겠지만 ── 될 수 있을 뿐이다.

보편적 진화론은 논쟁거리를 거의 제공하지 못한다는 점 때문에 설득력이 약한 이론으로 전락했다. 기술이 진보하고 시간이 갈수록 사회가 복잡해진다는 사실은 누구나 인정하겠지만, 과연 이러한 정보를 가지고 무엇을 할 수 있을 것인가? 필요한 것은 보다 정교하며 치열한 문제의식을 갖춘 접근이었다.

줄리언 스튜어드

다선적 진화론은 일리노이 대학의 스튜어드(Julian Steward)가 창안한 것으로, 막연한 일반화를 일삼는 보편진화론과 문제투성이의 단선진화론의 주장에서 벗어나기 위한 명시적 시도였다. 그것은 세계 각지에서 일어난 기술적·사회적 진화의 다양한 궤적을 제시함으로써 상기한 난점들을 비켜나갔다. 진화의 궤적은 기본적으로 생태적인 상황, 즉 역사적으로 결정된 기술과 이보다 더 중요하고 결정적인 자연환경이라는 요인에 의해 한정된다. 따라서 다선진화론은 문화생태학(cultural ecology)의 개념과 밀접하게 관련된다. 그것은 종 분화(speciation: 한 종의 유기체가 둘 이상의 종으로 나뉘는 진화의 과정)에 관한 생물학적 이론으로부터 유래했다는 면에서 생물학의 다원적 사고와도 유사성을 공유한다.

진화주의에 변화의 바람이 불기 시작한 것은 1955년 스튜어드가 그때까지 발표한 주요 논문들을 책으로 엮어 출판했을 무렵이었다. 그는 후에 진보적 기술을 가진 사회도 다루었지만, 변화를 주도했던 것은 캘리포니아 쇼쇼니(Shoshone)족에 대한 민족지적 연구와 『문화변동론』(*Theory of Culture Change*)의 골격을 이루는 수렵채집인에 관한 비교론적 논문들이었다. 스튜어드와 서비스(1962)는 수렵채집인이 기술뿐 아니라 계절적 이동, 영역의 안배, 이에 적합한 집단의 구조를 통해 자신들에게 유리한 방향으로 자원의 이용을 극대화하는 특징적인 방식을 발달시켰다는 의견을 개진했다(Barnard 1983 참조).

조지 피터 머독

한편 예일 대학(나중에는 피츠버그 대학으로 옮겼음)의 머독(George Peter Murdock)은 다선진화와 생태를 중시하면서도 상당히 독창적인 접근방법을 개발하고 있었다. 머독은 통문화적 조사계획(Cross-Cultural Survey)을 수립하고 이를 바탕으로 인간관계 지역자료(Human Relations Area Files)를 창시하여, 세계의 모든 문화로부터 문화적 사실을 수집하려고 노력했다. 그의 목적은 문화특질들의 분포를 서로 연관시켜 일반적인 역사의 경로뿐 아니라 특수한 문화영역이나 문화유형에 고유한 역사적 궤적을 추정할 수 있도록 해주는 것이었다. 제목과 내용이 그다지 어울리지 않는 그의 대표작 『사회구조』(*Social Structure*, 1949)는 그러한 목적을 위해서 250개 대표적인 사회에서 추출된 자료를 제시하고 있다. 인간관계 지역자료 연구실(코네티컷 주의 뉴 헤이번에 있음)의 멜빈 엠버(Melvin Ember)와 캐럴 엠버(Carol Ember)가 그 뒤를 따랐으며, 케임브리지 대학의 구디(Jack Goody)도 몇몇 작업에서 유사한 방법을 취했다.

머독이 신봉한 방법과 이론을 설명해주는 예를 들어보자. 머독의 작업 이전에도 일정한 출계율은 결혼 후 특정한 거주유형을 동반한다고 알려져 있었다. 예를 들면 부계출계는 부거제(夫居制, virilocal residence: 신랑집에서 거주하는 제도)와, 모계출계는 처거제(妻居制, uxorilocal residence: 신붓집에서 거주하는 제도) 또는 시외숙거제(媤外叔居制, viri-avunculocal residence: 남편의 외삼촌 집에서 거주하는 것으로, 남편 입장에서 보면 外叔居制가 됨)와 관련된다는 것이다. 하지만 머독은 그런 유형들 사이에 보다 정확한 통계적 상관 관계를 정립했고, 배후에 숨은 논리를 설명하려고 애썼으며, 그것을 생계수단이나 친족용어 같은 다른 유형과 통계적으로 연결시켰다.

예컨대 여성이 주로 밭농사에 종사한다고 가정해보자. 그런 사회에서 여성은 자신의 기술과 밭을 딸에게 물려줄 것이며 딸은 결혼과 동시에 남편을 데려올 것이다. **사실상의**(de facto) 모계집단이 형성되고, 모계출계의 이데올로기가 등장하리라고 예상된다. 모계출계는 머독이 말하는 '이로쿼이형 친족용어'—교차사촌(cross cousin: 부모와 성을 달리하는 형제자매를 통해 연결된 사촌으로 우리의 고종사촌과 외종사촌이 여기에 속함—옮긴이)과 평행사촌을 구분하는 체계—나 '크로형 친족용어'—방금 설명한 이로쿼이형의 특징에 덧붙여 아버지의 여형제와 아버지의 여형제의 딸을 같은 용어로 부르는 체계—와 관련된다.

이런 독특한 관습이 생긴 것은 아버지의 여형제와 아버지의 여형제의 딸이 같은 장소에서 거주하기 때문일 것이다. 모계출계가 확인되면 그들은 같은 모계친족집단에 속하게 된다. 사실 '크로형 친족용어'는 강력한 모계사회와 일맥상통하며, 다른 종류의 사회에는 그다지 어울리지 않는다. 머독은 출계양식이 바뀌면 친족용어도 변한다고 추론했다. 이런 식으로 우리는 문화요소간의 인과적·진화론적 관계를 상정할 수 있다.

신다윈주의

신다윈주의(neo-Darwinism)는 사회생물학(sociobiology)과 '혁명적'(좁은 의미의 진화와 대비되는) 사고라는 전혀 다른 두 학파로 이루어진 광범위한 시각의 조합이다. 전자의 전통은 생물학과 연결되는 것이다. 후자는 19세기의 기원 탐구를 잇는 것으로, 토테미즘과 원시난혼에 대한 19세기의 관심으로 회귀하기도 한다.

사회생물학

1970년대 후반에 이르러 특히 미국에서는 거대한 진화론적 전통의 새로운 조류가 사회과학계를 침범했다. '사회생물학'은 문화와 사회란 인류의 동물적 속성이 발현된 부수현상일 뿐이라고 보는 윌슨(E. O. Wilson)의 저서 『사회생물학』(1975)에서 빛을 발하기 시작했다. 윌슨은 여러 갈래의 생물학적 사유를 종합했고, 다윈과 마찬가지로 그것이 인간성의 이해에 어떤 함의를 갖는지를 고찰했다. 다윈과 다른 점은 인간문화 전체를 대상으로 삼는다는 것이다. 윌슨은 다윈류의 원리를 적용하면 개미, 개구리, 늑대의 사회생활을 설명하는 것과 같은 방식으로 문화를 설명할 수 있다고 주장했다. 그는 인류학적 자료를 분석하여 집단적 선택이 전쟁에 미친 영향과 성적 선택이 정치조직의 발달에 미친 영향을 고찰했으며, 예술은 도구 사용의 특수한 구현으로, 의례적 음악은 의사소통의 파생물로, 그리고 윤리는 유전자를 전승하려는 욕망의 확장으로 간주했다. 그에 따르면 가족이나 공동체 내의 이타주의(altruism)는 유전자를 공유하는 자들이 그렇지 않은 자들에 비해 유리한 위치를 차지하게 해주는 기능을 충족시킨다.

사회생물학 운동의 영향을 받은 인류학자로는 폭스(Robin Fox)를 들 수 있다. 그의 접근은 인간사회가 동물사회에 기초한다는 관점을 극명하게 예시한다는 점에서 흥미롭다. 폭스(1975)는 친족체계의 면면이 인간 외의 영장류에서도 발견된다고 주장한다. 일부 영장류는 일종의 '출계'(한 집단 내 전 세대간의 관계로 정의됨)를 형성하는 데 반해, 다른 종은 '결연'(집단 사이의 짝짓기 관계로 정의됨)만 실천한다.

이러한 주장은 레비-스트로스(1969a〔1949〕) 이후 근친상간 금기가 동물과 인간의 경계를 표시하며, 오직 인간만이 금기를 제도화할 능력을 갖추었다고 보는 구조주의 인류학의 주류이론과 모순된다. 레비-스트로스에게 근친상간 금기는 모든 사회에 나타난다는 점에서 인간성의 일부분이고, 문화마다 다르게 정의된다는 면에서 문화의 본질이기도 하다. 어떤 문화는 교차사촌간의 성관계를 금하지만, 다른 문화는 교차사촌의 범주를 성관계가 허용되는 범주와 똑같은 것으로 인식한다고 레비-스트로스는 지적한다.

어쨌든 폭스 외에 사회생물학을 받아들인 인류학자는 거의 없으며, 일부는 잠재적 위협으로 간주하여 강력히 반발했다. 그 중에는 영향력 있는 미국의 학자 해리스와 살린스가 끼여 있었는데, 둘은 크게 볼 때 진화론적 신념을 지녔다. 해리스(1979: 119~140)는 사회생물학이 생물학적 환원주의라고 비판했다. 그는 생물학자들을 상대로 생물학 용어를 써가며 "유전자형(geno-type)은 행태적인 표현형(phenotype)의 모든 변이를 설명할 수 없다"(1979: 121)라고 설파했다. 단순한 유기체에서조차 학습된 행위가 중요한 요인이 되며, 문화는 '유전자로부터 자유롭다'(gene free)는 것이다. 살린스는 얇지만 통렬한 저서 『생물학의 이용과 남용』(*The Use and Abuse of Biology*)에서 공격적 성향과 전쟁 사이, 성적 접촉과 교차사촌혼 사이, 사회적 기능을 갖는 '호혜적(reciprocal) 이타주의'와 형식화된 선물교환 사이에는 엄청난 간격이 있다는 점을 지적했다. 그의 표현대로 "생물학이 남긴 공백은 인류학이 채울 것이다"(Sahlins 1977〔1976〕: 16).

이렇게 사회생물학은 그 신봉자들이 치켜세우던 '새로운 종합'은 아닌 것으로 판명되었다. 그 영향은 생물학자들 사이에서는 컸을지 몰라도 인류학을 압도하지는 못했다. 간단히 말해서 그것은 설명하지 못하는 것이 너무 많았다.

상징적 혁명?

돌이켜보면 혁명적 사고는 18세기 여러 사상가의 특징이었다. 우리는 모건, 마르크스, 엥겔스의 저작에서, 그리고 특히 프로이트의 토테미즘 기원론과 근친상간 금기를 문화의 기원으로 보는 레비-스트로스의 이론에서 혁명적 사고를 찾을 수 있다. 화이트의 '영장류의 혁명' 개념도 좋은 예다. 그러나 혁명적 사고가 그 자체의 패러다임——진화론적인 동시에 반진화론적인(서서히 진행되는 진화보다 급격한 변화에 우위를 둔다는 의미에서)——으로 등장한 것은 1980년대에 들어와서다(Cucchiari 1981). 오늘날 그것의 핵심적 특징은 상징적 문화의 기원 탐구, 즉 문화기원론(culturo-genesis)이다. 그것은 남성중심적인 프로이트의 두뇌를 자극하여 인류 최초의 혁명을 부추긴 힘을 여성에게 부여하도록 했다.

이러한 접근을 취한 학자 중 영국의 인류학자 나이트(Chris Knight)는 상징적 문화가 해부학상의 현대 여성이 성의 대가로 식량을 요구한 성 파업에서 비롯되었다는 색다른 주장을 폈다(Knight 1991; Knight, Power and Watts 1995). '시원적 집단'(프로이트의 표현)에서 남성은 무차별적으로 여성을 임신시켰고, 여성은 스스로 아이를 돌보아야 했다. 지난 7만 년 내의 어느 시점에 여성들──정확히 말하자면 특정 집단이나 군단의 여성들──은 사태를 장악하고, 성을 얻으려면 남성들이 그 대가로 사냥을 해야 한다고 집단적으로 요구했다. 여성들은 단합하여 생리를 하거나 생리를 가장함으로써 그들의 성 거부를 상징적으로 표현했다. 여성들의 요구가 관철됨으로써 초하루부터 보름까지는 사냥과 성 금기의 기간이었고, 보름부터 그믐까지는 축제와 성의 기간이었다.

나이트의 이론은 상징 이전단계에서 상징적-문화적 인류로의 전환을 강조한다는 점에서는 진화론적이지만, 초점은 즉각적인 혁명에 맞추어져 있다. 의례와 상징행위에 대한 나이트의 접근은 사회의 근원인 친족과 사회계약에 대한 레비-스트로스와 루소의 접근과 전반적으로 유사하다. 그것은 의례에 관한 대부분의 진화이론에 전적으로 반대하며, 인간과 동물의 '친족' 관계에 대한 폭스의 점진주의적인 관점과 가족을 사회의 기반으로 보는 메인과

표 3.1 진화(메인, 모건 등) 대 혁명(루소, 프로이트, 나이트 등)

	인간/동물의 친족	사회의 기반	의례의 발달
진화	연속성	가족	점진적인 복합성 증가
혁명	단절성	사회계약	비극적 사건이 의례, 금기, 토테미즘 등을 초래

모건의 관점에도 묵시적으로 반대하는 것이다. 문제는 그것이 독창적이긴 하나 검증할 수 없다는 것이다. 표 3.1은 진화와 혁명에서 가장 중요시되는 개념들 사이의 관계를 예시하고 있다.

오늘날의 추세

점진주의자와 상징적 문화의 기원을 혁명적으로 보는 자 사이의 논쟁은 넓은 의미에서 인류학적 진화론의 움직임과 맥을 같이한다. 영국에서는 그 문제에 관심을 갖는 사회인류학, 언어학, 고고학, 인간 생물학 사이의 새로운 결합이 추진되고 있다. 이는 그런 분야들이 서로서로 영향을 주고받는 인류학의 하위분과로 간주된 지 오래인 북미에서는 새삼스러운 일이다.

영국의 잉골드(Ingold 1986: 16∼129) 같은 일부 진화론자와 일본, 미국의 몇몇 생태인류학자가 동물과 인간의 경계를 규정하려고 노력하는 반면에, 나이트는 상징 이전의 인간성과 현대 인류 사이의 경계를 추구하고 있다. 전자의 경계는 기술 이용의 사회관계에 의거하는 한편, 후자의 경계는 문화와 사회의 정서적 측면에 의거한다. 분명히 전자를 정의하기가 더 쉽다. 후자는 비록 매력적이긴 하나 그 특수한 이론이 화이트가 말하는 이른바 '문화의 과학적 이론'으로 제시된다면(실제로 이런 경향이 보인다), 본질적으로 검증되기도 어려울뿐더러 명맥을 유지하기도 힘들 것이다.

요약

인류학의 진화론은 고고학과 생물학을 포함한 다른 분야의 진화론과 유사성을 갖는다. 그러나 그것은 단선적·보편적·다선적 진화론이라는 규정하기 쉬운 세 가지 고전적 형태를 띤다는 점에서 독특하다(스튜어드가 제시한 이상형의 속성을 개별 이론가에게 귀속시키는 일은 그리 만만치 않지만). 단선진화론은 단일기원론을 당연한 것으로 받아들이며, 유사한 문화는 같은 순서로 만물을 창조하며, 동일한 발달단계를 거치게 된다고 본다. 아직까지도 고고학적 사고의 특징을 이루고 있는 보편진화론은 단선진화론에 비해 복합성의 존재를 인정하되 특수성보다는 광범위하고 일반적인 단계에 초점을 맞춤으로써 단순화를 추구한다. 다선진화론은 특히 생태학적 요인들에 관련된 역사적 발달의 특수성에 중점을 둔다. 세 가지 접근법 중 이것이 다윈의 진화 개념에 가장 근접해 있다.

바흐오펜은 다음과 같이 말했다. "일반적으로 인류의 발달과정에는 도약이나 갑작스러운 진보가 아니라 점진적인 변화만이 있을 뿐이다. 그것은 여러 단계를 거치며 각 단계는 그 안에 전단계와 다음 단계를 품고 있다"(1967[1861]: 98). 이러한 점진주의적 선언은 단선진화론에서 보편진화론을 거쳐 다선진화론에 이르는 진화주의 인류학의 본령을 특징짓는다. 하지만 이것은 다윈과 마르크스(제6장 참조)의 사상과 배치된다. 특정한 문화기원론의 존속 여부와 상관없이 점진주의자와 혁명주의자 사이의 토론은 계속될 것이다.

읽을거리

Stocking의 『빅토리아 시대의 인류학』(*Victorian Anthropology*, 1987)과 『타일러 이후』(*After Tylor*, 1996a)는 영국 인류학 발달사에서 해당 시대를 잘 개관하고 있다. 사회사적 접근을 원한다면 Bowler의 『진보의 발명』(*The Invention of Progress*, 1989)을 보라. 다윈에 관한 그의 책(Bowler 1990)도 흥미로우며, 이에 비해 Kuper의 『선택된 영장류』(*The Chosen Primate*, 1994)는 논조가 좀더 가볍고 다루는 범위는 넓다.

사회인류학의 세 가지 진화론적 접근에 관한 고전적 명제는 Steward의 『문화변동론』(1955: 11~29)에서 찾을 수 있다. Harris의 『인류학 이론의 발생』(*The Rise of Anthropological Theory*, 1968)도 관련성이 있는데, 다루는 인물에 대한 그의 부정적인 태도가 모든 이의 취향에 맞지는 않을 것이다.

일반적으로 이 장에서 인용된 일차적인 전거, 특히 Tylor(1871), Childe(1936; 1942), White(1949; 1959), Steward(1955) 그리고 E. O. Wilson(1975)은 모두 읽을 만하다. Wilson의 『사회생물학』(*Sociobiology*, 1980) 축약본도 있다.

4 전파주의와 문화영역 이론

전파주의는 사물(물질적이든 아니든)이 한 문화에서 다른 문화로, 한 민족에서 다른 민족으로, 한 장소에서 다른 장소로 전달되는 과정을 중시한다. 극단적인 전파주의의 암묵적인 전제는 인류가 그다지 창조적이지 않다는 것이다. 즉 사물의 발명은 흔한 일이 아니며, 일단 발명된 사물은 지구상 곳곳에 전해진다는 것이다. 이 과정은 정착 집단간의 직접적인 전파에 의해, 또는 문화적으로 풍요로운 민족의 이주를 통해 진행된다. 반대로 고전적인 진화론은 인간이 창의적이라고 가정하며, 각 집단은 다른 집단과 유사한 문물을 발명하는 성향——비록 그 속도는 다르겠지만——을 지닌다고 본다.

1930년대 무렵 전파주의가 위축되기에 이르렀을 때, 그것이 남긴 사상은 다른 전통에 흡수되었다. '문화영역'(culture-area)의 개념이 가장 대표적인 예다. 문화영역은 보아스와 그 추종자들(제7장 참조)의 민족지적 전통에서 중요한 일면을 차지하게 되었다. 그것은 또한 스튜어드의 진화론(제3장)과 20세기 전반부에 등장한 기능주의와 구조주의(제5장, 제8장)의 전통 안에서도 발견된다. 문화영역과 지역중심의 접근(regional approach)은 전파를 강조하는 학풍에서 나온 논리적 부산물로서, 이 장에서는 그 점을 염두에 두고 전파주의와 문화영역의 여러 이론을 다룰 것이다.

전파주의의 전조: 역사언어학, 뮐러, 바스티안

전파주의는 인도-유럽어족에 속하는 모든 언어간의 역사적 관련성을 전제하는 18세기의 역사언어학(philology) 전통에서 유래되었다.

역사언어학의 전통: 전파주의 이전의 전파주의?

획기적인 변화가 시작된 것은 1787년 영국의 동양학자이자 인도에서 판사로 활동한 법정 변호사 존스(William Jones) 경이 산스크리트, 그리스어, 라틴어의 유사성을 발견하면서부터다. 19세기 초 탐험가 알렉산더 폰 훔볼트(Alexander von Humboldt)의 형이었던 프로이센의 외교관 빌헬름 폰 훔볼트(Wilhelm von Humboldt)는 유럽어이지만 인도-유럽어족에 속하지 않는 바스크어를 집중적으로 탐구했다. 그는 헤르더(Johann Gottfried von Herder)의 초기 사상을 되풀이하면서, 언어와 문화 사이의 밀접한 상관 관계를 제시했다. 비슷한 시기에 동생 빌헬름과 함께 유럽 동화 수집으로 유명했던 그림 형제 가운데 야코프 그림(Jacob Grimm)은 음운추이(sound shift)에 주목해 게르만어와 다른 인도-유럽어를 구별했고, 보프(Franz Bopp)는 인도-유럽어 문법의 비교연구에 착수했다. 이 학자들이 다룬 사상은 후일 인류학의 전파주의에 흡수되었다.

언어학 분야의 역사를 훑어보면 언어학에서 이론적 개념이 발전할 때 사회·문화 인류학의 관련개념도 따라서 발전하는 경향이 눈에 띈다. 이 경우 언어학적 개념이 유행하기까지는 물론 상당한 시일이 걸렸다. 초창기 역사언어학의 이론을 인류학에 접목하려는 시도는 19세기 후반 전파주의가 득세했던 독일보다 진화론이 지배하던 영국에 더 큰 영향을 미쳤다.

영국 진화론과의 연계는 여러 학자의 작업에 나타나고 있으나, 독일계 영국인 동양학자였던 뮐러(Friedrich Max Müller)의 경우가 가장 두드러진다. 그의 대부 격인 멘델스존의 충고로 음악 공부를 단념한 청년 뮐러는 처음에는 라이프치히 대학에서, 나중에는 보프의 지도 아래 베를린 대학에서 산스크리트를 연구했다. 1846년 공부를 계속하기 위해 옥스퍼드 대학으로 건너간 뒤 그곳에 정착했고, 근대 언어학과 비교언어학 강좌를 맡았다. 러벅과 마찬가지로 뮐러도 자유주의적인 정치에 적극적이었고, 많은 유력인사들을 알고 지냈다. 그는 왕실과의 두터운 교분을 바탕으로 추밀원 위원(Privy Councillor)이 되는 드문 영예를 누리기도 했다.

뮐러는 51권에 달하는 동양의 성전을 편찬하는 일에 상당한 시간을 투자했다. 그는 기본적으로 진화론적인 심적 동일성(psychic unity 또는 psychical identity)의 개념(즉 모든 인류는 동일한 심성을 공유한다)과 고대 그리스와 인도의 종교와 언어가 서로 관련된다는 전파론적 관념을 퍼뜨리는 작업에 일조했다. 후자의 탐구는 장례관습에 관한 인류학적 비교와 그리스와 힌두 신들의 이름에 대한 언어학적 비교(Müller 1977〔1892〕: 235~280 참조)를 통해 이루어졌다. 뮐러(1977: 403~410)가 한 종류의 토테미즘만 존재한다는 생각에 반대했으며, 모든 사회가 동일한 종교적 신념의 단계를 통과한다고 믿는 자를 강하게 비판했다는 사실은 주목할 만하다. 뮐러는 전파론에 대한 긍정적인 기여와 극단적 단선진화론에 관한 부정적 논평을 통해 동시대 영국인들의 진화론적 성향을 진정시키는 데 일익을 담당했다.

바스티안(Adolph Bastian)도 뮐러처럼 야심만만한 인물이었다. 그의 폭넓은 접근은 전파론이라기보다는 진화론에 가까웠으나, 그는 확고한 다윈 반대론자였다. 그는 1860년대 후반 독일에서 박물관 민족지와 이론적 민족학을 확립하는 데 크게 기여했다. 즉 그는 전파론이 성장할 수 있는 제도적 발판을 마련함으로써 전파론의 성립에 영향을 주었다. 하지만 후학들은 그의 이론적 기여 자체를 비판하게 되었다.

바스티안은 많은 기간을 선의(船醫)로 활동한 탓에 세계 각지를 여행하면서 그가 조우한 이국적 문화에 대해 글을 썼다. 불행히도 그의 저술은 지나치게 은유적이며 번역이 거의 불가능할 정도의 악문이라서 영어로 옮겨진 적이 거의 없다. 그 특색을 맛보기 위해 로이(Robert Lowie)가 번역한 한 문장을 소개하려 한다. 그가 말하고자 하는 바는 섣부른 일반화를 피해야 한다는 것이다.

그렇다면〔우리가 성급히 굴면〕거지들이나 입을 법한 얼룩덜룩한 누더기 망토가 재단될 것이며, 반면에 정확한 조사를 위해서〔충분한〕자료가 수집될 때까지 조용히 기다린다면 마치 제우스가 성스러운 오크 위에 펼친 듯한 화려한 페플로스(peplos: 고대 그리스의 여성이 입던 긴 옷)가 실체를 반영하는 눈부신 이미지

로 직조될 것이다. (Bastian[1881], Lowie 1937: 33에서 재인용)

그럼에도 불구하고 바스티안은 시대를 앞선 이론적 대비를 세상에 선보였다. 즉 그는 **근원적 사고**(*Elementargedanken*)와 **민속적 사고**(*Völkergedanken*)를 구분했다. 전자는 후일 '문화의 보편적 특성'이라 불리게 되는 것으로, 인류의 심적 동일성을 형성한다. 바스티안은 세계 곳곳에서 발견되는 상이한 문화간의 유사성에 주목했고, 그 유사성은 '근원적 사고'에 의해 미리 결정된 진행방향으로 문화가 진화하는 근사현상(convergence)에 기인하는 것으로 보았다. 한편 '민속적 사고'의 개념은 지역마다 다른 문화의 측면을 나타낸다. 그런 차이는 물리적 환경과 우연한 역사적 사건의 영향 탓이라는 게 그의 설명이었다. 독일-오스트리아의 인류학은 결과적으로 '민속적 사고'에 중점을 두었고, 이것이 전파주의의 앞날을 열었다.

순수 전파주의

전파론은 19세기 후반 독일과 오스트리아의 지리학자 겸 인류학자들의 연구에서 현저히 부각된다. 그러다가 앞으로 살펴보겠지만 20세기 초 영국에서 두 명의 이집트 전문가에 의해 모호함과 어리석음(흥미로운 어리석음이긴 하지만)의 나락으로 빠져들게 된다.

독일-오스트리아의 전파주의

최초의 위대한 전파론자는 라첼(Friedrich Ratzel)이었다. 그는 동물학자로 교육받았으나 곧 지리학으로 전향해 '인류지리학' (anthropogeography)이라 불리게 된 분야의 이론을 펼쳤다. 라첼은 지도를 작성하여 지구상의 이주와 전파의 경로를 탐색하는 작업을 제안했다. 그는 심적 동일성에 대한 바스티안의 가정을 거부했고, 문화적 유사성의 원인이 되는 문화접촉의 증거를 찾으려고 노력했다. 이런 시도와 더불어 인류는 창의적이지 않다는 그의 생각은 그를 진정한 '전파주의자'로 만들었지만, 그는 이 호칭을 사용하지는 않았다.

라첼에 따르면 문화의 단일항목은 전파되는 반면, 전체적인 '문화복합'(관련된 문화특질들의 집합)은 이주에 의해 전달된다. 그가 든 가장 유명한 예는 아프리카와 뉴기니에서 발견된 사냥용 활들 사이의 유사성이다(Ratzel 1891). 라첼은 그것들간의 역사적 관련성을 상정했고, 이를 두 지역 주민들의 유사한 심리학적 기질(이라고 그가 간주한 것)과 연결시켰다. 나아가 그는 대규모의 이주를 통해 강하고 문화적으로 앞선 민족이 약한 민족을 정복함으로써 문화가 **발달한다**고 주장했다. 따라서 모건과 타일러 같은 진화론자들이 자신들의 이론에 전파론의 요소를 통합시켰듯이(그들이 이 사실을 의식하고 있었는지는 미지수다), 최초의 위대한 전파론자였던 라첼은 그의 이론적 입장에 진화론적 요소를 간직하고 있었다. 그들간의 차이는 진보와 문화의 전파 중 어느 메커니즘을 강조하느냐에 달려 있었다.

라이프치히에 근거를 두고 라첼은 많은 학자를 배출했다. 그는 독일 내의 추종세력과 북미 인류학계에서 문화영역 이론을 정착시킨 세대뿐 아니라 영국의 타일러에게도 영향을 미쳤다. 특히 타일러는 세 권으로 이루어진 라첼의 소중한 걸작 『민족학』(*Völker-kunde*) ── 영어로는 『인류의 역사』(*The History of Mankind*, 1896~8〔1885~8〕)로 번역됨 ── 을 칭송했다. 이때부터 진화론과 전파론은 논리적으로 배치되면서도 상호보완적인 시각으로 인식되었고, 인간의 문화사를 완전히 설명하기 위해 서로를 필요로 하게 되었다.

라첼은 아마도 세계를 '문화영역'이라 불리는 것으로 나눈 최초의 인물이지만, 그의 방법과 이론을 크게 확장시킨 사람은 프로베니우스(Leo Frobenius)였다. 독학으로 학자가 된 아프리카 탐험가 겸 박물관 민족학자 프로베니우스는 세계의 문화사에서 유사한 사례를 찾는 일을 낙으로 삼았다. 그는 '문화권'(*Kulturkreise*, culture circles) 개념을 들고 나왔는데, 이는 거대한 문화영역으로 어떤 경우 전 세계적으로 퍼져나가며 이전에 존재했던 문화권과 겹치기도 한다(예를 들면 활과 화살의 문화는 창의 문화 위에 중첩된다). 문화권을 규정하는 작업은 1890년대에서 1930년대까지 독일과 오스트리아의 인류학계를 지배했다.

그러나 후기의 저작에서 프로베니우스는 그가 **파이데우마**(*Paideuma*)라 부르는 것으로 주의를 돌렸다. 그 용어는 그리스어로 '교육'을 뜻하는데, 프로베니우스는 그 단어를 고전적 낭만파의 **민족정신**(*Volksgeist*)의 개념에 가까운 의미를 지칭하기 위해 사용했다. 이는 문화의 '영혼', 즉 문화특질의 형상을 결정하는 정신적 원리다. 더구나 그는 아프리카의 문화적 형상을 탐구하면서 상대주의 시대에 미국 인류학을 지배하게 되는 '세계관'(독어로는 *Weltanshauung*)의 개념을 발전시켰다. 프로베니우스는 아프리카에 대해 두 개의 기본적인 세계관을 상정했다. 에티오피아형(Ethiopian)과 함형(Hamitic)이 그것으로 전자는 목축·경작·

부계·조상숭배·현세적 의례 등에 의해 특징지어지며, 후자는 목축·사냥·모계·망자의 회피·요술 등에 의해 특징지어진다. 에티오피아형 세계관은 이집트와 아프리카의 동부, 서부, 중부 대부분 지역에 적용되며, 함형 세계관은 아프리카 북동부와 북부, 남부지대에서 주로 관찰된다.

이런 기본적인 세계관 위에 보다 특수한 문화적 형상들의 조합이 작용하며, 이들은 아프리카 내부에서 퍼졌거나 아시아 또는 유럽에서 아프리카로 전파되었다. 수렵이나 채집처럼 중첩되는 과거의 문화적 요소들은 연속적인 문화 전파의 파장을 통해 형성된 문화영역 안에 흡수되기도 했고, 원래 상태대로 보존되기도 했다. 따라서 프로베니우스는 아프리카의 문화를 중층적인 복합체로 파악했으며, 그것의 역사적 관련성은 비교연구에 의해서만 결정될 수 있다고 전망했다. 그의 눈에 비친 민족학은 고고학과 닮았지만, 당대의 민족지적 연구를 방법론적 근거로 삼는 점에서 구별되었다.

라첼과 프로베니우스의 뒤를 이어 그레브너(Fritz Graebner)와 슈미트(Wilhelm Schmidt)가 **문화권** 연구를 주도했다. 박물관 학자였던 그레브너는 물질문화의 비교에 주력하여 처음에는 오세아니아, 후에는 세계 전역을 대상으로 연구했다. 라첼이 문화의 질을 강조했다면, 프로베니우스는 양적인 차원을 선호했다고 볼 수 있다. 그레브너는 이들을 묶어 형태와 양 모두를 강조하면서, 어느 두 문화의 역사적 연관성을 측정하는 기준으로 삼았다. 이 방법으로 그는 '태즈메이니아'(반박의 여지가 있는, 태초의 가장 원시적인 문화), '오스트레일리아의 부메랑', '멜라네시아의 활', '폴리네시아의 부계제' 등의 문화권을 정의했는데, 이것들이 태평양을 가로지르며 점차 진보한 문화적 물결을 대표한다고 믿었다. 그레브너는 제1차 세계대전 중에 문서 밀반입 혐의로 오스트레일리아에 억류되었으며 1926년 무렵부터 1934년 사망할 때까지 정신질환에 시달리면서 그의 경력에 큰 지장을 받았다. 그렇지만 과학적 근거 위에서 지리적 문화권과 중층적 문화를 탐구하려 했던 그의 시도는 전파론적 사유의 높은 수준을 보여준다. 그의 저서 『민족학의 방법』(*Die Methode der Ethnologie*, 1911)은 고전이 되었다.

아프리카 종교에 관심이 많던 천주교 성직자 슈미트는 '아프리카 피그미 문화'가 그레브너의 '태즈메이니아 문화'보다 더 '원시적'이라고 주장했다. 그는 네 가지 기본적인 문화권을 구별했다(Schmidt 1939〔1937〕). 수렵채집인의 원시문화권(Primitive Culture Circle) 다음에는 원시농경인의 일차적 문화권(Primary Circle)이 생겼다. 이 단계에서 부계와 모계출계가 처음으로 등장한다. 슈미트는 사람들이 기술력에 대해 자신감이 생기면 숭배의 비중은 낮아지고 주술에 대한 의존도는 높아진다고 주장했다. 이차적 문화권(Secondary Circle)에는 원시적 문화권과 일차적 문화권의 특징들이 혼재한다. 이들로부터 집약적인 농경, 신성한 왕권, 그리고 궁극적으로는 다신교가 탄생했다. 삼차 문화권(Tertiary Circle)은 이차 문화권에 속한 다양한 문화의 특징들이 뒤섞여 복합적으로 구성되며 아시아, 유럽, 아메리카의 고대문명을 창출했다.

슈미트의 목적 중 하나는 세계 종교의 역사를 확립하는 것으로, 그는 이 주제에 대해 10여 권 이상의 책을 남겼다. 그는 고대 인류가 자신이 섬기는 단 하나의 신만을 알고 있었다고 추론하면서, 종교란 원시적 일신론에서 시작되었다고 가정했다. 이어지는 문화권은 진보된 기술과 복합적인 사회조직을 발전시켰고, 이와 동시에 원시적인 일신론적 종교에서 멀어졌다고 그는 믿었다. 따라서 슈미트의 입장은 원시주의와 진화주의의 요소를 모두 지녔으며, 이 사실은 전파주의의 통합적 시각이 내포한 자기모순을 부각시킨다.

영국의 전파주의

전파론은 독일과 오스트리아에서는 지배적인 학풍으로 군림했지만, 다른 지역에서는 단선진화론의 단순함을 견제하는 장치로 인류학적 사고에 파고들었다. 스웨덴의 몬텔리우스(Oscar Montelius)는 1880년대와 1890년대에 고고학 분야에서 유럽의 신석기시대와 청동기시대의 유형학을 세련되게 손질했다. 그는 유럽 전역에서 발견되는 지역적 변이와 소규모의 문화적 특징은 진화보다는 오히려 전파에 의해 잘 설명될 수 있다고 주장했다(Trigger 1989: 155~161 참조). 민족학에서는 상황이 좀더 미묘하지만 친족용어에 대한 모건의 생각은 이주와 전파에 크게 의존했고, 타일러도 가끔 전파를 언급하면서 문화의 '접착'(adhesion), 즉 대체로 함께 발견되는 문화적 요소들을 설명했던 사실을 상기할 필요가 있다. 독일과 미국의 인류학자들은 그것을 '문화복합'(culture complexes)이라 지칭했다.

하지만 진화론과 전파론의 밀월관계는 영국에서 곧 도전에 직면했는데, 이 상황은 아마도 1901년 빅토리아 여왕의 사망 이후 염세주의가 팽배하고, 유럽 각국의 정치적 책략으로 인해 제1차 세계대전의 전운이 감도는 시대적 분위기에 의해 촉발되었다. 19

세기 영국인들은 빅토리아조의 가치와 앨버트 공(Prince Albert: 빅토리아 여왕의 부군)의 후원이 상징하는 과학적 발명과 발견이 인간 성취의 절정이라고 확신하고 있었다. 하지만 20세기 초의 염세주의 속에서 이러한 성과들은 평가절하되었다. 인간의 문화적 성취를 나타내는 새로운 상징은 고대 이집트가 차지했고, 영국 전파론자들은 이집트에서 빅토리아 사회로의 이행이 진화가 아니라 퇴행이라고 생각했다.

오스트레일리아 출신의 유명한 해부학자 스미스(Grafton Elliot Smith)와 그의 제자인 지리학자 페리(William James Perry)는 모든 위대한 문물이 이집트의 파라오·미라·피라미드·태양숭배에서 유래했으며, 당시의 모든 문화는 그 위대한 문명의 초라한 유산에 불과하다는 비현실적인 이론을 만들어냈다. 맨체스터 대학과 런던 대학 유니버시티 칼리지에 근거를 둔 그들은 자신들의 이론을 학술지와 대중적 토론을 통해 보급시켰다. 스미스는 이집트 미라의 연구에서 영감을 얻었는데(그는 1900년과 1909년 사이 이집트에서 작업했다), 두 사람의 이론적 입장은 페리의 저서 『태양의 후예』(The Children of the Sun, 1923)에 가장 잘 구현되어 있는 듯하다. 페리는 널리 읽힌 그 책에서 이집트가 농경·가축사육·달력·토기·세공술·영구주거지·도시의 근원이라고 주장했다. 스미스와 페리의 극단적 입장은 '태양중심주의'(heliocentrism), 즉 이집트와 다른 고대문명의 태양숭배에 중점을 두는 전파주의로 알려지게 되었다. 그것은 전문적인 인류학자들의 지지를 얻지는 못했지만, 에드워드 7세 시대의 대중에게는 큰 인기를 끌었다.

말리노프스키 이전의 훌륭한 현지조사가였던 리버스(W. H. R. Rivers: 스미스와 이집트에서 지냈으며, 1911년 자신이 진화론에서 전파론으로 전향했음을 선언했다)와 더불어 스미스와 페리는 진화론에 대항해 전파론을 방어하는 역할을 담당했다. 스미스와 페리는 또한 리버스가 사망한 1922년에 말리노프스키와 래드클리프-브라운이 사회인류학 교수직에 임용되면서 제도적으로 정립된 기능주의의 도도한 물결에 맞서 투쟁을 계속했다.

태양중심주의자들은 대학의 인류학과에 기반도 없었고, 1920년대와 1930년대에 눈에 띄게 영향력을 키운 새로운 기능주의 세대의 관심을 끌 만한 방법론적 소양도 갖추지 못했다(제5장 참조). 기능주의자들의 관심은 고대 이집트가 아니라 근대의 아시아, 아메리카, 사하라 사막 이남의 아프리카였으며, 추측이 아니라 현지조사와 비교였다. 마침내 1940년대 고고학의 과학적 진전은 기원전 4000년의 이집트가 모든 인간문화의 근원이 될 수 없음을 의심의 여지 없이 증명하여, 영국 전파론에 **최후의 일격**을 가했다. 스미스는 1937년, 페리는 1949년 각각 세상을 떠났다. 20세기 후반의 인류학적 작가 가운데서는 전파론을 시험해보려는 이색적 기호를 가진 노르웨이의 모험가 헤이에르달(Thor Heyerdahl)만이 이집트와 아메리카 사이에 역사적 관련성이 있다는 소신을 펼쳤다. 영국 인류학은 이미 다른 방향으로 완전히 선회했고, 미국 인류학은 영국식의 극단적 전파론이 아니라 독일-오스트리아의 전파론적 방법을 토대로 발전해나갔다.

오늘날의 전파주의?

전파론은 현재 사회인류학에서 가장 인기 없는 이론이라 생각되지만, 완전히 사라진 것은 아니다. 오늘날에도 고고학과 생물인류학에서는 인류 팽창에 대해 '아프리카 기원론'(Out of Afri-ca) 또는 '대체 모델'(Replacement Model: 사하라 사막 이남의 초기 아프리카 인류가 새로운 대륙으로 퍼져나가 각 지역에 거주하고 있던 고대 인류를 대체했다는 이론 또는 모델—옮긴이)을 지지 하는 자들과 '지역적 연속성 모델'(Regional-Continuity Model: 주요한 지리적 영역 내에 살던 태초의 인류가 점진적인 변화를 거쳐 오늘날에 이르렀으며, 현 인류의 형질적 특징은 구세계의 여러 지역에서 발생하여 서서히 다른 지역으로 전파되었다고 보 는 모델—옮긴이)을 선호하는 자들 사이에 논쟁이 있다(Gamble 1993 참조).

이 논쟁은 전파론 내의 해묵은 문제와 밀접한 관련이 있다. 즉 문화적 유사성은 정착 집단들 사이의 유전자나 문화의 전달에서 유래하는가, 아니면 각 민족이 한 장소에서 다른 장소로 이동함 에 따라 생기는가 하는 문제다. 라첼을 포함한 상당수의 전파론 자들은 실제로 후자를 선호했으며, 전파주의 학파 내에서 벌어진 논쟁의 뉘앙스는 인류의 선사에 대한 현대적 연구의 쟁점에서도 감지된다.

다른 각도에서 보면 전파론은 오늘날 모든 학파의 기본적인 인 류학적 사고에 편입된 '문화영역'의 개념을 통해 여전히 살아 있 다. 세계체제(world-system) 또는 세계화(globalization, 또는 지구화) 이론은 전파론이 죽지 않았다는 또 다른 징표다(제6장, 제10장 참조). 물론 그런 이론가들은 자신들의 학풍을 라첼과 그 지지세력(스미스와 그 동료는 말할 것도 없고)과 연관짓는 것을 거부할 것이다. 역설적인 것은 최근의 경향과 고전적 전파론 사 이에 관련성이 있다면, 그것은 분명히 추상적인 이론 또는 유추의 수준에서 발견된다는 점이다. 그것은 전파 개념 자체가 전파된 결과는 단연코 아니다.

문화영역과 지역중심의 접근

모든 인류학자는 현지조사의 대상이 되는 일정한 문화영역을 전문적으로 연구하고 있다. 그러나 문화영역의 중요도는 민족지 연구가의 이론적 이해에 따라 달라진다. 대체로 두 종류의 문화영역 접근법을 구분하는 것이 유용하다. 첫째는 독일-오스트리아의 전파주의에서 발전한 미국 인류학의 문화영역이다. 둘째는 '지역비교'(regional comparison)라는 보다 산만한 접근으로, 이를 하나의 학파나 국가적 전통으로 보기는 어렵다. 이 시각은 인과성과 규칙성을 추구하는 것이 특징이다. 그 지지자들은 다선진화론, 기능주의, 구조주의 등을 다양하게 신봉하지만, 해당 지역 문화간의 역사적 관련성에 대한 묵시적 신념을 유지하고 있다.

미국 인류학의 문화영역 접근법

독일과 오스트리아의 인류학은 1930년대와 1940년대에 황폐화되었다. 나치에 반대한 이들은 제3제국에서 박해받았으며, 나치에 협력했던 자들은 제2차 세계대전 후 새로운 독일 학풍(동독에서는 마르크스주의, 서독에서는 외국의 영향을 받은 절충적인 인류학)이 등장하면서 그들의 이론이 가차없이 폄하됨을 절감해야 했다. 그렇지만 미국 인류학에서는 이미 1920년대에 문화간의 역사적 관계에 대한 관심이나 '문화영역', '문화복합'의 개념이 보편적으로 퍼져 있었다. 북아메리카는 이미 17세기에 영국에 의해 식민화되었지만, 미국 인류학은 독일인 보아스의 이주와 함께 시작되었고 로이(Robert Lowie), 사피어(Edward Sapir), 크로버(A. L. Kroeber), 클룩혼(Clyde Kluckhohn), 카디너(Abram Kardiner) 등 독어를 구사하거나, 독일 또는 오스트리아에서 공부한 적이 있는 학자들의 연구를 통해 정립되었다는 점은 기억할 만하다.

이들 중 보아스, 로이, 사피어, 그리고 특히 크로버(예를 들면 1939)가 문화영역 개념의 발달에 일익을 담당했다. 그들은 특수한 영역들을 규정하고, 각 영역 내에서 최소한의 문화단위인 '문화특질'(culture traits)을 기록하는 작업에 노력을 경주했다. 보아스 이후 20세기 초의 미국 인류학자들은 일반적인 것보다 특수한 것을 강조하는 경향을 보였다(Stocking 1974). 1930년대와 1940년대에는 문화영역 내의 보다 구체적인 비교연구가 성행한 탓에 인류학자들은 보다 많은 문화특질 목록을 찾아내야 했다. 예를 들어 수렵이나 어로행위에서 수십 가지를 설명하기 위해서는 수천 가지 특질이 동원되었다. 보아스는 진화론을 배격했고 전파를 무시했으며 무엇보다도 상세한 민족지 자료의 수집을 고집했기 때문에, 인류학 전체의 연구방향이 역사적인 의문에서 벗어나게 되었다(제7장 참조). 하지만 나중에 보듯이 보아스 학파 내의 일부 학자는 역사나 역사적 추론에 의거해 어느 정도 성공을 거두기도 했다.

'문화복합' 또는 '문화특질'의 대표적인 예를 제시한 미국의 인류학자는 아프리카 및 아프리카계 미국(African-America: 헤스코비츠는 아프리카 문화의 잔재가 미국에서도 발견된다고 보고,

이를 유럽계 미국인의 문화와 대비시켰다. 오늘날 아프리카계 미국인은 정치적·인종적인 편견을 배제하고 미국 흑인을 지칭하기 위한 중립적인 용어로 사용된다—옮긴이) 전문가로 유명한 헤스코비츠였다(Herskovits 1926). 예를 들어 아프리카에서 소가 발견되는 곳에서는 어김없이 유목생활, 부계출계, 연령집단(age sets: 연령에 기초를 두는 사회적 범주로 흔히 성인식을 함께 치른 집단으로 구성됨—옮긴이), 신부대(bridewealth: 신랑측이 신부측에 지불하는 여러 형태의 예물—옮긴이), 가축과 조상의 유대 등 상호 연결된 문화특질들이 수없이 많이 발견된다. 그는 이것을 '동아프리카의 소 복합'이라 불렀다. 헤스코비츠와 독일 전파론자들은 한결같이 문화특질들이 서로 일정한 관계를 맺으며 분포되어 있다고 진술했다. 차이가 있다면 헤스코비츠는 그런 생각을 전파론적·진화론적 도식에 대입하려는 시도를 거부했다는 사실이다(Herskovits 1930도 참조).

돌이켜보면 보아스 학파의 주도적 이론가로서 역사적 문제에 몰두한 사람은 박물관 학예관 위슬러(Clark Wissler)였다. 하지만 위슬러는 당시 과소평가되었다. 대학에 몸담지 않았던 관계로 그의 이론을 보급할 제자들을 양성하지 못한 탓이다. 그가 내놓은 여러 개념 중 특별히 새로운 것은 없었지만, 그는 시대의 분위기를 종합하고 다른 사람들이 생각하고 있는 바에 대해 명료하고 통합적인 이론적 진술을 제시하는 뛰어난 능력을 보유하고 있었다. 다른 학자들이 북아메리카 동부의 선사시대 석조 장식이나 리오그란데 계곡에서 출토된 장식용기의 분포상황을 기록하는 수준에 머무르고 있을 때, 위슬러(1923: 58~61; 1927)는 그러한 분포를 문화영역의 발달, 확장, 상호접촉과 관련지으며 설명했다.

위슬러의 위대한 업적은 연대-지역 가설(age-area hypothe-sis)로서, 이것은 고고학적 조사와 민족학적 조사의 상호작용을 통해 발전했으며 또한 그 상호작용에 기여했다(Kroeber 1931 참조). 방사성탄소연대측정(radiocarbon dating: 방사성 탄소, 즉 탄소14가 질소로 붕괴되는 비율을 이용해 연대를 측정하는 방법─옮긴이)이 나오기 전에는 고고학자들이 발굴해낸 유물의 실제 연대를 알아낼 방법이 없었다. 한 유적지 내의 상대적 연대는 층서학(stratigraphy)으로부터 추정할 수 있었으나, 유적지간의 연대 추정은 쉽지 않았다.

게다가 민족학자는 살아 있는 문화에 관한 자료를 수집하는데, 문화는 시간을 통해 계속 변화한다. 위슬러의 가설은 문화영역 내의 문화특질이 중심에서 주변으로 전해지는 경향을 보인다는 것이다. 그러므로 주변에서 발견된 특질은 오래된 것이고, 중심에서 발견되는 특질은 새로 생긴 것이다. 실험 결과 그 가설은 제대로 들어맞는 듯이 보였고, 문화영역 연구에서 부족했던 역동적 측면을 보완해주었다. 연대-지역 가설은 전파와 진화를 문화영역 연구라는 하나의 틀 안에서 결합시켰다. 한 문화영역의 중심에서는 진화가 일어났고, 중심에서 주변으로 퍼지는 과정은 전파에 의한 것이었다.

미국 인류학이 보아스의 극단적 상대주의에서 벗어나 진화론을 다시 흡수하게 되면서, 진화와 전파의 상호작용은 현저히 부각되었고, 스튜어드의 연구에서 특별한 의미를 띠게 된다. 우리는 제3장에서 다선진화론의 창시자로 그를 다루었지만, 스튜어드의 이론은 전파론적 기반도 지니고 있었다. 여기에서 중요한 점은 그가 환경과 진화에 의해 결정되는 '문화핵심'(cultural core)과 전파에 민감하게 반응하는 '전체문화'(total culture)를 구분했다는 사실이다. 스튜어드는 문화의 제한요인으로 작용하는 자연환경과 문화를 가능케 하는 구성요소인 기술을 강조하는 하나의 틀 안에서 문화영역의 개념을 발전시켰다(예컨대 1955: 78~97 참조).

위슬러는 카리브 해를 포함한 아메리카 전역에 대해 대평원, 고지대, 캘리포니아, 북태평양 연안 등 15개의 문화영역을 정의했다. 크로버(1939)는 애초에 문화영역의 수는 그대로 두고 명칭과 경계만 바꾸었다가, 후에 매우 중요한 문화영역 연구를 통해 48개의 '영역'과 '하위영역'을 표시하고, 이를 7개의 북아메리카 '거대영역'으로 분류했다. 그는 남아메리카를 스튜어드에게 맡겼고, 스튜어드는 남아메리카 대륙의 문화영역에 대해 6권의 연구서를 편찬했다(Steward 1946~50). 이들 연구를 통해 문화영역은 종종 생태지대와 상관 관계에 놓여 있다는 점이 밝혀졌다. 북아메리카에서는 북극, 대평원, 동부 삼림지대 등이, 남아메리카에서는 안데스, 아마존 등이 이에 해당된다.

환경이 문화를 제약하거나 결정하는 힘이라면 그 영향은 지역별로 뚜렷이 나타날 것이다. 스튜어드와 제자들은 그런 일반적 원리를 입증했고 문화영역 내의, 그리고 문화영역간의 비교연구를 통해 환경결정론의 한계를 시험했다. 이 모든 작업은 무엇이 '문화'를 구성하는가라는 문제를 남겼지만, 민족지적 지도를 보충하고 인류학 연구의 목적인 통문화적 비교에 대한 관심을 키우는 데 도움을 주었다.

지역비교, 국가별 전통, 지역별 전통

인류학에는 예시적 비교, 범세계적 비교, 통제된 비교(지역비교 포함)라는 세 가지 구별되는 비교의 유형이 있다(Sarana 1975 참조).

예시적 비교(illustrative comparison)는 문화적 차이 또는 유사성을 입증하기 위해 사례를 선택하는 것이다. 우리는 부계사회의 예로서 누에르를 선택하여, 이를 모계사회의 예인 트로브리안드와 비교할 수 있을 것이다. 우리는 독자에게 익숙지 않은 사회의 어떤 요소, 예컨대 부시먼의 선물 증여를 선택해 보다 친숙한 우리 사회의 선물 증여와 비교할 수도 있다. 그러한 비교는 유사성(선물 증여 관습 자체)을 보여주기도 하지만, 예시는 보통 낯선 사회의 문화적 특징을 표출하는 차이점을 보여주기 위해 계획된다.

범세계적 비교(global comparison), 더 정확히 표현해서 범세계적 표본 비교는 문화적 특징 간의 또는 (생태인류학의 경우) 환경과 문화적 특징 간의 통계적 상관 관계를 발견하기 위해, 전 세계의 사회로부터 표본을 추출하여 비교하는 것이다. 제3장에서 논의했던 머독의 접근이 대표적이다.

통제된 비교(controlled comparison)의 범위는 그 둘의 중간쯤에 위치한다. 이 방법은 주로(언제나는 아님) 한 지역 내로 범위를 한정함으로써 변수의 범위를 제한한다. 지역비교는 다양한 학파에 속한 일부 인류학자들의 작업에서 두드러진다. 전파론자 중에는 프로베니우스가 아프리카 문화영역 연구에서 주로 지역 중심적인 접근을 따랐다. 진화론자 중에는 스튜어드가 지역비교의 형태를 채용했다. 기능주의자로서는 래드클리프-브라운(오스트레일리아 원주민 사회)과 에건(북아메리카 원주민 사회)이 지역적 구조 내에서 특수한 문화가 차지하는 위치를 폭넓게 이해함으로써, 그 문화를 파악하고자 노력했다. 구조주의 인류학자들은 심층적 수준에서 지역적 구조를 간파하여 일정한 지역에 특징적으로 나타나는 생성원리, 즉 변이의 한계나 문화특질이 서로 흥미롭게 연결되어 있는 방식(문화특질은 다른 사회로 전파되었을 때 이따금 변형되기도 한다)을 결정하는 공통의 구조를 규정하려고 애썼다.

1920년대와 1930년대에 네덜란드령 동인도(Dutch East Indies), 즉 지금의 인도네시아를 연구했던 네덜란드 학자들은 구조주의적 형태의 지역비교를 창시했다. 그 지역은 네덜란드 인류학 내에서 '민족학 연구의 장'(*ethnologisch studiefelden*)으로 알려져 있으며, '구조적 핵심'(*structurele kern*)이라 불리는 일련의 특징에 의해 정의된다. 인도네시아 지역의 구조적 핵심은 여자가 자신이 속한 종족(lineage: 부계 또는 모계출계에 바탕을 둔 단계출계집단—옮긴이)보다 낮은 지위의 종족에서 남편을 얻는 결혼체계를 포함한다. 한 사회 내에서 각 종족은 통혼단위의 고리에 의해 서로 연결된다. 이 학파의 이론을 가장 명료하게 진술한 것은 요셀린 데 용(Josselin de Jong 1977(1935))의 레이덴 대학 취임연설이다. 네덜란드 인류학은 최근 들어 마르크스주의 이론, 토착적 지식의 이해, 제3세계 발전의 인류학으로 선회하긴 했지만, 그럼에도 불구하고 '지역의 구조적 비교'는 네덜란드의 전통에 대한 일반인들의 인식에 강하게 남아 있다.

지역의 구조적 비교를 시도한 대표적인 학자는 쿠퍼(Adam Kuper)로, 그는 레이덴 대학에서 가르친 적이 있는 남아프리카 공화국 출신의 영국 인류학자다. 실제로 그가 1977년 레이덴 대학에서 한 첫 강의는 지역적 관심이 아프리카라는 점을 제외하면 40년 전의 요셀린 데 용을 떠올리게 할 정도다(Kupcr 1979a〔1977〕). 쿠퍼는 『신부와 신부대』(*Wives for Cattle*, 1982)를 포함한 여러 편의 책과 논문에서, 남부 반투의 친족·전통적 정치·가계경제·상징주의 등에 나타나는 지역적-구조적 기반을 설명하려고 애썼다. 모든 문화특질은 그에 상응하는 인접 문화의 특질과 연관시킬 때 가장 잘 해석될 수 있다는 것이 그의 주장이다. 처음에는 두서없어 보이는 특질들이 남부 반투 사회를 전체적으로 설명하는 틀 안에서는 이해될 수 있다는 것이다.

가까운 친척간의 혼인이 보편화된 세 사회를 예로 들어보자. 츠와나(Tswana)족의 남자는 자신보다 낮은 지위의 여자와 혼인하며, 이 사회의 신부대는 비교적 적다. 남부 소토(Sotho)족의 남자는 지위가 높은 여자와 혼인하며, 이 사회에서 신부대는 상대적으로 많다. 스와지(Swazi)족의 남성은 어느 쪽으로나 혼인할 수 있지만, 자신보다 지위가 낮은 여성과 결혼할 경우(츠와나족처럼)에는 자신보다 지위가 높은 여성과 결혼할 경우(남부 소토족처럼)보다 적은 신부대를 지불한다.

이 사회들을 비교하면 각각의 혼인구도는 다른 구도의 변형임을 알 수 있고, 전체적인 지역적 체계는 강력한 개인이 신부대 거래를 통해 자신의 권력을 영속화하려는 전략이 빚어낸 결과라고 분석될 수 있다. 흥미로운 것은 가까운 친척간의 혼인이 금지된 총가(Tsonga)족과 초피(Chopi)족에서 행해지는 평민간의 결혼은 그러한 조작에 훨씬 적게 노출되며, 이로 말미암아 평등한 혼인구조가 발생한다는 사실이다.

쿠퍼의 방법은 아프리카뿐 아니라 다른 지역에서도 적용될 수 있으리라는 희망을 갖게 한다. 최근 인류학 자료가 많이 쌓인 덕분에, 또한 밀접하게 관련된 사회나 잘 연구된 사회는 비교하기도 쉬운 탓에, 인류학자들은 점점 더 특정 지역에 초점을 맞추게 되었으며 이러한 추세는 앞으로도 계속될 것 같다(Barnard 1996 참조).

게다가 파든과 그 동료들이 지적하듯이(Fardon 1990), 민족지적 저술의 '지역별 전통'이라는 또 하나의 변수가 있다. 그것은 지역별 이해가 인류학 이론 전반의 강력한 결정인자라는 사실을 각인시켜준다. 누군가가 인도에서 현지조사를 한다면, 그는 인도에 관련된 문헌을 섭렵하고 이에 대한 이론적 식견을 발전시킬 수밖에 없다. 이는 멜라네시아 전문가와 아마존 전문가가 각기 자신이 전공하는 지역의 쟁점에 대해 논평할 수밖에 없는 것과 마찬가지다. 따라서 지역의 문화적 특성 그 자체와 그 지역에서 연구하고 있는 인류학자들의 주요 관심사가 새로 현지조사를 떠나는 학자의 연구방향을 결정하게 된다. 이에 따라 이론적 강조점이 달라짐은 물론이다.

요약

전파주의는 19세기 말부터 20세기에 걸쳐 인류학자들에게 진화론의 압도적 지배로부터 벗어날 수 있는 탈출구를 제공했다. 고대 이집트를 모든 고등문명의 근원이라고 강조한 영국 학파의 극단적 사고는 별다른 학문적 장점이 없는 것으로 판명되었다. 독일-오스트리아 학파의 보다 건실한 개념들은 미국 인류학으로

스며들어 '문화영역 접근'으로 변형되어 나타났다. 결국에는 진화론, 기능주의, 구조주의를 포함하는 다양한 문화영역 접근법이 등장했다.

전파론과 문화영역 접근은 인류학이 산출한 가장 흥미로운 개념 중 하나다. 그러나 진화론적 사고와 달리 현대의 전파론적 사조(예컨대 세계화 이론)는 과거와의 연속성을 잃었다. 하지만 고전적 형태의 전파주의는 문화영역 간의 역사적 관계 탐구라는 값진 유산을 남겼으며, 특히 특정 지역을 집중적으로 연구하는 풍토를 조성했다.

읽을거리

Zwernemann의 『문화사와 아프리카 인류학』(*Culture History and African Anthropology*, 1983)은 독일-오스트리아 전파주의의 개요를 잘 보여준다. 독일-오스트리아 학파의 고전적 연구는 Kluckhohn의 논문(1936), 미국의 문화영역 접근법은 Wissler의 논문(1927)에 잘 설명되어 있다. 두 학파의 관계는 Stocking이 편집한 『방법과 윤리로서의 문화정신』(*Volksgeist as Method and Ethic*, 1996b)에 수록된 몇몇 논문이 다루고 있다. 독일-오스트리아, 미국, 영국의 전통에 대한 당대의 개괄은 Lowie의 『민족학 이론의 역사』(*History of Ethnological Theory*, 1937: 128~195, 279~291)를 참조하라. 문화영역 접근에 대한 반론은 지중해 일대에 관한 Herzfeld(1984)의 논문을 보라. 영국 전파주의에 대해서는 Langham의 『영국 사회인류학의 형성』(*The Building of British Social Anthropology*, 1981: 118~199)을 보라. 비교방법에 대한 전반적 해설은 Sarana의 『인류학 비교방법론』(*The Methodology of Anthropological Comparisons*, 1975)을 참조하라.

네덜란드 인류학은 국가적 전통으로 잘 기록되어 있다. 네덜란드의 구조주의에 대해서는 제8장을 참조하고, Josselin de Jong의 『네덜란드의 구조인류학』(*Structural Anthropology in the Netherlands*, 1977)도 보라. Kloos와 Claessen은 오늘날의 네덜란드 인류학에 관한 세 권의 책을 편집했는데, 가장 최근에 나온 것은 『현대 네덜란드 인류학』(*Contemporary Anthropology in the Netherlands*, 1991)이다.

5 기능주의와 구조기능주의

'기능주의자'와 '구조기능주의자'라는 용어와 그에 대응하는 '주의'는 현재 그 의미가 상당히 잘 정립되어 있지만, 언제나 그랬던 것은 아니다. 이론을 살펴보기에 앞서 용어의 뉘앙스가 어떻게 변화해왔는지 간략히 훑어보도록 하자.

'기능주의'는 광의의 용어다. 크게 보면 그것은 좁은 의미의 기능주의와 구조기능주의를 모두 포함한다. 나는 그것을 주로 좁은 의미로, 즉 말리노프스키와 그 제자 퍼스에 관련된 사상을 지칭하기 위해 사용할 것이다. 기능주의는 개인의 행위, 사회제도가 개인에게 부과하는 제약, 그리고 개인의 욕구와 문화적·사회적 틀을 통한 그 욕구의 충족 간의 관계에 관심을 기울이는 시각이다. '구조기능주의'는 개인의 행위나 욕구보다는 사회질서 내에서 개인이 점하는 위치, 또는 사회질서의 구성 그 자체에 더 큰 관심을 갖는다. 전형적으로 구조기능주의는 래드클리프-브라운과 그 추종자들의 연구를 말한다. 영국의 에번스-프리처드(초창기 저작), 샤페라, 포티스, 구디 등이 여기에 포함된다.

그러나 구조기능주의와 기능주의의 경계가 항상 엄격한 것은 아니었다. 래드클리프-브라운의 지지자들 중 일부는 '기능주의자'라는 용어에 개의치 않았으며, 다른 이들은 그들의 연구를 말리노프스키의 것과 구별하기 위해 '구조기능주의자' 또는 '구조주의자'라는 호칭을 사용했다. 더구나 1950년대에는 래드클리프-브라운의 이론과 레비-스트로스의 이론 또는 '프랑스 구조주의'(제8장)를 구분하기 위해 '영국 구조주의'라는 용어도 쓰였다. 혼란스러운 것은 1960년대 초 새로운 세대의 영국 인류학자들이 레비-스트로스로 경도되었을 때에도 여전히 '영국 구조주의자'라는 명칭을 간직했다는 점이다. 엄밀히 말하면 이들의 '영국 구조주의'는 실제로는 영국식 '프랑스 구조주의'였다!

래드클리프-브라운과 레비-스트로스가 모두 뒤르켐의 사회학에서 영감을 얻었다는 사실도 혼란을 가중시킨다. 래드클리프-브라운은 '기능주의자'로 불리기를 싫어했지만, 자신이 종사한 분야를 '비교사회학'이라 부르기를 주저하지 않았다.

진화론적 선각자들과 유기체적 유추

래드클리프-브라운은 인류학이 두 개의 시발점을 갖는다고 몇 번이나 언급했다. 하나는 '1870년 무렵'으로 진화론적 사고의 황금기다. 다른 하나는 몽테스키외의 『법의 정신』이 프랑스에서 출판된 1748년이다. 그의 저서가 구현한 사회학적 전통은 사회가 체계적으로 구조화되어 있으며, 그 구조는 우리가 지금 사회과학이라 부르는 분야의 적절한 연구대상이라는 사고방식을 존중한다. 적어도 콩트 이후로 사회학적 전통은 그 연구대상이 기능적 체계들로 구성된 생물학적 유기체에 비유될 수 있다는 관점을 견지해왔다. 진화론자들, 그 중에서도 스펜서(Herbert Spencer:

프랑스 일색인 사회학 전통에 속한 유일한 영국인)는 사회적 유형의 변형을 연구의 초점으로 삼았다. 그는 또한 유기체적 유추 (organic analogy)에 대해 가장 확실한 진술을 남겼다(Andreski 1971[Spencer 1876]: 108~120). 스펜서는 사회에 대한 과학이 생명에 대한 과학(생물학)에 기초해야 한다고 주장했으며, 단호한 진화론적·다원적 전망을 지녔다. 스펜서는 사회가 유아기·아동기·청년기·성년기·중년기·노년기에 해당하는 단계들을 통과한다고 보았다. 그와 뒤르켐은 사회가 제각기 다른 기능을 맡는 부분들로 이루어지며, 진화와 더불어 부분들의 이질성이 증가한다고 보았다. 심지어 전파론자 프로베니우스도 유기체적 유추의 시류에 동참했다. 유기체적 유추의 개념은 공시적·통시적 접근은 물론 진화론과 전파론의 접근 모두에 잘 어울렸다.

이러한 초창기의 기능주의적 관점은 20세기 초에 이르러 뒤르켐의 공시적 연구에 의해 일부 수정되며, 래드클리프-브라운에 의해 결정적으로 변형된다. 래드클리프-브라운이나 뒤르켐은 진화를 부정하진 않았으나, 동시대 사회에 중점을 둔 것으로 잘 알려져 있다. 우리는 여러 부분들로 구성된 건강한 유기체──그 부분들은 더 큰 체계에서 합쳐지고, 각 체계는 고유한 목적의 기능을 지니며, 다른 체계들과 함께 작용하는──처럼 순탄하게 기능하는 사회를 상상할 수 있다. 사회도 유기체와 유사한 구조를 갖는다. 사회제도는 신체의 일부분처럼 더 큰 체계 내에서 기능한다. 다양한 생물학적 체계가 함께 유기체를 형성하듯이, 친족·종교·정치·경제 같은 사회체계들이 모여 사회를 구성한다. 래드클리프-브라운의 사고방식이 단적으로 드러나는 이러한 유추를 간략히 표현한 것이 그림 5.1이다.

생식계	순환계
소화계	신경계

유기체의 체계

친족	종교
경제	정치

사회의 체계

그림 5.1 유기체적 유추: 사회는 유기체와 같다

프랑스 또는 영국 사회의 예를 들어 유추를 좀더 확대해보자. 각 사회를 구성하는 체계는 래드클리프-브라운이 '사회제도'라 부르는 부분으로 구성된다. 사회제도와 그것이 형성하는 체계 간의 관계를 어떻게 이해할 수 있을까? 프랑스나 영국의 '결혼'은 친족체계 내의 제도라고 지적될 수 있는데, 그것은 또한 종교적·정치적·경제적 측면도 갖는다. 다시 말해서 '결혼'은 다른 체계 안에서도 기능하므로, 단순히 친족의 일부는 아니다. 이는 유추가 무용지물이거나 틀렸다는 것이 아니라, 문제가 있다는 것을 보여준다. 그것은 또 유추가 지나치게 단순함을 알려준다. 다른 제도와 어울리면 어느 제도라도 기능을 가질 수 있으므로 어떤 의미에서는 만사가 '기능적'이다.

유기체적 유추가 성공했던 데에는 그것이 지극히 단순한 모델이며, 통시적 분석과 공시적 분석에 모두 적용될 수 있다는 나름의 이유가 있었다. 그러나 바로 그 점이 실패요인이기도 했으며, 기능주의 이후에 등장한 세대는 보다 정교한 분석의 틀을 소리

높여 요구하게 되었다.

뒤르켐의 사회학

구조기능주의의 가장 중요한 원천은 뒤르켐(Emile Durkheim)
의 사회학이 아닌가 생각된다. 그리 두드러지지 않았던 학창시절
과 일정 기간의 철학 강의 이후, 뒤르켐은 1887년 보르도 대학에
자리를 얻게 된다(사회과학 분야에서는 프랑스 최초였다). 그는
1902년 소르본 대학으로 옮겼고, 1917년 세상을 떠날 때까지 그
곳에서 가르쳤다. 그의 주위에는 사회에 대한 통합적 학문의 전
망을 공유한 헌신적인 철학자·경제학자·역사학자·법학자들이
모여들었다.

1898년 뒤르켐과 그를 따르는 젊은 학자들은 머지않아 커다란
영향력을 발휘할 통학문적(interdisciplinary) 잡지 『사회학 연
보』(Année sociologique)를 창간했다. 이 집단의 여러 학자는 인
류학적 사고, 특히 종교인류학에 기여했다. 모스(Marcel Mauss),
레비-브륄(Lucien Lévy-Bruhl), 헤르츠(Robert Hertz), 그라네
(Marcel Granet), 위베르(Henri Hubert) 등이 인류학 분야에 두
드러진 영향을 미쳤다. 이들의 영향력은 후학들이 그들이 남긴
유고의 번역본을 접하고 나서야 비로소 드러나는 경우도 있었다.

인류학자들과 사회학자들은 뒤르켐이 위대한 저서 한 권을 썼
다는 사실에는 동의하지만, 그것이 어느 책인지에 대해서는 의견
이 분분하다. 오늘날 사회학에 살아 있는 경험주의 전통은 뒤르
켐의 초기 저작에서 유래했다. 예를 들어 『자살론』(Suicide, 1966
〔1897〕)에서 뒤르켐은 문헌자료를 통해 신교도와 구교도, 농촌

주민과 도시 거주자, 기혼자와 미혼자, 청장년층과 노년층에서 자살률이 각기 다르게 나타난다고 보고했다. 나라에 따른 차이도 있는데, 이는 시간이 흘러도 변함없이 남아 있다. 얼핏 보기에는 가장 개인적인 행위인 자살조차 본질적으로 사회적 기반을 갖는다는 것이다.

뒤르켐의 위대한 저서 한 권을 선택하라면, 대부분의 인류학자들은 『종교생활의 원초적 형태』(*The Elementary Forms of the Religious Life*, 1915[1912]), 또는 그 책의 예고편 격인 『원시적 분류』(*Primitive Classification*, Durkheim and Mauss 1963[1903])를 꼽을 것이다. 『종교생활의 원초적 형태』는 '초창기' 사회의 종교를 다루고 있다. 뒤르켐은 우선 '종교'를 정의하고 그것의 사회적 기반을 주장한다. 종교는 '성스러운' 것(the sacred)을 '속된' 것(the profane)으로부터 구분하여, 성스러운 것에 각별한 관심을 기울인다는 것이다.

그는 타일러의 애니미즘, 뮐러의 자연주의, 매클레넌의 토테미즘 등 다양한 종교기원론을 추적한다. 뒤르켐 자신은 토테미즘을 선호했고, 그것이 진화해온 특성에 관한 개인적 의견을 개진했다. 그는 북아메리카뿐 아니라 오스트레일리아 원주민에 대한 풍부한 민족지 자료를 십분 활용했다. 뒤르켐의 설명은 전반적으로 진화론적 용어로 표현되긴 했지만, 논의의 초점이 신념에서 의례로 옮아가는 책의 후반부로 갈수록 점점 기능주의적 색채를 강하게 띤다. 우주론적 질서는 사회적 질서에 바탕을 두고 구성되므로, 사람들은 의례를 통해 사회 자체를 경배한다고 그는 주장한다. 의례는 참가자의 마음속에 그 질서를 심어주는 역할을 한다.

뒤르켐은 자신의 조카이자 제자였던 모스와 함께 『원시적 분류』를 썼다. 그들은 『사회학 연보』에 논문으로 게재되었던 이 짧은 책에서 인간의 사고가 어떻게 사물을 분류하는가 하는 문제를 천착했다. 저자들은 오스트레일리아 원주민, 북아메리카의 주니(Zuni)족과 수(Sioux)족, 중국의 도교도(Taoist)에 관한 민족지 자료를 검토한 후, 사회와 자연의 분류 사이에 밀접한 관계가 존재한다고 단정한다. 나아가 그들은 원시적 사고와 과학적 사고 간의 연속성도 발견한다. 수준 높은 중국 문화가 '원시적인' 오스트레일리아 원주민 사회의 구조적 구분을 반영하는 분류체계와 우주관의 요소를 지니고 있다는 것이다. 시간·장소·동물·사물은 이분법·사분법·육분법·팔분법 등에 바탕을 두고 분류된다는 통문화적 유사성이 있다. 뒤르켐과 모스가 든 예에는 오스트레일리아·북아메리카·중국·고대 그리스가 등장한다. 그들이 발전시킨 이론은 구조기능주의뿐 아니라 진화론과 구조주의를 포함해서 인류의 심적 동일성을 분명히 인정하는 모든 이론의 요소를 지니고 있다.

모스의 연구는 다양한 인류학 영역에서 미래의 발전 가능성을 잉태하고 있었던 것으로 밝혀졌다. 주로 『사회학 연보』에 발표된 모스의 저술에는 문화생태학, 공희(sacrifice), 주술, 개인(person)의 개념, 선물교환 등에 관한 논문이 포함된다((Lévi-Strauss 1988〔1950〕). 이 중 가장 중요하고, 가장 기능주의적인 작품은 아마도 『증여론』(The Gift, 1990〔1923〕)일 것이다. 그의 주장에 따르면 증여는 이론상 자발적이지만 실제로는 받는 측에거는 기대에서 유래한다. 더구나 그것이 즉각적인 보답을 요구하는 것은 아니라 할지라도, 나중에 선물로 되갚든지, 경의를 표하든지, 주는 자와 받는 자 간의 사회적 지위 차이를 인정하든지, 어떤 식으로든 보상해야 한다는 원칙이 엄연히 존재한다. 다시 말해서 증여는 공짜가 아니라 권리와 의무의 체계에 포섭되어 있는 것으로, 어느 사회에서나 사회구조의 일부분을 이루며 어떤 사회에서는 '총체적 용역'(total services)의 체계를 형성하기도 한다. 모스가 든 사례는 폴리네시아와 멜라네시아(말리노프스키의 트로브리안드도 포함됨) 및 아메리카 북서부 연안(보아스의 콰키우틀족도 포함됨)에서 행해지는 의례적 교환을 포함한다.

그는 또 로마·힌두·게르만·중국의 법에서 보이는 '고대'(archaic) 교환의 잔재도 기록하고 있다. 그리하여 모스는 증여(와 그 원리)가 어디서나 통용되는 것은 아니지만, 상당히 광범위하게 퍼져 있는 제도라는 결론을 내릴 수 있었다.

뒤르켐과 모스는 다양한 이론적 시각의 인류학자들에게 영감을 불러일으키고 있다. 그 후 사회학은 다른 길을 걸어갔지만 인류학과 서로 영향을 주고받았으며 유사하게 발달한 구석도 있다(Swingewood 1984: 227~329). 이에 대해 상세히 논할 자리는 아니지만, 사회학과 인류학이 한때 하나의 분야가 될 가능성도 있었다는 사실은 명심해두는 것이 좋겠다.

말리노프스키의 기능주의

영국 인류학에서 말리노프스키(Bronislaw Malinowski)의 위상은 미국 인류학에서 보아스가 차지하는 위치에 비견된다. 말리노프스키는 보아스와 마찬가지로 중부 유럽의 자연과학도였다가 독특한 상황에 처해 인류학으로 전향하고 영어권으로 건너왔다. 보아스처럼 말리노프스키도 안락의자 진화론에 반대했고, 현지어를 사용하는 '참여관찰'(participant observation)에 기초한 현지조사의 전통을 수립했다. 더구나 보아스와 말리노프스키 양자는 오만하면서도 자유분방한 지식인으로 대학원 수업을 통해 강력한 추종세력을 형성했다.

말리노프스키는 1884년 크라쿠프에서 슬라브어 교수의 아들로 태어났다. 그는 크라쿠프의 자길로니안(Jagiellonian) 대학에서 수학·물리학·철학을 전공했고, 오스트리아 제국에서 최고의 영예를 차지하면서 1908년 졸업했다. 그는 런던정경대학(London Schools of Economics, LSE)에서 셀리그먼(C. G. Seligman)과 웨스터마크(Edward Westermarck)의 지도 아래 인류학을 공부했고, 1914년 조사차 오스트레일리아로 떠났다. 제1차 세계대전 중 말리노프스키는 오스트레일리아에서 적국인으로 분류되었으나 잘 대접받았고(문서 밀반입 혐의로 억류되었던 그레브너와 달리), 오스트레일리아가 통치하던 뉴기니 지역에서 현지조사를 수행할 수 있었다.

말리노프스키는 1914년 9월과 1918년 10월 사이에 오스트레일리아를 세 번 왕복하면서 약 30개월을 뉴기니 현지조사에 바쳤다. 그는 첫 6개월을 제외하고는 모두 트로브리안드 제도(Tro-briand Islands)에서 지냈다. 전쟁 후 말리노프스키는 자길로니안 대학의 교수직 제의를 거절하고 런던정경대학으로 돌아가 1922년부터 1938년까지 가르쳤는데, 이 기간에 그의 영향력은 지대했다. 제2차 세계대전이 발발했을 때 그는 미국에 있었다. 그는 전쟁이 끝날 때까지 미국에 머무를 작정이었으나, 1942년 예일 대학의 교수직을 수락한 지 얼마 지나지 않아 세상을 떠났다.

기능주의와 현지조사

'말리노프스키류의 인류학'이란 문구는 현재 두 가지 다른 이미지를 뜻한다. 한 이미지는 트로브리안드 도민에 관한 말리노프스키의 연구서를 연상시키는 현지조사 방법과 그것이 시사하는 이론적 가정 및 민족지 스타일이다. 다른 하나는 문화와 문화적 보편성에 대한 보다 명시적인 이론으로 이는 말리노프스키의 후기 저작들, 특히 사후 출판된 『문화의 과학적 이론』(*The Scientific Theory of Culture*, 1944)에 나타나는 가정에 근거한다.

말리노프스키의 현지조사 스타일에서 간파되는 기능주의는 래드클리프-브라운의 그것과 크게 다르지 않지만, 일반적으로 말리노프스키가 더 훌륭한 조사자였다고 인정된다. 말리노프스키의 제자들 다수는 래드클리프-브라운에게서 이론적 개념을 따오기도 했는데, 더 큰 사회체계 안에서 기능하는 사회제도들을 강조하는 것이 대표적인 예다. 그러나 말리노프스키의 유명한 제자들—퍼스(Raymond Firth), 캐버리(Phyllis Kaberry), 샤페라(Isaac Schapera), 크리헤(Eileen Krige), 윌슨(Monica Wilson), 쿠퍼(Hilda Kuper)—이 취한 방법은 '말리노프스키류'라고 특징지을 수 있다. 말리노프스키는 오랜 기간에 걸쳐 정보제공자와 밀접한 관계를 유지하는 장기간의 현지조사를 권장했다.

말리노프스키의 가장 유명한 저서는 『서태평양의 항해자들』(*Argonauts of the Western Pacific*, 1922)이다. 『서태평양의 항해자들』은 연구의 주제, 방법, 범위에 대한 진술로 시작해서 트로브리안드의 지리와 섬에 도착하게 된 경위에 관한 서술로 이어진다. 말리노프스키는 계속해서 쿨라 교환(kula exchange: 쿨라는 트로브리안드 제도에서 행해지는 의례적 선물교환의 일종으로, 두 종류의 의례용 물건이 거대한 환(環)을 따라 서로 다른 방향으로 교환된다. 이는 상호신용을 기반으로 넓은 섬 지역을 연결하는 교역의 일종이다―옮긴이)의 규칙, 카누, 항해, 카누 주술과 의식에 관련된 사실을 소개한다. 이어서 그는 앞에서 다루었던 측면들, 즉 카누 여행, 쿨라, 주술에 대해 보다 구체적이고 명확한 설명을 제공한다. 그는 '쿨라의 의미'에 대해 '성찰하는' (reflective, 오늘날에는 reflexive라는 표현을 씀) 장으로 마무리한다. 여기에서 그는 이론적 추정으로 빠져드는 것을 단호히 거부하면서, 이국적 관습에 대한 포용력을 넓히고 생소한 관습의 목적에 대해 독자들을 계도하기 위해 민족학이 매우 중요하다는 점을 역설하고 있다. 이것이 바로 제자들이 열렬히 흠모하는 말리노프스키의 진면목이다.

내가 생각하기에 말리노프스키의 통찰력이 가장 돋보이는 연구는 『서태평양의 항해자들』 발표 이후 몇 년 지나서 나왔다. 그것은 부모-자식간의 관계에 관한 연구로, 프로이트 심리학의 핵심적 신조를 시험한 것이었다(Malinowski 1927a; 1927b). 트로브리안드인에게 아버지는 온갖 응석을 다 받아주는 인물로서, 프로이트가 문화적 보편성으로 가정했던 권위적 인물이 아니다. 오히려 소년의 외삼촌이 권위를 갖고 있다. 이는 소년이 속한 모계 친족집단의 어른이라는 위치로부터 외삼촌의 권위가 나오기 때문이다. 말리노프스키에 따르면 트로브리안드인은 생리학적 부성(paternity)에 대해서 알지 못한다. 따라서 모계사회에서 아버지의 역할은 부자간의 생물학적 관계가 그들간의 사회적 관계의 근간으로 간주되는 부계사회의 그것과 상당히 다르다. 한참 후에야 래드클리프-브라운(1952(1924): 15~31)과 레비-스트로스(1963〔1945〕: 31~54)가 소년과 아버지, 소년과 외삼촌 간의 고전적 관계에 대해 본격적으로 논의했다. '외삼촌-조카'(avunculate) 문제에 대한 말리노프스키의 기여가 특별한 관심을 끄는 것은, 그의 주장이 단순한 통문화적 비교가 아니라 깊이 있는 민족지적 통찰력에서 나왔기 때문이다. 이것이 프로이트와 비교해 볼 때 말리노프스키가 보여주는 장점이다.

캐버리(1957: 81~82)는 말리노프스키의 기능 이론에서 나타나는 세 가지 수준의 추상화를 보다 일반적인 용어로 기술했다. 첫째 수준에서 '기능'은 한 제도가 다른 제도들에 미치는 영향, 즉 제도들간의 관계를 지칭한다. 유사한 수준이 래드클리프-브라운의 연구에도 나타난다. 두번째는 공동체의 성원이 정의하는 용어로 제도를 이해하는 것이다. 셋째 수준은 제도가 전반적인 사회적 응집력을 높이는 방식을 정의한다. 말리노프스키 자신은 이러한 수준들에 대해 명백히 밝힌 적이 없으며, 캐버리가 말리노프스키의 민족지 저술 여기저기에 흩어져 있는 논의에서 추론한 것으로 보인다. 하지만 말리노프스키는 캐버리가 첫째 수준의 예로 인용한 보기 드문 이론적 논평을 통해 관습이 문화의 나머지 부분과 '유기적으로 연결'되어 있으며, 현지조사가는 사회조직의 다양한 국면을 상호 연결시키는 '보이지 않는 원리'를 탐색할 필요가 있다고 주장했다. 말리노프스키(1935: 1, 317)에 따르면 보이지 않는 원리는 '귀납적 추론'(inductive computation)에 의해 발견된다.

문화의 과학적 이론?

말리노프스키가 말년에 자신의 관점을 정리하기 시작했을 때,

그는 지금까지와는 달리 지극히 독특한 방식으로 문화를 설명했다. 이것이 말리노프스키의 두번째 시각을 나타낸다.

말리노프스키는 자신의 접근방법이 일곱 가지 생물학적 욕구와 그에 대한 문화적 반응의 조합에 기초한다고 주장했다(표 5.1). 말리노프스키(1944: 75~84)는 '문화'를 정의한 다음 모든 문화에 통합되어 있는 생물학적 기반이라고 그가 말하는 '생명의 연쇄과정'(vital sequences)에 관한 이론을 제안했다. 여기에는 11개의 과정이 있는데, 각 과정은 '충동', 관련된 생리학적 '행위', 그 행위가 초래하는 '충족'으로 구성된다. 예컨대 졸음이라는 충동은 잠이라는 행위와 연관되고, 그 결과는 '활력을 갖고 깨어남'이라는 충족이다(1944: 77).

그는 11가지 패러다임에 이어 좀더 단순한 모델을 제시한다. 이것은 일곱 가지 '기본적 욕구'와 각각에 대한 '문화적 반응'의 관계에 기초한다(1944: 91~119). 다음으로 그는 네 가지 다소 복잡한 '도구적 필수요건'과 그에 대응하는 '문화적 반응'을 연결시키는 도식을 보여준다. 이때 문화적 반응은 경제, 사회적 통제, 교육, 정치조직으로 구성된다. 마지막으로 그는 '통합적 필수요건'과 '도구적으로 실현된 생명의 연쇄과정'을 다룬다(1944: 132~144).

『문화의 과학적 이론』에 나오는 어떤 사상도 동시대인의 호응을 얻지 못했지만, 일부 제자들은 그의 사후 15년 만에 편집된 기념 논문집(Firth 1957)에서 그 가치를 찾으려고 노력했다. 말리노프스키 최후의 진술로, 그리고 그의 저술 중 가장 이론적인 것으로, 그 책은 분명히 연구될 가치가 있다. 하지만 그 책 때문에 사실 그의 제자들도 곤혹스러웠다. 생물학적 주장은 문화와

표 5.1 일곱 가지 기본적 욕구와 문화적 반응

기본적 욕구	문화적 반응
1. 신진대사	1. 식량 공급
2. 생식(재생산)	2. 친족
3. 육체적 안락	3. 안식처
4. 안전	4. 보호
5. 동작	5. 활동
6. 성장	6. 훈련
7. 건강	7. 위생

별 상관이 없어 보이며, 그가 말한 것 중 상당수는 자명하거나 (예를 들어 잠을 자면 피로가 회복된다), 뜻을 헤아리기 어렵다 (예를 들면 통합적 필수요건과 도구적으로 실현된 생명의 연쇄 과정). 말리노프스키가 아꼈던 제자 캐버리(1957: 83)는 생물학적 욕구에 대한 말리노프스키 후기의 관심은 아무런 흥미도 끌지 못했지만, 사회제도에 관한 초기의 연구는 큰 반향을 불러일으켰다고 지적했다. 문제는 사회제도에 대한 말리노프스키의 연구가 해박한 민족지적 산문 속에 숨어 있으며, 생물학적 욕구에 대한 선언과는 달리 이론적 일반화의 대상이 된 적이 없었다는 사실이다.

불행히도 말리노프스키가 보여준 두 가지 관점 사이의 관계는 그가 한 제자(Hogbin)의 저서에 써준 서문에 암시되어 있을 뿐이다. "내가 생각하기에 학생들에게 가장 중요한 것은 모든 제도의 중심 어딘가에 살아 꿈틀거리는, 심장이 고동치는 피와 살을 가진 인간 유기체(flesh and blood organism of man)를 잊지 않는 일이다"(Malinowski 1934: xxxi). 나델(S. F. Nadel)은 다음과 같이 논평했다.

　다소 단순화시켜 표현하자면, 말리노프스키의 사상은 오직 두 수준에서 움직이고 있다. 하나는 그가 기본에 충실한 모범적인 현지조사를 수행했던 트로브리안드라는 특수한 사회의 수준이고, 다른 하나는 일반적인 원시적 인간과 사회, 나아가서는 전반적인 인간과 사회의 수준이다. 말리노프스키는 보다 포괄적인 저술에서 다른 원시사회를 언급하기도 했으나, 이는 대개의 경우 자신의 주장을 입증하기 위한 것으로 부차적인 의미를 띨 뿐이다. 그는 한 번도 엄격한 비교의 관점에서 생각한 적이 없다. 그의 일반화는 트로브리안드에서 인류 전체로 곧장 건너뛰는데, 이는 트로브리안드인이 인류에 대해 특별히 많은 것을 시사해주는 인종이라고 생각했기 때문임에 틀림없다. (Nadel 1957: 190)

　그의 제자 대부분이 말리노프스키에 대해 내린 최종평가는(즉 Firth 1957에서) 말리노프스키가 친족용어의 중요성, 경제적 교환의 복합성, 법에 관한 저술이 요하는 정확성, 또는 인류학적 비교의 의미 등을 제대로 이해하지 못했다는 것이다. 그러나 우리는 아직도 인류학의 위대한 현지조사 전통을 확립한 인물로 그를 기억한다. 그 자신의 분석은 기대에 미치지 못했지만, 모범적인 현지조사 방법과 1920년대와 1930년대에 영감을 불어넣은 런던 정경대학에서의 가르침은 영국적 전통의 기본 유산으로 남았다.

　말리노프스키와 보아스는 서로 멀지 않은 곳에서(말리노프스키는 예일 대학이 있는 뉴헤이번에서, 보아스는 뉴욕에서 최후를 맞이했다―옮긴이) 1942년 같이 세상을 떠났다. 하지만 그들이 서거한 해는 그다지 큰 상징적 의미를 부여받지 못했다(이에 비해 20년 전 리버스가 사망했을 때는 영국에서 추앙받던 전파론의 대표적 논객이 떠남에 따라, 말리노프스키 이전의 현지조사 전통이 단절되었다는 사실이 크게 부각되었다). 이는 아마도 그때까지 인류학계가 전쟁의 상처에서 채 벗어나지 못했기 때문일 것이다. 그래도 보아스의 정신은 미국 인류학에 머물렀고, 말리노프스키의 방법론은 래드클리프-브라운의 이론과 더불어 영국 전통의 대들보로 남았다.

래드클리프-브라운의 구조기능주의

브라운(Alfred Reginald Brown)은 1881년 버밍엄에서 태어났다. 그는 1920년 무렵 형의 충고에 따라 어머니의 결혼 전 성을 추가해서 래드클리프 브라운이란 호칭을 쓰게 되었고, 1926년 법적으로 래드클리프-브라운(A. R. Radcliffe-Brown)이 되었다. 친구들은 그를 렉스 또는 R-B로 불렀고, 대학시절에는 그의 정치적 성향 때문에 '무정부주의자 브라운'이라고 불렀다. 사실 그는 무정부주의자 크로포트킨(Peter Kropotkin)을 익히 알고 있었는데, 크로포트킨이 사회를 정부 없이 상부상조하며 기능하는 자기 통제적 체계로 본 것은 사회제도의 기능에 대한 래드클리프-브라운의 관심을 예견케 하는 것이었다(예를 들어 Kropotkin 1987 [1902]: 74~128 참조).

래드클리프-브라운은 1904년 케임브리지 대학에서 학사과정을 마친 후 그곳에서 대학원 과정을 계속했으며, 이어서 안다만 제도(1906~8)와 서부 오스트레일리아(1910~11)에서 현지조사를 수행했다. 제1차 세계대전 중 그는 통가 공화국에서 교육 감독관으로 복무했다. 그 후 그는 세계 곳곳을 순회하면서 케이프타운(1920~25)·시드니(1926~31)·시카고(1931~37)·옥스퍼드(1937~46) 등 그가 가는 곳마다 인류학 강좌를 개설했다. 그는 영국·남아프리카·중국·브라질·이집트의 다른 대학에서도 짧은 기간 강의했다.

사회에 대한 자연과학?

래드클리프-브라운(1931)은 오스트레일리아 민족지에서 비교론적 시각을 지지하면서, 원주민 친족체계의 다양성을 당시 발견된 원주민 사회구조의 총체적 복합성이라는 관점에서 설명했다. 그는 귀납론자로서 인류학이 비교를 통해 언젠가는 '사회의 자연법칙'을 발견하리라 믿고 있었다(하지만 그는 이 작업에 정진하지는 않았다). 그는 경험주의자로서 사회를 구성하는 체계나 제도의 기원에 대한 추정에 반대했고, 인류학자는 자신이 발견한 것만 연구해야 한다고 역설했다. 그는 민족지적 사실의 수집을 추구했으며, 우연히 입수한 가장 단순한 사실도 과거가 아니라 현재에 대한 사실이기를 바랐다. 그것들을 연결시키는 가장 단순한 방법은 사회를 살아서 상호작용하는 단위로 연구하는 것이었다(Radcliffe-Brown 1952〔1935〕: 178~187).

내가 제일 좋아하는 래드클리프-브라운의 저서는 『사회에 대한 자연과학』(*A Natural Science of Society*, 1957)으로, 1937년 시카고 대학에서 행한 일련의 강의를 모아서 필사한 것을 제자들이 사후 출판한 것이다. 그 강의는 하나의 통합적인 사회과학의 개념을 제시하기 위해 계획되었다. 그는 당시 시카고 대학의 지배적인 사회과학이었던 심리학이나 경제학이 그런 통합적 사회과학이라는 주장을 명백히 거부했다(1957: 45~50, 112~117). 그는 '문화의 과학'이란 개념 역시 거부했고(1957: 45~50; 1957: 117~123 참조), 그것에 대한 보아스의 강조를 넌지시 비판했다. 그가 문제삼은 것은 당시에 미국을 주도한 보아스의 인류학에서 종잡을 수 없으며 과학적으로 분석될 수 없는 '문화'에 밀려 '사회'(사람들간의 관계)가 상실되었다는 점이다. 하지만 공평을 기하기 위해 보아스와 그 추종자들의 시각에서 보면, 래드클리프-브라운의 '문화' 개념은 기본적으로 **문화화**(enculturation) 또는 보다 정확히 말해서 한 사회에서 살아가는 법을 학습하는 방식인 **사회화**와 동의어였다. 래드클리프-브라운은 민족간의 차이를 강조하고 풍부한 인간의 경험에 최고의 가치를 부여하려는 보아스의 열망을 결코 이해할 수 없었다.

래드클리프-브라운은 '사회에 대한 자연과학' 강의를 다음과 같이 요약했다.

나는 여러 가지 논제를 발전시켰다. 첫째는 인간사회에 관한 이론적 자연과학이 가능하다는 것이다. 둘째는 그러한 과학은 단 하나만 존재할 수 있다는 것이며, 셋째는 그러한 과학은 여태껏 존재하지 않았고 이제 막 걸음마를 시작했을 뿐이라는 것이다. 넷째는 그런 과학의 근본적인 문제를 해결하기 위해서는 무수히 많은 각양각색의 사회들을 체계적으로 비교해야만 한다는 것으로, 이 점은 매우 중요하다. 현 시점에서 그런 과학의 발달은 비교방법을 점차 발전시켜 분석의 도구로 정교하게 가다듬는 작업에 달려 있다는 것이 마지막 논제다. (Radcliffe-Brown 1957:

하나의 목적으로 비교를 강조한 점은 매우 중요하다. 사실 그는 진화론의 선구자들이 보여준 추측에 의존하는 방법은 거부했으나, 그들이 비교론적 목표를 가졌던 것은 칭찬했다. 그는 미국 동료들의 상대주의적 목표는 비판했으나, 그들이 보여준 관찰과 기술의 방법에서는 별다른 문제점을 찾지 못했다. 이러한 모순이 그의 인류학적 전망이 지닌 난점이었다(Leach 1976a; Barnard 1992).

기능, 구조, 구조적 형태

래드클리프-브라운(1922)은 안다만 도민에 대한 연구에서 의례를 그것의 사회적 기능(function), 즉 사회의 특정한 구성원이 아니라 사회 전체를 위한 가치라는 관점에서 설명했다. 개인보다 사회를 강조하는 것은 그 자신의 연구에서 두드러지며, 다음 세대의 이론적 관심과 민족지적 접근에도 영향을 주었다. 기능에 대한 그의 가장 명료한 진술은 그가 스펜서와 뒤르켐으로부터 물려받은 '유기체적 유추'가 갖는 통시적·공시적 함의를 다룬 논문(Radcliffe-Brown 1952〔1935〕: 178~187)에서 발견된다. 구체적으로 말하자면, 그는 '역사적' 관심과 '기능적' 관심 사이에 갈등이 있다는 미국 비평가들의 주장을 반박했다. 래드클리프-브라운이 보기에 대립이 있다면 그것은 역사적인 것과 사회학적인 것 사이에 있으며, 그것은 갈등이라기보다는 다른 종류의 연구를 나타낸다는 것이다. 그는 공시적인(사회학적) 측면을 강조했다. 다시 말해서 그의 주된 관심사는 제도가 변하는 역사가 아니라, 그것이 사회체계 안에서 '기능'하는 방식이었다.

래드클리프-브라운은 또 하나의 유명한 유추에서 사회의 연구를 조개의 연구에 비유했다(Kuper 1977〔Radcliffe-Brown 1953〕: 42). 각 조개는 그 자체의 '구조'(structure)를 갖고 있으나, 하나의 구조는 다른 것의 구조와 유사하다. 이 경우 두 조개는 래드클리프-브라운의 용어로 공통의 '구조적 형태'(structural form)를 공유한다고 말할 수 있다. 이 유추에 의하면 사회구조는 실질적인 관찰에 대한 것, 즉 인류학자가 개인에 대해 실제로 보고 들은 것이며, 구조적 형태는 일반화에 대한 것, 즉 인류학자가 개인의 관찰을 바탕으로 특수한 사회에 대해 추론한 바다. 칠수와 만수가 같은 마을의 이장이라고 상정해보자. 만수는 칠수 후임으로 그 자리를 계승했다. 인류학자가 두 이장의 행위 및 각 이장과 마을주민의 관계를 관찰한 것은 사회구조의 예가 된다. 인류학자가 '이장'의 역할(칠수와 만수의 역할이 아니라)에 대해 일반화한다면, 그는 구조적 형태를 기술하고 있는 것이다. 래드클리프-브라운의 생각에 인류학자는 개별적인 이장과 마을주민을 기술하는 것(보아스가 할 법한 식으로)이 아니라, 특정 마을의 전형적 이장과 전형적 주민 사이의 관계, 전형적인 아버지와 전형적인 자식의 관계, 전형적인 이웃간의 관계 등을 이해하는 데 관심을 기울여야 한다. 그런 연후에 인류학자는 분석 단계에서 한 사회의 구조적 형태를 다른 사회의 그것과 비교할 수 있고, 나아가 (래드클리프-브라운이 희망한 대로) 사회가 작용하는 방식에 대한 일반적 법칙을 얻을 수 있다.

이러한 래드클리프-브라운의 사고방식에 대해 두 가지 합의된 비판이 있다. 첫째, 래드클리프-브라운은 다른 사람들이 '사회구조'라 부르는 것을 의미하기 위해 '구조적 형태'라는 말을 사용하고, 다른 사람들이 그저 '자료'라 부르는 것을 뜻하기 위해 '사회구조'라는 말을 사용해 불필요한 혼동을 일으키고 있다. 둘째, 보다 심각한 문제는 그가 사물에 접근하는 그릇된 방식이다. 어떤 종류의 자료라도 사례가 많이 축적된다고 해서 보편적이고 일반적인 법칙이 도출되는 것은 아니다. 그러기 위해서는 논리적인 전제로부터의 추론이 불가피하다는 것이 레비-스트로스 등의 구조주의 연구를 통해 누차 지적되었다.

오늘날 사회인류학계에서 래드클리프-브라운의 추종자임을 내세우는 자는 찾아보기 어렵다. 그럼에도 불구하고 연구대상의 기준에 관해서는 그가 옳았다. 모든 인류학적 탐구는 어떤 의미에서 사물의 관계에 대한 것이다. 진화론, 구조주의, 해석학, 심지어 이론에 반대하는 학파(예컨대 상호연관성의 관계가 서술 속에 암시적으로 나타나는 포스트모던 인류학)조차도 이 점에는 공감한다. 그들의 차이는 그러한 관련성을 추구하는 방식, 중요하다고 간주되는 관계의 종류, 그것을 설명하기 위해 동원되는 유추 등의 측면에서 드러난다.

이제 래드클리프-브라운의 연구에서 친족용어와 토테미즘 두가지 예를 들도록 하겠다. 그것들을 택한 것은 친족용어의 경우 구조기능주의가 기존의 접근을 논리적으로 물리친 일면을, 토테미즘의 경우 구조기능주의가 구조주의로 전환되는 과정을 각각 보여주기 위함이다.

의미구조와 사회구조

친족용어는 무엇을 나타내는가? 그것은 사회적 의미와 무관한 언어의 일면에 불과한가, 아니면 그것을 사용하는 사회에 밀접하게 연결되어 있는가? 이에 대한 대답은 단지 친족뿐 아니라 모든 분류의 영역에 대해 광범위한 함의를 가진다. 기본적으로 세 가지 관점이 있으며, 각 관점을 정립한 대표적 학자는 크로버, 리버스, 래드클리프-브라운이다(그림 5.2).

크로버(1909)의 관점에서 볼 때 친족용어는 모건이나 다른 19세기 진화론자들이 가정했던 것처럼 사회를 반영하는 것이 아니라 그가 '심리학'이라 부르는 것을 반영한다. '심리학'에 관한 그의 개념은 오늘날 대학에서 같은 용어로 불리는 주제와는 다르다. 그가 말하는 '심리학'은 인간 사고의 형식적 속성을 강조하는 개념이며, 크로버는 그 속성을 주로 이원적 대립의 관점에서 파악한다는 점에서 레비-스트로스를 예견케 했다. 크로버는 그런 형식적 속성, 또는 분류의 원리가 사회적 함의를 가질 수도 있다고 시사했으나, 친족용어 자체(궁극적으로는 역시 그런 원리들에서 유래하는)와 근본적인 '심리적' 원리 사이의 직접적인 관련성은 단호히 거부했다.

'심리학'은 용어의 상위개념인 언어를 통해 친족용어를 결정하며, 단지 간접적으로 사회적 행동을 제한할 뿐이다. 그가 정의한 형식적 속성은 세대, 직계 대 방계, 한 세대 내의 상대적 연령, 친척의 성(sex), 화자(speaker)의 성, 관계 추적의 축이 되는 인물의 성, 혈연관계 대 인척관계, 관계 추적의 축이 되는 인물의 '생활여건'(생사 여부, 혼인 여부) 등이다.

리버스(1968〔1914〕: 37~96)는 크로버의 비판을 받았던 기존의 관점을 재정립하여 반박했다. 리버스의 도식은 19세기의 주류이론, 즉 친족용어는 사회적 사실에서 유래한다는 전통적인 관점을 대표한다. 그는 친족용어가 때로는 이미 사라진 고대의 사

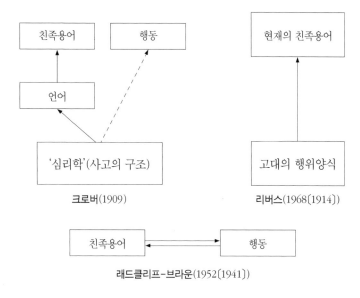

그림 5.2 친족용어와 사회적 사실 간의 관계

회적 사실을 반영하는 경향이 있다고 조심스럽게 주장했다. 이것은 바로 모건(1877)이 주장했던 바다. 리버스는 여기에서 고전적 진화론의 마지막 인물을 상징하는데, 사실 그는 이미 전파론으로 전향했다고 선언했었다. 한편 그의 제자 래드클리프-브라운은 '추측의 역사'가 중요하다는 사실을 부정하는 데서 출발하는 새로운 접근을 내놓았다.

래드클리프-브라운(1952〔1941〕: 49~89)은 친족용어가 사회적 행위와 무관하며, 단지 언어 또는 '심리학'을 반영한다는 크로버의 주장을 거부했다. 그는 친족용어가 고대의 사회적 사실만을 반영한다는 리버스의 주장 역시 논박했다. 래드클리프-브라운에게 용어의 중요성은 현존하는 사회적 사실과의 관계에서 발견되는 것이었다. 친족용어는 그 역사야 어떻든 당대의 사회와 관련을 맺는다. 아버지와 아버지의 형제가 동일한 용어로 불린다면, 두 사람은 비슷하게 다루어져야 한다. 그가 볼 때 관습의 기원은 선사시대에 상실되어 복원될 수 없지만, 관습의 의미는 현대사회에 내포되어 있다. 래드클리프-브라운이 역사적 추정보다 현시대의 분류체계에 비중을 둔 것은 별다른 이견 없이 오늘날까지 인류학에서 받아들여지고 있다.

두 가지 토테미즘 이론

래드클리프-브라운은 토테미즘에 관해 하나가 아니라 두 가지 이론을 갖고 있었다. 그 둘을 대비시키는 일은, 그가 평생 발전시킨 구조기능주의와 말년에야 구상하기 시작한 발아기 구조주의 사이의 관계를 이해하기 위해 중요하다.

토테미즘에 대한 래드클리프-브라운의 첫 논문은 「토테미즘에 관한 사회학적 이론」이다. 그것은 1929년 자바 섬에서 열린 학회에서 발표되었으며, 『원시사회의 구조와 기능』(*Structure and Function in Primitive Society*)에 수록되어 있다(Radcliffe-Brown 1952: 117~132). 그 논문에서 래드클리프-브라운은 오스트레일리아 원주민이 세상을 분류하는 방식, 특히 사람들을 사회집단의 성원으로 분류하는 방식을 설명하려고 노력했다. 그는 토템이 씨족의 결속력을 표현하는 기능을 갖는다는 뒤르켐에게 동의하면서, 뒤르켐의 토테미즘 개념을 근거로 자신의 이론을 펼친다.

그러나 그는 토템 종과 의례의 관계에 대해 뒤르켐과는 다른 생각을 품고 있었다. 특정 토템 종이 의례적 활동의 대상이 되는 것은 그것이 사회적 집단을 표상하기 때문이라는 것이 뒤르켐의 주장이다. 래드클리프-브라운은 반대로 주장한다. 하나의 종이 한 집단을 나타내도록 선택되는 것은 그 종이 이미 의례적으로 중요하기 때문이다. 그러나 토템 종이 일단 선택되고 나면 의례, 토템 종의 상징, 집단의 결속력 간의 상호관계가 중요해진다. 래드클리프-브라운이 볼 때 토테미즘은 자연을 이용한 상징주의가 유난히 발달한 것이다. 토테미즘과 관련된 사고는 많은 사회에서 발견되지만, 그 중 일부만이 지역 집단과 진정한 토템 종을 완전히 동일시하기에 이른다.

래드클리프-브라운은 오스트레일리아의 토테미즘이 네 가지 사물의 관계에 의해 규정된다고 지적한다. 그것은 ① 지역의 부계집단(래드클리프-브라운은 무리[horde]라 불렀다), ② 토템(특정 동식물, 비, 태양, 따뜻하고 추운 날씨 등), ③ 일정한 구역 내의 신성한 지점과 ④ 아득한 옛날 성스러운 지점을 성스럽게 만든 신화적 존재들이다. 래드클리프-브라운은 이들 관계를 하나의 틀 속에서 설명하지는 않았다. 대신 그는 자신과 뒤르켐의 의견이 다르다는 점, 한 집단과 다른 집단의 관계 그리고 집단과 그 집단의 토템 종의 관계에 중점을 둔다.

토테미즘에 관한 두번째 논문 「사회인류학의 비교방법」에서 래드클리프-브라운은 한 걸음 더 나아간다. 이 이론은 1951년 공개 강의에서 발표되었고, 1952년 출판되었으며, 스리니바스(Radcliffe-Brown 1958: 108~129)와 쿠퍼(Kuper 1977: 53~69)가 편찬한 래드클리프-브라운 논집에도 수록되어 있다. 두번째 이론은 오스트레일리아 원주민이 사람들을 사회집단의 성원으로 분류하는 방식뿐 아니라, 동물들을 자연종의 일부로 분류하는 방식까지 다루고 있다. 또한 그러한 분류체계 간의 관계도 래드클리프-브라운의 관심사였다. 래드클리프-브라운은 다양한 사회(오스트레일리아 원주민 집단과 북아메리카 북서해안의 인디언)를 비교하고 구조적 대립의 관념에 바탕을 둔 '일반적 법칙'을 표현한다는 면에서 레비-스트로스를 예견케 했다.

두번째 논문의 틀은 사회구조를 넘어 우주론적 구조까지 포함하는 것이기도 하다. 래드클리프-브라운은 레비-스트로스와 마찬가지로 왜 이 특별한 종〔이 토템으로 선택되는 것)인가에 대해 의문을 가졌다. 예를 들어 수리매(eaglehawk)와 까마귀는 서부 오스트레일리아의 반족을 표상하며, 이와 비슷하게 독수리와 큰 까마귀는 북아메리카 북서해안에 사는 하이다(Haida)족의 반족을 표상한다. 질문은 단지 "왜 반족이 존재하며 그 새와 관련되는가?"에 국한되는 것이 아니라, "왜 독수리나 까마귀인가?", 나아가 "독수리와 까마귀 사이의 상징적 관계는 무엇인가?"로까지 이어진다. 마지막 질문에 대한 답은 그 새를 숭배하는 사람들의 신화를 분석하여 얻을 수 있는데, 이는 신화가 무엇보다도 그 종들 사이의 '친족' 관계를 설명해주기 때문이다. 한 예로 서부 오스트레일리아에서 신화적 수리매는 신화적 까마귀의 외삼촌이다.

그러나 레비-스트로스를 연상시킬 정도로 래드클리프-브라운은 점점 더 심오한 질문을 던진다. 왜 그런 새들이 오스트레일리아와 북아메리카에서 외혼반족을 표상하는가? 그것은 두 대륙의 원주민이 어떤 유사성을 갖기 때문인가? 아니면 인간의 심성에 각인된 일반적 원리 또는 유형이 어디에서나 발견되며, 새와 반족의 특수한 결합은 그런 원리의 흔적인가? 그것은 혹시 무의식적 보편성이 의식적으로 구현된 사례는 아닌가? 래드클리프-브라운이 1951년에 이런 문제들을 생각했다면, 그는 분명히 구조기능주의의 패러다임을 넘어서 레비-스트로스가 발달시킨 구조주의의 영역으로 나아가고 있었다고 말할 수 있다.

말리노프스키와 래드클리프-브라운의 영향

말리노프스키와 래드클리프-브라운은 제자들의 헌신적 추종을 요구했다. 그들은 인류학의 오랜 관심사이던 진화론과 전파론은 더 이상 적절한 연구영역이 아니라는 점을 영연방의 모든 인류학자에게 설파했다. 영국의 대다수 인류학자들과 미국의 많은 인류학자들은 래드클리프-브라운의 계보를 따랐다. 그들은 특수한 사회에 대해 일반화를 시도하고 그 사회를 다른 사회와 비교하며, 과거에 대한 추측을 배격하고 사회체계가 기능하는 방식을 밝히며, 개인적인 행위의 중요성을 축소시키고 폭넓은 유형을 추구하며, 부분들을 조합하여 사회구조의 요소들이 서로 관련을 맺으면서 기능하는 방식을 보여줌으로써, 인류학이 민족지의 상세한 부분을 보충해주는 것으로 인식했다.

말리노프스키의 위대한 유산은 주로 영국에서, 특히 '참여관찰'의 전통을 확립한 데서 나타난다. 래드클리프-브라운의 영향은 남아프리카 공화국(유명한 '영국' 인류학자 중 상당수가 남아공에서 태어났거나 교육받았다)과 오스트레일리아에서 돋보인다. 미국에서 그는 택스(Sol Tax)나 에건(Fred Eggan)을 비롯한 시카고 대학 인류학자의 연구를 통해 자신의 발자취를 남겼으며, 오스트레일리아에서는 시드니 대학의 엘킨(A. P. Elkin)과 그 제자들이 래드클리프-브라운의 전통을 이어나갔다. 영국의 남아공계 인류학은 샤페라, 모니카 윌슨 등을 통해 주요한 지적 세력으로 성장했으며, 나중에는 남아공의 인종차별정책에 반대하는 정치세력을 형성했다(Hammond-Tooke 1997). 래드클리프-브라운의 위세는 인도에까지 미쳤다. 인도의 인류학자 스리니바스(M. N. Srinivas)는 래드클리프-브라운과 에번스-프리처드의 지도 아래 대학원 과정을 마쳤으며, 옥스퍼드에서 3년 동안 가르쳤다. 그는 1951년 본국으로 돌아가 구조기능주의를 바탕으로 한 경험주의적 사회과학의 전통을 정립하는 데 산파역을 했다.

래드클리프-브라운에 대해 사람들은 그는 저술가라기보다는 스승으로서 일차적인 영향력을 행사했다고 말하곤 한다. 그는 카리스마를 지닌 훌륭한 강사로서 주로 강의록 없이 수업을 진행했다. 그는 비교적 적은 수의 출판물을 남겼다. 그가 출판한 것은 대화체로 씌어 있고, 전문용어가 거의 사용되지 않았으며, 대부분의 경우 공개 강의를 옮겨놓은 것이었다. 그의 저술은 또한 40여 년 동안 일관성 있는 이론적 관점을 보여준다(Radcliffe-Brown 1952; 1958; Kuper 1977).

구조기능주의와 밀접하게 관련된 실질적인 공헌은 역설적으로 그가 별로 논한 적이 없는 '출계이론'(descent theory)이다(Radcliffe-Brown 1952[1935]: 32~48은 매우 드문 예다). 그의 추종자 중 에번스-프리처드(1940: 139~248)와 포티스(1945)는 지역적인 부계 또는 모계출계집단이 아프리카에서 많은 사회의 근간을 이룬다고 주장했다. 하지만 그 생각은 반대파인 레비-스트로스의 '결연이론'(제8장에서 논의할 것임)과 정면충돌하면서 흔들리기 시작했고, 대표적인 연구를 주도면밀하게 검토하여 그

타당성을 경험적으로 검증하는 작업(Kuper 1988: 190~209)을 통해 격렬한 논쟁에 휩싸였다.

래드클리프-브라운은 무슨 '주의'(ism)로 치부되는 것을 몹시 싫어했다. '과학'에는 주의가 없으며 오직 정치철학에만 주의(공산주의, 자유주의, 보수주의 등)가 있다는 것이 그 이유였다(1949, Kuper 1977: 49~52에 수록됨). 어느 누구도 식물의 구조와 기능에 관심을 가진 식물학자를 '구조기능주의자'라고 부르지 않으면서 왜 그런 관심을 가진 인류학자는 그 이름으로 부르는가? 그는 특히 말리노프스키와 함께 '기능주의자'로 분류되는 것에 가장 심하게 반발했으며, 말리노프스키의 생물학적 욕구와 문화적 반응 이론에는 명시적으로 반대의사를 표명했다. 그러나 국외자와 일부 내부인사는 래드클리프-브라운의 작업에도 '기능주의'라는 이름을 부여했다. 그리고 학문적 난맥상과 창시자들 사이의 오월동주 관계에도 불구하고, 얼마 동안은 이 '기능주의 인류학'이 하나의 '학파'가 되었다. 오늘날에는 누구도 '기능주의자'임을 내세우지 않지만, 인류학적 현지조사와 인류학적 비교에는 여전히 '기능주의적' 측면이 남아 있다. 물론 기능주의적 요소는 과정주의와 마르크스주의를 비롯한 최근의 접근방법으로부터 도전받고 있다.

요약

기능주의는 진화론적 사고에서 유래했다. 그것은 진화론적 사고와 기능주의적 사고를 접목시킨 뒤르켐의 영향을 통해 인류학에 유입되었으며, 말리노프스키와 래드클리프-브라운의 저술을 통해 인류학적 시각으로 확고히 정립되었다. 이에 못지않게 중요한 것은 기능주의의 양대 인물과 그 제자들이 세계 곳곳에 확립한 인류학의 제도적 기반이다.

말리노프스키는 거대한 추종세력을 형성했지만, 거대이론을 위한 자신의 주된 시도에서는 실패했다. '일곱 가지 기본적 욕구와 문화적 반응'에 대한 그의 이론은 전혀 인기를 끌지 못했다. 이에 비해 래드클리프-브라운의 이론적 시도, 특히 사회구조를 강조하고 비교를 장려한 작업은 성공적인 편이다. 하지만 생물학적 과학에 비유되는 '사회에 대한 자연과학'은 결실을 보지 못했다.

읽을거리

Swingewood의 『사회학적 사고의 짧은 역사』(*Short History of Sociological Thought*, 1984)와 Levine의 『사회학적 전통의 전망』(*Visions of the Sociological Tradition*, 1995)은 사회학적 전통의 역사를 훌륭하게 설명해준다. 인류학의 기능주의와 구조기능주의(그리고 그 여파)를 가장 잘 다룬 책은 Kuper의 『인류학과 인류학자들』(*Anthropology and Anthropologists*, 1996〔1973〕)이다.

말리노프스키의 연구에 대한 제자들의 평가는 Firth의 『인간과 문화』(*Man and Culture*, 1957)를 참조하라. 말리노프스키와 다른 학자들의 현지조사에 관해서는 Stocking의 『관찰된 관찰자』(*Observers Observed*, 1983)를 보라. Firth의 래드클리프-브라운 추도문(1956)은 그에 대한 유용한 평가다.

래드클리프-브라운의 논문집은 모두 세 권이다. 『원시사회의 구조와 기능』, 스리니바스가 편집한 『사회인류학의 방법』(*Method in Social Anthropology*, 1958), 쿠퍼가 편집한 『래드클리프-브라운의 사회인류학』(*The Social Anthropology of Radcliffe-Brown*, 1977)이 그것들이다. 구조기능주의 민족지의 최고봉은 Fortes와 Evans-Pritchard가 편집한『아프리카의 정치체계』(*African Political Systems*, 1940)와 Radcliffe-Brown과 Forde가 편집한『아프리카의 친족 및 혼인체계』(*African Systems of Kinship and Marriage*, 1950)에서 발견된다. 크로버-리버스 논쟁에 관련된 논문을 포함한 친족에 관한 쓸 만한 선집은 Graburn의『친족과 사회구조 강독』(*Readings in Kinship and Social Structure*, 1971)이다.

고전적인 기능주의 민족지는 Evans-Pritchard의『누에르족의 친족과 혼인』(*Kinship and Marriage of the Nuer*, 1951a), Firth의『우리는 티코피아인』(*We the Tikopia*, 1936), Fortes의『씨족제도의 역학(*Dynamics of Clanship*, 1945)과『친족의 망』(*Web of Kinship*, 1949) 등이다. 생태적인 관점이 첨가된 것으로는 Evans-Pritchard의『누에르족』(*The Nuer*, 1940)과 Richards의『토지, 노동과 섭생』(*Land, Labour and Diet*, 1939)이 있다. Schapera의『이주노동과 부족생활』(*Migrant Labour and Tribal Life*, 1947)은 사회변화에 대한 민족지다. Eggan의『서부 푸에블로 인디언의 사회조직』(*Social Or-ganization of the Western Pueblos*, 1950)은 기능주의 전통에 속하는 지역비교 민족지다.

6 행위중심의 접근, 과정주의적 접근, 마르크스주의

1950년대 이후 형식적이고 사회중심적인 구조기능주의 패러다임에서 벗어나 보다 개인적이고 행위중심적인 인류학을 추구하려는 몇 가지 시도가 이루어졌다. 대표적인 것으로는 프레드릭 바스의 거래행위론, 긴밀하게 연결된 '맨체스터 학파'의 다양한 접근, 구조주의의 과정주의적 분파 등이다.

사회적·문화적 과정에 대한 선구적 사상은 지멜과 베버의 사회학적 이론, '문화의 유형과 과정'에 관한 크로버의 예리한 논평 (1963〔1948〕), 반 헤네프(Arnold van Gennep: 그는 독일에서 태어났고, 아버지는 네덜란드인, 어머니는 프랑스인이었으며, 어머니의 고국인 프랑스에서 교육을 받았다. 이처럼 복잡한 성장배경 때문에 그의 이름은 반 게넵, 반 헤네프, 반 제네프 등 여러 가지로 표기된다—옮긴이)의 기념비적 '통과의례' 연구 등을 들 수 있다. 통과의례의 개념은 구조주의적 과정주의자인 에드먼드 리치와 빅터 터너에 의해 발전되었다. 구조, 과정, 역사적 사건 간의 관계는 80년대 들어 쿡 선장의 죽음에 관한 살린스와 오베예세케라 사이의 논쟁, 칼라하리의 정치경제에 관한 리와 윌름센 사이의 논쟁을 몰고 화려하게 복귀했다. 한편 인류학의 마르크스주의 혁명은 기능주의와 구조주의의 관심을 사회적 생산관계에 기초한 과정주의적 이론인 마르크스주의로 선회시키는 데 성공했다.

그러나 마르크스주의는 여러 가지 면에서 상이한 이론적 입장을 포함하고 있어서 인류학 내 위상이 다소 모호하다. 마르크스 이론의 발달경로를 보면 마르크스 자신은 물론 후대의 마르크스주의자들에게도 진화론적 역사관이 뿌리박혀 있다. 마르크스와 엥겔스의 주요 관심사가 동서고금의 혁명과 그 보급이라는 사실에서 잘 드러나듯이, 마르크스주의에는 전파론적 요소도 분명히 있다. 사회를 자기통제적인 체계—하지만 혁명적 변화에 의해 변형시킬 수 있는 체계—로 본다는 면에서는 기능주의적 색채도 강하게 띠며, 또 상이한 생산양식이 그 자체의 관점에서 이해되어야 할 이데올로기(비록 '허위의식'이긴 하지만)를 수반한다는 의미에서 어느 정도 상대주의적이기도 하다.

마르크스주의 인류학은 구조주의적 요소도 갖고 있으며, 특히 프랑스에서 60년대부터 80년대에 걸쳐 활약한 마르크스주의자들은 친족연구 같은 전통적 분야에서 구조주의적 입장을 받아들였다. 마르크스주의 계열의 여성주의는 계급의식과 성별의식을 동일시한 점이 두드러진다(제9장 참조). 끝으로 마르크스주의는 권력관계에 관심을 기울인다는 측면에서 후기구조주의 및 포스트모더니즘과도 연결된다.

나는 마르크스주의를 과정주의적 접근과 한데 묶으려 하는데, 다른 학문에서는 어떨지 몰라도 최소한 인류학에서는 역사적 시기나 논쟁 분야에서 그 둘이 가장 가깝기 때문이다. 과정주의적 접근과 마르크스주의는 모두 70년대에 서구 인류학 내에서 성행했다. 마르크스주의와 기능주의를 함께 다루면 주도적인 기능주의자나 마르크스주의자가 다 같이 반대하겠지만, 전성기의 마르크스주의자와 과정주의자는 자신들이 적어도 같은 근거에서 주장을 펼친다고 보았다. 지난 10여 년에 걸쳐 마르크스주의는 인류학의 지배적인 패러다임에서 밀려났다. 서구사회에서 이는 동유럽과 다른 지역에 불어닥친 혁명적인 변화와는 별 상관이 없다. 그것은 기존의 마르크스주의 학자들이 명백하게 마르크스주의적인 시도에서 벗어나, 과거의 적이었던 (포스트모던) 상대주의자들──지난 20년 동안 권력, 억압, 범세계적인 정치경제적 관계에 관심을 가지게 된──과 제휴하게 되었다는 사실과 더 깊은 관련이 있다.

행위중심의 접근과 과정주의적 접근

사회학적 기반

사회적 과정과 개인의 행위에 대한 고전적 이해를 제공하여 인류학 사상에 영향을 미친 걸출한 사회사상가로는 베버(Max Weber)와 지멜(Georg Simmel)을 들 수 있다.

게오르크 지멜은 19세기에서 20세기로 전환될 무렵 활동한 독일의 철학자로 사회적 분화, 역사철학, 돈의 철학, 유행, 문학, 음악, 미학 등 포괄적인 분야에 걸친 저작을 남겼다(Wolff 1950; 1965). 지멜의 접근은 형식주의적이고 고도로 이론적이었지만, 개인을 부각시켰다. 그는 **교호작용**(*Wechselwirkung*, reciprocal effect)이라는 개념을 도입했는데, 그 개념은 머지않아 발전될 모스의 '증여론'(1990〔1923〕)을 예감케 하는 것이었다. 기본적인 생각은 둘 이상의 사람이 상호작용할 때, 그리고 한 사람의 행동이 다른 사람의 행동에 대한 반응으로 간주될 때 사회적인 것이 존재한다는 것이다. 지멜은 이러한 양자적(dyadic) 관계로부터 정체성보다는 역동성을 부각했고, 추상적인 사회 못지않게 개인을 강조하는 구조적 대립의 관념을 이끌어냈다.

막스 베버는 독일의 경제학자로 사회이론의 위대한 세 가지 전통 중 하나를 창시했다(나머지 창시자들은 마르크스와 뒤르켐이다). 베버는 경제학, 경제사, 사회과학 방법론, 카리스마, 관료제, 사회계층, 동서양의 사회적 차이, 고대 유대교, 중국과 인도의 종교 등에 관해 저술했다. 하지만 그가 유명해진 것은 1904년과 1905년에 걸쳐 완성한 『프로테스탄트 윤리와 자본주의 정신』(*The Protestant Ethic and the Spirit of Capitalism*, 1930 〔1922〕) 덕분이다. 그는 1920년 서거했으며, 그의 저서 대부분은 사후에 출판되었고, 중요한 논문들을 수록한 책 한 권은 1946년에야 빛을 보았다(Gerth and Mills 1946).

베버는 지멜의 영향을 받았으며 얼핏 보기에도 그보다 더 형식주의적이다. 그는 '이상형'(ideal types)——사물이 작용하는 방식에 대한 관념적 이해——이라는 반경험주의적 개념을 개발했으며, 사회체제 내의 개별적 사건을 이해하기 위해 이상형이 필요하다고 주장했다. 그는 사회적 행위가 사회학의 주된 관심이 되어야 한다고 보았으며, 사회의 '정신'(*Geist*)이라는 개념 역시 강조했다. 예컨대 독일 농촌의 봉건 경제와 새롭게 등장한 시장 경제 사이의 관계를 연구하면서, 그는 그것들이 상호작용하고 있을 뿐 아니라 각기 상이한 '정신'에 의해 인도된다는 점을 역설했다. 그는 프로테스탄트 윤리에 관한 연구를 통해 칼뱅주의(Calvinism: 프랑스의 종교개혁자 칼뱅으로부터 발단한 프로테스탄트 사상. 자신의 천직에서 헌신적으로 노동하는 것이 신에 대한 자신의 의무를 수행하는 것이라는 교리를 내세워, 재산의 축적 같은 세속적인 목적추구를 합리화했다—옮긴이)와 근대 자본주의가 같은 정신을 갖고 있으며, 따라서 칼뱅주의 국가들이 자본주의 경제 발달에 기여했다고 주장했다. 베버는 '해석'(Verstehn)의 성격에 관한 논의에 공헌했으며 가치, 객관성, 인과적 설명을 고찰하는 글을 남겼다. 그의 사상은 50년대 맨체스터 학파를 비롯한 많은 인류학자들에 의해 차용되었으며, 아직까지도 인류학에 깊은 영향을 미치고 있다. 거래행위론자와 해석학자도 베버류의 사회학으로부터 중요한 사상적 요소를 추출했다.

인류학적 기반

보아스 학파의 전통에서 사회문화적 변화가 언급되기도 했으며 기능적 분석이 시도되기도 했다. 예를 들어 크로버(1963 [1948]: 142~144)는 유럽 여성의 패션이 주기적인 안정과 불안정을 겪는다고 지적했다. 그는 1789년부터 1935년까지의 기간 중 그가 택한 8개의 표본 연도에서 나타난 치마의 길이와 폭, 허리의 위치와 둘레에 관한 통계를 이용해 패션의 안정성은 사회정치적 안정기와 상관 관계를 보이고, 패션의 불안정성은 혁명이나 세계대전 같은 투쟁 및 격동기와 상관 관계를 보인다는 사실을 관찰했다.

개인과, 개인이 사회적 행위를 통해 내리는 결정 간의 관계를 강조하는 시각인 거래행위론은 말리노프스키의 기능주의에 연원을 두며, 런던정경대학에서 그를 계승한 퍼스(1961[1951])가 대표적 학자다. 퍼스의 접근은 '사회구조'(사회학적 용어로 표현하면 사람들이 차지하는 지위)보다 '사회조직'(사람들이 수행하는 역할)을 중요하게 본다.

또 다른 선각자는 미국 인류학자 루이스(Oscar Lewis)로서, 그는 레드필드(Robert Redfield)의 조사지인 멕시코의 테포츨란(Tepoztlan) 마을을 다시 연구했다. 레드필드(1939)는 보아스 학파, 기능주의, 진화론, 독일 사회학의 전통을 혼합하여 사회적 행위를 지배하리라 예상되는 규범적 규칙에 중점을 둔 바 있었다. 루이스(1951)는 행위 자체에 초점을 두었는데, 그가 조사한 실제 행위는 레드필드가 제시한 규범과 전혀 부합하지 않는 것으로 판명되었다. 레드필드의 관념론적 표현에서 테포츨란은 주민들이 평화로운 조화 속에서 살아가는 조용한 장소로 묘사되었다. 루이스는 그곳을 파벌주의가 만연하고 개인적 적개심, 술주정과 싸움질이 다반사인 사회로 그렸다. 이러한 차이가 나타난 것은 조사된 마을이 사회적 변화를 겪었기 때문이 아니라, 두 인류학자가 선택한 패러다임 자체가 달랐기 때문이다.

전형적인 기능주의적 연구서의 특징은 반드시 '문화접촉' 또는 '사회변화'——이 둘은 때로는 같은 것으로 인지되었다——에 관해 논의하는 절이나 장으로 마무리된다는 점이다(Ottenberg and Ottenberg 1960: 475~564). 하지만 사회변화가 점차 정상적인 것으로 간주되기에 이르고 사회적 역학이 그 자체로 연구될 만한 가치가 있는 주제로 인식되면서, 직선적인 또는 주기적인 변화에 직접 초점을 맞추는 새로운 시각이 등장하게 되었다. 처음에는 주로 기능주의와 구조주의에 바탕을 두던 인류학자들도 50년대 이후로는 그들이 물려받은 패러다임의 결점을 조사하기 시작했고, 민족지적 현실과 문서자료에 들어맞도록 패러다임을 수정하게 되었다. 맨체스터 학파로부터 리치와 프리드먼 간의 논쟁, 살린스와 오베예세케라 간의 논쟁(이 장의 후반에서 다룰 것임)에 이르는 인류학적 담론에는 기능주의적·구조주의적 이해에 기초한 새로운 시각이 잘 드러나고 있다.

거래행위론

거래행위론(transactionalism)을 대표하는 학자는 바스(Fredrik Barth)다. 그는 케임브리지 대학에서 수학한 노르웨이인으로, 노르웨이(오슬로와 베르겐)와 미국(에머리 대학과 보스턴)에서 교편을 잡았다. 바스가 기능주의 전통, 특히 스승인 포티스의 영향을 받았다는 데에는 의심의 여지가 없지만, 그는 초기 저술에서부터 사회조직 모델에서 평형(equilibrium)을 지나치게 강조하는 50년대 영국 인류학의 흐름에 반대했다. 바스는 파키스탄·노르웨이·수단·발리·파푸아뉴기니 등 다양한 조사지역에서 작업하면서 사회적 행위, 정체성(identity)의 교섭, 호혜성과 의사결정을 통한 사회적 가치의 생산 등을 현저히 부각시키는 접근방식을 만들어냈다.

스와트파탄(Swat Pathan)족의 정치에 관한 바스의 연구(1959)가 보여주는 것은, 지도자의 위상이란 거래행위 및 갈등과 화합이 끊임없이 반복되는 '게임'을 통해 추종자들의 충성심을 유지하는 수완에 달려 있다는 점이다. 그는 짧은 연구서 『사회조직의 모델』(*Models of Social Organization*, 1966)과 유명한 편집서 『민족 집단과 그 경계』(*Ethnic Groups and Boundaries*, 1969)의 서론에서 이 생각을 더욱 발전시켰다. 바스는 일관성이 있는 학자로서 자신의 최신 작업에서도 종전의 입장을 되풀이하고 있으며, 심지어 그의 계보를 잇는 제자들의 작업도 마찬가지다. 바스의 모델은 정체성의 교섭이 뚜렷이 드러나는 종족성(ethnicity)이나 민족주의 연구에서 진가를 발휘하는 것으로 밝혀졌다. 스와트파탄 민족지의 구체적인 부분은 후일 비판받기도 했지만(Ahmed 1976), 바스의 분석적 통찰력은 갖가지 도전 속에서도 건재하다.

거래행위론은 체코계 영국인이며 아프리카 전문가인 홀리(Ladislav Holy), 영국계 미국인이며 멜라네시아 전문가인 스트래선(Andrew Strathern), 네덜란드의 지중해 전문가 보이세바인(Jeremy Boissevain), 미국의 남아시아 전문가 베일리(F. G. Baily), 오스트레일리아의 남아시아 전문가 캐퍼러(Bruce Kapferer) 등의 연구를 통해 명맥을 유지하고 있다. 각 학자는 그 패러다임에 자신만의 이론적 색채를 가미했다. 예를 들어 홀리는 민속 모델, 규범적 규칙, 표상의 세계 간의 관계에 관심을 가졌다. 그는 자신의 마지막 저서(Holy 1996)에서 고향 보헤미아가 공산주의 체코슬로바키아에서 새로 탄생한 체크 공화국으로 바뀌면서 겪었던 민족적 정체성의 변화를 이해하는 작업으로 관심을 돌렸다. 홀리는 부르디외의 후기구조주의 전통——거래행위론 및 과정주의와 유사한 접근——에서 개념을 차용하기도 했다(제9장 참조). 사실 이 모든 시각이 하나로 병합된다는 느낌이 들기도 하지만, 각 학파의 지지자는 나름대로의 역사적·학문적·민족적·문학적 정체성을 구실삼아 자신의 시각이 독특하다고 생각하고 싶을 것이다.

그래서 거래행위론은 하나의 '학파'를 이루지는 못했지만, 다른 관점과 조합해서 사용하기에 적합한 강력한 분석적 도구로 남아 있다. 그것은 현재 젊은 인류학도 사이에서 열렬한 지지자와 눈에 띄지 않는 추종자를 모두 확보하고 있다.

맨체스터 학파

맨체스터 학파는 주로 옥스퍼드에서 수학한 후 맨체스터 대학과 북로디지아(현재의 잠비아)의 리빙스턴에 있는 로즈-리빙스턴 연구소(Rhodes-Livingston Institute)를 거친 긴밀한 관계의 학자들로 구성된다. 그것은 50년대와 70년대 초 사이에 맨체스터에서 전성기를 구가했다. 혹자는 글럭먼(Max Gluckman)이 로즈-리빙스턴 연구소에 도착한 1939년이 학파의 시발점이라 보기도 하는데, 이는 논쟁의 여지가 있다. 오늘날 맨체스터 대학의 인류학은 1988년 이래 인류학과 주최로 열리는 인류학 이론 연례 토론회 내용이 증명하듯이 보다 절충적이다(Ingold 1996 참조). 하지만 한때 '맨체스터 인류학'이란 표현은 집단과 그 계보뿐 아니라, 글럭먼이 좋아하던 축구팀 맨체스터 유나이티드에 대한 열렬한 성원을 시사하기도 했다.

식민지 시대의 로즈-리빙스턴 연구소나 황금기의 맨체스터 대학과 연관이 있는 학자는 반스(J. A. Barnes), 엡스타인(A. L. Epstein), 스칼렛 엡스타인(Scarlett Epstein), 콜슨(Elizabeth Colson), 미첼(Clyde Mitchell), 고드프리 윌슨(Godfrey Wilson), 모니카 윌슨(Monica Wilson) 등이다. 근래의 학자로는 워브너(Richard Werbner), 존 코마로프(John Comaroff), 진 코마로프(Jean Comaroff) 등이 맨체스터 학파에 포함된다. 이 학자들은 특유하고 독창적인 공적을 남겼으며 다양한 접근방식을 취했다. 예를 들어 미첼과 엡스타인은 개인이 사회적·경제적으로 상호작용하는 방식과 그런 상호작용이 빚어내는 연결망을 보여주는 '연망분석'(network analysis)을 선호했다. 이 접근법은 바스의 것과 여러 공통점을 지녔다.

그러나 맨체스터 학파의 고유한 특성을 부여한 출중한 두 사람은 다름 아닌 글럭먼과 터너다. 글럭먼은 남아프리카 공화국 출신으로 인류학과 법을 공부했다. 그는 바로체(Barotse)족·통가(Tonga)족·람바(Lamba)족·줄루(Zulu)족을 비롯한 중부와 남부의 아프리카 부족 사이에서 현지조사를 수행했고, 사회변화 및 '부족' 생활과 '도시' 생활의 관계에 강한 관심을 보였다. 그러나 그는 사회변화를 문화접촉의 결과로만 해석하는 말리노프스키류의 사고방식에 반대했고, 대신 아프리카 사회의 복합적인 역학을 고찰했다. 그는 아프리카 사회가 기본적으로 안정적이라는 기능주의적 전제 역시 거부하면서 사회적 행위, 규칙과 행위 간의 괴리, 사회규범 내의 모순, 갈등의 구조, 분쟁해결의 수단 등을 연구하기 시작했다.

글럭먼은 『아프리카의 관습과 갈등』(*Custom and Conflict in Africa*, 1955)과 『부족사회의 정치, 법과 의례』(*Politics, Law and Ritual in Tribal Society*, 1965) 같은 일반적인 연구서나 여러 권의 구체적인 민족지를 통해 안정과 변화 사이의 관계, 정부가 없는 사회에서 질서가 유지되는 방식, 질서 유지에서 갈등이 차지하는 역할을 조사했다. 마지막 논점에 대해 그는 여러 책이나 논문에서 다소 엇갈리는 관점을 피력했는데, 『아프리카의 관습과 갈등』에 나오는 고전적 명제는 얽히고설킨 충성관계가 사회질서를 강화하고 사회적 결속은 갈등 자체의 산물이며 심지어

"전체체계는 하위체계에 내재하는 갈등에 의존한다"(Gluckman 1955: 21)는 주장을 담고 있다. 분쟁해결의 방식을 비롯한 아프리카의 관습법에 관한 글럭먼의 관심은 사회인류학에 '확대된 사례연구'(extended case study: 하나의 사례를 구체적이고 상세히 기술하여 보다 일반적인 논지를 세우려는 방법으로, 정치인류학이나 법인류학에서 흔히 사용된다. 법인류학의 경우 하나의 분쟁이 시작되는 배경에서부터 그것이 진행되는 방식, 분쟁의 결과에 이르기까지의 전 과정을 상술하여, 분쟁의 사회문화적 의미를 보여주고 이를 그 사회에 대한 이론적 일반화와 연관짓는다. 일례로 분쟁과정에서 원용되는 규범이나 규칙이 잘 드러나는 사례를 분석하면 그 사회의 문화적 가치를 파악하는 데 도움이 된다—옮긴이)라는 새로운 방법론적 도구를 도입했다.

글럭먼의 강력한 지도력은 제자들을 맨체스터 인류학이 지향하는 목표에 지적으로 얽어매어 획일적 동의를 강요하는 분위기를 조성함으로써 그의 갈등이론을 무색케 했다. 세미나 논문을 발표하기 위해 그곳을 방문하는 외부인은 글럭먼과 방을 가득 메운 그의 추종자들로부터 무자비한 비난을 받을까봐 두려워했다. 그런 분위기는 글럭먼의 사망(1975년) 후에도 계속되었는데, 그의 제자들은 외래 발표자의 생각이 마음에 들지 않으면 휴지통을 걷어차곤 했다고 알려져 있다.

터너(Victor Turner)는 스코틀랜드 출신으로 영국, 중앙아프리카, 미국(1964년 이후) 등지에서 생활했다. 후에 그는 멕시코, 브라질, 아일랜드의 순례(pilgrimage)를 연구하기도 했는데, 그가 유명해진 것은 잠비아 은뎀부(Ndembu) 부족의 상징과 의례에 관한 연구 덕분이다. 터너의『한 아프리카 사회의 분열과 지속』

(*Schism and Continuity in an African Society*, 1957)은 "맨 체스터 학파의 사상적 조류, 연구방향, 경험적 관심사를 이해하는 열쇠를 쥔 저서"(Werbner 1984: 176)라고 간주되어왔다. 그 책은 위기 이전과 위기 이후를 포함하는 '사회적 드라마'(social drama)의 개념을 기반으로 삼는다. 통과의례에 관한 반 헤네프의 유명한 연구(1960〔1909〕)에서 일부 차용된 그 개념은 은뎀부 의례에 대한 터너의 훌륭한 연구서(Turner 1967)와 순례에 대한 후기의 저서(Turner and Turner 1978)에서 반복되는 주제다. 다른 학자들(예를 들면 Myerhoff 1978)이 사회적 드라마의 개념을 더욱 발전시켰지만, 터너의 연구는 '사회적 드라마' 접근법의 고전적 기반을 다졌다.

의례과정의 참가자는 터너가 **코뮤니타스**(communitas)라 부르는 것의 특징인 **과도기적**(liminal: 헤네프가 문턱을 뜻하는 라틴어에서 따온 용어) 단계를 통과하게 된다. 코뮤니타스는 '사회구조'의 '구조화되지 않은'(unstructured) 영역으로, 개인의 정상적 지위가 역전되거나 지위의 상징이 전도되는 상황이다. 구조주의적 관점에서(터너는 분명 맨체스터 학파의 구조주의자였다고 볼 수 있다) 그것은 그림 6.1의 벤 도표(Venn diagram)에서처럼 하나의 상태면서 동시에 그 상태가 아닌 영역이라고 상정할 수 있다.

터너와 글럭먼의 다양한 관심은 맨체스터 학파의 연구범위를 규정했다. 맨체스터 학파는 중앙아프리카에 초점을 둔다는 공통점, 기본적인 이론적 가정, 그리고 제도적 일체감(최소한 초창기에는)으로 단합하여, 꼭 필요한 시기에 영국 인류학에 도전장을 던졌다. 글럭먼이 비록 기능주의의 신조를 거부했지만 여전히 기

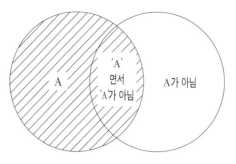

그림 6.1 'A'면서 'A'가 아닌 과도기적 단계

능주의 틀 속에 머무른 반면에, 터너는 상징적 측면들 사이의 체계적 관계에 대한 구조주의적 관심으로 고개를 돌렸다. 학파 내에는 마르크스주의도 존재했는데, 이는 글럭먼이나 몇몇이 공산주의에 동조했다는 것과는 별개의 일이다. 특히 워슬리(Peter Worsley)가 가나의 탈렌시(Tallensi) 종족조직에 관한 포티스의 연구(1945)를 재분석한 논문(1956)은 연장자들이 토지의 생산력을 통제하는 측면을 강조했다. 이와 대조적으로 포티스의 기능주의 민족지는 그 땅에 묻힌 조상과의 관계를 통한 종족의 연속성만을 강조했었다.

마르크스주의적 접근법

1960년대 들어 마르크스주의가 새로운 학파로 등장했다. 그것은 이후 20년 동안 프랑스를 중심으로 영국·남아공·인도·네덜란드·스칸디나비아·캐나다·라틴아메리카 등지에서 지대한 영향력을 행사했다. 하지만 명백히 정치적인 이유 때문에 미국에는 별다른 파급효과를 미치지 못했다. 진화론자 화이트는 마르크스의 영향을 받았지만, 진정한 마르크스주의 이슈나 논쟁에 대해서는 거의 침묵했다.

소비에트 연방에서는 1920년대 이후로 마르크스주의 사상이 정통 인류학으로 수립되었지만, 자유주의적 색채가 강한 프랑스의 마르크스주의는 달랐다. 정치적으로 공산주의자인 경우가 많다는 점에서는 러시아의 동료들과 마찬가지였지만, 프랑스의 마르크스주의자들은 프랑스 구조주의, 영국 기능주의, 스튜어드의 문화생태학처럼 마르크스주의와 무관한 유물론적 접근까지 흔쾌히 포용했다. 어떤 학자는 토지, 노동, 자본 등 마르크스(특히 Marx 1965〔1857~58〕)의 관심을 고수했다. 다른 이들은 지금까지 고찰된 적이 없는 문제에 마르크스의 이론을 적용했다. 예를 들면 60년대와 70년대에 벌어진 논쟁의 주제는 고전적 마르크스주의가 계급관계를 분석한 것과 같은 방식으로 서아프리카의 성별·연령별 위계를 분석할 수 있느냐 없느냐였다(Terray 1972 〔1969〕; Kahn 1981).

그런 문제에 대해 마르크스주의자들은 서로 격렬한 설전을 벌였는데, 이는 마르크스주의 반대론자들과의 논쟁을 방불케 했다. 그렇지만 이로부터 폭넓게 합의된 몇 가지 개념이 도출되었고, 그것은 마르크스주의 열풍이 사라진 후에도 비마르크스주의 유물론적 접근을 따르는 인류학자들과 식민주의 및 제국주의 인류학에 관심을 가진 학자들 사이에서 여전히 사용되고 있다.

마르크스주의 인류학의 핵심 개념

마르크스주의 인류학에서 가장 중요한 개념은 『자본론』 제1권에 표현된 마르크스의 사상에 기초한 **생산양식**이다(특히 Marx

1974[1867]: 667~724 참조). 힌데스(Barry Hindess)와 허스트(Paul Hirst)는 그 용어에 대한 고전적 해석을 제공한다(1975: 9). 그들은 생산양식을 "생산관계의 지배에 의해 구조화된 생산관계와 생산력의 접합적 결합"으로 정의했다. '접합'(articulation)은 마르크스주의 이론에서 일반적으로 서로 다른 생산양식 간의 상호작용을 가리키지만, 여기에서는 그 요소들(생산력과 생산관계) 간의 상호작용을 지칭한다. 힌데스와 허스트(1975: 9~10)에 따르면 생산관계는 "잉여노동(직접 생산자가 자신의 생계를 유지하기 위해 하는 노동을 필요노동이라 하며, 필요노동을 넘어 비노동자를 위한 잉여가치를 형성하기 위해 투입되는 노동을 잉여노동이라 한다―옮긴이)이 획득되는 양식과 잉여노동이 획득되는 양식에 부응하는 생산수단이 사회적으로 분배되는 독특한 형태를 규정한다."

그들이 보기에 잉여노동은 모든 사회에서 발견되지만, 상이한 사회는 그것을 다르게 '획득'한다. 예컨대 원시공산사회와 진보된 사회주의 사회는 잉여노동을 집단적으로 획득하며, 봉건사회와 자본주의 사회는 그것을 비노동자 계급(즉 봉건 영주와 근대 자본가)이 획득한다. 생산력은 '자연을 획득하는 양식'을 포함하며(1975: 10), 생산수단은 단순히 개인이 실천하는 채집, 원시농경(horticulture), 목축 등의 경제적 활동이다. 힌데스와 허스트(1975: 11)는 그들의 정의를 마무리하면서 "생산관계와 생산력은 그들을 결합시키는 생산양식과 독립적으로 정의될 수 없다"고 논평했다.

마르크스주의 인류학자들은 '약탈형'(foraging: 수렵채집의 동의어) 생산양식이 따로 존재하는지, 아니면 생산수단이었던 약탈이 유사한 효과를 갖는 다른 생산수단을 수반하는 더 큰 생산양식 안에 포함되는 것인지를 놓고 논쟁을 벌였다(Lee 1981〔1980〕). 후자의 시각을 견지한 사람들은 가구가 재화의 생산과 분배의 단위를 이루는 이른바 '가내'(domestic) 양식이 수렵채집 사회뿐 아니라 소규모 원시농경사회의 특징이라고 주장한다. 진화적 복합성이라는 관점에서 보면 그 뒤를 이어 '종족적' 생산양식, '봉건적' 생산양식, '자본주의적' 생산양식이 차례로 등장했다.

마르크스주의에서 또 하나의 중요한 개념은 마르크스가 구별한 **토대** 또는 **하부구조**와 **상부구조다**(Godelier 1975). 토대는 생계기술, 주거유형, 교환관계처럼 생산과 직결된 사회구성체(social formation: '사회'에 해당하는 마르크스주의 용어)의 요소들로 이루어진다. 상부구조는 생산과는 거리가 먼 의례나 종교적 신념 등으로 구성된다. 물론 생산과 종교 사이에도 어떤 연관성이 있을 수 있으나, 그것은 대개 생산과 정치의 관계처럼 직접적이지는 않다. 70년대에 이르면 마르크스주의자와 생태인류학자는 몇 가지 쟁점에서 사실상 같은 결론에 도달했다. 스튜어드(1955)는 마르크스주의자의 토대를 '문화핵심'(환경의 이용에 관련된 문화적 진화의 기반)이라 불렀다. 같은 맥락에서 마르크스주의자의 상부구조 개념은 스튜어드의 '전체문화'(문화적 전파의 기반) 개념과 비슷하다.

마르크스주의 인류학에 공통적인 또 하나의 구분은 **중심부**(center)와 **주변부**(periphery)의 구분이다. 중심부는 식민당국이나 국가의 수도처럼 권력이 행사되는 장소를 의미한다. 주변부란 중심부에서 내린 결정의 영향을 받는 곳으로, 농민들의 생산물이 중심에서 재분배되거나 교역되는 농촌지역이 그 예다. 월러스틴

(Wallerstein 1974~89)에 따르면 중심부-주변부 관계는 15세기 말 이후 세계적 수준에서 이루어진 경제관계를 특징지어왔다.

70년대와 80년대에는 기술력과 노동이 수반된 과정을 통한 사회적 **재생산**(Meillassoux 1972)과 서로 다른 생산양식간의 접합 또는 상호작용(Friedman 1975)에 대한 관심이 고조되었다. 또한 인류학 전반에서 마르크스주의 이론이 차지하는 정당한 지위를 찾으려는 관심도 생겨났다.

고들리에의 구조주의적 마르크스주의

비마르크스주의 계열의 정치인류학자들이 때때로 군단사회로부터 씨족사회, 추장사회(chiefdom)를 거쳐 국가에 이르는 진화론적 과정을 주장하는 반면, 마르크스주의자들은 정치구조를 결정하는 데 언제나 경제관계가 중요하다고 강조해왔다. 그렇지만 마르크스주의자들은 비경제적 요인을 어떻게 통합할 것인가, 다시 말해서 상부구조를 얼마나 중요하게 볼 것인가에 대해 서로 다른 의견을 표명하고 있다.

구조주의적 마르크스주의자들은 상부구조를 근원적인 것으로 본다. 일각에서는 상부구조적인 요소(종교나 친족)를 사회경제적 틀 내부에 포섭된 것으로 보고, 하부구조적인 것으로 재해석하기조차 한다. 이 학파의 대표주자인 고들리에(Maurice Godelier)는 멜라네시아에서 민족지적 조사를 수행했고, 오랫동안 전통적인 인류학 영역의 연구를 적극 추진하고 조장했다. 그의 접근은 마르크스주의뿐 아니라 구조주의에도 의거했는데, 70년대에 그의 가장 큰 관심사는 생산양식의 기술과 분석이었다(Godelier 1975; 1977〔1973〕). 앞서 암시했듯이 고들리에의 구조적 마르크스주의는 문화생태학과도 관련이 있으며 환경, 기술과 사회 간의 상관 관계를 이해하려 한다는 점에서 유사성을 보인다. 차이가 있다면 구조적 마르크스주의는 기술이나 개인적 활동보다는 생산관계(즉 사회적 관계)에 중점을 둔다는 사실이다. 경계가 정해진 범주인 사회는 여전히 주된 분석단위이지만, 마르크스주의 용어인 '사회구성체'라 불린다. 이와 마찬가지로 문화는 '이데올로기'가 되고, 경제는 생산양식이 된다. 구조적 마르크스주의는 의례나 종족조직 등의 공시적·기능적 속성을 강조한다는 점에서 기능주의와도 닮은 구석이 있다.

주류 경제인류학자들도 프랑스 마르크스주의 사조의 영향을 받았다. 살린스의 『석기시대 경제학』(*Stone Age Economics*, 1974[1972])이 그 예다. 프랑스에 1년 머무는 동안 마르크스주의에 흥미를 느꼈던 미국 인류학자 살린스는 구조적 마르크스주의 전통이 문화를 미미하게 취급하여 전(前)자본주의 사회의 작용을 만족스럽게 분석하지 못한다는 이유를 내세우며 결국에는 절연을 선언했다(Sahlins 1976 참조). 하지만 『석기시대 경제학』을 통해 가구가 생산과 교환의 지배적인 단위로 작용하는 '가내 생산양식'이란 개념이 유행하게 되었다.

마르크스주의 인류학의 새로운 방향에서 영향을 받긴 했으나 그것을 반대한 또 한 명의 미국인은 해리스(Marvin Harris)로, 비판의 근거(1979: 216~257)는 구조적 마르크스주의가 지나치게 구조주의적이며 충분히 유물론적이지 않다는 것이었다. 해리스의 '문화유물론'(cultural materialism)——조너선 프리드먼(1974)이 마르크스주의적 시각에서 가한 의미심장한 비판에서 '조잡한 유물론'이라 부른——은 문화를 사실상 순수한 물질적 힘으로 환원시키려는 시도였다. 해리스는 힌두교도의 인도에서 소를 먹지 못하게 하는 종교적 금기도 물질적 기반을 갖는다고 주장한다. 이 경우 소를 쟁기질에 사용하기 위해 보존하는 것이다. 해리스의 주장에 따르면 생태학적 제한요인이 다른 것에 우선하며, 문화는 본질적으로 물질적 힘의 산물이다(제3장 참조; Harris 1977도 참조).

메이야수의 '토지와 노동'의 마르크스주의

메이야수(Claude Meillassoux)는 착취의 문제나 친족체계 변형의 물질적 기반을 다루지 않았다는 이유로 레비-스트로스의 구조주의(그리고 암묵적으로는 구조적 마르크스주의)를 비판했다. 그는 토지가 노동의 대상인 사회와 노동의 도구인 사회를 구별했다. 그가 볼 때 가내경제는 노동의 재생산을 보장함으로써 기존의 권력관계에 기여한다. 그가 가장 중요시한 것은 생산수단 자체에 대한 통제가 아니라, 재생산수단(즉 여성)에 대한 통제다(Meillassoux 1972; 1981[1975]). 이로 말미암아 메이야수의 연구는 여성주의 인류학에서 논쟁의 출발점으로 이용되기도 한다.

그러나 여성주의는 메이야수의 연구에 대해 몇 가지 비판을 가했다(H. L. Moore 1988: 49~54). 그의 논의에서 여성은 핵심적이면서도 그 모습을 찾기 어렵다. 그들이 눈에 띌 때 그들은 '여성'이라는 동질적인 범주를 구성하며, 그들이 속한 기본적인 친족의 맥락 밖에서 다루어진다(부인으로서의 '여성'과 장모로서의 '여성'은 다름에도 불구하고). 또한 그는 생물학적 재생산 개념과 사회적 재생산 개념을 혼동한 것처럼 보이며, 역설적으로 여성을 노동자 또는 생산자라기보다는 노동력의 재생산자로 보는 듯하다(Edholm, Harris and Young 1977; Harris and Young 1981).

메이야수의 마르크스주의는 기능주의적 요소가 강하며, 생산양식의 결정인자인 기술에 크게 의존한다. 그의 주장은 코트디부아르 공화국(Ivory Coast)의 구로(Guro)족에 관한 자신의 민족지(Meillassoux 1964)에 바탕을 둔다(그는 다른 마르크스주의자에 비해 민족지적 현실에 많은 비중을 두었다). 그는 자본주의가 전(前)자본주의적 생산양식을 파괴하는 것이 아니라, 자본주의 양식과의 '접합 속에서' 유지한다고 주장했다.

정치경제학과 세계화 이론

아직까지 영향력을 행사하고 있는 세번째 학파는 월러스틴(Immanuel Wallerstein)의 '세계체제' 접근(1974~89)과 프랑크(Andre Gunder Frank)의 '저발전' 개념에서 유래한 정치경제학(1967)이다. 구조적 마르크스주의와 소규모 사회의 토지, 노동, 자본에 대한 관심이 주로 유럽 중심적인 시각인 반면에, 정치경제학 학파는 북아메리카와 제3세계에 더 큰 흥미를 보인다. 이 학파가 영국에 미친 영향은 70년대 후반과 80년대에 거대한 '지역체제'가 논의의 초점으로 떠오른 데에서 뚜렷이 드러난다(Hart 1982). 인류학 내의 다른 마르크스주의 학파와 달리 정치경제학은 역사에 중점을 둔다. 그것은 또한 자본주의와 전자본주의의 생산양식이 '접합' 상태에서 단지 공존한다는 관념(메이야수의 저작에서 암시된)에 반대한다.

월러스틴의 '세계체제' 개념은 소규모 사회의 경제를 서구와 극동의 강력한 자본주의 경제와 연결시키는 설득력 있는 것이었다.

그 경제체제 간의 관계는 발달한 자본주의 체제가 다른 체제의 희생을 대가로 이득을 취하는 불평등한 것이다. 이 사상의 영향으로 인류학자들은 유사한 방향의 연구를 추구하게 되었고(Kahn 1980; Wolf 1982), '세계적인'(global) 것과 '지역적인'(local) 것 사이의 관계는 경제적 영역뿐 아니라 문화적 영역에서도 인류학계의 커다란 관심사로 대두되었다.

주류 인류학이 당면한 문제는 정치경제학적 관점이 외부인 중심이라는 사실이다. 즉 (연구의……) 연구의 주체는 아닐지언정 그 대상이 되어야 할 사람들이 (중심부)로부터 멀리 떨어져 있다는 것이다. '종속집단 연구'(subaltern study: 종속집단의 문화적 자율성과 헤게모니에 저항하는 행위를 강조하는 이론적 입장. 그람시, 푸코 등의 영향을 받은 종속집단 연구자들은 인도에 관한 식민지 사관의 엘리트주의적 성격을 비판하고, 민중의 관점에서 대안적 역사를 모색했다—옮긴이)의 전통에 속한 일부 학자(Guha and Spivak 1988)는 내가 제기한 일반적 문제를 더욱 파고들었다.

자본주의 세계체제가 지난 몇 세기 동안 범지구적 영향을 미쳤으며, 이 영향이 증가하고 있다는 사실은 의심의 여지가 없다. 학자들은 그 현상을 마르크스주의적 관점에서, 또는 보다 폭넓게 진화론적 관점에서 파악하는 경향을 보이는데, 자본주의 체제는 발달한 사회가 발전 중인 사회를 지배하는 진화론적 단계를 나타낸다. 그러나 '세계체제' 또는 '세계화론'의 사상은 전파론적 관념으로 볼 수도 있다. 그것은 거대한 전파주의의 근대적(사실은 탈근대적) 변형으로, 서구—스미스와 페리가 믿었던 이집트를 대신해서(제4장)—의 범지구적 문화가 나머지 세계와 맞서 있는 형국을 설정한다. 흥미로운 것은 현재 고고학계에서 월러스틴처럼 세계체제를 최근 몇 세기 동안 발달한 것으로 보는 게 옳은지, 아니면 선사시대 교역의 연결망이 미친 영향까지 고려하는 게 유용한지에 대한 논쟁이 일고 있다는 사실이다. 곧 논의할 칼라하리 논쟁에서도 이러한 측면이 발견된다(Shott 1992).

세 가지 민족지적 논쟁

과정주의와 마르크스주의 인류학에서 상당수의 격렬한 논쟁이 등장했다. 나는 이 장에서 다루어진 이론적 시각들 사이의 상관관계를 잘 조명해주리라 생각되는 세 가지 예를 간략히 살펴보려 한다.

프리드먼 대 리치: 카친의 정치경제학

리치(Edmund Leach)는 기인에 속하는 지식인으로 결국에는 중견학자가 되어 그 시대의 젊은 인류학자들에게 영감을 불어넣었다. 리치는 엔지니어로 교육받은 후 퍼스의 지도 아래 공부했고, 스리랑카와 버마(오늘날의 미얀마)에서 현지조사를 실시했다. 그는 일찍이 기능주의에 반대하고 프랑스 구조주의를 영국 인류학에 도입한 인물로 알려져 있다. 하지만 터너처럼 그도 사회생활의 근간을 이루는 과정과 구조를 폭넓게 종합할 것을 주장했으며, 여기에서 우리가 주목하는 것은 그의 과정주의다.

리치의 저서 『버마 고지대의 정치체계』(*Political Systems of Highland Burma*, 1954)와 관련연구들(Leach 1961b〔1945/1951/1961〕: 28~53, 54~104, 114~123)을 고찰해보자. 리치

이전의 전(前)기능주의적 틀에서는 카친(Kachin)족이 기본적으로 동질적인 문화와 사회조직을 갖는다고 설명하고 있었다. 리치가 그 책을 쓸 당시 만연했던 기능주의 인류학은 균형잡힌 평형 상태를 가정했고, 인류학자가 작업하는 지역에 하나의 사회적 체계가 존재한다는 점을 의심없이 받아들였다. 리치는 두 입장에 모두 반대하면서, 두 개의 밀접하게 관련된 씨족집단의 친족과 정치체계에서 발견되는 상이한 구조적 배열에 주목했다. 한 체계는 평등주의적인 굼라오(*gumlao*)이고, 다른 하나는 같은 체계의 위계적인 변형인 굼사(*gumsa*)다. 역시 위계적인 제3의 체계, 즉 타이(Tai)어를 사용하는 샨(Shan)족의 체계는 그 두 체계와 접해 있다.

친족과 관련해 고려해야 할 또 하나의 사실은 굼사가 하향혼 체계(hypogamous system: 여성이 자신보다 신분이 낮은 집단의 남성과 혼인하는 제도)인 데 비해, 샨은 상승혼 체계(hyper-gamous system: 여성이 자신보다 신분이 높은 남성과 혼인하는 제도)라는 것이다. 굼라오에서 혼인은 순환적이어서 모든 남성은 인척을 존중하지만, 어떤 씨족도 다른 씨족에 대한 절대적인 우위를 차지하지 못한다. 이것이 굼사 체계에서 위계적 관계로 변형되어 우월한 집단의 남성은 자신의 자매를 열등한 집단의 성원에게 시집보낸다. 이상적인 모델은 그림 6.2에 나타나 있는데, 여기서 화살표는 결혼에서 여성이 이동하는 방향을 가리킨다. 신부대는 신랑 가족으로부터 신부 가족에게 전해지므로, 높은 지위를 지닌 집단의 남성은 좁은 범위의 배필을 갖지만 보다 많은 재산을 확보할 수 있다(게다가 당사자에게 부는 지위보다 중요해 보인다). 높은 지위의 카친 남성들 중 일부는 중국계 샨족과 혼인하

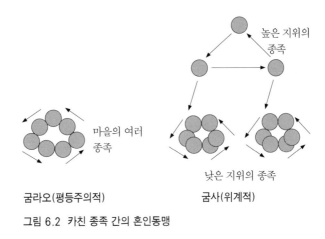

높은 지위의 종족

마을의 여러 종족

낮은 지위의 종족

굼라오(평등주의적)　　　굼사(위계적)

그림 6.2 카친 종족 간의 혼인동맹

고, 일부는 승려가 되며, 일부는 아예 산족이 되기도 한다.

리치에게 친족·계급·역사·이데올로기는 복잡한 틀 안에서 함께 작용하는 것인데, 이는 래드클리프-브라운이나 말리노프스키의 지지자들은 결코 이해할 수 없는 것이다.

리치(1954: 292)는 자신의 노력을 이렇게 요약했다. "나는 평균적인 카친인의 행동이 아니라, 실제로 일어나는 카친인의 행위와 이상적인 카친인의 행위 사이의 관계에 주목했다. 이를 염두에 두고 나는 카친의 문화적 변이를 두 개의 갈등하는 윤리체계간의 상이한 절충형태로 표현해내고자 했다."

프리드먼(Jonathan Friedman)은 이제는 고전이 된 문헌 재조사(1975; 1996〔1979〕)에서 리치의 민족지 자료를 구조적 마르크스주의 시각에서 분석했고, 특히 카친 사회구조의 진동 (oscillation)과 변형을 야기한 생태적 요인에 주목했다. 프리드먼의 모델은 토대와 상부구조라는 단순한 마르크스주의 개념 대신에 보다 복잡한 네 차원으로 구성된다. **생태체계**(ecosystem)는

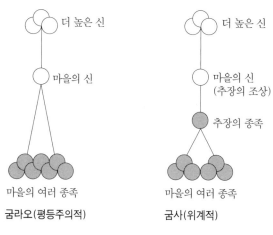

더 높은 신

마을의 신

마을의 여러 종족

굼라오(평등주의적)

더 높은 신

마을의 신
(추장의 조상)

추장의 종족

마을의 여러 종족

굼사(위계적)

그림 6.3 카친과 조상신 간의 관계

생산력을 제한하고, 생산력은 **생산관계**를 제한하며, 생산관계는
생태체계와 **상부구조**를 제한한다. 프리드먼은 경제, 친족, 종교 사
이의 관계를 강조하면서 잉여가 잔치와 부인의 축적을 유도하고,
그것이 각기 위세 획득과 자녀들의 출산을 동반하여 높은 지위로
이어지며, 결국에는 공물과 더 많은 잉여로 귀결된다고 주장했다.
부유한 종족의 우두머리는 마을 전체를 위해 잔치를 열고, 그래
서 영적인 세계에도 큰 영향력을 지니는 것으로 보일 것이다. 결
과적으로 그 종족은 현격히 부각되어, 조상을 통해 영적인 세계
에 더 가까운 것으로 인식된다(그림 6.3 참조). 따라서 평등한 굼
라오 체계는 환경·경제·친족·종교라는 여러 요인의 연쇄적인
결합을 통해 굼사 체계로 진화한다.

프리드먼의 모델에서는 리치가 기술한 사회적 과정이 증폭되
었고, 리치의 구조적-과정주의적 틀은 권력과 생산관계를 가일
층 강조하는 프리드먼의 틀에 개방적이었다. 리치는 프리드먼이

자신의 작업을 마르크스주의식으로 읽은 것에 대해 회의적이었으나, 프리드먼의 연구는 다양한 해석의 가능성을 돋보이게 했다. 이는 리치가 기술했던 시기의 버마(제2차 세계대전 이전까지)처럼 역동적으로 변화하는 사회구조를 분석할 때 아주 효과적이다. 마르크스주의 인류학은 언제나 생생한 역사적·민족지적 사례를 파헤칠 때 그 빛을 발했으며, 이 경우 과정주의를 함께 고려함으로써 카친 사회와 사회적 행위에 대한 통찰력을 얻을 수 있었다.

윌름센 대 리: 칼라하리의 역사와 민족지

칼라하리 논쟁은 남아프리카의 부시먼 또는 산(San)족이 독립적인 분석단위인가 아니면 지역적·세계적 경제체제의 일부분을 반영하는가에 관한 것이다. 그 논쟁은 일정 기간 서서히 달아오르다가 마르크스주의로부터 영향을 받은 고고학자이자 인류학자인 윌름센(Edwin Wilmsen)의 『파리가 넘치는 땅』(*Land Filled with Flies*, 1989)에 대한 격한 반응으로 분출되었다. 생태학적 마르크스주의 인류학자 리처드 리(1979: 401~431)와 다른 학자들은 부시먼과 목축에 종사하는 반투인 사이의 관계를 오랫동안 목격해왔지만, 그 관계의 중요성을 간과하고 단지 '사회변동'의 맥락에서 이해하려고 했다. 진짜 문제는 언제 '전통적' 생활이 끝나고 '사회변동'이 시작되었는가 하는 것이다.

논쟁의 핵심은 학술지 『현대인류학』(*Current Anthropology*)과 『아프리카의 역사』(*History in Africa*)에 실린 일련의 논문과 짧은 논평으로 이루어진다(Solway and Lee 1990; Wilmsen and Denbow 1990; Lee and Guenther 1991; 1993). 그렇지만 보다

결정적인 문제는 리와 윌름센이 제시하는 민족지의 저변에 깔린 가정이 다르다는 것이다. 리는 종종 부시먼에 대한 그의 관심이 고대 인류의 약탈적 생활양식을 재구성하려는 열망에서 유래한다는 사실을 인정했다.

약탈은 인류 역사의 중요한 시기에 성행했던 생활방식이다. 근대의 약탈자는 그러한 생활방식의 성격에 대한 단서를 제공하며, 우리는 과거의 적응양상을 이해함으로써 인간의 약탈적 생활양식을 만들어낸 기본적인 물질적 조건을 제대로 이해할 수 있다. (Lee 1979: 433)

리는 약탈이 적응에 바탕을 둔 기본적 생활양식이라는 사실을 당연시했는데, 이 가정이 강경노선의 수정주의자에게는 이단으로 비쳤다. 그는 또한 부시먼의 영토와 물웅덩이 내에 다른 집단의 구성원이 존재한다는 엄연한 사실에도 불구하고, 부시먼 사회가 적절한 분석의 단위라는 사실을 추호도 의심하지 않았다. 부시먼과 목축에 종사하는 이웃 부족은 상호 접촉하긴 하지만, 서로 다른 생태적 적소(niche)를 차지하고 있는 것으로 이해했던 것이다.

윌름센(1989)은 칼라하리 사막의 정치경제적 구조가 최상의 분석단위며, 이 단위는 1,000년 전쯤 사막의 외곽에 가축이 처음 유입된 이래로 변함없이 의미 있는 구성체였다고 주장했다. 리와 다른 이들이 관찰한 부시먼의 고립현상은 19세기 후반 이후 백인들이 남아프리카를 지배하게 된 결과 나타났다고 그는 말한다.

약탈적 생활방식을 영위하는 그들의 지금 모습은 1,000년 전에 시작되어 금세기 초에 완결된 역사적 과정에서 그들이 하층계급으로 전락한 사실에 기인한다. 흔히 그들을 묘사하는 고립상태는 그들이 살아온 그들의 역사가 아니라, 우리가 그들을 보는 (그릇된) 관점이 빚어낸 결과다. (Wilmsen 1989: 3)

리 같은 전통주의자는 부시먼 집단의 문화적 연속성과 통합성을 강조한다. 그는 부시먼이 고대로부터 전해지는 토착적인 수렵기술·친족관행·환경적 지식·종교적 신념 등을 계승했다고 본다. 윌름센과 같은 수정주의자는 그런 측면에 비중을 두지 않고, 남아프리카의 총체적인 정치경제적 구조의 결합에 지대한 관심을 가진다. 쌍방이 모두 마르크스에게서 지적 계보를 찾으며, 그들의 접근이 사회적 과정을 설명한다고 생각하는 점은 다소 역설적이다.

오베예세케라 대 살린스: 쿡 선장의 죽음

세번째 논쟁은 흥미로운 역사적 문제다. 1779년 2월 14일 왜 하와이의 전사들은 섬에 돌아온 쿡 선장(Captain Cook)을 살해했는가? 지금까지 이 문제를 둘러싼 논쟁의 주역인 살린스와 오베예세케라(Gananath Obeyesekere)는 각기 대여섯 편의 책과 논문을 내놓았으며(특히 Sahlins 1981; 1985: 104~135; 1995; Obeyesekere 1992), 다른 논객들도 등장했다(Borofsky 1997; Kuper 1999: 177~200).

폴리네시아를 전공한 미국의 원로 인류학자 살린스는 기본적으로 구조주의적(또는 구조-과정주의적) 관점을 취한다. 그는 쿡이 잘못 알려진 정체와 의례적 희생의 제물이었다고 주장한다. 쿡은 1778년 1월 풍요의 신 로노(Lono)를 찬양하는 연례의식이 한창일 때 섬에 처음 도착했고, 1년 후 다시 돌아왔다. 살린스가 보기에 하와이인들은 그를 로노라 여겼으며, 그를 그들의 신으로 극진히 숭배했다. 이후 얼마 지나지 않아 쿡은 탐사를 계속하기 위해 떠났으나, 폭풍우를 만나 되돌아올 수밖에 없었다. 그의 두 번째 귀환은 전혀 예기치 않은 일이었다. 게다가 그는 일년 중 적절치 않은 시기에 돌아온 셈이었다. 의례주기가 바뀜에 따라 금기가 지켜지고 있었으며, 왕은 내륙으로 떠나고 없었다. 쿡이 착륙하여 왕을 찾으려 하자 그의 병력과 섬사람들 사이에 작은 싸움이 벌어졌고, 급기야 지역의 추장 중 한 명이 죽게 되었다. 이런 행위는 명백히 하와이의 의례(와 하와이인들이 그에게 부여한 의례적 지위)를 전복시킨 것으로 '로노'는 죽어야만 했다.

종교인류학을 전공한 스리랑카 출신의 오베예세케라(프린스턴 대학이 근거지다)는 살린스의 주장을 서구 제국주의의 신화라고 일축했다. 하와이인들은 쿡을 신이 아니라 추장으로 취급했다고 그는 주장한다. 오베예세케라에게 쿡은 '문명인'이었다가 항해에 차질이 생기면서 '야만인'이 된 인물이다. 게다가 오베예세케라의 눈에 비친 살린스는 실제로는 실용적 합리주의자인 하와이인을 구조주의적 심성의 보유자로 가정하는 오류를 범하면서 쿡의 신화를 날조한 신화제조가다. 살린스처럼 오베예세케라도 문화와 역사적 과정 간의 관계에 관심이 있었으나 초점은 전혀 달랐다. 어떤 의미에서 보면 오베예세케라의 초점은 서구문화와 탐험 및 식민화 과정에 있는 반면, 살린스의 초점은 분명 하와이 문화와 하와이의 의례적 과정에 있다.

여기서 문제가 되는 것은 역사적 사실만이 아니다. 그것은 단순히 증거를 어떻게 해석하여 18세기 하와이에 소급해 적용할 수 있는 '올바른' 민족지를 작성할 수 있는가라는 것도 아니다. 문제의 핵심은 두 가지로 첫째는 '우리'와 '그들'의 대립에 관계되며, 둘째는 누가 누구를 위해 말하는가의 이슈에 관련된다. 오베예세케라는 단지 그 자신이 하와이처럼 식민주의 압제의 대상이었던 문화 출신이라는 사실 때문에 '원주민의 목소리'(native voice)를 정당하게 대변하는가? 관련된 출전에 정통하며 설득력 있는 분석을 제시한 살린스를 지나치게 폄하하는 것은 아닌가?

이런 질문은 크게 보면 80년대 들어 마르크스주의를 대신해서 전통적인 탐구방향에 대한 주된 도전자로 떠오른 포스트모던 비판의 주제를 형성한다. 그 속에는 우리 시대 인류학의 핵심적 논쟁 중 하나가 포함되어 있다. 사실 많은 학자들은 그것이 모든 시대의 인류학적 쟁점이라고 주장할 것이다. 인류학은 다른 문화와 그것의 사회적 행위에 대한 객관적 통찰력을 제공할 수 있는가, 아니면 인류학은 주관성 ─ 반드시 밝혀져야 하지만 쉽게 그 모습을 드러내지 않는 ─ 의 굴레에서 영원히 벗어나지 못할 운명에 처해 있는가?

요약

행위중심의 접근, 과정주의적 접근, 마르크스주의적 접근은 절정에 달한 인류학의 '사회적' 전통을 나타낸다. 이 세 가지 접근은 기존 시각의 갖가지 요소를 갖추고 있다. 거래행위론은 지멜과 베버의 사회학뿐 아니라, 사회조직에 대한 말리노프스키의 사상에 뿌리를 둔다. 마르크스주의 내의 다양한 접근은 사회진화, 전파(세계화), 기능, 구조, 심지어 성찰성 등 여러 가지를 강조한다. 힌데스와 허스트가 '자아비판'(1977: 7)을 통해 이론이란 오로지 그것이 표현되는 맥락에서만 존재하며, 자신들의 마르크스주의 개념도 사실상 그것에 대한 글쓰기의 산물이라고 토로한 사실은 성찰성을 염두에 둔 예다.

거래행위론, 과정주의, 여러 가지 이름의 마르크스주의가 복잡한 관점이라는 사실은 자명하다. 심지어 '맨체스터 학파'도 의례, 법적 과정, 상징적 구조, 남부 및 중부 아프리카의 영국 식민지에서 나타나는 흑백관계 등 다양한 관심과 사상의 결합으로 이루어진다.

남아 있는 장에서 우리의 관심은 '사회적' 전통에서 '문화적' 전통으로 바뀐다. 물론 그 둘 사이에 절대적 구분이 있는 것은 아니며, 다만 무엇을 강조하느냐에 따른 차이가 있을 뿐이다. 즉 우리의 궁극적 목표가 사회를 이해하는 것인가, 아니면 사고, 상징적 세계, 의사소통, 인류학자의 세계관(이방인인 '그들'의 세계관에 비추어본)을 이해하는 것인가의 문제다.

읽을거리

고전적인 거래행위론 연구서는 Barth의 『스와트파탄족의 정치지도력』(*Political Leadership among Swat Pathans*, 1959)이다. 다양한 맨체스터 학파의 민족지 중 대표적인 것은 Gluckman의 『아프리카의 관습과 갈등』과 Turner의 『한 아프리카 사회의 분열과 지속』이다. 구조주의적 마르크스주의를 대표하는 민족지는 Godelier의 『거인의 형성』(*The Making of Great Men*, 1986〔1982〕)이다.

맨체스터 학파의 리뷰로는 Richard Werbner의 논문 「남-중앙 아프리카의 맨체스터 학파」(The Manchester School in South-Central Africa, 1984)를 참조하라. 거래행위론과 마르크스주의에 관한 중요한 편찬서로는 Kapferer의 『거래와 의미』(*Transaction and Meaning*, 1976), Bloch의 『마르크스주의 분석과 사회인류학』(*Marxist Analyses and Social Anthropology*, 1975) 등이 있다. 칼라하리 논쟁에 관한 해설을 위해서는 Kuper(1992)와 Shott(1992)의 논문을, 하와이 논쟁에 대한 평가는 Borofsky(1997)의 논문을 보라.

Sherry Ortner의 논문 「60년대 이후의 인류학 이론」(Theory in Anthropology Since the Sixties, 1984)은 마르크스주의 이론을 비롯해 60년대부터 80년대에 이르는 이론적 발달과정을 포괄적으로 검토하고 있어 일독을 권한다. Bloch의 『마르크스주의와 인류학』(*Marxism and Anthropology*, 1983)은 사회인류학에 나타난 마르크스주의 사상의 역사를 알 수 있게 해준다. O'Laughlin의 리뷰(1977)는 마르크스주의 전통의 접근법을 전체적으로 조망하고 있으며, Legros(1977)의 진화론적 문화생태학 비판은 생산력에 대한 마르크스주의와 비마르크스주의의 시각차를 잘 보여준다.

7 상대주의에서 인지과학으로

문화상대주의(cultural relativism)의 비판자 중 한 명인 스피로(Spiro 1992)는 기술적(descriptive)·규범적(normative)·인식론적(epistemological) 상대론 세 가지 유형을 정의한다. 그의 분류를 따라 각 유형을 간단히 살펴보고자 한다.

각 문화가 서로 다르다는 것은 진리다. 19세기 후반 이래 인류학자는 인간이 세계를 인지하는 방식을 규제하는 것은 생물학적 특성이 아니라 문화 자체라고 주장(그 강도는 학자들에 따라 다르지만)하는 '문화결정론자'였다. 이로부터 각 민족이 상이한 사회적·심리적 인지구조를 표출하는 것은 문화적 다양성의 소산이라는 추론이 가능하며, 이 입장은 **기술적 상대주의**라고 불린다. 인류학의 거의 모든 학파는 적어도 약한 형태의 기술적 상대주의를 수용한다.

규범적 상대주의는 한결음 더 나아가 문화란 자신의 내적 기준에 따라 서로를 판단하므로 문화를 평가하는 절대적 기준은 없다고 주장한다. 규범적 상대주의 내에서 우리는 **인지적**(cognitive) **상대주의**와 **도덕적**(moral) **상대주의**라는 두 개의 독특한 논리적 형태를 구분할 수 있다. 인지적 상대주의는 '달에는 토끼와 계수

나무가 있다'거나 '록 음악은 두통의 원인이다'와 같이 서술적인 명제에 관한 것이다. 그것은 옳고 그름을 따지는 세상의 모든 진술은 문화에 의존하며, 따라서 문화에 의존하지 않는 진술은 불가능하다는 입장을 고수한다. 다시 말하면 모든 과학은 민족과학(ethnoscience)이 된다. 도덕적 상대주의는 '고양이가 개보다 예쁘다' 또는 '육식이 채식보다 몸에 해롭다'처럼 평가를 담은 명제에 관련된다. 미적·윤리적 판단은 보편적인 것이 아니라 특수한 문화적 가치의 측면에서 내려져야 한다는 것이다. 따라서 사회적·심리학적으로 적절한 행동과 사고의 과정(즉 합리성) 역시 문화적 가치에 의거해 판단되어야 한다. 보아스와 그 지지자들, 그리고 (그보다는 덜하지만) 에번스-프리처드와 그 신봉자들은 모두 규범적 상대주의(그 중에서도 특히 인지적 상대주의)를 옹호했다.

인식론적 상대주의는 급진적인 형태의 기술적 상대주의에서 나왔다. 그것은 극단적인 문화결정론의 입장과 문화적 다양성은 무한하다는 관점을 결합시킨다. 여기서 **일반 문화결정론**(generic cultural determinism: 보편적이지만 독특한 인간의 문화적 유형이 있으며, 그 안에서 다양한 문화가 존재한다고 보는 입장. 즉 인류의 심적 동일성을 믿는 관점)과 **특수 문화결정론**(particular cultural determinism: 그러한 것은 없다고 주장하는 입장)을 구분하는 것이 중요하다. 인식론적 상대주의자들은 후자를 지지한다. 그들은 인간의 특성과 심성은 문화에 따라 다르다고 언명한다. 그러므로 문화에 대한 일반화와 문화의 일반이론은 그릇된 것이라는 게 그들의 주장이다.

이 장의 주된 관심은 포스트모더니즘이 태동하기 이전에 통용되던 상대주의의 개념과 그 분파(특히 인지인류학), 그리고 몇 가지 반상대주의적 입장이다. 인류학 최초의 위대한 상대주의자는 보아스였으며 그의 사상은 기본적으로 기술적 상대주의의 유형이었다. 그의 추종자였던 아마추어 언어학자 워프는 인지적 상대주의의 형태를 받아들였으며, 인지인류학자와 민족과학자도 마찬가지였다. 초창기 심리인류학의 '문화와 인성'(culture and personality) 학파는 특히 도덕적 상대주의와 관련된다. 인식론적 상대주의는 오늘날의 인류학에서 발견되며, 지난 30여 년 동안 여러 나라의 다양한 사상가에 의해 그 모습을 드러냈다. 거츠는 아마도 그 방면의 가장 유명한 논객이지만, 다른 해석론자나 포스트모던 사상가는 보다 과격한 관점을 보여준다.

보아스와 문화상대주의의 성립

고전적인 문화상대주의는 보아스(Franz Boas)와 그 제자들의 연구에서 나타났다. 20세기 전반부에 그것은 미국 인류학의 지배적 패러다임이었다. 보아스 자신을 포함해서 상대주의를 지지하는 자들은 당시 일반적으로 '원시적'이라 여겨지던 문화들이 풍요롭고 복잡한 측면을 갖는다는 사실을 강조했고, 몇몇 신봉자들(역시 보아스를 포함한)은 인종차별주의, 반유대주의, 광신적 국수주의에 반대하기 위해 상대주의 이데올로기를 동원했다. 어떤 이들은 언어와 문화의 관계를 연구함으로써, 또 다른 이들은 문화의 심리학적 측면을 통해 상대주의 사상을 발전시켰다.

보아스는 1858년 베스트팔렌에서 태어났다. 그는 하이델베르크 대학과 본 대학에서 물리학과 지리학을 공부했으며, 1881년

킬(Kiel) 대학에서 박사학위를 받았다. 학위논문의 주제인 물의 색깔에 대한 연구가 그를 인식의 주관성에 대한 관심으로 이끌었다는 얘기도 있다. 1883년 그는 배핀 섬의 이누이트(Inuit)족을 조사하기 시작했는데, 그의 의도는 '객관적으로' 측정된 물리적 환경과 그것에 대한 그들의 고유한 지식을 비교하려는 것이었다. 그는 곧 인지의 결정요인으로서 문화가 중요하다는 사실을 깨닫게 되었고, 결과적으로 그의 출발점이었던 암묵적인 환경결정론의 입장을 배격하게 되었다. 그는 또한 배핀 섬 주민들의 복잡한 언어를 배우기 시작했고, 민속과 문화의 다른 측면도 기록했으며, 마침내 조사 내용을 독일어와 영어로 출판했다. 보아스는 1884년 독일로 돌아가 이듬해부터 박물관의 소장품을 통해 북아메리카의 북서해안지대를 연구하기 시작했으며, 1886년부터는 그 일대에 대한 현지조사를 수행했다.

보아스는 1896년에서 1936년까지 뉴욕 시의 컬럼비아 대학에서 가르쳤으며, 컬럼비아 인류학과는 곧 미국 인류학 연구의 중심지가 되었다. 그는 진화론에 반대했는데 그 주된 근거는, 인류학자의 임무란 다른 문화에서 일차적인 경험적 자료를 획득하는 일이지 과거에 대해 추측하는 일이 아니라는 것이었다. 그는 진화론적 저작에서 은연중에 감지되는 인종적·문화적 우월주의도 거부했다. 보아스는 진화론에 맞서서 인류학자는 현지어로 현지조사를 수행해야 하며, 언어의 사용을 통해 연구 중인 문화의 내부인 관점을 얻을 수 있다고 일관되게 주장했다.

널리 알려진 저서 『원시인의 마음』(*The Mind of Primitive Man*, 1938〔초판은 1911〕)의 제목은 지금 보면 진화론적이고 성차별적이지만, 그 책은 미국과 세계 곳곳에서 나타나기 시작한 인종주의에 반대하기 위해 저술되었다. 보아스는 '백색인종'이 지적으로 우월한 것이 아니라, 다른 '인종'보다 유리했을 뿐이라고 주장한다. 그는 많은 민족이 세계문명의 기원에 이바지한 사실을 열거한다. 그가 펼친 '문화의 진보' 개념은 진화론의 일부 측면을 받아들인 듯 보이기도 하지만, 보아스는 문화의 생물학적 기반을 철저히 거부한다. 그가 볼 때 언어는 '인종'과 독립적이며 문화는 더욱 독립적이다. 그는 또 진화론을 입증하는 데 사용할 비교론적 자료가 턱없이 부족하다고 지적한다. 그는 '원시'인을 가치중립적으로 정의한다. "원시인이란 생활 형태가 단순하고 일률적이며, 내용과 형식이 빈약하고 지적인 일관성이 없는 문화를 가진 사람이다"(Boas 1938: 197).

그는 계속해서 다른 민족은 각기 다른 분야에서 원시적이거나 진보적이라고 지적한다. 오스트레일리아 원주민은 빈약한 물질 문화를 갖지만, 복잡한 사회구조를 지니고 있다. 캘리포니아 인디언은 예술적 능력이 우수하지만, 그들의 문화는 다른 측면에서는 복합성이 부족하다. 그는 그런 차이를 미국과 유럽의 빈부 격차에 비유했다. 보아스는 외부의 영향을 받지 않은 민족은 없다고 덧붙이고, 하나의 문화를 '원시적' 또는 '문명화된' 같은 획일적인 범주로 규정하는 것은 무의미하다고 단정했다.

보아스의 연구 대부분은 예술, 신화, 언어처럼 특수한 성격을 띠는 주제에 관한 것이지만, 그는 때때로 자신의 인류학적 소신을 일반대중에게 알리기도 했다. 그는 초창기에 북미에서 인류학을 전공하는 대학원생의 교육을 거의 독점했기 때문에, 또 많은 글을 평이한 영어로 썼기 때문에 지대한 영향력을 행사했다. 그가 저술한 책의 수는 적었지만, 대신 그는 짧은 논문을 많이 남겼다(600

편 이상). 그 중에서 수준이 높고 영향력이 컸던 논문들은 두 권의 책에 수록되어 있는데, 한 권은 생전에 출판되었고(Boas 1940) 다른 한 권은 사후 오랜 시간이 지난 다음 그의 숭배자 중 한 명 (Stocking 1974)에 의해 편집되었다. 보아스는 1942년 12월 21일 그를 축하하기 위해 열린 오찬회에서 생을 마감했다. 그는 "인종에 대한 새로운 이론을 구상 중인데⋯⋯"라는 마지막 말을 채 마무리하기 전에 쓰러져, 옆자리에 앉아 있던 프랑스의 위대한 구조주의자 레비-스트로스의 품 안에서 숨을 거두었다.

문화와 인성

문화는 보아스에서 거츠에 이르기까지 미국 인류학의 지속적이고 추상적인 관심사였다(후자는 정태적인 추상화를 피하고 보다 역동적인 접근을 취했다). 하지만 이는 무엇이 '문화'인가에 대해 언제나 일치된 의견이 있었음을 뜻하지는 않는다. 문화의 정의를 개괄한 유명한 논문에서 크로버와 클룩혼(1952)은 인류학자, 철학자, 문학비평가, 기타 분야의 학자들이 내린 100가지 이상의 정의를 살피고 있다. 그들은 인류학적 정의를 기술적(내용에 기초한), 역사적(전통을 강조하는), 규범적(규칙을 강조하는), 심리적(학습과 문제해결을 다루는), 구조적(유형과 관련되는), 유전적(다른 동물이 아니라 인간이기 때문에 문화를 갖는다고 보는) 정의라는 6개의 범주로 나누었다. 그들의 조사에서 나온 소득이라면 문화를 구성하는 것으로 보이는 요소들에 대해 상당히 광범위한 시각이 존재한다는 사실이다. 하지만 대부분의 인류학자들이 기억하는 것은 보아스나 추종자들의 개념이 아니라, 타일러

(1871, I: 1)가 내린 (기술적) 문화의 정의다. "〔문화란〕 지식·신앙·예술·도덕·법·관습 및 사회의 성원으로서의 인간에 의해 획득된 모든 능력과 습관을 포함하는 복합적 총체다."

타일러의 정의는 문화를 추상적으로 고려할 때 핵심적인 것으로 남아 있으나, 문화가 본격적인 인류학 개념으로 확립되는 데 필요불가결한 시각은 베니딕트(Ruth Benedict)로부터 나왔다. 중심 텍스트는 그녀의 『문화의 유형』(Patterns of Culture, 1934)으로, 보아스의 지도 아래 쓴 저서임은 분명하지만 그의 작업에 비해 심리적 측면이 훨씬 강조되고 있다. 베니딕트는 학부에서 문학을 전공했고, 일찍이 시에 관심을 보였다. 인류학에 입문한 지 얼마 지나지 않은 1919년, 그녀는 동료들이 온갖 종류의 그릇된 비교를 시도하고 있다고 결론지었다. 시가 그 문화적 맥락에서 분석되어야 하듯이, 문화의 여러 측면도 전체 문화에 비추어 설명되어야 한다고 그녀는 주장했다.

그녀는 친족 용어나 토기 제작 기술의 비교가 아니라, 각 문화의 고유한 '지배적 동인'(dominant drive)을 통해 파악되는 전체 문화의 비교를 원했다. 『문화의 유형』에서 베니딕트는 세 부족을 비교한다. 그들은 번즐(Ruth Bunzel)과 쿠싱(Frank Cushing) 등이 연구한 뉴멕시코의 주니(Zuni)족, 보아스가 조사한 밴쿠버 섬의 콰키우틀(Kwakiutl)족, 포천(Reo Fortune)이 연구한 멜라네시아의 도부(Dobu)족이다. 그녀는 한 문화에서 정상적인 행동이 다른 문화에서는 그렇지 않다는 결론에 이른다. 심리적인 상태조차 문화적으로 결정된다는 것이다.

주니족은 의식을 중히 여기는 사람들이다. 그들은 다른 덕목보다 절제와 남에게 해를 끼치지 않는 것을 가치 있게 생각한다. 그들은 치료·태양·신성한 물건·전쟁·죽은 자 등에 대한 의식을 행한다. 각 의식에는 고유의 사제가 있어서 계절적 주기에 따라 다양한 의례를 주관한다. 이 의식은 그 세세한 부분까지 중요하며, 무엇인가 잘못되면 불행한 결과가 올 수도 있다. 예컨대 사제가 비를 비는 기도문을 잘못 외면 해가 쨍쨍 내리쬐는 더운 날이 올 수도 있다.

이러한 주니족의 문화는 다른 북아메리카 원주민의 문화와 상당히 다르다. 베니딕트는 19세기의 철학자이자 문학비평가인 니체가 만든 구분을 차용하여 주니족과 다른 부족을 대비시킨다. 그는 그리스 비극에서 '아폴론형'과 '디오니소스형'이라는 두 가지 요소를 구별했다. 아폴론적인 측면은 중용·자제·조화이며, 디오니소스적 측면은 감정·정열·극단이다. 니체에 의하면 그리스 비극은 양 요소를 모두 지녔다. 베니딕트에 따르면 아메리카 인디언 문화는 둘 중 하나를 지닌다.

주니족은 아폴론형으로 설명된다. 그들은 질서정연한 삶을 영위하며 만사를 정확하게 처리한다. 그들은 흥분하거나 무아지경에 빠지거나 환각을 추구하지 않으며, 늘 하던 대로 의례를 치르고, 개인주의를 불신한다. 초자연적인 힘은 개인의 경험에서 나오는 것이 아니라, 일단 의례집단의 구성원이 되면서 생겨난다. 남자가 구애할 때에도 무슨 말을 어떻게 해야 할 것인가에 대한 절대적이고 다소 장황한 규칙이 있다. 전통적으로 부부간에도 어떤 깊은 감정이 있어서는 안 되며, 그저 적절한 행동의 규범에 얽매여 살아갈 따름이다. 최소한 베니딕트의 설명에서 주니족은 '선'과 '악'을 구분하지도 않는다. 사물은 지금 있는 그대로 존재할 뿐이라고 그들은 생각한다.

콰키우틀족은 반대로 디오니소스형 문화의 예로 기술된다. 그들의 종교적 의례에서 최고 무용수는 깊은 무아지경에 빠진다. 그는 입에 거품을 물고, 심하게 몸을 떨며, 타인에게 위해를 가하지 못하도록 밧줄 네 개로 결박해 네 명이 잡고 있어야 할 정도로 광란적이다. 과거에 콰키우틀의 가장 신성한 의식집단은 식인결사(Cannibal Society)였다. 보아스 등의 설명에 따르면 식인종들은 의식을 위해 특별히 살해된 노예의 인육을 먹으면서 신성한 노래를 부르며 춤을 추었다고 한다. 노예가 없을 경우 그들은 구경꾼의 팔뚝에서 살점을 물어뜯었다가 나중에 뱉어냈다고 한다.

콰키우틀족은 포틀래치(potlatch)라는 제도를 통해 경제를 운영했는데, 여기에도 비슷한 디오니소스형 원리가 적용되었다. 19세기에 이 관습은 그 해에 수확이 많은 농토나 바다를 소유한 추장이 큰 잔치를 열어 식량과 다른 물건을 나누어주는 것이었다. 그리하여 그는 다른 추장에 비해 위세를 떨치는 동시에 자신의 행운을 다른 씨족의 성원에게도 분배했다. 포틀래치가 극도로 성행했던 시기(20세기 초)에는 추장을 통해 엄청난 양의 생필품이 구리 팔찌나 모포와 교환되었다. 이러한 교환은 이전처럼 재물을 나누어주기 위함이 아니라, 그것을 파괴할 수 있도록 하기 위함이었다. 많이 나누어줄수록 위세는 높아진다. 만약 재물을 파괴할 수 있다면 더 큰 위세를 얻는다고 그들은 간주했다. 게다가 재물의 파괴는 면전에서 손님들을 모욕하는 수단이다. 추장과 그 추종자들은 부를 탕진하는 동안 '자화자찬의 노래'를 부르기도 했다.

도부족은 또 다르다. 그들이 최고로 여기는 가치는 적대감과 배신이다. 예를 들면 결혼은 예비 장모의 적대적 행위로 시작된다.

여러 명의 아가씨와 잠자리를 가지던 청년이 어느 날 아침 눈을 떠 보면, 그와 관계를 가진 아가씨의 어머니가 오두막의 문 앞에 버티고 서 있다. 그 어머니는 괭이 하나를 던져주면서 자신을 위해 일할 것을 강요하는데, 이는 그가 결혼했음을 뜻한다! 도부 사회에서는 누구나 부정을 저지르기 때문에 이런 식의 결혼이 그리 큰 문제는 아니다. 부정이 탄로나면 심한 다툼으로 주방기구들이 여기저기 흩어지고 자살소동이 벌어진다. 요술도 성행한 탓에 누군가가 얌(yam: 마과 마속에 속하는 덩굴성 식물의 총칭으로 열대와 아열대 지방에 주로 분포하는 식량자원임—옮긴이)을 크게 수확했다면 그는 작황이 나빴던 사람들을 상대로 요술을 부린 것으로 간주된다. 도부인들은 평생 서로를 두려워하며 살아가는데, 베니딕트에 의하면 그들은 이를 정상으로 여긴다.

그래서 주니족에게 정상적인 것이 콰키우틀족에게는 비정상적이다. 중부 아메리카에서 정상적인 것이 도부족에게는 비정상적이며, 그 역도 성립한다. 서구의 정신분석학적 용어를 사용하면 주니족은 신경과민, 콰키우틀족은 과대망상증, 도부족은 편집증이라 간주할 수 있다. 도부 사회에서 편집증은 정상이다. 물론 베니딕트가 설명한 것의 극히 일부만을 소개하는 과정에서 그녀가 의도했던 것보다 과장된 묘사가 있었으리라 생각된다. 어쨌든 무엇이 올바른 행위로 여겨지고 무엇이 정상적인 심리상태로 간주되는가를 결정하는 것이 문화라는 그녀의 전제는 인류학에서 가장 강력한 상대주의의 표명으로 남아 있다.

베니딕트는 제2차 세계대전 중 동일한 접근법을 써서 미국 내의 일본계 교민을 연구했다(Benedict 1946). 그녀를 본보기로 삼은 학자는 많지만, 특히 눈에 띄는 인물은 1920년대에 컬럼비아의 동료였던 마거릿 미드로, 베니딕트보다 14세 연하인 그녀는 베니딕트보다 먼저 자신의 연구서를 출판했다(Mead 1928; 1930). 또 한 명의 유명한 인물 클룩혼은 나바호(Navajo) 인디언 민족지를 통해 베니딕트의 아이디어를 문화의 심리학적 측면에 적용했다(Kluckhohn 1944; Kluckhohn and Leighton 1974〔1946〕). 지난 20년 동안 그들의 연구, 특히 사모아의 사춘기 소녀들이 누린다고 추정된 성적 자유에 관한 미드의 연구는 집중적인 비판을 받았다(Freeman 1983).

미드의 기록에 의하면 사모아 섬에서는 사랑에 얽매이지 않는 혼전 성관계가 일상적인 것으로 간주되고, 사춘기의 특징인 감정적 스트레스가 없으며, 10대의 반항이 존재하지 않는다. 따라서 10대의 감정적 혼란이나 방황이 사춘기의 생물학적 특성에서 나오는 필연적 결과는 아니라는 것이다. 프리먼(Derek Freeman)은 그 모든 일반화가 오류라는 견해를 제시했다. 하지만 내가 볼 때 중요한 것은 미드가 사모아 등지의 연구를 통해 미국 문화에 관한 통찰력을 얻었다는 점이다. 그녀의 저술은 베니딕트의 저술에 비해 '인성'에 대해 그리 명쾌한 분석을 제공하지 않지만, 그럼에도 불구하고 미드는 '문화와 인성' 학파의 대표적인 인물이 되었다. 그녀의 연구는 우리가 오늘날 이해하고 있는 심리인류학의 시발점을 나타낸다(Bock 1980; 1988).

원시적 사고?

서로 다른 문화의 구성원들은 다르게 생각하는가? 만약 그렇다면 어떤 사고방식은 다른 것보다 원시적인가? 우리는 어떤 문화가 다른 문화에 비해 원시적이라고 말할 수 있는가? '원시적 사고'의 개념은 적어도 19세기 후반 이후부터 존재해왔지만, 20세기 들어 새로운 의미를 띠게 된다. 20세기의 질문은 다음과 같다. '원시적 사고'가 존재한다면 그것은 '원시인' 사이에서만 존재하는가, 아니면 모든 문화의 심층에서 보편적으로 발견되는가? '원시적 사고'는 '합리적 사고'와 동일시될 수 있는가? 그것은 정말 서구 세계의 과학적 사고보다 합리적인가(극단적인 보아스 학파가 주장하듯이)?

이러한 질문을 탐구하기 위해 우리는 먼저 20년대와 30년대에 활약한 레비-브륄과 워프의 작업을 검토하려 한다. 그들의 사상은 양극이었지만, 양자는 앞서 열거한 질문을 흥미롭고 예시적인 방식으로 논의했다. 그런 다음 60년대 후반에서 80년대 초까지 지속되었던 '합리성 논쟁' 속에서 상대주의의 다른 측면을 간략히 다룰 것이다.

레비-브륄의 반상대주의

'원시적 사고'를 논하면서 언급하지 않을 수 없는 학자는 사회과학의 철학자였던 프랑스의 뤼시앵 레비-브륄(Lucien Lévy-Bruhl)이다. 그는 심적 동일성 개념을 거부하고, 원시적 사고는 논리적 사고와는 질적으로 다르다고 주장했다. 그가 보기에 원시적 사고의 특징은 비논리적(illogical)인 것이 아니라, 전논리적(pre-logical)인 것이다. 원시적 사고의 성격은 원인과 결과를 명확히 구분하지 못한다는 점에서 '전(前)논리적'이다. 레비-브륄은 『사회학 연보』 학파의 일원으로 어느 면에서는 기능주의자지만, 그의 관점은 진화론자나 반상대주의자에 더 가깝다.

레비-브륄은 '원시적 사고'에 관해 6권의 책을 썼으며, 철학적·정치적 문제에 대한 책과 논문도 남겼다. 구체적인 문헌목록이 중요한 것은 아니지만, '원시적 사고'에 관한 저서의 프랑스어 원제는 '원시적'이라는 개념 자체에 대한 그의 견해를 암시하기 때문에 흥미를 끈다. 그 제목은 각각 『하등사회의 심적 기능』(*Les fonctions mentales dans les sociétés inférieures*, 영어 제목은 *How Natives Think*), 『원시적 심성』(*La mentalité primitive, Primitive Mentality*), 『원시적 영혼』(*(L'âme primitive, The 'Soul' of the Primitive*), 『원시적 심성에서의 초자연과 자연』(*Le surnaturel et la nature dans la mentalite primitive, Primitives and the Supernatural*), 『원시적 신화』(*La mythologie primitive*, 아직까지 영역되지 않았음), 『원시인의 신비한 경험과 상징』(*L'expérience mystique et les symboles chez les primitifs*, 영역되지 않았음)이다.

레비-브륄(1926〔1910〕)은 『하등사회의 심적 기능』에서 인간의 사고를 '원시적 심성'과 '고차원적 심성' 단 두 범주로 나누었다. '원시인'은 일상적인 상황에서는 충분히 논리적으로 생각하지만, 추상적인 면에서는 논리적으로 사고할 수 없다. 예를 들면 '원시' 문화에서 개인의 영혼은 그의 그림자와 동일시되기도 한다. 일반적으로 '원시인'이 그림자 같은 현상을 두려워하는 것은 하나의 객체와 그 객체가 상징적으로 신비하게 표상하는 바를 구별할 수 없기 때문이라고 레비-브륄은 말한다. 오스트레일리아의 원주민은 토지소유의 개념이 없는데, 이는 자신을 그 땅과 분리시켜 생각할 수 없기 때문이다. 남아메리카 인디언 여인이 자기가 앵무새라고 말할 때 그녀는 (지금 우리가 생각하듯이) 자신이 앵무

새 토템의 구성원임을 뜻하는 것이 아니라, 자신과 새 사이에 일체감이 있다는 것이다. 인디언의 고유한 관점에서 보면 그녀는 실제로 앵무새다.

레비-브륄에게 '원시적 사고'는 개인적인 것이 아니라 집단적인 사유의 산물이라는 점에서도 논리적 사고와 다르다. 당시 프랑스의 다른 인류학자들처럼 그도 **집합표상**(*representations collectives*)을 자주 언급했다. 뒤르켐, 모스와 레비-브륄은 모두 집합적 행위를 개인적 행위로 환원할 수 있다거나, 문화 전체를 그 문화의 개별적 담지자의 사고로 환원할 수 있다는 사상에 반대했다. 그러나 레비-브륄의 경우 집합표상은 오직 문명 이전의 사회에 적용될 수 있는 것이었는데, 이는 그가 문명사회의 심성을 보다 개인주의적이라 여겼던 탓이다. 레비-브륄의 저서는 이 점에서 일관성이 있지만, 그의 사적인 비망록은 다른 면을 보여준다.

레비-브륄은 어디를 가든 검은 유포로 제본된 얇은 비망록을 몸에 지니고 다녔다. 각 난에는 제목이 있고 각 페이지 밑쪽에는 작성 시일과 장소가 기록되어 있었다. 다행스럽게도 그가 죽기 직전(1938년에서 1939년까지) 기록한 비망록은 제2차 세계대전을 치르면서도 유실되지 않고 남아 있어 레비-브륄 이론의 흥미로운 변화를 보여준다. 그는 원시적 심성의 아이디어는 포기하지 않았으나, 그것의 정의는 크게 수정했다. 예컨대 1938년 8월 29일 레비-브륄은 비망록에 다음과 같이 적었다.

내가 1910년에 옳다고 믿었던 것을 수정해야겠다. 신비주의적이고 전(前)논리적이라는 두 가지 고유한 특징에 의해 다른 심성과 구별되는 원시적 심성은 없다. 신비주의적 심성이 우리 사회보다는 '원시 민족' 사이에서 보다 뚜렷이 드러나고 쉽게 관찰되기는 하지만, 그것은 모든 인간의 마음에 존재한다. (Lévy-Bruhl 1975〔1949〕: 100~101)

다시 말하면 다른 것은 지식이지 논리가 아니다. 다른 문화 사이에는 질적 차이가 아니라 정도의 차이가 있을 뿐이다.

연대기적으로 보면 레비-브륄의 사상은 이국적 문화에 낭만적으로 심취했던 보아스, 베니딕트, 미드의 사상과 비슷한 시기에 발전했다. 레비-브륄의 저술은 그들의 낭만주의에 도전했다. 그것은 또한 인류학계에 철학적 쟁점을 던진 셈인데, 당시의 인류학자들은 그 문제를 다룰 만한 마음의 준비가 되어 있지 않았고, 대부분의 경우 그런 문제에 신경을 쓰지도 않았다. 그러나 레비-브륄의 사상은 인류학자들을 생각하게끔 만들었다. 지금 되돌아보면 레비-브륄의 사상은 레비-스트로스 같은 학자의 최근 연구와 관련해서 조명할 수 있다. 레비-스트로스는 원시사회와 문명사회 사이의 심각한 차이를 인정한다는 점에서는 레비-브륄을 본받았으며, 다른 면, 예컨대 '집합무의식'이라 번역되는 **인간정신**(*esprit bu-main*)의 관념을 통해 심적 동일성을 부여한다는 면에서는 그와 반대되는 입장을 표명했다.

레비-브륄을 추종한 사람은 거의 없지만, 아직도 그를 추앙하는 자는 있다. 같은 맥락에서 연구한 학자로는 홀파이크(Christopher Hallpike)가 있다. 그는 레비-브륄이 인지심리학의 가능성을 의식하고 있었더라면 보다 가치 있는 연구를 내놓게 되었을 것이라고 주장했다(1979: 50~51). 홀파이크 자신은 '원시적 사고'를 세상에 대한 올바른 이해를 쌓아가는 어린이의 사고과정에 비유했다. 그는 스위스의 심리학자 피아제로부터 기본적인 아이디어를 따왔지만, 인류학적 사고방식에 충실하게 집합표상의 분석을 통해 '원시적 사고'의 개념을 발전시켰다.

워프의 언어상대주의

레비-브륄의 연구(비망록을 포함해서) 전편에 나타나는 함의는 '원시인'이 '우리 자신'보다 지적으로 열등하다는 것이다. 그 두 가지 범주를 고정시켜놓고 다른 논리를 고려해보자.

① '원시인'은 '우리'와 지적으로 동등하다.
② '원시인'은 지적으로 다르지만, 열등하지도 우월하지도 않다.
③ '원시인'은 지적으로 '우리'보다 우월하다.

①과 ②는 진화론적 입장과 극단적 상대주의의 중간쯤에 해당하는 관점이다. ③은 진화론을 뒤집어놓은 것으로 극단적 상대주의를 대변하는데, 레비-브륄이 주장한 특유한 종류의 진화론과 좋은 대조를 이루기 때문에 다른 관점보다 흥미롭다. 그 관점은 화공 기술자이자 보아스 학파의 전통에 속한 아마추어 언어인류학자 워프(Benjamin Lee Whorf)에 의해 대표된다.

보아스 이전에는 모든 언어가 비슷하다고 생각되었다. 그리스어나 라틴어의 문법을 알면 세상의 어떤 언어도 설명할 수 있다고 믿었던 것이다. 보아스 학파는 여러 가지 측면에서 그렇지 않음을 보여주었다. 이누이트나 아메리카 인디언의 언어가 그리스어나 라틴어보다 훨씬 복잡하다. 어떤 언어에는 17개의 문법적 성(gender)이 있어서 여러 가지 말의 조합이 가능하고, 그것을 연구하러 갔던 수많은 인류학자를 혼란에 빠뜨렸다. 워프는 그런 언어를 사용하는 사람은 영어처럼 보다 단순한 언어를 사용하는 사람과는 세상을 바라보는 방식이 다를 것이라는 아이디어를 내놓았다.

이 아이디어는 워프와 그의 스승 사피어의 이름을 따서 '사피어-워프 가설'(Sapir-Whorf hypothesis)로 알려지게 된다(사피어는 보아스의 제자였으며 '문화와 인성' 및 언어인류학 분야의 중요한 인물이다). 원칙적으로 그 가설은 '우리의 사고'와 '그들의 사고'라는 두 형태만 있는 것이 아니라, 각자의 언어를 갖는 다수의 사고형태가 존재한다고 제시한다. 하지만 실제로 워프는 광범위한 유형의 전범이 될 수 있는 두 개의 주된 사례에 치우치는 경향을 보인다. 그 두 가지는 영어에 표현된 사고와 북아메리카 원주민의 언어에 표현된 사고다.

레비-브륄과 워프의 유사점과 차이점은 문법과 계산을 다룬 『하등사회의 심적 기능』제2부(Lévy-Bruhl 1926〔1910〕: 137~223)와 '원시공동체'의 표현과 사고의 관계를 다룬 『언어, 사고와 현실』(Language, Thought, and Reality)에 수록된 두 논문(Whorf 1956〔1936〕: 57~86)을 비교함으로써 잘 이해될 수 있다. 레비-브륄과 워프가 자료에 대해 이견을 보였던 것은 아니다. 둘 다 이른바 '원시인'의 언어에 내재한 문법의 구체적인 복합성을 이해했다는 점에서 그들의 사상은 근접해 있었다. 하지만 그러한 현상을 심도 있게 해석하는 문제에서 그들은 의미심장한 차이를 보인다.

같은 사례가 양방의 주장을 지지하기 위해서 사용될 수 있다. 레비-브륄(1926〔1910〕: 143)이 제시하는 멜라네시아 키와이

(Kiwai) 인디언 언어에서 단어의 접두사와 접미사의 예를 들어
보자.

rudo	과거 두 명이 여러 명에게 한 행위
rumo	과거 여러 명이 여러 명에게 한 행위
durudo	현재 두 명이 여러 명에게 하는 행위
durumo	현재 여러 명이 여러 명에게 하는 행위
amadurodo	현재 두 명이 두 명에게 하는 행위
amarudo	과거 두 명이 두 명에게 한 행위
amarumo	과거 여러 명이 두 명에게 한 행위
ibidurudo	현재 여러 명이 세 명에게 하는 행위
ibidurumo	과거 여러 명이 세 명에게 한 행위
amabidurumo	현재 세 명이 두 명에게 하는 행위

레비-브륄이 보기에 이런 형태적인 구체성은 추상적 사고능력
이 결여된 '원시적' 사고방식을 반영한다. 반면에 워프에게 그러
한 낱말의 구성방식은 수준 높은 언어적 지식을 암시한다. 이 예
의 경우 각 단어는 의미를 갖는 최소단위인 형태소(morpheme)
로 구분될 수 있으며, 그것(*ru-*, *-do*, *-mo*, *du-* 등)이 모여 긴
단어를 형성하고 있다. 워프식의 이론에서 그런 개별적 형태소
는 실질적인 구체성을 표현하며, 그것을 묶을 수 있는 능력은 추
상적 사고를 수반한다. 레비-브륄과 워프의 또 다른 차이는 언어
와 사고의 관계에서 그 방향을 어떻게 이해하는가라는 문제에서
나타난다. 레비-브륄은 언어가 사고를 반영한다고 본다. '원시인'
의 문법적 범주는 '원시적 사고'에 바탕을 두고 구성된다. 하지만

워프는 사고가 기존의 언어적 범주를 반영한다고 본다. 사람들은 오로지 그 범주를 통해 생각하며, 언어적 범주와 관련되지 않은 사고란 불가능하다.

워프는 영어의 범주가 다른 언어의 그것보다 반드시 우수하지는 않으리라는 점을 깨닫고 있었다. 사실 그는 그 이상 나아갔다. 그는 자신의 언어보다 '진보된' 방식으로 생각하는 능력을 갖춘 호피(Hopi)어를 부러워했다. 호피어의 문법은 영어보다 과학적 사상의 표현에 더 잘 어울린다고 그는 주장했다(Whorf 1956: 59~60, 85). 구체적으로 말하면 영어에 내재하는 형이상학은 공간과 시간이라는 두 개의 우주적 형태를 가정한다. 공간은 무한하고 3차원적이며 정태적이다. 시간은 한 방향으로 진행되며 과거, 현재, 미래로 나뉜다. 호피어에 내재한 형이상학은 전혀 다른 우주적 형태, 즉 객관적(현시되어 있는) 형태와 주관적(현시하고 있는) 형태를 전제한다. 전자는 감각을 통해 경험되는 물리적 우주와 과거 및 현재를 포함한다. 후자는 우주의 정신을 포함해서 마음속에 존재하는 것과 영어에서 말하는 미래 시제를 가리킨다.

워프 이론의 비판

그런데 워프 이론은 과연 해답을 제시하는가? 워프는 정녕 언어와 문화 간의 관계, 그리고 다른 사고양식들의 차이를 설명하고 있는가? 사실 워프는 몇 가지 근거에서 비판받아왔는데, 제시된 비판 중 몇 가지만 살펴보도록 하자.

첫째, 워프의 일부 출판물에 나타나는 언어와 문화의 관계에 대한 사상은 지나치게 단순하다(그의 과격한 주장 일부를 매사추세츠 공과대학을 홍보하는 『테크놀러지 리뷰』처럼 언어학이나 인류학과 관계없는 잡지에 발표한 워프도 이 점을 알고 있었을 것이다). 언어가 사고를 결정한다는 워프의 단순한 관념을 반박하는 것은 그리 어렵지 않다. 비슷한 문화를 가진 사람들도 때로는 아주 다른 언어를 사용한다. 바스크어의 화자들은 프랑스어, 에스파냐어를 쓰는 이웃과 문화 면에서는 비슷하다. 한편 분명히 관련된 언어를 사용하는 사람들이 전혀 다른 문화를 가질 수도 있다. 나바호족과 아파치족은 모두 남부 아타파스카(Athapaskan) 집단의 말을 사용하지만 나바호족(문화적으로는 호피족의 영향을 받았으나 언어적으로는 그렇지 않았다)은 여기저기 흩어져 정착적인 주거지를 이루었고, 유럽계 미국인과의 접촉 초기에도 대체로 평화롭게 살았다. 그들의 유명한 예술작품은 호피 문화에 기원을 둔다.

아파치족은 유목에 가까운 생활을 하며 수렵·채집·농사·급습에 기반을 둔 경제를 지니고 있었다. 두 집단 모두 중앙집권적인 정치적 권위는 갖추지 못했지만, 아파치족은 급습과 전투 목적으로 지휘계통의 위계를 발전시켰다. 그들의 문화가 다른 것은 분명한데, 밀접하게 관련된 언어를 사용한다는 이유 때문에 과연 그들은 유사하게 사고하는가? 이 질문은 해결되지 않은 채 남아 있다.

둘째, 워프의 사상은 언어적 차이를 지나치게 강조한다. 워프는 사피어(Sapir 1949[1915~38]: 167~250)와 함께 서구적 범주를 내포하지 않은 아메리카 인디언 언어를 분석의 기반으로 삼고 체계적으로 연구한 최초의 인물이며, 따라서 그 언어의 풍부한 표현력을 인정한 최초의 이방인이기도 하다. 그러나 현재 언어 연구는 다른 방향으로 움직이고 있다. 60년대 이후로 언어학자들은 언어의 보편적 측면을 강조하는 경향이 있다. 예를 들면 모든 사람들은 문장을 말하며, 문장은 원칙적으로 명사구와 동사구로 이루어진다. 따라서 눗카(Nootka)어는 워프가 생각했던 것보다는 영어와 크게 다르지 않을 수도 있으며, 그의 가설을 따르자면 눗카어와 영어의 사용자들은 사고방식 면에서 그리 다르지 않을 것이다.

셋째, 언어가 사고를 결정한다는 어떤 증거가 있는가? 이에 관해 워프가 제시하는 증거는 추론에 지나지 않으며, 언어 자체에만 의존했을 뿐 언어를 지각과 대비해 검증하려는 시도는 없었다. 오늘날 언어학자들이 애쓰고는 있지만, 사피어-워프 가설의 증명은 지극히 어려운 과제일 것이다.

넷째, 워프가 제시하듯이 다른 언어가 다른 사고체계를 낳는다면, 호피인이 아닌 자가 호피인의 사고방식을 이해하는 일이 도대체 가능한가? 그렇지 않다면 우리는 어떻게 사고양식을 비교할 수 있는가? 사피어-워프 가설의 온건한 형태는 많은 사람들의 신뢰를 얻고 있지만, 워프가 대변하는 극단적인 형태는 지지하기 어렵다. 그 기본적 전제 자체가 인류학적 비교의 가능성을 차단하기 때문이다.

합리성 논쟁

60년대 후반 이후로 '원시적 사고', 좀더 정확히 표현하면 '원시인'의 합리성에 관한 의문이 되살아났다. 다수의 철학자와 사회학자, 인류학자가 참여한 이 논쟁은 다양한 학회와 논문집에서 다루어졌다. 가장 중요한 책으로는 월슨(Bryan Wilson)이 편집한 『합리성』(*Rationality*, 1970) 및 홀리스(Martin Hollis)와 루크스

(Steven Lukes)가 편집한 『합리성과 상대주의』(*Rationality and Relativism*, 1982)를 들 수 있다. 전자는 주로 60년대에 발표되었던 논문들을 모은 것이고, 후자는 전자를 보충하고 확장시키기 위한 뚜렷한 목표 아래 특별히 집필된 논문들로 구성되었다. 전자는 주로 아프리카의 '고전적' 민족지 자료를 이용한 반면, 후자는 전근대적 서구과학을 통해서도 문제를 탐구했다.

두번째 책에서 합리성의 문제에 대한 단순한 긍정이나 부정을 뛰어넘어 모범적 접근을 제시한 스퍼버(Dan Sperber)와 겔너(Ernest Gellner)의 논문을 살펴보자.

스퍼버(1982)는 사회인류학의 광범위한 상대주의적 전통을 '주지주의'와 '상징주의'로 분류한다(Skorupski 1976 참조). 주지주의자는 겉으로 보기에 비합리적인 신념도 알고 보면 그렇게 비합리적이지 않으며 단지 잘못 판단된 것일 뿐이라고 주장한다. 예컨대 지구가 평평하다고 사람들이 믿는 것은 그렇게 경험하기 때문이다. 한편 상징주의자는 신화와 의례 등이 사실적·피상적 수준에서만 비합리적이며, 도덕적 가치 등의 은유라는 측면에서는 완벽하게 합리적이라고 주장한다. 스퍼버는 『상징주의 재고』(*Rethinking Symbolism*, 1975〔1974〕)에서 터너, 레비-스트로스 등의 상징주의 접근법을 〔상징의 숨어 있는 의미를 찾는 작업에만 골몰했다는 이유로〕 비판한 바 있다. 상징화 또는 상징적 표현이란 세상을 이해하는 기존의 틀을 뛰어넘는 새로운 의미를 생산함으로써 그 틀 자체를 발달시키는 창조적인 메커니즘이라는 게 스퍼버의 요지다. 1982년 논문에서 그는 극단적 상대주의에 대해 같은 논지를 편다. 비합리적인 것으로 보이는 믿음은 이미 '믿음'과는 구별되는 심리적 상태 또는 지식의 형태와 관련된다. 게다가 그것은 사실 비합리적인 것이 아니라, 사람들이 세상에 대해 진술하는 하나의 방법일 뿐이다. 자신이 속한 문화의 다른 성원들과 같은 방식으로 세상에 대해 말한다는 것은 완벽하게 합리적이다(스퍼버는 인류학자들이 믿음에 대한 엄밀한 규정을 생략하고, 믿음과 일상적 지식을 구분하지 않는 점을 비판한다. 그런 상태에서 제시되는 언뜻 보기에 비합리적인 예는, 그 문화 전체의 구도에 잘 어울리도록 사전에 인류학자들에 의해 충분히 조율된 것으로 상대주의를 입증하는 예시적 가치는 거의 없다. 다시 말해서 그것은 애초부터 비합리적 믿음이 아닐뿐더러 대안적 진리도 아니며, 사람들에게 정보를 처리하는 수단을 제공하고 다양한 해석의 범위를 정해주는 개념적 틀에 지나지 않는다―옮긴이).

확고한 반상대주의자 겔너(1982〔1981〕)는 상대주의와 인간의 보편성이라는 존재는 양립할 수 있다고 주장한다. 그는 상대주의를 "유일한 진리는 없다고 천명하는 지식이론의 한 원리"(1982: 183)라고 정의한다. 그는 인지적·도덕적 상대주의의 명제를 비판의 대상으로 삼고, 상대주의와 다양성을 동일시하는 것에 반대하는 인식론적·사회학적 입장을 고수한다. 그의 논점은 복잡하지만, 상대주의의 문제는 단 하나의 세계가 있느냐를 따지는 것으로 철학적인 면에서 보편성과는 무관하다는 것이 그 요체다(겔너에 따르면 보편성의 탐구 즉 과학은 세상에 대한 개념적 통합 작업이며 합리적 평가기준에 의거하는 근대적 현상으로, 문화의 다양성에 대한 상대주의자의 전망과는 별개의 존재다. 즉 정보와 지식의 질서정연한 체계를 추구하는 작업은 상대주의와 다른 차원의 문제다―옮긴이). 더구나 보편성의 탐구 자체는 보편적이라기보다는 문화적으로 특수한 현상이다(보편성의 탐구는 모든 사람들 사이에서 벌어지는 일은 아니며, 예컨대 이 책을 읽을 법한 사람들 사이에서나 발견된다). 물론 그러한 탐구는 모든 인간에게 개방되어 있으며, 그것의 전파(현대의 이론가라면 '세계화'라고 말할 것이다)가 일어나고 있는 것도 사실이다.

인류학계의 상대주의자 대부분은 관행적으로 보편성보다는 문화적 다양성에 더 큰 관심을 보였다. 일부 비평가들이 상대주의자라고 평가하는 레비-스트로스는 예외에 속한다(제8장 참조). 스퍼버와 겔너의 중요한 논문이 보여주는 것은, 상대주의의 철학적 문제가 인류학적 저술에 나타나는 약한 상대주의적 성향과는 별로 관련성이 없다는 사실이다. 다른 문화가 우리 문화와 다르게 세상을 본다는 사실 자체를 놓고 모든 이질적인 이해가 '비합리적'이라고 단정할 수도 없거니와 타당한 대안적 '진리'를 표현한다고 간주할 수도 없다. 인간의 보편성이 존재한다고 해서 상대주의를 지지하지 못할 이유는 없으며, 인간의 다양성이 상대주의를 입증해주는 것도 아니다.

인지과학을 향하여

1941년 워프의 때이른 죽음 이후, 그가 연구했던 주제에 대한 인류학 내부의 관심은 잠잠해졌다. 문화의 언어적 측면에 대한 관심이 50년대에 다시 등장했을 때 언어학의 이론적 강조는 기술적인 것(보아스와 사피어가 선도한 특정 언어의 구체적 연구)에서 구조적인 것으로 변화되어 있었다. 구조적 언어학에서 추출된 개념은 구조주의를 통해, 그리고 분류의 문제에 흥미를 느낀 인류학자들의 보다 상대주의적인 관심을 통해 인류학으로 유입되었다. 여기서 우리는 후자에 주목할 것이다.

구조주의적 의미론

덴마크의 언어학자인 옐름슬레우의 연구(Hjelmslev 1953 〔1943〕: 33~34)로부터 어두운 색과 나무의 무리에 대한 유명한 예를 들어보자. 웨일스어에는 영어와 달리 어두운 색깔을 기술하는 용어의 수가 비교적 적다. 웨일스어의 *gwyrdd*는 영어의 초록색보다 적은 색조를 포함한다. 웨일스어 *glas*는 영어에서 초록색으로 분류되는 일부 색조, 청색의 모든 색조, 그리고 회색의 일부 색조를 포함한다. *Llwyd*는 회색 일부와 갈색 일부를 포함한다 (Ardener 1989〔1971〕: 9~12 참조).

이와 비슷하게 '나무'(tree), '숲'(woods), '삼림'(forest)에 해당하는 덴마크어·독일어·프랑스어 단어를 비교해보면, 같은 수의 용어를 가진 독일어와 프랑스어 사이에서도 정확한 상응관계가 결여되어 있음을 알 수 있다. 이것이 표 7.1에 예시되어 있다. 프랑스어의 범주 *bois*(대충 '숲'이나 '숲지대'에 해당됨)는 독일어 *Holz*(대충 '숲'이나 '소규모 수풀지대'에 해당됨)보다 범위가 넓다. '삼림'을 의미하는 프랑스어의 범주 *forêt*는 독일어의 *Wald*('숲지대' 또는 '작은 삼림')보다 범위가 좁다. 프랑스어 또는 영어의 '삼림'을 표현하기 위해서 독일인은 주로 *großer Wald*('큰 삼림')라고 특별히 말할 것이다.

어떤 언어도 삼라만상을 완벽하게 분류할 수는 없다. 색의 경우 빛의 파장(빨강에서 보라까지)이나 명암(어두운 색에서 밝은 색까지)에서 무한한 자연적 변이가 존재하기 때문에 그것을 일일이 분류한다는 것은 불가능하다. 언어는 문화와 마찬가지로 구조를

표 7.1 나무 · 숲 · 삼림에 해당하는 덴마크 · 독일어 · 프랑스어 단어간의 대응관계

덴마크어	독일어	프랑스어
trae (나무, 나무들)	Baum (나무)	arbre (나무)
	Holz (숲)	bois (숲, 숲지대)
skov (숲, 숲지대, 삼림)	Wald (숲지대, 삼림)	forêt (삼림)

만들어 의미를 창조한다. 색의 분류나 나무와 관련된 단어의 경우에 그 구조는 뚜렷하게 언어학적이다. 하지만 예의범절이나 적절한 옷차림의 경우에는 구조의 성격이 다르다.

인지인류학

미국의 언어학자 파이크(Kenneth L. Pike)는 1954년 762페이지에 달하는 『인간행동구조의 통일이론과의 관계에서 본 언어』(*Language in Relation to a Unified Theory of the Structure of Human Behavior*)의 일부를 발표함으로써(1967년에 완성됨), 언어학 연구의 획기적 전기를 마련했다. 그는 음성과 음소(변별력을 갖는 음성의 단위)의 관계에서 아이디어를 얻어 **현상의 단위** 에틱(etic)과 **의미가 구별되는 현상의 단위** 에믹(emic) 간의 보다 일반적인 관계를 설정했다. 음성학(phonetics)은 인간이 내는 모든 소리를 연구한다. 음소론(phonemics)은 한 언어 내에서 다른 음성과의 대조를 통해 구별되는 음성에 관심을 갖는다. 파이크의 입장에 따르면, 예컨대 에스파냐어와 포르투갈어에서 음성의 조합이 어떻게 달리 나타나는가를 설명하는 이론은 에스파냐어와 포르투갈어에서 단어를 조합하는 방식의 차이뿐 아니라 언어적·문화적 현상의 다른 수준에도 적용될 수 있다.

달리 표현하면 에틱은 보편성의 수준이며 '객관적' 관찰자에 의해 관찰될 수 있는 사물의 수준이다. 에믹은 특수한 언어나 문화 내에서 유의미한 대조의 수준이다. 우리는 다양한 틀이나 체제의 관점에서 에틱 구분을 설명할 수 있다. 전형적인 예는 린네의 분류, 의학의 질병, 빛의 파장 측정, 음악의 반음계, 그리고 무엇보다도 족보상의 준거점(genealogical grid) 등을 들 수 있다. 이러한 도식의 보편성은 일부 극단적인 상대주의자의 의심을 사기도 했지만, 그 존재 자체만으로도 특정 문화를 초월하는 보편성과 보편적이라 (잘못) 여겨지는 고유한 문화적 틀 사이의 차이를 극명하게 밝혀준다(Headland, Pike and Harris 1990).

'에믹'의 정확한 의미는 오랫동안 논쟁의 대상이었다. 해리스(1968: 569~604)는 기본적으로 그것을 정보제공자(informant)의 진술과 동일시할 수 있다고 보았으나, 파이크(1967: 37~72)는 에믹 체계의 구조적 성격을 강조했다. 정보제공자는 자신이 사용하는 언어의 배후에 있는 문법적 규칙을 제대로 설명하지 못하듯이, 자신의 문화적 이해와 실천의 근저에 있는 에믹 체계도 설명하지 못할 것이다. 그 체계를 발견하는 것은 현지인이 아니라 외부 분석가의 몫이다.

파이크의 선구적 작업 이후 인류학자들은 에믹과 에틱의 범주를 형식화하려고 노력했으며, 이 과정에서 여러 가지 복잡한 방법론이 창안되고 토론되었다. 미크로네시아의 트럭 제도(Truck

Islands) 도민의 친족관계 용어에 관한 유명한 구디너프(Ward Goodenough)의 논문(1956)을 본받아, 많은 연구자들은 친족으로 관심을 돌렸다. 에믹 구조는 문화의 다른 영역보다 친족관계 용어에 더 선명하게 나타날 수 있기 때문이다. 친족용어에서 우리는 외연(外延, denotatum: 한 종을 구성하는 요소로, 여기에서는 족보상의 준거점), 표지(標識, significatum: 종을 구별하는 원리로 성분이라 불리기도 함), 함의(含意, connotatum: 한 종을 정의하지는 않지만 그것과 느슨하게 관련된 원리), 명칭(designatum: 종의 이름), 사물 자체의 종(class) 등을 쉽게 구별할 수 있다.

영어 사용자가 **삼촌**(uncle)이라 부르는 친척의 종을 예로 들어보자. 명칭은 **삼촌**이라는 단어 자체다. 외연은 족보상의 준거점 FB·MB·FZH·MZH 등이다(아버지의 형제, 어머니의 형제, 아버지의 자매의 남편, 어머니의 자매의 남편을 가리키는 표현으로, 외연은 관례에 따라 이렇게 약자로 표시한다). 그 구성원을 모두 열거하면 한 종을 정의할 수 있지만, 이는 만족스러운 방법은 아니다. 분류의 원리를 이해하는 것이 훨씬 유용한데, 이는 표지 또는 성분(component) 속에 나타나 있다.

삼촌이라 지시된 종에 속한 성분은 '남성'(삼촌과 숙모를 구별해준다), '한 세대 위'(삼촌을 조카와 구별한다), '혈연 또는 혈연의 배우자'(삼촌을 장인과 구별한다), '방계'(삼촌을 아버지와 구별한다) 등이다. 네 가지 성분을 각각 명기하면 **삼촌**이 의미하는 바가 정의된다. 그러나 때때로 그런 의미 외에 삼촌이라는 사실이 함축하는 것, 예컨대 '삼촌의' 행동에서 드러나는 변별적 자질 —구체적으로 그것이 무엇이건—을 고려하는 것

표 7.2 영어의 혈연관계 용어에 관한 두 가지 성분분석

성분분석 I

	직계친		직계친의 형제자매		비직계친
	남	여	남	여	
+2	할아버지	할머니			
+1	아버지	어머니	삼촌	숙모	
0		본인	형제	자매	사촌
−1	아들	딸	조카	조카딸	
−2	손자	손녀			

성분분석 II

	일차적		이차적	
	남	여	남	여
세대 2	+할아버지	할머니		
	−손자	손녀		
세대 1	+아버지	어머니	삼촌	숙모
	−아들	딸	조카	조카딸
세대 0	형제	자매	사촌	

이 요구되기도 한다. 하지만 함의는 엄밀한 의미에서 성분분석 (componential analysis)의 일부가 아니며, 이 사실은 성분분석 이 지니는 한계를 시사하기도 한다.

성분분석의 또 다른 한계는 어떤 조합의 용어에 대해서도 하나 이상의 올바른 분석이 있을 수 있다는 사실이다. 이 점은 혈연을 가리키는 영어의 친족용어에 대한 두 가지 다른 분석을 보여주는 표 7.2에 예시되어 있다.

그 두 가지 성분분석은 직계/방계, 또는 일차적/이차적 구분을 세부적으로 이해하는 문제와 상이한 세대 간의 위계적 관계를 보

는 방식에서 서로 다르다. 첫번째 분석(Wallace and Atkins 1960에 바탕을 둔)이 아마 형식적으로는 옳을 것이다. 그렇지만 '직계친'(lineals: 본인과 그의 조상 및 후손), '직계친의 형제자매'(colineals)와 '비직계친'(ablineals: 직계친 및 직계친의 형제자매를 제외한 혈연, 즉 사촌)의 엄격한 구분은 현학적이며 직관에 반한다. 두번째 제안(Romney and D'Andrade 1964의 분석에 바탕을 둔)은 심리학적으로 '참된' 도식, 즉 형식적 구분을 통해 영어 사용자가 친족을 분류하는 사고과정을 포착한 것이라고 당시 각광받았다. 하지만 영어를 모국어로 사용하는 내가 볼 때 조부모와 손자, 부모와 자식을 함께 배열한 것이나 '세대 0' 자체는 윗세대로부터 아랫세대로 정리하는 것보다 부자연스럽다.

표 7.2의 두 예는 성분분석에 언제나 불확정성의 요소가 있으며, 그 불확정성은 행위자의 지각보다 어휘의 구조에 의존한 결과라는 사실을 보여준다. 이 점은 어떤 의미에서는 성분분석의 한계이기도 하지만, 우리가 포스트모던 상대주의자처럼 한 문화 내에서조차 다른 사람들이 다른 방식으로 생각할 수 있다는 점을 받아들일 태세가 되어 있다면 그리 심각한 문제는 아니다. 많은 언어학자들은 최상의 문법적 분석이란 모국어 사용자가 생각하는 진위 여부에 상관없이 가장 단순한 것이라는 관점을 견지한다. 원주민 화자에게 가장 의미 있는 분석(물론 형식적으로도 옳은 것이어야 한다)이 최고라는 대안적 시각도 존재한다. 그것이 무엇인지에 대해 모국어 사용자들이 이견을 보이는 것은 어쩔 수 없는 일이다. 이 이슈는 '신의 진실 대 눈속임'(God truth versus hocus-pocus)이란 논쟁을 불러일으켰는데, '신의 진실'측은 인지적 실체의 탐구에 호의적이었고 '눈속임'측은 그 가능성에 회의적인 입장

을 고수했다. 논쟁에 참여한 자들은 1960년에서 1965년 사이 『미국 인류학자』(*American Anthropologist*)의 지면을 통해 열띤 소모전을 벌였으며, 주요 논문은 타일러(Stephen Tyler)가 편집한 『인지인류학』(1969: 343~432)에 수록되어 있다.

민족과학

현재 인류학에는 전혀 다른 두 갈래의 상대주의적 사유가 있다. 편의상 이를 모더니즘적 시각과 포스트모더니즘적 시각으로 부르기로 한다. 모더니즘적 시각은 60년대의 인지인류학자들이 가졌던 사고의 형식적 특질에 대한 관심을 계승한다. 따라서 그것은 형식주의 방법론(사고 양식의 형태나 유형의 탐색)을 따르며, 전통문화에서 발견되는 과학적 사고를 연구하는 민족동물학(ethnozoology)이나 민족식물학(ethnobotany)에서 두드러진다. 포스트모더니즘적 시각은 형식주의 방법론을 완전히 배격하고 해석학적 방법을 취해서, 개인의 상호작용과 문화적 범주의 교섭을 강조한다(제10장 참조).

오늘날 살아 있는 모더니즘적 관점은 워프 입장의 결정판이다. 60년대 인지인류학의 지지자들은 근대적 서구 과학과 그들이 연구한 토착적 세계관의 관계에 관한 워프의 관심을 흡수했다. 그들은 자신들의 연구를 '민족과학'(ethnoscience)이라 명명했다. 그 용어는 '인지인류학'(일부 학자들이 선호한 이름), '성분분석'(대표적인 방법론), 또는 '신민족지'(당시 유행하던 빈퍼드의 '신고고학'을 본떠 60년대에 만들어진 표어)와 거의 같은 의미로 사용되었다. 그렇지만 오늘날 '민족과학'은 이론적 시각이라기보다는 전문분야, 즉 민족식물학·민족동물학·민족의학 등 토착적 지식 체계에 대한 특수한 관심을 지칭하는 경향이 있다(Berlin 1992; Ellen 1993). 또한 '신민족지'라는 오래된 이름은 근래 들어 포스트모더니즘적 시각에 적용되고 있다.

넓은 의미의 민족과학을 대표하는 학자인 프레이크(Charles Frake)는 필리핀의 수바눔(Subanum), 야칸(Yakan) 등의 문화에서 생태 체계, 질병의 해석, 법의 개념, 집에 들어가는 법, 음료수를 요청하는 방법 등을 연구하면서 이국적인 것과 일상적인 것을 탐구했다. 위에서 든 예가 증명하듯이 프레이크의 민족과학은 민족과학적 담론의 정태적 범주뿐만 아니라 사회적 행위, 즉 전략과 의사결정의 작용까지도 고려하고 있다. 이 점은 그가 신봉한 방법론에서도 마찬가지여서, 그는 자신이 자료를 추출하는 데 사용한 기술을 명시하고 있다. 그의 관점에서는 포스트모더니스트의 신념도 일부 포착된다. 그러나 포스트모더니즘이 인류학에 유입되기 오래 전인 60년대에 발달한 그의 접근 방법은 토착적이고 문화적으로 합의된 범주가 세심한 문답 과정을 통해 민족지학자에 의해 '발견'될 수 있다고 확신한다는 면에서 포스트모더니즘과 다르다.

민족과학 전통에 속하는 일부 학자는 서구 과학을 기반으로 삼았으나, 다른 학자들(프레이크를 포함한)은 그러한 기준과 상관없이 전통사회에서 채용되는 분류양식을 조사하는 데 매진했다. 어떤 학자는 서구 과학 자체를 하나의 문화적 전통으로 탐구했다. 아리스토텔레스로부터 다윈에 이르기까지 자연사 연구의 근거가 '민속생물학'(folk biology)에 있음을 보여준 애트런의 분석(Atran 1990)이 좋은 예다. 초창기의 민족과학은 언어학과 밀접하게 관련되었지만, 최근의 연구 추세는 점차 인지심리학 쪽으로 선회하고 있다. 또한, 민족과학과 오랫동안 긴밀한 관계를 유지했고 관심사가 크게 동떨어지지 않는 문화와 인성 학파와 제휴하려는 조짐도 있다(Bloch 1991; D'Andrade 1995: 182~243).

과학에 진리가 존재한다고 믿으면서도 그 안에 사회적·문화적 결정요인도 있음을 인식하며 접근하는 것이 의료인류학(medical anthropology)의 지배적인 시각이다. 세실 헬먼(Cecil Helman)은 의료인류학 분야의 훌륭한 개관(1994〔1984〕)에서 의학과 인류학의 수많은 사례를 인용하며 스트레스·고통·심리장애·유행병 등이 생물학적으로 결정될 뿐 아니라 문화적으로도 구성된다는 사실을 보여주었다. 예를 들어 북미의 정신과 의사는 영국의 의사에 비해 '정신분열증' 진단을 자주 내리는 성향이 있다. 이와 유사하게 영국 의사가 '만성 기관지염'으로 보는 증상을 북미의 의사는 '기종'(氣腫)이라 진단할 것이다. 이와 같은 변이는 유럽지역에 대한 비교조사에서도 발견된다(Helman 1994: 270). 이런 현상은 현대의학에 오류가 있다는 것이 아니라(헬먼 자신도 개업의다), 문화가 어디에서나──심지어 수술실에서 집도의가 행하는 '의례'에서도(Katz 1981 참조)──작용한다는 사실을 의미한다.

요약

보아스는 상대주의적 원리, 다시 말해서 문화의 차이를 강조하고 세상에 대한 다양한 이해가 지니는 도덕적 가치를 존중하는 원리에 기초한 새로운 사조의 인류학을 창시했다. 기능주의자들이 그랬듯이 그도 기존의 질서에 도전했으며, 보아스 학파가 지배한 미국에서 나타난 인류학은 말리노프스키와 래드클리프-브라운이 주도한 영국의 인류학과는 전혀 달랐다. 상대주의의 강력한 제창자는 '문화와 인성 학파'와 '사피어-워프 가설'의 지지자였는데, 양자는 다른 방식으로 상대주의를 옹호했다. 그들은 주요 관심사(심리 또는 언어)와 이론적 입장에서 차이를 보였다.

보아스 학파 인류학의 부산물은 분류의 인지적 측면에 대한 호기심이었다. 이 관심으로 인해 사고방식으로서의 문화를 강조하는 보아스 학파와 문화를 사회구조의 미미한 부속물로 보는 래드클리프-브라운의 관점은 선명하게 대비된다. 제5장에서 논의한 바대로 친족용어를 둘러싼 크로버/리버스/래드클리프-브라운 논쟁도 이 맥락에서 이해할 수 있다. 크로버의 입장은 보아스와 사피어의 전통에 속하며 파이크, 구디너프, 프레이크, 기타 민족과학자의 최신 연구에서 보이는 '에믹'에 관한 집중적인 관심을 예견케 한다. 다음 장에서 살펴보게 되듯이 레비-스트로스의 구조주의는 인지적 요소와 사회구조적 접근의 요소를 결합시키려 한 것이었다. 그러나 구조주의는 보아스의 문화적 특수주의와 달리 보편성에 주안점을 둔다.

읽을거리

보아스 학파의 전통을 대표하는 책은 Boas의 『원시인의 마음』, 『인종, 언어와 문화』(*Race, Language and Culture*, 1940), Lowie의 『원시사회』(*Primitive Society*, 1947〔1920〕), Kroeber의 『인류학: 문화적 유형과 과정』(*Anthropology: Culture Patterns and Processes*, 1963 〔1948〕), Kroeber와 Kluckhohn의 『문화의 개념과 정의에 대한 비판적 검토』(*Culture: A Critical Review of Concepts and Definitions*,

1952) 등이다. Benedict의 『문화의 유형』은 '문화와 인성'의 고전적 교과서로 남아 있다. 보아스 학파와 '문화와 인성' 학파에 대한 비판적 고찰로는 Stocking이 편집한 책이 있다(1986; 1996b). 보아스, 로이, 크로버, 베니딕트, 미드는 당대 또는 최근에 전기의 주인공이 되었다.

'합리성 논쟁'과 관련된 상대주의적 사고를 잘 검토한 논문은 Hollis와 Lukes가 쓴 『합리성과 상대주의』의 서론(1982: 1~20)이다. Gellner(1985)의 『상대주의와 사회과학』(*Relativism and the Social Sciences*)도 권할 만하며, 이 장에서 논의했던 그의 논문 「상대주의와 보편성」을 포함하고 있다. 약 25년의 간격을 두고 『사고의 양식』(*Modes of Thought*)이라는 같은 제목의 책이 두 권 출판되었는데, 모두 사고양식을 바라보는 시각의 변화에 대해 탁견을 제시한다(Finnegan and Horton 1973; Olson and Torrance 1996).

'인지인류학'에 대한 고전적 논문들은 Stephen Tylor(1969)에 의해 같은 제목으로 편집되었다. 워프의 가설을 비교적 최근에 재조명한 것으로는 Lucy의 『언어의 다양성과 사고』(*Language Diversity and Thought*, 1992)가 있다. 또한 D'Andrade의 『인지인류학의 발달』(*The Development of Cognitive Anthropology*, 1995)도 훌륭한 조망을 제시한다.

8 구조주의 언어학과 구조주의 인류학

'구조주의'는 내용보다 형태에 우선권을 부여하는 이론적 시각이다. 구조주의자가 추구하는 의미는 고립된 사물의 이해가 아니라 사물이 결합하는 방식의 이해를 통해 드러난다.

구조주의와 구조기능주의는 둘 다 사물의 관계에 관심을 갖는다는 점에서 유사하지만, 중요한 차이도 있다. 구조기능주의는 사회적 관계 내에서 질서를 찾는 데 비해, 구조주의는 사회의 구조뿐 아니라 사고의 구조에도 관심을 갖는다. 더구나 래드클리프-브라운의 구조기능주의는 귀납적 추론에 근거를 둔다. 구조기능주의자는 자료에서 출발해서 그것에 대해 어떤 일반화가 가능한가를 모색한다. 반면 구조주의자는 주로 연역적인 방법, 즉 특정한 전제에 근거를 두는 방법을 채택한다. 구조주의자는 대수학이나 기하학에서처럼 전제로부터 도출되는 바가 무엇인지를 살핀다. 그는 때때로 논리적 가능성을 먼저 타진한 연후에 그것이 '실체'와 맞아떨어지는가를 본다. 진정한 구조주의자에게 사물 간의 관계 이외의 실체는 사실상 없다.

레비-스트로스(Claude Lévi-Strauss)는 문화의 내적 논리 및 그 논리와 특정 문화를 초월하는 구조의 관계, 즉 상상할 수 있는 모든 특수한 구조의 〔보편적〕 구조에 관심을 기울여왔다. 이런 접근법은 특히 가장 구조화된 문화의 영역이라 할 수도 있는 친족에 관한 그의 연구(Lévi-Strauss 1969a〔1949〕; 1966a)에 잘 나타난다. 레비-스트로스가 구조주의를 대표하는 가장 유명한 사상가임에는 틀림없지만, 구조주의적 사유는 보다 넓은 분야에 걸쳐 있다. 그것은 언어학을 통해 인류학에 도입되었으며, 특히 소쉬르의 연구는 구조주의 인류학의 앞날을 예고했다는 점에서 대단히 중요하다. 구조주의 사고는 인류학을 거쳐 문학비평에까지 파급되었는데, 그 분야는 이 책의 관심사가 아니다.

레비-스트로스의 구조주의가 '논리적으로 가능한 모든 구조'의 구조에 대한 관심을 특징으로 한다면, 네덜란드의 구조주의는 지역적 구조 분석에서와 같이 지역에 초점을 둔다(제4장 참조). 영국의 구조주의(최소한 초창기의 몇몇 제창자의 경우)는 특수한 사회에 비중을 둔다. 이런 국가별 전통에 대해서는 이 장의 끝에서 다시 논하고자 한다.

소쉬르와 구조주의 언어학

스위스의 언어학자 소쉬르(Ferdinand de Saussure)는 가장 중요한 구조주의자 중 한 명이다. 하지만 그와 결부된 이론은 그가 직접 저술한 것이 아니다. 우리가 접하는 것은 수집된 강의록을 토대로 그가 유명을 달리한 지 3년이 지난 1916년에 그의 이름으로 출판된 책이다. 영어권에는 소쉬르의 영향력이 서서히 전해진 탓에 강의록은 1960년에야 영어로 출판되었다. 나는 그 뒤에 나온 수정판(Saussure 1974)을 근거로 삼을 것이다.

소쉬르와 『일반언어학 강의』

소쉬르는 1857년 제네바에서 태어났다. 그는 그곳에서 처음에는 물리학과 화학을 공부했고, 후에 라이프치히에서 비교언어학을 연구했으며, 1891년 제네바로 돌아가기 전까지 파리에서 언어학을 가르쳤다. 생전에 그는 인도-유럽어의 모음체계에 대한 비교론적이며 역사적인 연구로 널리 알려졌다. 이 연구의 일부는 구조주의의 전조를 보였다. 후대의 평론가(예컨대 Culler 1976: 66~67)는 소쉬르가 역사적 재구성에서도 언어적 요소들간의 관계를 언어학적 분석의 핵심으로 보았다는 사실을 지적했다. 그와 거의 동시대인인 뒤르켐처럼 그는 통시적·공시적 양 진영에 걸쳐 있었으며, 실제로 그 구분 자체도 그가 창안한 것이나 마찬가지다. 출판된 연구에서는 그가 언어에 대해 전통적인 역사적 관점을 고수했지만, 개인적인 강의는 공시적인 성격을 띠며 연구대상의 관계적 요소를 강조한다는 면에서 보아스, 말리노프스키, 래드클리프-브라운을 예견케 했다.

소쉬르가 제네바 대학에서 1906년과 1911년 사이에 행한 강의는 『일반언어학 강의』(*Course in General Linguistics*, 1974〔1916〕), 또는 줄여서 『강의』로 알려지게 되었다. 이 책은 (사피어의 몇몇 연구와 함께) 언어연구 분야에서 공시적이고 구조적인 분석의 효시다. 그것은 또한 기호학(semiology) 또는 기호론(semiotics: '기호'를 통한 의미의 연구)의 토대를 마련하고 구조주의의 단초를 제공했다. 소쉬르는 그의 연구가 갖는 광범위한 기호론적 함의를 시사하기도 했지만, 『강의』의 주된 관심은 명백하게 언어였다. 게다가 그는 언어를 인종의 역사나 민족 집단의 심리적 구조를 재구성하는 데 이용하는 행위를 비난했다(1974

〔1916〕: 222~228).

네 가지 중요한 구분

소쉬르는 현재 언어학과 사회과학에서 통용되는 몇 가지 중요한 구분을 만들어냈는데, 공시적/통시적, 랑그/파롤, 통합적/계열적(연관적), 기표(記標)/기의(記意) 등이 바로 그것이다.

소쉬르가 언어의 통시적 연구와 공시적 연구를 구분한 것(1974: 101~102, 140~143)은 당대의 다른 학자와 비교해볼 때 획기적이라 할 만큼 의미심장한 일이었다. 『강의』에서 그는 특정 시점의 언어에도 똑같은 비중을 둔 반면, 그 시대의 언어학자들은 시간을 통해 변화하는 언어에만 관심을 기울이고 있었다. 제1장에서 우리는 진화론과 전파론을 통시적인 인류학적 시각으로, 대다수 학파를 공시적 시각으로 설명했으며, 그 중간쯤에 상호작용론적 시각이 자리한 것으로 보았다. 하지만 진정한 소쉬르 학파에게 중간지점은 존재하지 않으며, 공시적/통시적 구분은 절대적이다.

랑그(*langue*)와 파롤(*parole*)은 '언어'와 '말'을 가리키는 프랑스어 단어다(Saussure 1974: 9~15). 그 프랑스 용어는 특히 은유적 의미에서의 차이를 나타내기 위해 영어에서도 가끔 쓰인다. 랑그는 언어적 구조 또는 문법이라는 의미에서 '언어'며, 유추하면 언어만이 아니라 문화의 문법이기도 하다. 파롤은 실질적인 발화(發話)라는 의미에서 '말'이며, 유추하면 현실 속의 개인이 하는 사회적 행동을 가리킨다. 언어학이나 인류학의 현지연구가는 파롤의 수준에서 랑그의 수준으로, 즉 철수나 영희, 순자의 말이나 행위로부터 적절한 언어적·사회적 행위의 일반적 서술로 옮아간다.

셋째 구분은 통합적(syntagmatic) 관계와 연관적(associative) 관계의 구분이다(Saussure 1974: 122~127). 옐름슬레우 이후 대부분의 구조주의자는 후자를 '계열적'(paradigmatic)이라 부른다. 통합적 관계는 문자 그대로 한 문장을 이루는 여러 단어간의 관계다. 예를 들어 "철수는 영희를 사랑한다"라는 문장에서 주어인 철수와 목적어 영희, 그리고 동사 '사랑한다' 세 단어 간의 관계다. 영희를 순자나 옥희로 대치하면 우리는 단어 영희, 순자, 옥희 사이에 연관적 또는 계열적 관계가 존재한다고 말할 수 있다. 흔히 인용되는 문화적 사례인 교통신호등의 경우를 살펴보자. 녹색, 황색, 적색은 서로 통합적 관계에 놓여 있으며, 그것이 각각 상징하는 문화적 의미인 진행, 준비(주의), 정지도 같은 관계다.

이와 대조적으로 두 조합 또는 문장의 연관된 요소들 사이에는 계열적 관계가 존재한다. 적색과 정지는 같은 패러다임의 일부로서 적색신호등은 정지를 의미한다. 이 예는 문화적 문법에서 요소들 사이의 관계적 성격을 잘 보여준다. 적색은 절대적인 의미에서 정지를 뜻하지는 않지만, 이 특수한 문화적 틀 내에서는 정지를 의미한다. 하지만 정치적 맥락에서 적색은 다른 것을 나타낸다. 적색은 영국 정계에서는 보수당(청색)과 자유민주당(황색)에 반대하는 노동당을, 혁명주의자들이 흔들던 깃발에서는 무정부주의자(흑색)에 대항하는 공산주의자를 상징한다(여기에서 짚고 넘어가야 할 점은 이 단락에서 언급한 '패러다임'의 의미는 제1장에서 설명했던 쿤의 패러다임과는 다르다는 것이다. 소쉬르 학파가 시사하듯이 단어는 문맥에 따라 그 의미가 달라진다).

소쉬르의 마지막 구분은 기표(signifier: 무엇인가를 나타내는 단어나 상징)와 기의(signified: 단어나 상징이 나타내는 대상) 사이의 구분이다. 이 두 요소가 합쳐서 소쉬르가 '기호'(sign)라 부르는 것을 구성한다(Saussure 1974: 65~78). 기호의 현저한 특징은 '자의성'(恣意性)이다. 이는 한 단어의 음운론적 속성과 그 의미 사이에는 자연스런 관계가 없음을 뜻한다.

내가 이탈리아어를 사용한다면 네 발 달리고 짖기도 하는 애완용 동물을 *il cane*라고 표현할 것이다. 프랑스인이라면 *le chien*, 독일인이라면 *der Hund*, 영국인이라면 *the dog*, 한국인이라면 '개'라는 단어를 써서 그 동물을 나타낼 것이다. (짖는 소리 또한 어느 정도 자의적이다. 이탈리아와 독일의 개는 바우바우, 프랑스 개는 와와, 미국과 영국의 개는 우프우프 또는 바우와우, 한국 개는 멍멍이라고 짖는다.) 마찬가지로 문화의 상징적 요소는 해당 문화(즉 프랑스 또는 영국)에 의거해서, 그리고 그 문화 내의 맥락에 따라서 그 의미를 갖게 된다. 리치가 말하곤 했듯이, 왕관은 환유(metonymy: 부분이 전체를 나타냄)에 의해 왕권을 나타낼 수도 있고, 은유에 의해 맥주의 종류를 나타낼 수도 있다('맥주의 왕' ○○ 맥주).

소쉬르 이후

소쉬르 이후 언어학자들은 그가 제안한 방향으로 사고를 더욱 발전시켰다. 그런 활동의 중심지는 러시아 망명객 야콥슨(Roman Jakobson)의 근거지 프라했다. 다른 곳에서 가르침을 펼친 '프라하 학파'의 학자로는 러시아의 왕자 트루베츠코이(Nikolai

Trubetzkoy)가 대표적이다(Anderson 1985: 83~139 참조). 이 '기능주의적' 언어학자들(가끔 그렇게 불렸다)은 음운론적 구조 내의 관계에 대한 복합적인 이론을 발전시켰다. 그러나 우리에게 중요한 것은 '변별적 자질'(distinctive features) ── 인류학자들이 구조적 또는 이원적 대립이라 부르는 것과 유사한 ── 이라는 그들의 개념이다.

이 이론의 기초를 쉽게 이해하기 위해 특정한 언어에서 일정한 특징의 존재 유무에 따라 두 음성 간의 차이를 정의해보자. 예를 들어 영어 단어 'pin'과 'bin'을 생각해보자. P와 b는 정확하게 입의 같은 부위(입술)에서 나오는 소리이며, 입술의 모양을 읽는 청각장애인은 보통 두 단어를 구별하지 못할 것이다. 듣기 능력이 뛰어난 외국인이라도 그의 모국어가 p/b를 구별하지 않는다면, 아마 차이를 알아듣기 어려울 것이다. 좀더 기술적으로 말하면 영어는 언어학자가 /b/로 표시하는 유성 양순음과 /p/로 표시하는 무성 양순음을 구분한다. 차이는 발성이다. 'bin'을 말할 때 영어의 화자는 발음에서 성대를 사용하지만, 'pin'을 말할 때는 그렇지 않다. (또 다른 미묘한 차이는 단어의 맨 앞에 나오는 /p/는 대기음이지만 /b/는 그렇지 않다는 사실인데, 이는 우리의 관심사가 아니다.)

이 두 소리의 구조적 관계는 영어의 다른 폐쇄음(stops: 입 안에서 공기의 흐름을 막았다가 터뜨리면서 나오는 자음)과 함께 표 8.1에 제시되어 있다. P와 b의 차이는 t와 d의 차이, k와 g의 차이에서도 반복된다. 각 조합에서 첫째와 둘째를 구별하는 것은 유성음의 부재이지만, p·t·k 또는 b·d·g를 각각 구별해주는 것은 입 안에서 발음되는 위치다.

표 8.1 영어의 유성 폐쇄음과 무성 폐쇄음

	무성음	유성음
양순음(Bilabial)	p	b
치경음(Alveolar)	t	d
연구개음(Velar)	k	g

무성음/유성음 구분(즉 '유성음'이란 특질의 유무)의 이원적 성격을 인식하고, 그런 구분이 더 큰 체계(여기서는 음운론적 체계) 내에서 차지하는 위치를 인식하는 것이 구조주의의 전부라 해도 과언이 아니다. 우리가 살펴보게 될 것처럼 레비-스트로스의 친족, 상징, 신화 등에 대한 연구는 모두 비슷한 원리에 기초하고 있다. 유대계 프랑스인 레비-스트로스는 운 좋게도 제2차 세계대전 중 프라하 학파의 성원들이 나치의 박해를 피해 찾아든 뉴욕에서 망명생활을 하게 되었다. 레비-스트로스의 『구조인류학』(*Structural Anthropology*) 전반부(1963〔1945/1951/1953/1958〕: 29~97)는 프라하 학파의 영향을 강하게 내비치고 있으며, 그 중 첫장에 실린 「언어학과 인류학의 구조적 분석」은 1945년 망명한 프라하 학파의 정기간행물 『단어: 뉴욕 언어학계 학술지』(*Word: Journal of Linguistic Circle of New York*) 첫권에 처음 발표되었다.

레비-스트로스와 구조주의 인류학

레비-스트로스는 1908년 화가의 아들로 태어났다. 그는 상당한 수준의 아마추어 음악가이기도 했으며, 대학시절에는 법과 철학을 전공했다. 레비-스트로스는 지질학, 프로이트 심리학과 마르크스주의 이론에 깊은 감명을 받았다고 술회했다. 1934년 그는 프랑스를 떠나 브라질에서 사회학을 가르쳤고, 로이의 『원시사회』 초판(1920)을 읽었으며, 결국 보로로(Bororo) 인디언 사이에서 민족지적 현지조사를 수행하게 되었다.

『원시사회』(1947〔1920〕: 441)의 유명한 마지막 문구와 레비-스트로스의 인류학을 대조해보는 것은 흥미로운 일이다. 로이는 그의 책을 마무리하면서 '문명'을 '그 무계획적인 뒤범벅(planless hodgepodge), 누더기 잡동사니(a thing of shreds and patches)'라고 기술하면서, '그 무정형적 산물' 또는 '혼란스러운 뒤죽박죽'이 '합리적 도식' 속에서 정리될 날이 오기를 기대하고 있다.

그 문구는 논란의 대상이 되었으며, 1947년판 서문에서 로이(1947: ix)는 그것이 인류학 이론과 직접적인 관련이 없는 내용이었다고 해명하기에 이르렀다. 그러나 레비-스트로스는 로이가 감히 꿈조차 꾸지 못했던 가장 합리적인 인류학적 도식을 발견(창조)하는 데 성공했다. 레비-스트로스에게 문화의 요체는 그 구조다. 이는 나름대로의 독특한 형상을 간직한 특수한 문화에도 해당되고, 그 특수한 문화를 포함하는 '가능한 모든 문화'의 체계가 존재한다는 면에서 보편적인 문화에도 해당된다. 이 점은 무엇보다도 『친족의 기본구조』(The Elementary Structures of Kinship, 1969a〔1949〕)에 가장 잘 드러나 있다. 레비-스트로스는 그 원고를 로이의 두번째 서문이 나오기 꼭 다섯 달 전인 1947년 2월에 완성했다.

1939년 프랑스로 돌아간 레비-스트로스는 레지스탕스에 합류

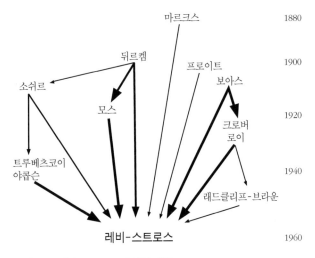

그림 8.1 레비-스트로스의 지적 계보

했으나, 유대인인 그는 뉴욕으로 피신하는 것이 현명하다는 주위 사람들의 충고를 받아들였다. 뉴욕에서 그는 망명 중이던 중부 유럽 출신 언어학자들을 만났고, 그들이 발전시킨 사상을 차용하여 인류학 자료에 적용했다. 하지만 레비-스트로스 사상의 많은 부분은 뒤르켐과 모스의 전통(특히 후자의 『증여론』은 친족을 혼인의 교환으로 보는 그의 사상에 영향을 미쳤다)에서 직접 파생된 것이라는 사실을 상기할 필요가 있다. 레비-스트로스는 다른 나라의 인류학적 사상(특히 보아스, 로이, 크로버의 미국 전통)에 대해서도 개방적이었다는 사실 역시 중요하다. 1960년 무렵까지 레비-스트로스의 사상에 영향을 미친 복잡한 관계망이 그림 8.1에 표현되어 있다.

전쟁이 끝난 직후 레비-스트로스는 프랑스로 돌아가 자신의 학풍을 정립했다. '친족의 기본구조'에 관한 그의 박사학위 논문은 1949년 프랑스에서 출판되었다. 그 책의 프랑스어 제2판은 1967년에 나왔고, 2년 뒤 영어번역본이 출판되었다(Lévi-Strauss 1969a). 『친족의 기본구조』 다음으로는 브라질 현지조사에 기초한 『슬픈 열대』(*Tristes Tropiques*, 1976〔1955〕)가 나왔으며, 이 여행기는 광범위한 독자층의 반향을 일으켰다. 이어서 분류의 연구에 기여한 두 권의 뛰어난 저서 『토테미즘』(*Totemism*, 1969b 〔1962〕)과 『야생의 사고』(*The Savage Mind*, 1966b〔1962〕)가 나왔으며, 이후 세 권의 논문집, 언어와 예술에 관한 연구, 신화학 대계(Mythologiques)로 알려진 4권이 속속 출판되었다. 독특한 제목이 붙은 신화학 시리즈의 프랑스어판은 1964년에서 1970년 사이, 그리고 영어번역판은 1970년에서 1981년 사이에 간행되었다. 그 4권은 『날것과 익힌 것』(*Le cru et le cuit, The Raw and the Cooked*), 『꿀에서 재로』(*Du miel aux cendres, From Honey to Ashes*), 『식사법의 기원』(*L'origine des manières de table, The Origin of Table Manners*), 『벌거벗은 인간』(*L'homme nu, The Naked Man*)이다.

'신화학' 또는 '신화의 과학'에 관한 저서를 통해 레비-스트로스는 남아메리카 저지대로부터 북아메리카의 북서해안에 이르기까지 813개에 달하는 아메리카 인디언 신화를 상술하고 분석한다. 그것의 핵심적인 내용은 레비-스트로스가 1977년 캐나다의 라디오에서 한 강연에 바탕을 둔 『신화와 의미』(*Myth and Meaning*, 1978a)라는 얇은 책에 잘 요약되어 있다. 이 책은 레비-스트로스가 쓴 것이 아니라 말한 것이며, 원래 프랑스어가 아닌 영어로 된 것이므로 그의 다른 연구에 비해 이해하기가 훨씬 쉽다. 그의 저작 대부분은 압축적이고 현학적인 프랑스어로 되어 있으며, 번역가들은 언제나 원저의 뜻을 제대로 전달하기 위해 고심해야 했다. 『신화와 의미』와 『슬픈 열대』는 읽기 쉬운 책이며, 『야생의 사고』는 가장 큰 영감을 주는 동시에 그의 이론적 시각을 대변하는 책이다. 반면에 『친족의 기본구조』는 가장 극단적인 구조주의 인류학을 대표한다. 레비-스트로스는 말년에 미술 및 음악 작품의 구조적 분석을 통해 탐구된 인간의 미적 감각에 관한 흥미로운 책(Lévi-Strauss 1997〔1993〕)과 북서연안 신화에 대한 다른 저서를 집필했다.

구조주의, 유형, 사고

넓은 의미의 구조주의는 유형(pattern)에 대한 것으로, 얼핏 보기에 관련이 없는 듯한 여러 사물이 실제로는 어떻게 상호 연결된 체계의 일부를 형성하고 있는가를 탐색한다. 구조주의 이론에서 전체는 부분의 합보다 크다고 상정되며, 대부분의 경우 전체는 변별적 자질 또는 이원적 대립(binary oppositions)의 개념에 의거해 구분될 수 있다. 언어나 문화에서 고유한 특징의 존재 유무는 많은 것을 설명해준다. '순수하게' 레비-스트로스적인 의미에서 구조주의는 그러한 관념을 구조적(또는 기능적) 언어학 및 인지인류학(북미에서 50년대와 60년대에 보아스의 전통으로부터 발전한)과 공유한다(제7장 참조). 레비-스트로스 자신의 공헌이 지닌 변별적 자질은 '있을 수 있는 모든 구조'의 구조를 추구한다는 것이었다. 그의 인류학은 절정에 달한 심적 동일성, 또는 레비-스트로스식의 표현인 **인간정신** ─ 뒤르켐의 집합의식과 대비되는 '집합무의식'으로 간혹 번역되기도 하는 ─의 원리를 표출한다.

구조주의 인류학은 래드클리프-브라운이 주로 관심을 가졌던 사회구조 또는 구조적 형태만이 아니라, 사고의 구조에도 관심을 갖는다. 특히 레비-스트로스의 연구는 경험적 토대보다는 논리적 근거 위에서 이루어진다고 한다. 즉 레비-스트로스는 논리적 가능성을 먼저 생각하고 난 다음에야 민족지적 사례를 찾는 사고방식을 보여준다. 수정의 구조에 대한 레비-스트로스 자신의 유추를 생각해보자(Lévi-Strauss 1966a: 16). 물리학자가 수정의 성분을 정밀하게 분석할 때 그는 실제로 존재하는 특수한 수정(흠집을 가진)이 아니라, 이상적인 완벽한 수정을 염두에 두는 것이다. 실재하는 수정의 조직은 열이나 압력, 이물질의 존재 등 다양한 변수의 영향을 받는다. 우리는 절대적으로 완벽한 수정을 자연에서 찾을 수는 없으며, 오직 사고 속에서 상상할 수 있을 따름이다.

따라서 레비-스트로스는 두 가지 측면에서 이상적인 사회구조에 관심을 둔다고 볼 수 있다. 첫째는 그의 사고 속에 있는 사회구조의 의미이며, 둘째는 민족지학자가 연구하는 사람들의 사고 속에 있는 사회구조의 의미다. 물론 보통 인류학자는 첫째보다 둘째 의미에 전념한다. 그러나 우리가 여기서 흥미를 느끼는 것은 첫째 의미다. 레비-스트로스의 전망에서 인류학자는 모든 논리적 가능성을 수용하는 사회관을 견지하는 것이 중요하다.

레비-스트로스의 업적이 초심자에게 다양하고 복잡하며 애매하리라는 것은 말할 필요도 없지만, 세 가지 고전적 사례——친족의 기본구조, 요리의 삼각구도, 오이디푸스 신화——를 통해 그의 공헌을 알아보도록 하자.

친족의 기본구조

초창기 저서(1969a〔1949〕)에서 레비-스트로스는 혼인 규정이 사회구조에 영향을 주는 방식, 나아가 그것을 창출하는 방식에 주의를 기울였다. '결연이론'(alliance theory)은 당시 영국 인류학이 강조하던 '출계이론'에 대비되는 것으로, 레비-스트로스는 출계집단을 사회의 기초로 보지 않고 집단 간에 존재하는 혼인 교환 관계의 한 요소로 설명하려고 했다.

우리가 제3장에서 이미 보았듯이 레비-스트로스는 『친족의 기본구조』에서 근친혼 금기가 문화의 본질이라고 주장했으며, 사실상 그 금기와 혼인을 지배하는 규정을 동일시했다. 그는 한편으로는 '기본적' 체계의 성격을 탐구함으로써, 다른 한편으로는 친족의 '기본적' 원리가 '복합적인' 체계의 민족지에 구체적으로 반영되는 방식에 의거하여, 모든 친족체계 사이의 관계를 정의했다. 본질적으로 기본적 구조는 긍정적인 혼인규정(예컨대 교차사촌 같은 특수한 친족집단에 속하는 누군가와 반드시 결혼해야 한다는 규정)을 가진 체계이며, 복합적인 구조는 부정적인 혼인규정(자신의 씨족 성원이나 가까운 친척 같은 특수한 친족집단에 속하는 누군가와는 절대 결혼할 수 없다는 규정)을 가진 체계다. 여기서 우리가 '실재의' 교차사촌에 대해 말하는가, '분류상의' 교차사촌에 대해 말하는가는 문제가 되지 않는다. 왜냐하면 그것은 모두 가상의 구조이기 때문이다.

마찬가지로 사람들이 실제로 규정이 정한 대로 혼인하는가 아닌가도 별로 문제가 되지 않는다. 레비-스트로스는 모든 논리적 가능성을 수반하는 체계의 구조와 한 체계와 다른 체계의 형식적인(거의 수학적인) 관계에 관심을 갖는다. 어떤 사회도 그의 도식이 기술하는 완전한 수준에 이를 수 없기 때문에, 그는 친족체계의 실질적인 작용에는 직접적인 관심을 보이지 않는다. 그에 대한 추종세력에서 비판가로 변신한 학자들(주로 영국에서 태어났거나 수학한 자들)은 이 점을 간과하고 있다(Lévi-Strauss 1966a; Korn 1973; Needham 1973). 좀더 일반적인 용어로 설명하자면, 레비-스트로스의 구조주의는 사람들의 실제 행동이 아니라 그에 가까운 이상적인 유형인 추상적 문화에 주로 관심을 가진다.

그림 8.2는 레비-스트로스의 결연이론에 입각한 친족체계 사이의 관계를 보여준다. 한데 그것은 레비-스트로스 이론의 핵심을 내 취향에 맞게 단순화시킨 도식임을 덧붙여야겠다. 출계 및 거주(1969a: 216)와 교환 주기(1969a: 465)의 관계를 나타내는 레비-스트로스의 도표는 전혀 다르다.

기본구조는 한 집단이 특정 집단과 부인을 '주고' 또 '받는' 직접교환체계를 말한다. 가장 단순한 유형은 남자가 외삼촌의 딸(MBD) 또는 고모의 딸(FZD)과 혼인하는 것으로, 남아메리카나 오스트레일리아 일부 지역에서 발견된다. 지연된 직접교환도 기본구조에 속한다. 고모의 딸과의 혼인이 현실 사회에서 반복적으로 이루어질 수 있다면 그런 구조가 만들어진다. 하지만 결연이론가 중 레비-스트로스의 주된 비판가인 니덤(Rodney Needham)이 지적하듯이, 그러한 민족지적 사례를 보여주는 사회는 거의 남아 있지 않다(1962). 이는 기술상의 문제들 때문인데, 그 중 하나는 당사자나 그 사회에 별로 득이 되지 않을 경우 종족이나 세대를 가로지르는 결합을 계속 추적할 가능성은 별로 없다는 것이다. 이와 반대로 외삼촌의 딸과 혼인하는 제도를 포

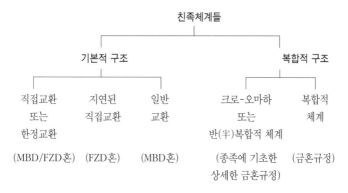

그림 8.2 레비-스트로스의 친족체계 분류

함한 일반교환체계는 아시아 일대에서 빈번하게 발견된다. 이 경우 부모의 혼인을 반복하면 되므로 세대를 추적할 필요가 없어진다. 예를 들어 만약 부계출계를 따르는 A집단의 남성인 내가 B집단의 여성과 결혼한다면, 내 아들도 B집단의 여성(실제 외삼촌의 딸이거나 동일한 범주에 속하는 여성)과 결혼하면 된다(독자들은 외삼촌 딸과의 혼인이 어떻게 직접교환과 일반교환 두 가지 형태에 모두 관련되는지 의아할 것이다. 너무 복잡하게 생각하지 말고, 같은 범주와의 혼인이라 하더라도 혼인교환에서 여성이 이동하는 방향, 참여한 집단의 수, 각 집단의 출계율 등이 여러 세대를 거치면서 복합적으로 작용하면 상이한 체계를 만들어낸다고 이해하면 된다. 『친족의 기본구조』는 500여 페이지에 달하는 거작으로 간단한 요약이 불가능하다—옮긴이).

복합적 구조는 '기본적' 유형이 발견되지 않는 유럽, 일본, 대부분의 아프리카 지역에서 볼 수 있는 것으로, 가까운 친척만 아니라면 누구와도 혼인할 수 있는 체계다. 하지만 북아메리카 원주민이나 서부 아프리카의 일부 사회는 상당히 자세한 금혼규정이 있어서, 종족이 아니라 개인의 관점에서 보면 이 체계는 일반교환체계와 유사해진다. 예컨대 부르키나파소(Burkina Faso: 사하라 사막 남단에 위치한 서아프리카 내륙의 공화국—옮긴이)의 사모(Samo)족 남성은 자신이 속한 부계집단이나 어머니·할머니·외할머니가 속한 부계집단의 성원과는 혼인할 수 없다. 이러한 '반복합적'(semi-complex) 또는 '크로-오마하' 체계(북아메리카 인디언 집단의 이름을 딴 것임)는 전형적인 복합적 체계와 기본적 체계 중간에 위치한다((Héritier 1981: 73~136).

리치, 니덤 등이 결연에 기초한 특수한 친족체계의 연구에 레비-스트로스의 방법론을 적용하는 방안을 모색함에 따라, 친족에 관한 그의 작업은 50년대와 60년대의 영국 인류학에 심대한 영향력을 행사했다. 영국의 구조주의자는 보편적 유형의 추상적 탐구를 거부한다는 점에서 한편으로는 레비-스트로스와 맞서게 되었고, 출계보다 결연을 강조한다는 면에서 다른 한편으로는 구조기능주의자와 대립하게 되었다(Barnard and Good 1984: 67~78, 95~104). 영국이나 북아메리카에서 인간 심성에 내재한 보편적 친족구조에 대한 레비-스트로스의 강조를 그대로 받아들인 학자는 거의 없었지만, 그 이론의 경험적 기반은 폭넓게 토론되었다(Hiatt 1968; Lévi-Strauss 1968).

요리의 삼각구도

레비-스트로스가 추구한 인간 심성의 보편성 탐구를 가장 잘 구현한 것은 우리의 두번째 예인 '요리의 삼각구도'(culinary tri-angle)로서, 야콥슨의 '자음 삼각형'과 '모음 삼각형'에 기반을 둔

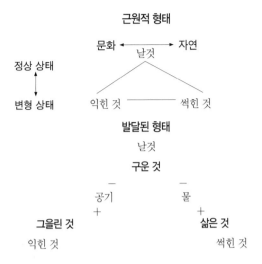

근원적 형태

문화 ←———→ 자연
날것

정상 상태

변형 상태

익힌 것 ———— 썩힌 것

발달된 형태

날것

구운 것

공기 ─   물 ─

그을린 것   **삶은 것**

익힌 것   썩힌 것

그림 8.3 요리의 삼각구도

것이다. 레비-스트로스는 그 아이디어를 1965년 한 논문에서 처음 발표했으며, 그 후에도 여러 저술에서, 특히 신화학 대계 제3권의 결론에서 논의했다(Lévi-Strauss 1978b〔1968〕: 471~495).

레비-스트로스는 자음 p·t·k 간의 관계 및 모음 u·i·a 간의 관계가 상대적인 소리의 크기와 높이(pitch)에 따라 정의될 수 있다면, 이와 유사하게 음식재료의 상태 및 요리 스타일 사이의 관계도 변형의 정도와 문화의 개입 정도에 따라 정의될 수 있다고 주장했다. 이 주장은 모호하지만 흥미롭다. '근원적 형태'의 두 축인 정상적 상태/변형된 상태와 자연/문화는 날것(the raw), 익힌 것(the cooked), 썩힌 것(the rotted)을 구별한다. '발달된 형태'에서 동일한 축은 구운 것(the roast), 그을린 것(the smoked), 삶은 것(the boiled)을 구별한다. 요리의 수단이라는 면에서 굽기와 그을리기는 자연적인 과정이며, 삶기는 물과 용기를 필요로 한다는 점에서 문화적이다. 요리의 결과를 놓고 보면 굽기와 삶기(썩히기와 유사한 과정이다)는 자연적이며, 그을리기는 날것과 썩힌 것에 대립되는 익힌 것이므로 문화적이다. 고기를 삶는 것과 굽는 것은 삶기가 육즙을 보존할 수 있는(그래서 자연스럽게 서민적인) 반면에, 굽기는 고기 일부를 손상시킨다(부유층은 낭비적일 수 있으며, 위계적 사회에서 이는 높은 지위와 관련된다)는 면에서 더욱 대비된다. 요리 삼각형은 인류학이 제공하는 구조주의 해석의 가장 유명한 사례지만, 레비-스트로스는 불행히도 평등주의와 위계에 대한 일반화를 시도함으로써 곤경에 처하고 웃음거리가 되었다(Leach 1970: 28~34 참조).

리치(1976b: 55~59)는 같은 방식으로 의상과 색의 상징적 측면을 분석한 적이 있는데, 그와 레비-스트로스의 사유에는 근본적인 차이가 있었다. 레비-스트로스의 명제들은 보편적인 적용을 염두에 두는 반면, 리치의 주장은 비교론적이며 특수한 문화에 한정적으로 적용된다. 예를 들어 인도에서 신부는 전통적으로 다양한 색채의 옷을 입고, 미망인은 흰 옷을 입는다. 서구에서 신부는 전통적으로 흰 옷을, 그리고 미망인은 검은 옷을 입는다. 문화적 규칙은 다르지만 두 경우 모두 색깔이 어떤 상태를 상징한다. 게다가 우리는 서양문화 전체에 대해 흰색이 혼인이나 생명을 뜻하고, 검은색은 죽음을 뜻한다고 단순하게 말할 수는 없다. 어떤 교회에서는 성직자나 목사가 의식행위를 할 때에는 흰색이나 색깔 있는 복장을, 그리고 의식과 무관한 상황에서는 검은 옷을 입는다. 다른 교회의 성직자는 의례행위에 참여할 때에는 검은 옷을, 일상적인 경우에는 여러 가지 색깔의 옷을 입는다.

흰 옷을 입느냐 검은 옷을 입느냐는 문화에 따라 좌우될 뿐 아니라, 문화적으로 의미 있는 특수한 활동에 의해 결정되기도 한다. 이 점에서 문화적 다양성과 사회적·상징적 구조의 통문화적 공통점을 강조하는 영국 구조주의는 인류의 심적 동일성에 담겨 있는 문화적 보편성을 강조하는 레비-스트로스의 구조주의와 결별하게 된다.

오이디푸스 신화

세번째 예는 레비-스트로스의 오이디푸스 신화 분석이다. 물론 그 이야기에는 여러 가지 다른 변형이 있으며, 진정한 **신화학적** 방식에 의해 핵심적 신화의 치환(permutation)으로 분석될 수 있는 관련 신화도 있다. 이는 리치(1970: 62~82)가 널리 알려진 연구에서 한 작업이다. 여기에서는 레비-스트로스(1963[1955]: 213~218)가 제시한 오이디푸스 신화를 그리스 주인공들의 라틴어 이름과 함께 상세히 기술하고, 그의 핵심적인 설명을 요약하려 한다.

주요 등장인물은 모두 서로 관련된다(그림 8.4 참조). 카드모스 (Kadmos)는 페니키아 왕의 아들로, 신들의 제왕인 제우스가 강탈해간 여동생 에우로파(Europa)를 찾아 나선다. 그러나 아폴론 신전은 그로 하여금 여동생 찾기를 그만두고, 소를 따라가서 소가 멈추는 곳에 도시를 건설하라는 신탁을 내린다. 그는 이에 따랐고 소가 멈추는 곳에서 테베 시를 발견한다. 후에 카드모스는 용을 살해하고 용의 이빨을 대지에 뿌리는데, 이로부터 스파르토이(*Spartoi*, 龍牙兵)가 태어난다. 다섯 명의 스파르토이는 카드모스를 도와 테베를 건설한 후 서로를 죽인다.

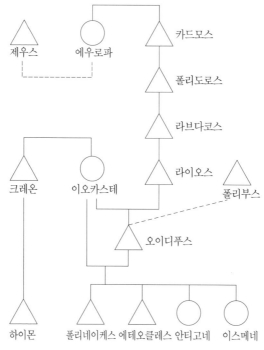

그림 8.4 오이디푸스 신화 등장인물 간의 친족관계

　카드모스는 이어서 다른 영웅적 행위를 하고 여신과 결혼하여 다섯 자식을 두는데, 그 중 폴리도로스(Polydoros)는 테베의 왕이 된다. 폴리도로스를 계승한 아들 라브다코스(Labdacos)는 라이오스(Laios)를 낳았고, 라이오스는 이오카스테(Iocaste)와 결혼한다. 라이오스는 자신을 죽일 아들을 낳을 것이라는 신탁을 들었기 때문에, 오이디푸스가 태어나자마자 발을 말뚝에 묶은 채 언덕 꼭대기에 버렸다. 한 목동이 우연히 오이디푸스를 발견해서 구했고, 오이디푸스는 코린트의 왕 폴리부스(Polybus)에게 입양된다. 나중에 자신이 친아버지를 죽일 것이라는 신탁을 들은 오이디푸스는 다시는 코린트에 돌아오지 않으리라 맹세하고 테베로 떠난다.

테베로 가는 도중 그는 라이오스(그의 진짜 아버지)를 만나는데, 말다툼 끝에 그를 살해하고 만다. 이후 그는 행인에게 수수께끼를 내서 정답을 모르면 죽여 버리는 스핑크스를 만난다. 그때까지는 아무도 답을 맞히지 못했다. "목소리는 하나지만, 발이 네 개이다가 두 개가 되고 마지막에는 세 개가 되는 것이 무엇이냐?"는 것이 수수께끼였고, 오이디푸스는 답이 '사람'—네 발로 기는 아기로 시작해서 두 발로 걷다가 노년이 되면 지팡이를 짚는—이라는 것을 알았다. 그 결과 스핑크스가 오이디푸스를 죽이는 대신에, 오이디푸스가 스핑크스를 죽인다(어떤 이야기에서는 스핑크스가 자살한다).

스핑크스를 죽인 대가로 오이디푸스는 홀로 된 테베의 왕비이자 자신의 친모인 이오카스테와 혼례를 치른다. 오이디푸스란 '부은 발'을 의미하며, 이오카스테는 그가 '성인이 된 그 아이'임을 깨닫게 된다. 그녀는 아들과 근친상간을 범했다는 사실을 알게 된 후 자살하고 만다. 그 후 오이디푸스는 스스로 장님이 되어 길을 떠나고 결국 대지에 묻힌다.

한편 테베는 이오카스테의 오빠인 새 왕 크레온(Creon)의 통치하에 놓이게 되는데, 그 과정은 다음과 같다. 이오카스테와 오이디푸스는 네 명의 자식, 폴리네이케스(Polyneices), 에테오클레스(Eteocles), 안티고네(Antigone), 이스메네(Ismene)를 남긴다. 안티고네와 이스메네는 오이디푸스를 시골로 인도하기 위해 떠났었는데, 돌아와 보니 오빠들이 서로 다투고 있었다. 즉 에테오클레스는 자신의 왕위를 지키고 있었고, 폴리네이케스는 시 외곽에서 공격하고 있었던 것이다. 결국에는 두 형제 모두 죽고 외삼촌인 크레온이 왕이 된다. 에테오클레스가 그의 형 폴리네이케스를 죽였지만, 폴리네이케스는 에테오클레스로부터 왕위를 탈취하려 했던 모반자였던 셈이다. 때문에 새로 왕이 된 크레온은 안티고네가 좋아하던 오빠 폴리네이케스를 매장하지 못하도록 했다. 에테오클레스를 위해서는 장엄한 국가의 장례가 치러졌지만, 폴리네이케스는 매장도 되지 않고 내팽개쳐졌다. 하지만 안티고네는 몰래 폴리네이케스를 묻는다. 그 벌로 크레온은 안티고네를 동굴 속에 가두어 생매장하는데, 그녀는 스스로 목을 매달아 목숨을 끊는다. 그녀가 사랑하던 사촌 하이몬(Haemon)과 그의 어머니 역시 자살하고, 이야기는 계속된다.

레비-스트로스(1963〔1955〕: 214)는 복잡한 오이디푸스 신화를 간단한 도식으로 설명하려고 시도했는데, 그것의 주요한 특징이 표 8.2에 나타나 있다. I열(column)은 특히 근친상간과 친척의 매장처럼 금기를 위반한 구체적 사항을 제시하는데, 레비-스트로스는 이를 '친족의 과대평가'(친족간의 과잉관계)라는 말로 표현한다. II열은 I열의 역으로, 부친살해나 형제살해라는 '친족의 과소평가'(친족간의 소원한 관계)를 나타낸다. III열은 인간이 살해한 괴물에 대한 것이다. 용은 인류가 대지에서 태어나기 위해 살해되어야만 하는 남성 괴물이었으며, 스핑크스는 인간의 생존을 원치 않는 여성 괴물이었다. 레비-스트로스의 표현을 빌리면, 이 열은 '인간의 토착적 기원의 부정'(다시 말하면 인류가 본래 땅과 관련된다는 사실에 대한 부정)을 상징한다. IV열은 몇몇 등장인물의 이름이 지니는 의미에 관한 것이다. 모든 의미는 똑바로 걷거나 곧게 서 있기 어려운 상태와 관련된다. 이는 그런 이름

표 8.2 레비-스트로스의 오이디푸스 신화 분석

I	II	III	IV
카드모스는 제우스가 강탈한 에우로파를 찾음			
		카드모스는 용을 죽임	
	스파르토이는 서로를 죽임		
	오이디푸스는 라이오스를 죽임		라브다코스=절름발이 라이오스=좌경 측만증
		오이디푸스는 스펑크스를 죽임	
			오이디푸스=부은 발
오이디푸스는 이오카스테와 결혼함 (근친상간)	에테오클레스는 폴리네이케스를 죽임		
안티고네는 금기에도 불구하고 폴리네이케스를 매장함			

을 가진 인간이 여전히 땅과 밀착되어 있음을 시사한다. 스파르
토이는 인간의 도움 없이 땅에서 태어났고, 이에 반해 오이디푸
스는 태어나자마자 말뚝으로 땅에 묶인 채 버려졌다. 그래서 그
의 발이 붓게 되었으며 여성을 통해 태어났지만 땅과 완전히 분
리되지는 않았다. 따라서 이 열은 '인간의 토착적 기원의 지속'을
가리킨다고 레비-스트로스는 말한다. 다시 말해서 IV열은 III열
의 정반대다. 더구나 III열과 IV열의 관계는 I열과 II열의 관계와
같은 구조다.

이 모든 것이 암시하는 것은 신화란 '신화소'(神話素, myth-
emes: 음소(phonemes)에서 유추된 표현)라 불리는 요소로 구

성되며, 신화를 만드는 사람들은 종종 무의식적으로 그 요소들을 이리저리 배열하여 의미를 창조한다는 것이다. 신화는 단순히 이야기를 전달하는 것이 아니라 상징적 진실을 표현하는데, 신화가 상징하는 바는 문화(또는 문화영역)에 따라 독특할 수도 있고 보편적일 수도 있다. 동일한 신화소가 다른 문화에서 발견될 수 있으며, 다른 문화에서 발생한 신화에 이식될 수도 있다. 어떤 이야기에서든지 신화소는 통시적으로도(위에서 아래로, 한번에 한 열씩 또는 모든 열을 한꺼번에), 또 공시적으로도(열 사이의 관계를 보여주기 위해 횡적으로) '해독'될 수 있다. 레비-스트로스 자신은 언제나 신화의 분석을 그 자체로 보는 것에 만족했지만, 그것은 문화의 다른 측면에 대한 실마리를 제공할 잠재력도 지니고 있다. 실제로 그것은 꿈과 꿈의 연쇄적 과정을 분석하는 데 이용되기도 했다(Kuper 1979b).

구조주의와 인류학의 국가별 전통

레비-스트로스를 전형적인 구조주의자로, 그리고 그의 보편적 관심을 구조주의 이론의 본보기로 생각하기 쉽지만, 그와 상관없이 별도의 전제 위에서 작업하는 구조주의 인류학자들도 있었다(물론 이들도 직접·간접으로 그의 영향을 받았다). 많은 학자들은 심적 동일성에 대한 강조를 받아들이지 않았으며, 각 지역 또는 문화의 고유한 특성에 초점을 두고자 했다.

네덜란드의 구조주의는 20세기 초 네덜란드령 동인도(지금의 인도네시아)에서 네덜란드 학자와 민간인들이 언어, 문화, 사회를 연구하면서부터 태동했다. 제4장에서 기술한 이 형태의 구조주의는 문화영역이나 독특한 지역별 구조를 강조한다(J. P. B. de Josselin de Jong 1977[1935]). 요셀린 데 용을 비롯한 초창기의 네덜란드 구조주의자들은 레비-스트로스와는 거의 독립적으로 자신들의 사고를 진전시켰으며, 친족의 연구에서는 그를 앞서기도 했다. 나중에 그들은 레비-스트로스의 방법론을 활용하여 주로 지역적 틀 안에서 레비-스트로스의 신화와 상징 연구를 모방했다. 이러한 지역적 접근은 수십 년 동안 레이덴 대학의 인류학을 규정짓는 특징이었다.

레비-스트로스도 레비-브륄처럼 '기본적인' 구조와 '복합적인' 구조, '차가운' 사회와 '뜨거운' 사회(역사적 변화의 상대적 '열기'와 관련된 구분으로, 차가운 사회란 역사적 요인이 사회적 평형 상태와 연속성에 미치는 영향을 제도적으로 최소화하는 사회를 말하며, 뜨거운 사회란 역사적 변화와 사회적 분화를 적극 수용하는 사회를 말함—옮긴이), '구체적인' 사고를 하는 사회와 '추상적인' 사고를 하는 사회 등의 구분에 대해 가끔씩 언급하지만, 전반적인 접근방식은 일반적인 것에서 특수한 것을 추론해나가는 데 근거를 둔다. 영국의 구조주의자들은 그와는 반대 방향으로 작업하는 경향을 보이며, 바로 이 이유로 인해 레비-스트로스의 연구로부터 지대한 영향을 받은 영국 학자들도 그의 방법론에는 기본적으로 반대의사를 표명하게 된다. 리치의 경우가 이에 해당되며, 니덤(1962)의 친족 연구는 더욱 그러하다.

70년대와 80년대에 옥스퍼드의 사회인류학과 교수였던 니덤은 언어·종교·상징적 분류·감정·인류학적 철학 등의 주제에 관해 왕성한 저술활동을 펼쳤다. 불행히도 니덤은 레비-스트로스와 의견 차이를 보인 후 친족 이외의 연구에서는 그에 대해 거의 언급하지 않았다. 니덤의 연구 일부(예컨대 Needham 1979)는 여전히 구조주의 이론을 담고 있지만, 나머지는 그 자취를 애매하게 처리하거나 니덤 인류학의 특징이라 할 정서적인 다양성의 해석에 비중을 두어 구조주의에서 탈피했다.

다른 나라에서도 50년대와 70년대 사이에 다양한 방식으로 구조주의가 유행했지만, 역시 네덜란드와 영국의 전통이 지역적·문화적으로 특화된 변형을 대표하는 예였다. 벨기에의 인류학은 네덜란드의 인류학과 유사성을 지닌다. 벨기에의 구조주의자 뤽 드 외시는 지역적 구조주의 방법론을 중앙아프리카(de Heusch 1982[1972])와 아프리카 전반(de Heusch 1985)의 정치과정, 친족제도의 변형, 신화, 공희, 상징의 연구에 적용시켰다. 드 외시와 레비-스트로스의 저서를 번역한 영국의 인류학자 로이 윌리스도 중앙아프리카에서 유사한 작업을 했으며(Willis 1981), 나머지 아프리카 사회에서도 동물 상징과 관련된 공통적인 구조적 기반이 발견되리라 가정했다(Willis 1974). 제6장에서 살펴본 리치와 살린스 역시 구조주의적 접근을 사회적 변형의 연구에 적용했다. 이 저자들은 레비-스트로스의 구조주의에 역사적 차원을 추가함으로써, 50년대에서 80년대까지 과정주의 및 마르크스주의 계열의 인류학과 서로 영향을 주고받은 사회변형 이론을 탄생시켰다.

그러는 동안 프랑스에서는 모스의 제자이며 한때 에번스-프리처드의 옥스퍼드 동료이기도 했던 루이 뒤몽이 인도의 사회계층에 대해 독특하면서도 전도유망한 지역적·구조주의적 이해를 발달시켰다(특히 Dumont 1980[1967]). 그의 연구는 인도 연구에 비상한 관심을 보이는 모든 나라에서 추종자와 비판자를 만들어냈다. 한편 미국에서는 인간의 보편성, 언어학적 모델, 문화적 의미구조에 대한 관심을 통해 민족과학과 인지인류학의 연구가 활발했는데, 이는 다른 나라의 순수한 '구조주의'와 유사한 것이었다. 레비-스트로스 자신은 우리가 흔히 생각하는 구조주의 전통 밖에 있는 미국 학자들이 자신의 이론에 기여한 바를 자주 칭송했다. 오스트레일리아와 남아메리카에서도 토착민의 고유한 구조주의적 사유에 고무된 자생적 인류학자들이 구조주의 사상을 발달시켰다(이 문장은 특정 민족과 특수한 인류학적 패러다임 사이에 상관 관계가 있다는 의견으로 오해받을 소지가 있다. 하지만 저자의 의도는 일정 지역의 민족지적 현실이 특정 이론과 잘 어울릴 수도 있다는 사실을 시사하는 것이다. 예컨대 오스트레일리아 원주민의 토테미즘이나 친족체계, 아메리카 인디언의 신화는 레비-스트로스의 이원적 대립에 의거한 구조주의적 분석에 적절한 민족지적 자료를 제공한다—옮긴이).

프랑스 인류학자들은 다양한 갈래의 사상을 발달시켰는데, 대부분은 넓은 의미의 구조주의에 포함되지만 그렇지 않은 경우도 있었다. 게다가 넓은 범위의 학과보다는 소수 정예의 연구팀에 기반을 두는 프랑스 학계의 구조 자체가 다양한 민족지적·이론적 소(小)전통의 발생을 조장했다. 레비-스트로스와 뒤몽이 학계의 중심에 있었지만, 고들리에나 메이야수(제6장) 등의 마르크스주의 이론가도 당당하게 한몫을 했다.

요약

구조주의는 내용보다 형식을 강조하며, 어떤 의미에서는 형식

246

없는 내용이 존재할 수 있다는 사실 자체를 아예 부정한다. 언어의 구조는 어떤 수준(예컨대 음운론적, 형태론적, 구문론적)에서나 거의 모든 영역의 문화(예를 들어 친족, 요리, 신화)와 잠재적 유사성을 갖는다. 이 때문에 구조주의는 소쉬르와 프라하 학파의 언어학으로부터 레비-스트로스와 추종자들의 인류학으로 쉽게 전환되었다.

레비-스트로스의 영향은 언제나 지대한 것이었으나, 구조주의 인류학의 전통은 복잡하다. 이론적인 입장은 어느 정도 국가별 관심의 차이에 의해 규정되었지만, 어떤 입장을 취하든 국가의 경계가 사상을 가두어 놓을 수는 없었다. 역사적으로 볼 때 구조주의는 학문의 경계를 초월하는 국제적 현상이었다.

읽을거리

Culler의 『소쉬르』(1976)와 Leach의 『레비-스트로스』(1970)는 각각 소쉬르와 레비-스트로스의 사상에 대한 좋은 입문서다. 하지만 소쉬르의 핵심 사상에 대한 최고의 정보원은 바로 『일반언어학 강의』(1974〔1916〕)다.

Jakobson의 글을 모은 두 권의 책(1962, 1971)을 읽으면 야콥슨이 레비-스트로스에게 미친 영향에 대해 전반적으로 파악할 수 있다. Steiner의 『프라하 학파』(1982)도 유용한 정보원이다.

레비-스트로스에 대해서는 Boon(1973), Badcock(1975), Sperber(1985〔1982〕: 64~93), Henaff(1998〔1991〕) 등 상당수의 전기적·분석적 연구가 있다. Lévi-Strauss와 Eribon의 『클로드 레비-스트로스와의 대화』(1991〔1988〕), Lapointe와 Lapointe의 전기(1977), Pouillon과 Maranda가 두 권으로 엮은 헌정 논문집(1970)도 참조하라. Leach가 편집한 사회인류학회 토론 논문집 『신화와 토테미즘의 구

조적 연구』(*The Structural Study of Myth and Totemism*, 1967)도 흥미로운 읽을거리다. 그 책은 아스디왈 이야기(보아스가 기록한 네 가지 변형의 북서해안 신화)에 대한 레비-스트로스의 유명한 분석과 함께 레비-스트로스에 대한 각종 비판도 담고 있다.

인류학의 구조주의 일반에 대한 쉬운 입문서는 Leach의 『문화와 커뮤니케이션』(*Culture and Communication*, 1976b)이다. 핵심적인 텍스트를 통해 구조주의를 폭넓게 이해하고 싶으면, de George와 de George의 『구조주의: 모스에서 레비-스트로스까지』(*The Structuralism: From Mauss to Lévi-Strauss*, 1972)를 보라. 후기구조주의자와 해석학자의 구조주의 비판에 관해서는 제9장과 제10장을 보라.

9 후기구조주의, 여성주의, 이단

이 장에서 논의할 후기구조주의, 여성주의, 이단의 공통점은 형식적 틀을 고집하는 기능주의와 구조주의에서 벗어나 문화와 사회적 행위의 관계를 좀더 유연하게, 그리고 복합적으로 이해하려고 한다는 것이다. 아울러 이 장에서 다룰 많은 연구는 권력에 대한 관심이 증가했음을 실감하게 해준다.

후기구조주의(poststructuralism)는 인류학에서 애매한 위치를 차지한다. 그것은 기본적으로 구조주의적인 용어를 사용해서 구조주의 사상을 비판한다. 즉 주로 사회인류학 외의 분야(철학·문학비평·역사·사회학)에서 활약한 후기구조주의자들이 레비-스트로스를 비롯한 자칭 구조주의자들에 대한 비판을 제공해왔다. 동시에 후기구조주의자는 행위의 설명, 권력의 해부, 담론의 창조자인 작가의 해체 등에 주력했다.

따라서 후기구조주의는 과정주의, 마르크스주의, 여성주의, 포스트모더니즘의 관심을 모두 다룬다. 넓게 보면 구조주의가 '말기 모더니즘'(late modernism: 1860년대부터 시작된 모더니즘의 말기에 해당하는 1940년대와 1950년대의 시대적 특징을 가리키는 용어로, 미술이나 건축 양식을 설명할 때 흔히 사용됨—

옮긴이)의 주요한 형태이듯이, 후기구조주의는 포스트모더니즘의 한 형태다(제10장 참조).

여성주의(feminism)는 거창한 이론적 문제보다는 성역할과 성별 상징화 같은 구체적인 이슈에 뿌리를 둔다. 하지만 지난 20년 동안 그것은 성별 연구의 실질적 영역뿐 아니라 인류학 전반에 걸쳐 이론적 패러다임의 지위를 얻었다. 여성주의는 여성과 여성의 종속 그 자체에 대한 좁은 관심에서 벗어나 성찰성, 민족지학자의 성별, 그에 따른 민족지학자의 입장을 고찰하면서 권력관계, 상징적 결합을 비롯한 사회생활 전반에 관해 보다 일반적인 논평을 포괄하게 되었다. 이로 인해 여성주의도 여러 면에서 포스트모더니즘의 연구방향과 밀접하게 관련된다. 물론 모든 여성주의자가 포스트모더니스트라고 주장하지는 않으며, 모든 포스트모더니스트가 여성주의자인 것은 아니다.

흔히 인류학은 거대이론, 경쟁적인 패러다임, 학파의 관점에서 정의될 수 있으리라고 생각하기 쉽다. 물론 그것들이 '인류학 이론'의 상당한 부분을 차지하는 것은 사실이지만, 그래도 이단자를 위한 공간은 있게 마련이다. 이는 무엇보다도 구조주의적 사고의 변방에 위치한 사상가들이 구조의 개념과 행위의 개념을 통합시키려 노력한 데서 잘 나타난다. 터너와 리치는 분명 '이단적 절충주의자'의 지위에 잘 어울리며(제6장 참조), 또한 로드니 니덤(제8장), 슈나이더와 겔너(제10장) 등도 마찬가지다. 그러나 나는 이 장에서 다루기에 안성맞춤인 인물로 베이트슨과 더글러스를 꼽고 싶다. 두 사람은 문화에 포섭된 사회적 행위를 설명하기 위해 구조적이면서도 역동적인 모델을 사용한다는 점에서 유사하며, 또 후기구조주의 및 여성주의 운동과도 일맥상통한다.

후기구조주의와 인류학

구조주의와 마찬가지로 후기구조주의도 프랑스 학자들이 주도하는 시각으로 여러 학문 분야에 걸쳐 있다. 그 지지자들은 때때로 구조주의에 크게 의존하며, 사실 두 시각 사이의 차이가 언제나 선명한 것은 아니다. 내가 보기에 후기구조주의의 현저한 특징은 구조주의적 사고, 특히 소쉬르의 사상에서 암시되는 주체와 객체 간의 구분을 쉽사리 수용하지 않는다는 점이다.

'후기구조주의'의 개념은 소쉬르와 레비-스트로스에 대해 직접적인 비판(과 '해체')을 가했던 문학비평가 자크 데리다와 밀접하게 연관된다(Derrida 1976〔1967〕). 좀더 느슨하게 정의된 '후기구조주의자'에는 마르크스주의 철학자 알튀세르(Louis Althusser), 정신분석학자 라캉(Jacques Lacan), 사회학자 겸 인류학자 부르디외(Pierre Bourdieu) 등이 포함된다. 끝으로 부르디외와 함께 지난 20여 년 동안 사회인류학에 지대한 영향을 미친 학자로는 철학자 겸 역사가 푸코(Michel Foucault)가 있다.

데리다, 알튀세르, 라캉

데리다, 알튀세르, 라캉의 사상은 현재 부르디외나 푸코의 사상에 비해 인류학에서 차지하는 비중이 약하기는 하지만, 그들 특유의 관심분야에서는 뚜렷한 족적을 남겼다. 인류학 내에서 그들의 영향이 가장 눈에 띄는 분야는 여성주의 이론과 마르크스주의 이론이다.

데리다(1976〔1967〕; 1978〔1967〕)는 텍스트의 총체성(totality)을 분석의 단위로 삼는 모든 분석이 오류임을 밝히려는 시도를 통해 구조주의와 결별했다. 어떤 텍스트도 모순을 수반하게 마련이라고 그는 주장한다. 소쉬르가 사용한 '차이'(소쉬르 이후의 구조주의자들이 변별적 자질 또는 이원적 대립이라고 부른)의 관념이 복합적인 개념으로 변형되어, '다른'(different)과 '지연된'(deferred)을 동시에 의미하는 신조어 차연(差延, *différance*)을 탄생시켰다. 프랑스어 동사 *différer*의 이중적인 의미가 데리다로 하여금 모든 공시적인 의미 분석과 말하기를 글쓰기보다 우선시하는 소쉬르의 사상에 수반되는 모순을 포착하도록 해주었다.

데리다가 구조주의와 단절한 것은 어떤 의미에서 보편적 이해를 추구하는 일반적인 근대 서구사상과 단절했음을 뜻하기도 한다. 텍스트는 단순히 다른 텍스트를 언급할 뿐 그 이상의 것을 나타내지 않는다. 상호텍스트성(intertextuality)이라는 개념은 클리퍼드(Clifford)와 마커스(Marcuse)가 편집한 유명한 책 『문화 쓰기』(*Writing Culture*, 1986)가 남긴 파장으로 인해 인류학에 함축하는 바가 큰데, 이에 대해서는 다음 장에서 상세히 논할 것이다. 텍스트를 해체하는 데리다의 방법은 남성과 여성의 지각에 나타나는 문화적 차이를 이해하고자 하는 여성주의자에게도 영향을 미쳤다.

하지만 여성학과 여성주의 인류학에 보다 직접적인 영향을 준 것은 라캉의 연구(1977〔1966〕)다. 그의 연구는 특히 정체성을 정의하는 데 언어가 중요한 역할을 담당한다는 사실을 부각시키고, 남성과 여성, 어머니와 자식의 상호보완적인 이미지를 통해 형성되는 성적 정체성의 복합성을 강조한다. 그가 남긴 두 가지 유명한 명제는 여성주의자 집단에 영감을 불러일으키는 동시에 주의를 환기시키는 계기를 마련했다. '여성은 존재하지 않는다'(궁극적인 여성의 본질은 없다는 점에서)와 '여성은 전체가 아니다'(여성은 남근을 갖고 있지 않으며, 이는 남성중심의 이데올로기와 여성의 사회적 지위에서 결여된 모든 것을 상징한다는 면에서)가 그것이다.

알튀세르의 저서, 특히 발리바(Balibar)와 함께 저술한 『자본론 읽기』(Reading Capital, 1977〔1966〕)는 구조주의와 마르크스주의의 오묘한 결합이다. 그는 마르크스의 '피상적'(surface) 독해와 '징후적'(symptomatic) 독해를 구분해야 하며, 후자야말로 마르크스의 의도를 진정 깊이 있게 이해하는 것이라고 주장한다. 그러한 방식의 독해에 의해 우리는 생산양식에 대해 진일보된 통찰력을 획득할 수 있다는 것이다.

이러한 해방론적 사유는 인류학자에게 마르크스의 의도에 합치되는 전제는 수용하면서도 마르크스가 남긴 말을 훨씬 유연하게 해석할 수 있는 입지를 마련해줌으로써, 마르크스주의 인류학에 크게 기여했다. 『마르크스를 위하여』(For Marx, 1969〔1965〕)에서 알튀세르는 담론과 권력이 여러 세대를 통해 생산양식의 재생산을 가능하게 해주는 방식을 고찰했다. 이 연구 역시 친족, 성별, 생산 사이의 관계를 다루려고 노력하는 인류학자에게 유용한 것임이 판명되었다(Meillas-soux 1972; 1981〔1975〕). 어떻게 보면 알튀세르는 후기구조주의자라기보다는 구조주의자에 가깝지만, 그는 적어도 마르크스주의 인류학자들이 마르크스의 텍스트를 가까이하고 레비-스트로스류의 관심(구조적 마르크스주의자에게 남아 있던)에서 벗어나도록 독려했다.

부르디외의 실천이론

부르디외는 콜레주 드 프랑스(Collège de France)의 사회학 교수였다. 그는 젊은 시절 군복무의 일환으로 알제리(우연히도 데리다와 알튀세르의 출생지인)에서 가르쳤다. 이를 계기로 그는 알제리 북부 산악-해안 지역에 사는 베르베르(Berber)족의 한 갈래인 카바일(Kabyle)족에 대한 민족지적 연구를 하게 되었다. 그의 연구는 오랫동안 두 가지 상이한 관심을 견지해왔는데, 하나는 프랑스 사회의 교육과 사회계급, 그리고 다른 하나는 카바일 사회의 친족 및 가족조직이다. 전자에 속하는 부르디외의 몇몇 연구는 국가기관에 의한 권력의 남용을 비판하고 있기도 하다. 그러나 그는 카바일 사회의 부방 평행사촌혼, 의례, 계절적 주기 등의 해석에서 예증되는 '실천'(practice)에 대한 이론적 탐구를 한 것으로 인해 인류학계 내에서 가장 잘 알려진 인물이다. 그의 다양한 관심은 스스로가 속한 사회를 대상으로 하는 사회학자인 동시에 다른 사회를 연구하는 인류학자인 부르디외 자신의 '실천'을 반영한다(Reed-Donahay 1995).

실천이론의 주요 저작은 『실천이론 개요』(*Outline of a Theory of Practice*, 1977〔1972〕)와 『실천의 논리』(*The Logic of Practice*, 1990〔1980〕)다. 양자 모두 주장하는 바는 동일하다. 객관주의적인 이해는 행위자를 이해해야 한다는 실천의 핵심을 간과한다는 것이다. 소쉬르로부터 레비-스트로스에 이르는 구조주의자들은 모델의 차원에 머물러 있는 반면, 부르디외는 수행(performance)의 영역에 개입할 것을 요청한다. 마찬가지로 그는 아비투스(*habitus*: 대략 '서식지' 또는 '몸에 익숙한 상태'를 뜻하는 라틴어)에 기초한 새로운 질서를 위해 체계/일회적 사건, 규칙/

즉흥적인 행위, 공시적/통시적, 언어/말 같은 구분을 폐기한다. 부르디외의 견지에서 아비투스의 분석은 인류학자들에게 권력, 모스의 '증여', 상징적 자본(symbolic capital) 등의 성격을 이해할 수 있도록 해준다.

부르디외는 기본적으로 정태적인 구조의 관념에 반대의사를 표명한다. 결정적인 점은 아비투스가 객관적인 것과 주관적인 것, 집합적인 것과 개인적인 것 사이에 존재한다는 것이다. 그것은 문화적으로 정의되지만, 개인의 사고 속에 자리하고 있다. 아비투스는 문화적 능력을 갖춘 수행자에 의한 사회적 행위의 구조다. 그것은 촘스키(Noam Chomsky)가 제시한 언어적 '수행능력'(competence) 개념——모국어 사용자는 그의 사고 속에 발화행위의 '수행'을 생성시키는 직관적 모델을 갖고 있다는——과 유사하다 (1965: 3~9).

아비투스는 사회제도가 아니라 한 문화의 성원이 직관적으로 다룰 줄 아는 '성향들'(dispositions)로 구성된다. 개인은 아비투스 내에서 성향을 이해하며, 자신이 사건의 체계 내에서 차지하는 위치에 따라 언제 어떤 성향을 따를 것인지를 선택한다.

부르디외는 "규제된 즉흥행위를 생성하는 장기간에 걸쳐서 정착된 원리"(1977: 78), 또는 "실천적 기능을 향해 언제나 질서정연하게 구조화되어 있는 동시에 구조화하는 성향들의 체계" (1990: 52) 등 아비투스를 다양하게 정의한다. 부르디외에 따르면 그런 체계는,

전혀 규칙에 순종한 결과가 아니면서도 객관적으로 '규제'되며 '규칙적'일 수 있는, 소기의 목적을 달성하려는 분명한 의식

이나 필요한 작업을 처리하는 능숙한 솜씨 없이도 목표에 객관적으로 적응할 수 있는, 그리고 어떠한 통제 없이도 전체적으로 조율될 수 있는, 실천과 표상의 세계를 생성하고 구조화하는 원리로……기능한다. (Bourdieu 1977: 72; 1990: 53과 비교해보라)

부르디외의 관심은 사회과학이 규칙의 강조에서 벗어나 실천이론을 지향하도록 하는 것이다. 그렇지만 구조는 제한만 하는 것이 아니라, 선택의 가능성을 부여(이용방법을 아는 자에게는)하기도 한다.

그러나 모든 개인에게 의사결정 과정에 접근할 동등한 기회가 주어지는 것은 아니다. 여기서 권력이 개입된다. 실천이론에 암시된 부르디외의 권력이론은 자신의 '실천적 분류법'(practical taxonomy)을 다른 사람에게 부과할 수 있는 사람이 권력을 휘두른다는 것이다(Bourdieu 1977: 159~197). 이는 교육, 문화적 지배, '상징적 폭력'(symbolic violence: 예컨대 충복에게 재산관리를 맡김으로써 은연중에 자신의 가치를 주입시키는 식의 행위)을 통해서 이루어진다. 하지만 부르디외는 개인의 의식을 충분히 인식하지 못했다는 이유로 비판받아왔다. 진 코마로프(Comaroff 1985: 5)에 따르면, 부르디외의 행위자는 "위기(문화적 접촉 또는 계급분화의 형태로)가 발생해 공공연한 투쟁을 촉발하기 전까지는, 세상의 모순을 전혀 깨닫지 못하고 아무런 생각 없이 자신의 세계를 재생산하도록 운명지어진 듯이 보인다."

그런 비판에도 불구하고 부르디외는 인류학에서 가장 널리 인용되고, 가장 존경받는 인물이 되었다. 사실 코마로프 자신도 사건·문화·구조·변형·의식 간의 상호작용과 씨름하면서, 부르디외의 약점을 파헤친 것 못지않게 그의 장점에 의존하고 있다. 오늘날 거의 모든 현지조사가는 말리노프스키 또는 보아스의 방법론적 기반(참여관찰, 현지어의 사용, 상관 관계의 탐색, 장기체류를 통한 구체적 자료의 수집)과 조사대상자의 행위를 설명해 줄 아비투스의 탐구를 결합하려 노력하고 있다. 어떻게 보면 말리노프스키가 실패한 지점에서 부르디외는 성공을 거두었다. 그는 암묵적으로 문화적 다양성이 인간 조건의 본질임을 인정하면서, 인류학적 탐구의 방향을 실천에 대한 관심으로 인도했다.

푸코의 지식과 권력 이론

미셸 푸코는 콜레주 드 프랑스에서 사상사를 가르치는 교수였다. 그는 의학(특히 정신분석학), 행형학(penology), 성적 특징(sexuality) 등에 관해 폭넓은 저술활동을 벌였다. 자신의 지적 편력을 통해 이론적 초점을 몇 번 바꾸긴 했지만, 푸코는 시종일관 획일적인 구조주의적 접근에 반대하는 주장을 펼쳤다. 60년대에 푸코는 역사에 있어서 질서의 부재를 강조했으며, 소쉬르의 랑그보다 파롤이 중요하다고 역설했다(Foucault 1973〔1966〕; 1974〔1969〕). 다시 말하면 구조는 선험적으로 존재하는 것이 아니며, 문화적 문법보다 담론에 비중을 두어야 한다는 것이다. 게다가 질서를 창조하는 것은 일정한 시간과 공간에 속한 행위자가 아니라, 사건에 대해 글을 쓰는 역사가 또는 사회과학자다.

70년대 들어 푸코는 권력과 지식이 연결되는 방식에 초점을 두게 된다(1977〔1975〕). 권력은 보유하는 그 무엇이 아니라, 체계를 조작하는 능력이다. 다시 말해서 사회적·상징적 구조는 당연히 받아들여지는 것이 아니며, 사회의 모든 구성원이 같은 방식으로 이해하는 문화적 도식도 아니다. 이와 관련된 것이 그의 '담론' 개념이다. 언어학에서 '담론'은 일반적으로 글의 단락이나 그 이상의 긴 부분에 해당하는 '연속적인' 이야기란 의미를 가지는데, 푸코는 그것의 의미를 확장한다. 즉 푸코의 담론은 사람들이 어떤 사물에 대해 말하거나 쓰는 방식, 함축된 지식체계, 또는 그 지식을 권력의 구조에서 사용하는 행위─푸코를 사로잡은 관심─를 포함하는 개념이다.

인류학에서 권력에 관한 관심은 점차 커졌으며, 푸코의 영향은 광범위하다. 권력의 담론이라는 아이디어는 여성주의 이론에 적용할 수 있고, 서구에 의한 제3세계와 제4세계(브라질의 인디언이나 아프리카 신생 독립국 내의 소수부족처럼 제3세계에서 억압받고 있는 소수민족을 가리키는 표현─옮긴이)의 식민지적·탈식민지적 지배에 관한 연구에 강한 파급효과를 지녔다(Chea-ter 1999). 브루스 나웁트의 표현에 따르면 "서구의 인식론적 지배에 대항하는 신뢰할 만한 다목적 비판가로서 푸코를 인용하는 것이 인류학의 최신 동향이다"(Knauft 1996: 143). 푸코의 사상은 특히『문화 쓰기』출판이 빚어낸 현상의 당사자이거나 그로부터 영향을 받은 클리퍼드나 마커스 등을 감명시켰다. 부르디외의 경우와 마찬가지로 푸코의 영향은 현지조사의 관심사나 고도의 이론적 분석에서 인류학의 방향을 변경시켰다.

인류학과 여성주의

여성주의적 비판은 특수한 사회에 나타나는 성별(性別, gender: sex는 생물학적 성차를 나타낼 때 주로 쓰이며, gender는 생물학적 성을 기반으로 구성된 사회적·문화적 차이를 나타낼 때 쓰이는 용어다—옮긴이) 관계와 인류사회 일반의 구조적 원리로 작용하는 성별 개념에 관련된다(H. L. Moore 1988: vii). 전자는 기본적으로 현실적인 문제인 반면 후자는 이론적인 이슈이며, 따라서 마르크스주의, 후기구조주의, 또는 포스트모더니즘—모두 인류학의 여성주의와 연결된 시각—과 동등하게 다루어질 가치가 있다.

성별 연구에서 여성주의 인류학으로

헨리에타 무어(H. L. Moore 1988: 1)가 여성주의 인류학에 대한 우수한 개설서에서 다소 장황하게 지적한 바 있듯이, 여성주의 인류학의 출발점은 민족지적 탐구의 대상으로서 여성이 무시되고 있다는 현실이었지만, 진정한 문제는 대표성의 문제다. 여성은 사회생활의 중심에 있는 주요한 행위자가 아니라, '침묵당하고'(muted, 에드윈 아드너의 표현이다), 세속적이며, 혼인교환의 대상에 불과한 존재로 표현되어왔다.

여성 인류학자들은 20세기 초부터 나타나기 시작했지만, 대부분의 기간에 그들은 '명예 남성'으로서 소규모 사회에서 현지조사를 수행했다. 보다 많은 여성 민족지학자들이 생계나 의례 같은 활동에서 여성의 역할을 기록하기 시작하면서, 인류학계는 점차 사회에서 여성이 차지하는 비중이 크다는 사실을 알게 되었다. 70년대 초기가 되면 연구대상인 문화에, 인류학 자체에, 그리고 서구문화 일반에 팽배해 있는 남성중심적 편견이 널리 인식되기에 이른다(H. L. Moore 1988: 1~2). 여성주의 인류학자는 이런 다양한 형태의 남성적 편견을 해체하는 작업에 매진하게 되었다. 그리하여 '여성의 인류학'으로부터 여성주의 인류학이 성장했는데, 후자는 여성이 문화적으로 표현되는 방식이 아니라 성별 관계의 개념이 여성주의 작업의 핵심이라고 본다(H. L. Moore 1988: 186~198). 무어의 표현에 따르면 "여성주의 인류학은……성별이 문화를 통해 어떻게 경험되고 조직되는가를 묻는 대신에, 경제·친족·의례가 성별을 통해 어떻게 경험되고 구조화되는지를 묻는 이론적 질문을 정립했다"(1988: 9).

여성주의 인류학의 초창기에 활동한 주요 인물 중 한 명은 남성이었다. 아드너(Ardener 1989(1975): 127~133)는 사회의 지배집단이 표현을 통제한다고 주장했다. 따라서 그가 말하는 '침묵당한 집단'은 상대적으로 조용히 남아 있게 된다. 여성은 어느 모로 보나 모든 사회에서 가장 대표적인 침묵집단이다. 간혹 여성이 목소리를 낼 때에도 그들의 표현은 지배적인 집단과 동일한 '언어'를 사용하지 않는다는 사실에 의해 제한된다. 즉 남성과 여성은 다른 세계관을 갖는 것으로 인식된다. 아드너는 나아가 인류학 자체도 미묘한 이유로 인해 남성 지배적이라고 제시한다. 인류학자들은 대부분 남성이며, 여성 인류학자의 경우에도 남성 문화의 산물 그 자체인 남성 위주의 학문 분야에서 교육받는다.

인류학계의 여성주의자들은 여성을 조사하는 여성 민족지학자에게 특권을 부여할 때 발생하는 문제들을 지적해왔다(Milton 1979; Strathern 1981; 1987a). 무어(1988: 5~10)는 이 문제들을 고립화, '보편적 여성'의 가정, 자민족중심주의적 또는 인종주의적 정형화라는 세 종류로 나누어 분석한다. 첫째 문제는 여성 인류학을 하나의 하위분과로 보는 생각에서 나온다. 무어에게 그것은 여성을 특별히 다루는 분파가 아니라, 인류학을 총체적으로 비판하는 포괄적인 이론적 시각이다.

무어가 제기하는 두번째 문제는 마치 생물학적 차이가 남성과 여성 간의 보편적 문화적 차이를 만들기에 충분한 요인이라도 되는 것처럼 여성은 어디에서나 동일하다고 가정하는 오류에 대한 것이다. '여성'이라는 범주는 그보다는 세심하게 검토될 필요가 있으며, 민족지학자와 그 대상이 모두 여성이라는 단순한 사실 때문에 그들이 '여성'의 개념을 동일한 시선으로 바라본다고 가정할 수는 없다고 그녀는 주장한다. 요컨대 여성주의 인류학은 목적의식에만 사로잡힌 무리한 가정이 아니라, 민족지적 사실에 의거해야 한다는 것이다.

세번째 문제는 경험에 대한 여성주의적 관념과 관련된다. "경제, 친족과 의례가 성별을 통해 경험되듯이"(H. L. Moore 1988: 9) 민족과 인종도 마찬가지다. 사람들은 다중적인 정체성을 지니는데, 이것은 분리된 것이 아니라 상호 관련된 것이다. 예컨대 런던 출신의 흑인 여성은 단순히 흑인이고, 여성이며, 런던 시민인 존재가 아니다. 그녀의 정체성은 그 모든 지위와 다른 요인이 맥락에 따라 동시에 뒤엉켜 있는 상태로 이루어진다. 이런 관점은 래드클리프-브라운의 전통적인 기능주의 인류학에서 상정하는 분리된 정체의 다면적 복합체라는 개념과는 미묘하게 대비된다.

개인으로서의 인간은 사회관계의 복합체다. 그는 영국의 시민, 남편이자 아버지, 벽돌공, 특수한 감리교파의 신도, 특정 선거구의 선거권자, 직장 노조의 성원, 노동당 지지자 등의 사회관계 속에 놓인다. (Radcliffe-Brown 1952〔1940〕: 194)

상징적 구성으로서의 성별

성별에 관해 저술한 인류학자들은 두 가지 시각으로 대상에 접근했는데, 그 시각들은 반드시 서로 배타적이지는 않다. 상징적 구성으로서의 성별과 사회적 관계의 복합체로서의 성별이 그것이다(H. L. Moore 1988: 12~41). 전자는 아드너의 「신념과 여성의 문제」(1989〔1972〕: 72~85), 그리고 오트너의 「남성과 여성의 관계는 문화와 자연의 관계와 같은가?」(1974)에 나타난 관점과 연관된다.

오트너의 논문을 살펴보도록 하자. 그녀는 여성이 어디서나 자연과 결부된다고 주장한다. 남성이 아닌 여성이 출산을 한다는 생물학적 사실로 인해, 그런 관련성이 여성에게 부과된다는 것이 그녀의 논거다. 모든 문화는 자연과 문화를 상징적으로 구분하므로, 남성은 자연히 문화와 결부되며, 산모로서의 역할이 여성을 가정이라는 울타리에 가두게 한다는 것이다. 그래서 여성(과 어린이)은 사적인 영역인 자연을, 반대로 남성은 공적인 영역인 문화를 대표하게 된다. 그렇지만 여기에서 명심해야 할 점은, 여성이 내재적으로 자연과 관련된다는 것이 그녀 개인의 믿음은 아니라는 사실이다. 오히려 여성과 자연이 관련된다는 것은 자연과 문화 간의 구조적 대립에 근거한 문화적·보편적 믿음이다. 따라서 오트너는 자신을 자신의 분석으로부터 분리하고 있다.

모든 여성주의 인류학의 기반을 대변한 것은 아니지만, 오트너의 논문은 논쟁의 촉매제 역할을 톡톡히 했다. 많은 여성주의자들이 그녀의 모델을 비판했고, 일부는 그 모델과 부합하지 않는 민족지적 사례를 이용해 대안을 제시하기도 했다. 이 중 주목할 만한 것은 콜리어와 로살도(Collier and Rosaldo 1981)가 기술한 '단순사회'다. 그들의 지적에 따르면 남아프리카, 오스트레일리아, 필리핀의 수렵채집사회는 출산 또는 모성을 '자연'과 연결시키지 않으며, 여성을 단순히 출산 및 육아와 결부시키지도 않는다. 그런 사회는 기본적으로 평등하며, 여성은 남성과 함께 육아를 분담한다.

사회적 관계의 복합체로서의 성별

콜리어와 로살도의 시각은 사회적 관계의 복합체로서의 성별 개념에 특징적으로 나타난다. 이런 종류의 시각은 문화적인 것보다 사회적인 것을 강조하고, 종종 평등사회와 남성중심적인 사회의 경계를 찾으려는 경향을 보인다. 그 속에는 여성이 보편적으로 종속적이라는 가정 자체가 잘못된 것이라는 문제의식이 숨어 있다. 평등한 사회가 있다면 여성이 언제나 종속적이지는 않기 때문이다. 로살도(1974)는 여성, 문화, 사회를 조망하면서 자연보다는 가내(domestic) 영역과의 관련이 여성을 종속적으로 만들었다고 간결하게 주장한다.

마르크스주의 계열의 여성주의는 그런 주장을 더욱 강도 있게 개진했다(예를 들면 Sacks 1979). 엘리너 리콕(Leacock 1978)은 남보다 한발 앞서서 이전의 학자들이 식민주의와 세계자본주의가 남녀관계를 왜곡해온 역사적 사실을 간과했다고 주장했다. 그녀는 논리정연한 논문을 통해서 접촉 이전의 수렵채집인 사이에서 공적/사적 구분은 존재하지 않았으며, 여성의 종속은 사유재산의 발달과 함께 도래했다고 제안한다. 래브라도 반도에 거주하는 몽타녜-나스카피(Montagnais-Naskapi)족의 민족지와 역사에 관한 그녀의 조사는 최초의 기록이 남아 있는 17세기 이후 정치적 권위에 많은 변화가 있었음을 보여준다. 이후의 연구는 다른 종족(특히 오스트레일리아의 원주민)에게도 같은 역사가 있었음을 보여주었다.

보편적인 남성 지배 현상을 설명하기 위한 많은 시도가 있었으며, 일부는 상징적으로 구성된 성별 개념과 사회관계에 포섭된 성별 개념을 결합시켰다. 극단적인 관점을 보여주는 시도 중에서 쿡치아리(Cucchiari 1981)의 분석은 아주 흥미롭다. 나이트와 같이(제3장 참조) 쿡치아리는 선사시대의 성별 관계를 재구성할 수 있다고 주장한다. 그는 태초에 양성이 평등했을 뿐 아니라 성별 구분도 없었으며 양성애가 일반적이었다고 가정하는 극히 단순한 모델을 제시한다.

최초의 차별화는 '남성'과 '여성'이 아니라 '채집인'과 '육아담당자'라는 범주 사이를 구분한 것이었다. 하지만 '원형적 여성'(proto-women)이 지닌 배타적인 임신·수유 능력을 사람들이 인식하게 되면서, 원형적 여성은 신성함을 부여받는 동시에 원형적 남성과 대비되는 독립적인 사회적 범주를 구성하게 되었다. 그 결과 육아담당은 원형적 여성, 채집은 원형적 남성의 전유물이 되었다. 이로부터 배타적인 이성애가 이상형으로 정착되고, 성적 질투, 성적 통제 등이 발달해 나왔으며, 궁극적으로는 보편적인 남성의 지배에 이르게 된다.

대부분의 여성주의자는 그러한 추측을 멀리 하지만, 기원의 탐구는 성별 연구에서 용인되고 있다. 성별 위계의 기원 같은 큰 문제는 성적 차별을 축으로 모든 종류의 권력관계를 드러내려는 여성주의의 관심과 결부된다. 인류학계의 여성주의자들은 마르크스주의적 비판에 입각해서(Meillassoux 1981〔1975〕) 친족 연구의 방향을 재정립하는 데 일조하기도 했다. 넓은 의미의 여성주의적 인류학은 전통적인 민족지에서 발견되는 남성 지배적인 이미지에 도전하는 선봉에 서 있으며, 민족지적 묘사의 새로운 방법은 전혀 다른 모습의 사회생활을 제시하기에 이르렀다. 예를 들면 아부-루고드(Abu-Lughod 1986)는 베두인 여성의 독특한 생활상을 보여준다. 게다가 아부-루고드는 "이주, 유학, 입양에 의해 민족적·문화적 정체성이 혼합된 사람들"(1991: 137)로 정의되는 '반쪽'(halfies)의 여성주의에 입각한 비판적 시각을 제시하면서, 그 비판이 문화라는 개념 자체의 문제점을 노정한다고 주장한다. 인류학자는 문화가 함축하는 위계에 대항해 싸우기 위해서 '문화에 반하여'(against culture) 글을 써야 한다고 그녀는 역설한다.

체현

여성주의 이론과 푸코의 관심으로부터 정체성의 산실인 몸(body)에 초점을 두는 새로운 시각이 등장했는데, 이것은 논리적으로 성차와 성별의 분리를 반박한다. 성/성별 구분은 실제로 그것이 의문시하던 일부 구분을 재생산한다(Yanagisako and Collier 1987).

'체현'(體現, embodiment)은 성별 측면과 상관없이 점차 관심을 끄는 분야다. 특히 초르다스(Csordas 1990; 1994)는 체현이 불확정적이라는 메를로-퐁티(Merleau-Ponty 1962)의 관념에 근거를 둔다. (상징의 원천이자 경험의 도구인 몸이 문화의 실존적 근거라고 보는) 그의 관점은 70년대에 나타났던 '몸의 인류학'이라는 관념보다 훨씬 과격하다. 몸은 그 부분들의 합 이상이다.

더욱이 인간은 '다중적인 몸', 예를 들면 물리적 몸과 사회적 몸 (Douglas 1969), 또는 개인적 몸(자아로서의 몸), 사회적 몸(무 엇인가의 상징으로서의 몸), 정치적 몸(외부적으로 통제되는 몸) 을 가질 수 있다(Scheper-Hughes and Lock 1987).

앤드루 스트래선과 파멜라 스튜어트(Strathern and Stewart 1998)는 의례를 이해하는 두 가지 틀인 의사소통과 체현을 비교 한다. 그들의 견해에 따르면 체현의 시각은 의례가 참여자에게 미치는 잠재적인 효과를 강조하는 반면, 의사소통의 시각은 사회 적 맥락과 영적인 힘을 불러내려는 의례적 맥락을 강조한다. 그 들의 정의는 상당히 직설적이다. "넓은 의미로 체현이란 용어는 일정한 사회적 가치와 성향을 몸 안에, 그리고 몸을 통해⋯⋯고 착시키는 것을 가리킨다"(1998: 237). 다른 이들은 그 개념을 사 용해서 권력과 성별뿐 아니라 종(species)의 면모까지 탐구한다. 그래서 해러웨이(Haraway 1988: 237)에게 성별과 여성주의는 체현에 대한 것이며, 체현은 나아가 개인적인 동시에 집합적— 체현이 모든 여성(인간이든 영장류든) 신체의 집합성을 규정한다 는 의미에서—이기도 하다.

두 명의 이단적 절충주의자

이제 나는 두 명의 학자에게 초점을 두려 하는데, 둘 다 관습 적인 인류학적 저술에 매달리지 않았고, 인류학과 내에서 경력 을 마감하지 않았다는 점 때문에 그들의 이단적 지위가 돋보인 다. 아울러 베이트슨과 더글러스는 사회사상에 기여한 인류학 이 론을 산출한 대표적인 예다. 그들은 선봉에서 남들을 주도하지도 않았고, 당대의 흐름을 추종하지도 않았지만, 인류학계에서 중요한 인물들로 기억되고 있다.

구조와 갈등: 베이트슨의 국민성 연구

그레고리 베이트슨(Gregory Bateson)은 20세기 학계에서 가장 매력적인 인물이다. 그는 제도화된 지지 세력을 만든 적이 없으며, 가까운 동료나 제자로부터 별로 인정을 받지도 못했다. 그러나 그는 다른 사람들의 눈에는 그저 변화무쌍하게만 보이는 문화의 본질을 파악해내는 탁월한 능력―래드클리프-브라운으로부터 포스트모더니스트에 이르기까지 모든 이들이 경탄해 마지 않은―을 지녔다는 점에서 영향력이 크다고 할 수 있다.

그의 아버지 윌리엄 베이트슨은 현대 유전학의 창시자였으며, 그레고리도 애초에는 생물학에 관심을 보였다. 그는 케임브리지 대학에서 동물학과 인류학을 전공했으며, 1927년 뉴기니의 이아트물(Iatmul)족 사이에서 인류학 현지조사를 시작했다. 그곳에서 그는 미드를 만나 후에 결혼하게 되었고, 그녀와 함께 발리에서 현지조사를 수행했다. 리버스와 마찬가지로 베이트슨은 정신과 개업의였고, 특히 알코올 중독자와 정신분열증 환자들을 치료했다. 그는 말년에는 돌고래 연구에 많은 시간을 바쳤다. 그는 환경운동에도 깊숙이 개입했으며, 교육문제에 대해서도 진보적인 시각으로 접근했다.

이아트물족의 네이번(naven) 의례에 관한 민족지적 연구를 필두로, 베이트슨은 행위와의 관련성을 염두에 둔 형태의 분석을 통해 기묘한 것을 이해하는 감각을 길렀다. 의례 자체도 복장도착(transvestism), 의례적 동성애, 친족과 성 관련 금기를 위반하

표 9.1 국민성 문제에 대한 베이트슨의 해답

행위양식	영국인의 해석	미국인의 해석
과시하기	지배(부모다운 행동)	복종(자식다운 행동)
관망하기	복종(자식다운 행동)	지배(부모다운 행동)

는 행위에 대한 의도적인 묵인(물론 일상생활이 아닌 의례적 맥락에서) 등을 수반하므로 폭넓은 구조적 접근에 적합했다. 하지만 여기서는 제2차 대전 중 독일·러시아·영국·미국 문화의 측면을 비교한 베이트슨의 논문 「사기(士氣)와 국민성」(Bateson 1973〔1942〕: 62~79)에서 예를 들고자 한다. 그 중에서 그(미국에서 작업하는 영국인)의 눈에 비친 영국인과 미국인의 차이 하나를 살펴보도록 하자.

그가 탐구한 문제는 미국인과 영국인을 한 방에 넣어 두면 미국인이 거의 혼자서 말을 한다는 사실이다. 게다가 미국인은 주로 자신에 대해 얘기할 것이다(베이트슨이 그랬듯이 두 인물 다 남자라고 가정하자). 영국인은 미국인을 허풍쟁이로 여기고 기분이 상하며, 미국인은 영국인이 전혀 대화에 이바지한 바가 없다는 사실에 불쾌감을 느낀다. 영국인은 자신에 대해 표현할 때 자제력을 보일 것이다. 그는 겸손하고자 애쓰는데, 그렇게 하는 것이 미국인이 보기에는 위장된 겸손 또는 거만이다. 이렇게 미국인과 영국인은 자신이 적절하다고 생각하는 방식대로 행동한다. 하지만 영국인은 미국인을 허풍떤다고 보고, 미국인은 영국인을 건방지다고 여긴다.

왜 그런가? 베이트슨의 해답은 지배 대 복종, 과시하기 대 관망하기(exhibitionism vs spectatorship) 두 종류의 대립에 근거한다. 지배/복종 대립은 부모 입장(지배)과 자식 입장(복종)과 분명히 관련되며, 과시하기 대 관망하기 대립은 지배와 종속에 연관되는 방식에서 차이를 보인다는 것이다. 이는 표 9.1에 예시되고 있다.

베이트슨은 다음과 같은 설명을 제시한다. 영국에서는(최소한 20세기 초 중산층 가정에서는) 직장에서 돌아온 아버지가 자식에게 말을 건네면 자식은 앉아서 경청한다. 그러므로 과시하기(혼자서 말하기)는 부모노릇 즉 지배를 가리키며, 관망하기(경청하기)는 자식노릇 즉 복종을 가리킨다. 미국에서는 정반대 현상이 나타난다고 베이트슨은 말한다. 아버지가 직장에서 돌아오면 자식은 학교에서 일어난 일에 대해 그와 어머니에게 이야기를 늘어놓는다. 영국인과 달리 부모는 앉아서 듣는 편이다. 따라서 미국에서는 과시하기가 자식다운 행동과 관련되며, 관망하기는 부모다운 행동과 관련된다.

이런 관계는 성년까지 이어진다. 그래서 성인이 된 미국 남성이 비슷한 연배의 영국 남성을 만나면 자신의 지식, 능력, 부 무엇이든 과시하려고 노력한다. 미국인은 아마도 무의식적으로 자신이 종속적이고 어린애 같다고 인지할 것이다. 그는 영국인을 부모와 같이 대접하고 있으며, 이는 양 문화에서 정중함을 표현하는 수단이다. 그렇지만 영국인에게 과시하기는 권위의 상징이므로, 그는 미국인이 지배하기 위해 노력하고 있다고 오해하게 된다.

이러한 설명의 배후에 있는 두 개념은 베이트슨이 그리스어를 사용해 구분한 에이도스(*eidos*)와 에토스(*ethos*)다. 문화는 양자로 구성된다(Bateson 1958[1936]: 123~151, 198~256). 베이트슨의 에이도스는 우리가 일반적으로 '형태'나 '구조'라 부르는 것을 지칭한다(Kroeber 1963[1948]: 100~103과 비교해보라). 그가 국민성 연구에서 기술한 대립(과시하기 대 관망하기, 지배 대 복종)은 미국 문화와 영국 문화의 에이도스의 일부다.

에토스는 문화적 규범에 따라 규정되는 하나의 사건 또는 하나의 문화에서 나타나는 관습·전통·느낌·집합적 감정을 말한다. 특히 그것은 변별적 성격이나 정신을 가리킨다. 이 개념들은 연결되며, 적어도 그의 국민성 연구에서 에토스의 비교문화적 정의는 한 문화의 에이도스와 다른 문화의 에이도스 간의 관계에 달려 있다.

베이트슨이 이용한 방법은 특히 갈등이나 잠재적 갈등의 분석에 적합해 보이며, 그는 이아트물족의 남녀간 갈등이나 핵무기 경쟁에서 나타난 동서 갈등을 이해하기 위해 유사한 접근을 발전시켰다. 캐나다의 인류학자 엘리엇 레이턴(Leyton 1974)은 북아일랜드의 갈등을 민족주의 문화와 연방주의 문화(또는 구교와 신교)가 지닌 에토스 사이의 직접적·에이도스적(구조적) 대립의 관점에서 분석했다. 북아일랜드의 인류학자들은 지나친 단순화를 이유로 레이턴을 비판했지만(베이트슨이 시도한 미국인과 영국인의 비교도 분명히 단순화를 포함했다), 갈등을 더 잘 이해하기 위해서는 민족지적 자료에만 의존하지 말고 상호작용의 구조와 과정이라는 관점에 입각해야 한다는 것이 이러한 분석의 요점이다.

구조와 행위: 더글러스의 행동준칙과 집단성

더글러스(Mary Douglas)의 접근은 기본적으로 구조주의적이지만 동태적인 틀 안에서 움직인다. 베이트슨이나 부르디외와 마찬가지로 그녀는 개인적 행위와 그 행위가 해석되는 문화적 도식 간의 관계에 관심을 가진다. 더글러스는 옥스퍼드에서 철학, 정치학, 경제학을 공부했고, 이어서 에번스-프리처드 밑에서 인류학을 전공했다. 그녀는 콩고 카사이(Kasai) 지역의 렐레(Lele)족을 조사했고, 런던 대학의 유니버시티 칼리지에서 몇 년 동안 가르쳤다. 그녀는 후에 뉴욕의 러셀 세이지 재단의 연구소장이 되었으며, 런던으로 돌아오기 전 프린스턴과 워싱턴에서 가르쳤다.

더글러스의 초기 작업은 경제와 종교에 각별한 관심을 보이는 단순한 것이었다. 종교에 대한 관심은 그녀로 하여금 렐레족, 고대 히브리인, 영국인이 갖고 있는 순수와 오염에 대한 관념을 연구하도록 했다. 그녀의 저서 중 처음으로 유명해진 책은 『순수와 위험』(*Purity and Danger*, 1966)이었다. 그 책에서 그녀는 순수, 오염 등의 개념을 고찰했으며, 여기에서 암시된 분석의 형태는 『자연적 상징』(*Natural Symbols*, 1969)에서 진전을 보인다. 『자연적 상징』과 이어지는 다수의 출판물은 그녀가 '행동준칙/집단성 분석'(grid/group analysis)이라 부르는 틀을 활용하고 있다(Douglas 1978; 1982; 1996).

행동준칙/집단성 분석은 문화와 사회, 구체적으로 말하면 문화 또는 사회의 여러 측면, 개별적인 사회적 상황, 개인적 행위, 개인적 선호도 등을 기술하고 분류하는 방법이다. 원칙적으로 거의 모든 사물을 그것의 대안과 관련시켜 분류하는 작업은 각기 '행동준칙'과 '집단성'이라 불리는 두 축을 따라 측정될 수 있다(그림 9.1). 하지만 더글러스와 그녀의 지지자들은 양적인 측정보다는 구조적 대립, 다시 말해서 강한 행동준칙과 집단성의 존재 유

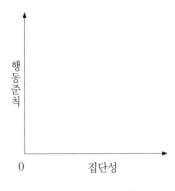

그림 9.1 행동준칙과 집단성의 두축

무에 더욱 큰 관심을 보였다.

　행동준칙의 차원은 집단의 응집력이 아니라 개별적 고립에 의해 부과된 '격리' 또는 '속박'의 척도다. 행동준칙의 척도가 약하면 행동의 자유 및 동등한 사람들과 상호작용할 기회를 누리게 되고, 그것이 강하면 의사결정 과정에서 사회체계에 의해 격리되고 억제된다. 집단성의 차원은 집단 응집력의 척도로서, 집단 내의 사람들이 모든 일을 함께 하는지(높은 집단성), 또는 개별적으로 행동하는지(낮은 집단성)를 나타낸다.

　더글러스의 관심은 강한 행동준칙과 높은 집단성이라는 특징의 상대적인 존재 유무를 결정하고 설명하는 것이지, 두 축을 따라 정확한 좌표를 설정하려는 것은 아니다. 따라서 논리적으로 네 가지 가능성만이 존재하며, 각각은 다른 '상자'로 표시된다(그림 9.2). 그녀는 그 상자를 보통 A, B, C, D로 표시하는데, 안타깝게도 저서마다 다른 표현을 사용하고 있다(최소한 세 가지 다른 호칭체계가 있다). 여기에서 보여주는 것은 그녀의 소책자 『문화적 편견』(*Cultural Bias*, 1978)에서 사용된 체계로, 그 책은 행동

B 강한 행동준칙 낮은 집단성 선택 또는 강제에 의한 고립	C 강한 행동준칙 높은 집단성 강한 통합과 위계질서
A 약한 행동준칙 낮은 집단성 가끔 경쟁을 동반하는 적극적 개인주의	D 약한 행동준칙 높은 집단성 위계질서 없는 강한 통합

그림 9.2 행동준칙과 집단성의 상자

준칙/집단성 이론에 대한 최고의 입문서다.

더글러스는 그녀의 방법이 마술에서 음식의 기호(그녀의 초기 및 최근의 저술에서 예를 들면)에 이르기까지 모든 연구에 사용될 수 있다고 주장했다. 내가 보기에 그녀의 이론을 가장 명쾌하게 드러내는 예는 연구에 몰두하는 과학자들의 작업환경이다 (Bloor and Bloor 1982). 그들이 천문학자이건 동물학자이건 상관없지만, 모든 과학자가 한 분야, 예컨대 의료계통의 연구에 종사한다고 가정하자. 그들간의 차이는 그들이 하위문화에서 각자 차지하고 있는 구조적 위치(더글러스가 가끔 쓰는 표현에 따르면 그들의 '사회학')에서 발견된다. 또한 그들은 자신들의 작업환경을 보는 방식, 즉 '우주관'이 다를 수 있다. 등장인물을 영희, 철수, 동호, 순자라고 부르기로 하자(각기 상자 A, B, C, D를 대표한다).

영희는 독립적인 연구자다. 그녀는 자신이 원할 때 일하고, 쉬는 날도 마음대로 정할 수 있다. 그녀는 작업량에 따라 보수를 받으며, 무엇이든 자신이 원하는 프로젝트를 연구한다. 그녀는 외부적 힘에 의해 구속받지 않으므로 **약한 행동준칙**에 놓여 있다. 또한 집단의 요구에 순응하지 않아도 무방하므로 **낮은 집단성**을 보인다. 그녀는 다양한 학회에 속해 있으며, 직업과 상관없는 여러 동호인 클럽에도 가입하고 있다. 이따금씩 그녀는 고독을 즐기고 때로는 집단 활동에 합류하는데, 어느 쪽이든 무작정 대중을 따르지는 않는다. 그녀는 어느 집단과도 평등하고 자유롭게 접촉하며, 아무도 만나지 않을 수도 있다.

철수는 강한 행동준칙, 낮은 집단성에 속한다. 5년 계약을 맺고 희귀병의 치료제를 개발하는 제약회사에서 일하는 그는 매주 자신이 해온 일을 자세히 적은 보고서를 회사에 제출해야 한다. 그는 분 단위로 자기가 한 작업을 정확히 기록해두어야 하며, 일주일에 정확히 48시간씩 근무해야만 한다. 그는 따라서 강한 행동준칙이라는 상황의 힘에 의해 규제되는 한편, 함께 일하는 사람이 없으므로 낮은 집단성에 속한다. 시간의 제약으로 인해 공식적이건 비공식적이건 단체에 합류하기도 어렵다. 영희와 달리 철수는 자신의 선택에 의해 낮은 집단성을 보이는 것이 아니라, 그가 하는 일의 특성에 떠밀려 그 지경에 빠진 것이다. 다른 상자가 거기에 무난하게 어울리는 인간형을 갖는 데 비해, B상자는 어떤 유형의 성격에도 '친숙하지 않으며'(unfriendly, 더글러스의 표현), 철수는 전혀 행복하지 않다.

동호는 강한 행동준칙, 높은 집단성에 속한다. 그는 위계질서가 뚜렷한 대학교의 학과에서 일한다. 철수처럼 그는 엄격한 시간표를 따라야 한다는 사실에 의해 구속받는다. 그러나 철수와 달리 그는 집단의 구성원이다. 체계 내의 위치는 그리 문제되지 않으며, 체계 자체에 의해 규제된다. 설사 그가 의대 학장이라 할지라도 대학이나 연구위원회에서 받는 돈에 의해 구속되며, 액수가 충분한 것도 아니다. 높은 집단성에 속하므로 그는 학과라고 하는 주요 집단과 관계된 많은 일을 해야 한다. 그가 학과장이라고 가정하면 회의를 주재하고, 연구 및 강의계획을 짜고, 방문객을 맞아야 하며, 환자들을 치료하고, 교수진의 활동을 총괄해야 한다. 높은 집단성 상황에 속한 이들의 특징이 그러하듯, 동호는 일에 재미를 더하려고 노력할 것이다. 그는 토요일마다 학과 대항 축구시합의 주심을 맡거나, 한 달에 한 번 직원들을 저녁식사에 초대할 것이다.

순자는 약한 행동준칙, 높은 집단성에 속한다. 그녀 역시 대학교의 학과에서 일하지만, 그 과는 보다 평등하고 민주적인 기반 위에서 운영된다. 그녀는 교수일 수도 있고 조교일 수도 있다. 그녀가 속한 학과에서는 교수와 조교가 번갈아 가며 강의하고 실험을 같이 하며 실험관과 커핏잔을 함께 씻기 때문에, 어느 쪽이든 별 차이가 없다. 그녀가 속한 집단이 평등하고 민주적인 탓에 그녀는 약한 행동준칙의 상태에 놓여 있다. 다만 집단지향적인 규제를 받는 높은 집단성에 속해 있다는 점이 영희와 다르다. 영희가 다양한 사회에 속한 반면, 순자는 지극히 집단지향적인 학과에만 소속된다. 동호처럼 그녀는 많은 시간을 학과 활동에 바치며, 다른 사람들처럼 집단(소속 학과)이 요구하는 일은 무엇이든 한다.

더글러스와 제자들은 이런 식으로 다양한 상황을 비교했다. 그녀의 방법은 우리가 지금까지 기술했던 사례처럼 유사한 것끼리 비교할 때 가장 잘 작동한다. 그렇지만 사회 전체를 비교하려는 그녀의 야심은 결실을 보지 못했다. 또 은둔자와 택시 기사는 상자 A, 죄수는 B, 군인은 C, 어떤 종파나 히피 공동체는 D에 속한다고 생각하는 것은 더글러스가 기술한 바와 부합하기는 하지만 특별한 의미를 찾기는 어렵다. 그렇지만 다양한 히피 공동체를 비교하여 각각의 행동준칙이나 집단성이 상대적으로 어떻게 다른지를 알아보는 작업은 유용할 것이다. 다시 말해서 만일 서구사회의 모든 히피 공동체가 비교적 약한 행동준칙과 강한 집단성을 보여준다면, 개별적인 히피 공동체의 내적 변이를 반영하는 작은 상자들은 서구사회 전체의 행동준칙/집단성 도표에서 큰 상자 D에 속하는 것으로 그려질 수 있다.

행동준칙/집단성 분석은 흥미로운 아이디어였으며, 주류 인류학 밖에서는 여전히 많은 사회과학자의 관심을 끌고 있다. 그러나 그것은 히피 공동체처럼 부침을 거듭하다 결국에는 사라질 아이디어가 아닌가 생각된다. 그녀의 패러다임 내에서 새로운 관심의 초점이 형성될지는 두고 볼 일이다. 그 패러다임 내에는 후기구조주의와 포스트모더니즘의 실마리가 숨어 있을 수도 있으며, 그것은 현지조사가와 그 대상 간의 관계에 대한 통찰력을 제공해 줄 수도 있을 것이다.

요약

이단자, 후기구조주의자와 여성주의자는 다양한 시각을 가지고 있다. 그러나 그들이 보여준 시각은 구조와 행위를 통합하고 권력관계를 설명하려고 시도했다는 면에서, 구조주의적 사고에 뿌리를 두면서도 주류 구조주의 인류학에 도전했다는 공통점을 지닌다. 기능주의와 구조주의는 인류학의 안정된 시각과 태평성대를 대표하며, 특히 구조주의 시대는 인류학이 문학비평을 비롯한 타학문 분야에 대해 사상의 진원지 역할을 톡톡히 한 시기이기도 하다. 후기구조주의, 여성주의, 그리고 (다음 장에서 살펴볼) 해석주의와 포스트모더니즘의 사상은 민족지적 조사보고 및 구조주의 인류학과 기존 패러다임을 특징짓는 분석방법의 권위에 도전한다.

베이트슨과 더글러스가 당대의 좁은 인류학적 시각에서 벗어난 사고와 관심을 보유한 인류학자라면, 후기구조주의자는 다른 학문을 통해 얻어진 통찰력으로 인류학 자체의 발전에 영감을 불어넣는 정반대의 길을 걸었다. 해석학은 의미가 구조에 착상되어 있다는 관점을 거부하고, 직관적이고 상호작용론적인 의미의 창조를 선호한다는 면에서 구조주의의 맞은편에 서 있다. 한편 기존의 구성을 해체하고 문학비평 및 사회이론과 연계하여 인류학의 새로운 연구방침을 제시한다는 면에서, 그것은 후기구조주의의 논리적 소산이기도 하다. 지난 20년간 인류학적 인식에는 커다란 변화가 있었는데, 그렇다고 해서 그것이 20년대와 50년대에 발생했던 변화보다 큰 것은 아니다. 다음 장은 폭넓은 해석적 인류학의 역사적 맥락 속에서 최근의 이론 발달을 훑어볼 것이다.

읽을거리

이 장에서 논의된 중요 인물 중 베이트슨에 대해서는 Brockman(1977), 더글러스에 대해서는 Fardon(1998), 부르디외에 대해서는 Jenkins(1992), 푸코에 대해서는 Smart(1985)의 해설서가 유용하다.

Sarup의 저서(1988)는 후기구조주의와 포스트모더니즘에 대한 훌륭한 입문서다. Ortner의 논문 「60년대 이후의 인류학 이론」과 「저항과 민족지적 거부의 문제」(Resistance and the Problem of Ethnographic Refusal, 1995), 그리고 Knauft의 『현대인류학의 계보』(*Genealogies for the Present*, 1996)는 여성주의, 후기구조주의 등이 인류학에 미친 영향을 탁월하게 조망해준다.

여성주의 인류학의 역사에 대한 최고의 입문서는 H. L. Moore의 『여성주의와 인류학』(*Feminism and Anthropology*, 1988)이며, 그녀의 『달라지고 싶은 열망』(*A Passion for Difference*, 1994)은 현재의 논쟁과 관련된 이슈를 많이 다루고 있다. Strathern의 논문 「어색한 관계」(An Awkward Relationship, 1987a)도 참조하라.

IO 해석학적 접근과 포스트모더니즘

1955년 래드클리프-브라운이 서거한 이후 영국 인류학은 네 가지 다른 방향으로 나아갔다. 다음 세대의 일부 학자는 래드클리프-브라운 계열의 탐구를 그대로 답습했다(포티스가 대표적이며, 구디도 어느 정도 이에 속함). 퍼스 같은 이는 사회구조보다 개인을 강조하게 되는데, 이런 접근은 현지조사에 치중하는 말리노프스키 초기의 기능주의(제5장 참조)에 기초한 것이다. 이러한 사고는 과정주의와 거래행위론 같은 이론(제6장)으로 발전해나갔다. 또 다른 이들은 레비-스트로스의 구조주의 사상(제8장) 일부를 받아들여서, 사회적 과정에 대한 새로운 관심에 맞게 수정했다. 끝으로 많은 학자들은 인류학이 과학이라는 개념을 거부하고 인류학을 인문학으로 정립하고자 해석학적 접근을 선택한 에번스-프리처드를 따르게 되었다.

미국에서는 거츠가 고유한 스타일의 해석학을 선보이기 시작했다. 그(와 에번스-프리처드)가 장악한 인류학은 기존의 언어학적 유추를 수정했다. 문화는 더 이상 파악되고 기술되어야 하는 은유적 '문법'이 아니라, 다른 문화(주로 인류학자 자신이 속한 문화)의 성원들이 이해할 수 있는 용어로 번역되어야 하는 '언어'가

된다.

프랑스에서는 '모더니즘'의 마지막 보루인 구조주의가 인류학 외부의 비판에 직면했다. 프랑스의 철학자와 문학비평가들, 그리고 이들을 추종하는 북미 학자들은 세상을 바라보는 '포스트모더니즘적' 방식을 새롭게 발전시켰다. 이러한 흐름은 세상 자체가 조용한 혁명을 겪었다는 인식에서 나왔다. 세계는 지식의 위계를 상정하는 모더니즘의 단계를 지나 어떤 종류의 거대이론(냉소주의자들은 '포스트모더니즘을 제외한'이란 단서를 붙일 것이다)도 설 자리가 없는 포스트모던 국면에 접어들었다.

이러한 사상이 70년대 말과 80년대 초에 인류학에 스며들었다. 인류학 내부의 발전도 포스트모더니스트의 사고에 보다 개방적일 수 있는 풍토를 마련했다. 이미 존재하던 해석학은 든든한 토대로 작용했고, 인류학의 식민주의적 성향과 제국주의적 기반에 대한 비판도 이루어졌다. 같은 기간에 여성주의 인류학이 성장하여 남성중심적 모델에 거세게 도전했고, 성찰성은 민족지적 방법론의 대명사가 되었으며, 글쓰기와 읽기는 문학에 눈을 뜬 새로운 인류학에서 이론적 중요성을 더하게 되었다. 이 모든 현상은 『문화 쓰기』(*Clifford and Marcus* 1986)의 출판으로 절정에 달했고, 일부 학자들은 인류학이 다시 태어난 것으로 보았다.

이 장은 그처럼 다양한 종류의 사고에 중점을 둔다. 에번스-프리처드는 인류학의 철저한 모더니스트로 여겨질 수도 있지만, 그의 사상은 해석주의를 예고했다. 에번스-프리처드가 재직했던 옥스퍼드 대학의 아드너나 다른 학자가 결국 포스트모더니즘으로 전향한 것도 에번스-프리처드의 전통 안에서 일어난 일이거나 에번스-프리처드의 정신을 본받고 있다. 한편 『문화 쓰기』는 민족지 쓰기의 '문학과 정치학'을 전면에 부각시켜놓았다. 이러한 경향이 공통적으로 지닌 것은 과학적 방법을 거부하고, 글쓰기의 중요성을 인식하며, 형식적인 조사와 분석의 방법보다 인간적인 이해를 통해 통찰력을 얻으려고 시도하는 인류학의 전망이다. 겉으로 드러난 다양성에도 불구하고 해석적 사고나 포스트모더니즘적 사고의 상이한 갈래는 모두 인류학 내의 거대한 움직임── 그것에 의해 우리 모두가 영향을 받았지만, 또한 많은 이들이 그로부터 일정한 거리를 두고 싶어하는──의 일부로 보는 것이 적절하리라 본다.

에번스-프리처드의 해석학적 접근

에번스-프리처드(E. E. Evans-Pritchard)는 런던정경대학에서 셀리그먼(C. G. Seligman)과 말리노프스키 아래에서 수학했다. 그는 수단과 동아프리카의 영국 식민지, 특히 잔데(Zande, Azande) · 누에르(Nuer) · 아누아크(Anuak) · 실루크(Shilluk) · 루오(Luo) 등지에서 여섯 차례의 현지조사를 수행했다. 잔데의 마술(Evans-Pritchard 1937)과 누에르의 정치와 친족(1940: 1951a)에 대한 그의 설명은 민족지적 차원보다는 이론적 차원에서 당시 영국 인류학의 전형을 보여주는 동시에 다음 세대에 영감을 불어넣는 역할을 했다. 최근에는 1년 미만의 조사에 기초한 누에르족 연구의 일부가 정치적 영역에서 종족(lineage)의 중요성을 침소봉대했다는 이유로 비판의 대상이 되기도 했다(Kuper 1988: 194~201). 하지만 『아잔데족의 마술, 신탁과 주술』(*Witchcraft, Oracles and Magic Among the Azande*, 1937),

『누에르족의 종교』(*Nuer Religion*, 1956)는 좋은 평가를 받고 있다. 양자는 모두 연구 대상의 내면적 사고를 이해하고 설명하려는 시도다.

『아잔데족의 마술, 신탁과 주술』은 잔데인의 사고과정에 대한 민족지다. 저자는 잔데인이 워낙 마술에 깊이 빠져 있기 때문에, 마술에 대한 그들의 믿음을 이해하고 그 믿음이 인과관계의 설명에 어떻게 이용되는지를 파악하고 나면 그들의 사회를 이해할 수 있다고 주장한다. 곡식을 저장하는 창고가 무너져서 그 밑에 앉아 있던 누군가가 죽었다면, 개미가 지지대를 갉아 먹은 것이 하나의 원인이라는 사실을 잔데인들도 알고 있다. 하지만 "왜 그 사람이 밑에 앉아 있는 특별한 순간에 하필이면 창고가 무너졌는가?"라는 물음에 답하기 위해서는 누구의 마술이 개입되었는지를 밝혀야 한다(Evans-Pritchard 1937: 69~72).

『누에르족의 종교』는 무엇보다도 퀴스(*kwoth*)의 정의에 관한 책이다. 라틴어의 *spiritus*, 그리스어의 *pneuma*, 히브리어의 *ruah*처럼 그것은 숨(breath)을 가리킨다. 은유적인 의미에서 퀴스는 여러 종류의 영혼(spirits)을 지칭하며, 여기에는 에번스-프리처드가 신(God)이라고 번역한 특별한 존재도 포함된다. 『누에르족의 종교』에서 저자는 종교체계를 특징짓는 단어·상징·의례를 통해 독자들이 누에르 신앙의 본질을 상상하고 느껴보는 작업에 동참하도록 유도하고 있다. 그러나 '누에르인의 종교' 자체는 누에르인의 개념이 아니라, 인류학자의 개념이란 점을 상기할 필요가 있다(Evans-Pritchard 1956: 311~322). 에번스-프리처드의 연구서는 이웃한 딩카(Dinka)족의 종교에 관한 그의 동료 린하르트(Lienhardt 1963)의 유사한 연구와 함께 신앙에 대한 인류학적 연구의 토대를 마련했다. 그들은 또한 번역의 실질적인 측면뿐 아니라 은유적인 측면에도 주의를 기울였다. 에번스-프리처드가 '신'이나 '영혼'을 말하면서 누에르 용어를 자주 사용하는데 비해, 린하르트는 비슷한 뜻의 영어 단어 'Divinity'와 'divinities'를 선호하는데, 이는 분명히 보다 친숙한 용어(즉 'God'이나 'spirits')의 의미가 그대로 전달되는 것을 피하기 위함이다. 두 명의 옥스퍼드 인류학자가 모두 로마 가톨릭교로 개종했다는 사실도 주목할 만하다. 이들의 개종은 종교적 신념과 실천의 해석에서 경험을 중시하는 유사한 접근방법을 형성하는 데 어느 정도 작용했다고 여겨진다.

에번스-프리처드는 래드클리프-브라운의 일반적인 이론적 틀 안에서 자신의 인류학을 실행했다. 그렇지만 그는 인류학을 과학으로 보는 래드클리프-브라운의 관념을 배격하고, 인류학을 인문학으로 보는 입장을 내세웠다(Evans-Pritchard 1965). 이는 영국 주류 인류학의 전통과 거기에서 파생된 에번스-프리처드의 전망 사이의 결정적인 차이를 노정한다. 특히 노년에 접어들어 에번스-프리처드는 인류학을 '문화의 번역'으로 보는 생각을 발전시켰으며, 이는 많은 제자들의 연구가 표방하는 바가 되었다. 인류학자가 해야 할 일은 그가 연구하는 대상의 집합적인 사고에 가능한 한 가깝게 다가가서, 자신이 발견한 이방인의 생각을 자신의 문화에서 이해될 수 있는 유사한 생각으로 '번역'하는 것이다. 이는 물론 실질적인 언어의 번역과는 다르다. 래드클리프-브라운의 조개나 레비-스트로스의 수정처럼 그것은 유추다(제5장, 제8장 참조). 에번스-프리처드는 레비-스트로스가 제시한 문화의 '문법' 개념을 버리고, 미묘한 일상적인 문화의 담론에 담긴 '의미'를 택했다. 번역의 어려움(직역을 할 것인가, 아니면 의역을 할 것인가)은 민족지에서 적절한 비유를 찾을 수 있다. 누에르나 잔데의 사고를 곧이곧대로 번역하면, 누에르인이나 잔데인이 아니면 이해하기 어려울 것이다. 만약 지나친 의역을 시도한다면(즉, 인류학자가 속한 사회의 관습과 문화에서 이해될 수 있는 용어나 개념을 써서 다른 문화를 번역하면), 우리는 누에르나 잔데 사고의 본질을 파악할 수 없을 것이다. 이런 논리에 따르면 인류학은 영원히 번역자의 진퇴양난에서 벗어나지 못한다.

BBC 라디오의 6회 강연 시리즈를 묶어서 1951년에 출판된 교재 『사회인류학』(Social Anthropology)에서 에번스-프리처드는 사회인류학의 범위·역사·방법·이론·응용가능성 등을 검토하고 있다. 에번스-프리처드는 여러 군데에서(1951b; 62, 116~117) '자연과학'의 유추를 비판하고, 자연에서 발견되는 체계와는 전혀 다른 도덕적·상징적 체계가 진정한 인류학의 연구 목표라고 전망한다. 그것은 사회구조와 문화적 유형을 수반하긴 하지만, 자연의 법칙에 의해 지배되지는 않는다. 에번스-프리처드는 지식이론을 추구하는 척한 구조기능주의자인가? 또는 기능주의 교조의 굴레에 빠졌다가 50년대에 자유를 찾기 시작한 철학적 역사가인가? 아니면 지적 편력을 통해 기능주의로부터 역사를 거쳐 해석학적 인식론으로 학문적 소신을 바꾼 것일까?

더글러스(1980: 29~38)는 에번스-프리처드의 경력이 하나의 통합적인 연구방향을 보여주며, 그가 언제나 해석학적인 사상가였다고 제안한다. 그가 40년대에 기능주의와 결별하고 50년대에 그의 시각을 확립했다고 보는 견해도 있다(Kuper 1996〔1973〕: 124~126). 더글러스의 입장을 지지하기 위해『아잔데족의 마술, 신탁과 주술』을 주로 인용할 수도 있고,『누에르족의 종교』는 출판되기 10년 전에 작성된 논문으로 구성되어 있다는 점을 들 수도 있다. 하지만 에번스-프리처드의 민족지적 연구는 그의 동시대인과 그리 다르지 않다. 다른 점이 있다 해도 그의 독특한 접근방법을 보여줄 정도는 아니며, 다만 신념의 체계에 관해 혁신적 연구를 시도하려는 열망을 나타내는 수준이다. 래드클리프-브라운은 에번스-프리처드가 자신과 같은 생각을 가진 인물이라 간주했으며, 오히려 포티스가 대열에서 이탈할까 우려했다. 하지만 포티스는 케임브리지에서 래드클리프-브라운의 전통을 이었으며, 학생들의 관심을 끌기 위해 리치의 구조주의 및 과정주의와 경쟁했다.

『누에르족의 종교』이전 에번스-프리처드의 저술에 어떤 요소가 나타났든, 그 책의 출간은 구조기능주의에서 탈피해 종교적 신념의 성격에 대한 새로운 사고방식을 지향하는 전환점을 상징한다. 에번스-프리처드는 래드클리프-브라운보다 뒤르켐을 더 많이 인용하며, 신념과 사회구조의 관계를 증명하는 것보다는 누에르족의 관점에서 영적인 세계를 바라보고, 마치 서구의 신학자를 상대하듯이 그들의 내면세계를 설명하는 일에 주안점을 둔다.

에번스-프리처드가 기능주의를 가장 신랄하게 비판한 진술은 그의 첫 논문집에 수록된「사회인류학: 과거와 현재」(1962〔1950〕: 13~28)에서 찾을 수 있다. 그는 계몽시대 이래로 사회인류학이 자연과학을 모델로 삼는 실패를 거듭해왔다고 주장하면서, 인류학은 역사학 또는 넓은 의미에서 인문학의 한 분과에 속한다고 보는 편이 훨씬 낫다고 제안한다. 역사가의 이슈는 보통 통시적인 반면 인류학자의 문제는 공시적이라는 사실을 그는 대수롭지 않게 여겼다. 양자의 목표가 사건의 종합과 통합적 기술이라는 사실은 두 분야의 방법론적 유사성을 선언하기에 충분하다. 구조적 형태의 기술은 역사나 인류학 어느 쪽과도 모순되지 않는다. 마찬가지로 "역사는 사건의 연속이 아니라 사건 간의 관계다"(1962〔1961〕: 48).

에번스-프리처드가 1946년에서 1970년까지 학과장으로 있었던 옥스퍼드에는 그의 영향력이 강하게 남아 있다. 그곳의 사회·문화 인류학 연구소에서는 여전히 그의 숨결을 느낄 수 있다. 그 연구소의 도서관을 빛내고 있는 것은 래드클리프-브라운이나 타일러가 아닌 에번스-프리처드의 흉상이며, 옥스퍼드의 전통을 이끌어온 것도 그의 연구다. 70년대에 옥스퍼드의 인류학이 니덤의 잠재적인 구조주의와 아드너의 초창기 포스트모더니즘으로 양극화되었을 때, 양쪽은 에번스-프리처드의 영감에서 위안을 얻었다(Needham 1972: xiv, 14~31; Ardener 1989〔1971〕: 35~39). 니덤이 영어 단어 '신념'이 가리키는 내적 상태와 그 개념의 통문화적 적용가능성 간의 관계와 씨름한 것은 크게 보면 『누에르족의 종교』〔에서 에번스-프리처드가 번역의 문제를 제기한 것〕에 기인한다.

거츠의 해석주의

에번스-프리처드가 해석주의로 향하는 길을 제시한 것은 사실이지만, 거츠(Clifford Geertz)의 접근과 비교해볼 때 그의 접근을 '주의'라고 명명하는 것은 다소 무리가 있다. 에번스-프리처드의 인류학은 구조기능주의 작업에 대한 반작용이라 할 수 있는 반면에, 거츠의 발자취는 문화의 구체적 이해를 근본적인 목적으로 삼는 적극적인 움직임을 보여준다.

현재 프린스턴을 근거로 하고 있는 거츠는 하버드에서 수학했으며, 버클리와 시카고에서 강의했다. 그는 자바와 발리, 모로코에서 현지조사를 수행했다. 그의 민족지 작업은 범위와 접근법이 매우 다양하다. 예를 들어 『자바의 종교』(*The Religion of Java*, 1960)는 매우 고전적인 데 비해, 『발리의 친족』(*Kinship in Bali*, Geertz and Geertz 1975)은 통문화적으로 이해될 수 있는 자율적인 체계라는 친족의 개념에 도전하여, 친족을 상징적 영역에 포함시켜야 한다고 주장한다. 이 두 책과 대조적으로 『농업의 퇴화』(*Agricultural Involution*, 1963)는 스튜어드가 제시한 생태인류학의 광범위한 틀에 속하며, 인도네시아의 사회변화에 관한 다른 저서는 사회사의 분야에 속한다. 『이슬람 관찰』(*Islam Observed*, 1968)에서 거츠는 비교로 관심을 돌려 그가 민족지적 경험을 쌓은 두 나라, 즉 인도네시아와 모로코의 맥락에서 이슬람을 이해하려고 시도한다. 에번스-프리처드(1965〔1963〕: 13~36)와 달리 그는 '비교방법'이 불가능하다고 보지는 않았다.

하지만 해석인류학의 정수는 에번스-프리처드가 별세한 해인 1973년에 완성되어 출판된 『문화의 해석』(*The Interpretation of Cultures*)의 서론에 나타난다. 그 논문에서 거츠(1973: 3~30)는 자신의 접근을 '중층기술'(thick description)이라 요약한다. 인류학은 특수한 문화에 포섭되어 있는 층을 파헤쳐서, 그것을 겹겹이 중복되는 기술을 통해 드러내는 것이다. 그것은 당시 미국의 인류학자들이 이해하던 인지에 대한 것도 아니고, 대규모의 비교에 관한 것도 아니다. 비평가들(Kuper 1999: 109~114)은 '중층기술'에 대한 거츠의 정의(상세하고 다층적인 기술)가 내포한 모호성과 함께 그 자신의 민족지 일부가 노정하는 천박성(淺薄性, thinness: 자신이 제시하는 일반화의 근거를 분명히 밝히는 경우가 드물다는 점을 꼬집은 표현. 여기서 천박성이란 역어를 사용한 것은 중층성과 균형을 맞추기 위한 궁여지책으로, 흔히 그 단어가 내포하는 상스럽다는 뜻을 배제하고 일천하고 박약하다는 한자어의 의미 그대로 받아들이기 바란다—옮긴이)을 지적했다. 비록 그런 문제점을 안고 있다 하더라도, 거츠의 해석학적 시도는 에번스-프리처드의 민족지에 비해 상세하고 심층적인 서술과 풍부한 은유가 두드러진다.

두 권의 주요 논문집에서 거츠(1973; 1983)는 '텍스트와 같은'—쿠퍼(1999: 112)가 "자아도취에 빠진 은유"라 비아냥거린—사회의 이미지를 추구한다. 거츠는 또한 세계화 과정과 팽팽하게 상호작용하는 '지역의 실정'을 이해하는 인류학, 문화의 구체적인(심지어 지엽적인) 부분을 강조하는 입장, 그리고 문화를 상징적 체계—그 안에서 사회적 행위가 일어나고 정치권력이 생성되는—로 보는 관점을 앞세운다. 그는 '문화', '세계관', '예술', '관습', '관습법' 등 널리 알려진 인류학의 개념들을 필적할 바 없는 유려한 스타일로 해체한다. 그의 문장이 악문이었다면 그의 영향력은 분명히 약화되었겠지만, 하여튼 거츠가 미묘하고 능란하게 인류학의 자부심과 실증주의적 경향을 무너뜨린 것은 엄청난 파급효과를 지녔다. 그의 논문집은 인류학계 안팎에서 널리 읽혔으며, 많은 이들에게 인류학 저술의 귀감이 되었다.

그의 최근 연구에서 거츠는 다른 인류학자들의 민족지를 재해석하여 해석주의의 새로운 지평을 열었다. 수상작『작품과 생애』(*Works and Lives*, 1988)〔1989년 전미서적비평가협회 문예비평 부문〕에서 그는 에번스-프리처드, 말리노프스키, 레비-스트로스, 베니딕트의 작품을 검토한다. 거츠는 선택된 저자들의 상상력과 은유를 분석하여, 인류학이란 단지 '글쓰기의 일종'일 뿐이라고 단언한다. 이는 인류학 분야에 대한 포스트모더니즘의 중대한 도전으로, 지난 20년간 미국과 프랑스 학자들의 저서에서 흔히 볼 수 있는 것이었다(Clifford and Marcus 1986; Sperber 1985 〔1982〕). 조너선 스펜서(Spencer 1989)는 거츠와 그 추종자들이 인류학적 텍스트를 그저 글쓰기의 파편이라고 보는 견해는 잘못된 것이라고 주장했다. 스펜서는 인류학이 '일종의 작업'이라고 설명하면서, 민족지학자와 정보제공자의 다양한 관점을 텍스트에 집어넣는 논리를 명시한다. 글쓰기에 대한 거츠의 강조가 과장된 것이건 아니건, 그는 인류학의 참신한 시도에 시선을 집중시키는 데 성공했다.

오늘날 거츠는 우리의 분야 안팎에서 인류학계의 가장 영향력 있는 인물로 손꼽힌다. 그의 해석주의는 분명히 포스트모던 인류학으로 가는 길을 닦았다. 혹자는 그가 선구자에 그치지 않고, 포스트모더니즘 운동의 일부라고 말하기도 한다. 본격적인 포스트모더니즘의 뉘앙스를 알아보기 전에, 거츠 자신이 미처 생각하지 못한 새로운 개념과 관심에 주목하면서 포스트모더니즘의 기반을 살펴보는 게 좋겠다.

변화하는 시대의 새로운 개념

인류학에서 포스트모더니즘의 도전은 새로운 개념과 그것에 관련된 새로운 탐구영역을 산출했다. 그 중 가장 중요한 것이 성찰성과 오리엔탈리즘이다. 이들을 성찰주의(reflexivism: 성찰성의 이론적 의미를 강조하는 시각), 옥시덴탈리즘, 세계화와의 관련 속에서 고찰해보자.

성찰성과 성찰주의

모든 인류학자는 어떤 식으로든지 비교를 하게 된다. 고국에서 멀리 떨어진 곳에서 작업하는 인류학자는 자신의 자료를 누에르나 트로브리안드 사회 같은 고전적 사례와 비교할 것이다. 어떤 인류학자는 기술적·지리적·언어적으로 유사한 사회를 서로 비교하는 것이 낫다고 주장한다(제4장 참조). 문화적·지리적으로 자신의 사회와 밀접하게 관련된 지역에서 연구하는 학자의 글은 자신이 속한 사회와의 비교를 보다 분명히 드러낸다. 극단적인 형태는 본보기로서의 '자신'을 통해 설명되는 자기 자신의 문화와 매개체로서의 '자신'을 통해 인류학자가 기술하고자 하는 문화를 명시적으로 비교하는 것이다. 이 경우 기술되는 문화는 인류학자가 자신의 문화적·사회적 정체성을 탐구하는 배경에 머무를 뿐이다. 이는 극단적인 성찰성의 예다.

성찰성은 70년대 이후 인류학에 등장한 태동기의 포스트모더니즘 프로젝트에서 주요한 몫을 차지했다. 이를 명시적으로 밝힌 최초의 출판물은 아마도 주디스 오클리의 논문 「자아와 과학주의」(Okely 1996〔1975〕: 27~44)일 것이며, 원래 초창기의 『옥스퍼드 인류학회지』(*Journal of the Anthropological Society of Oxford*)에 게재되었다. 하지만 성찰성의 뿌리는 그보다 깊다. 오클리가 논평을 가했던 말리노프스키의 조사일기는 가장 널리 알려진 예다. 말리노프스키는 분명히 자신만의 개인적인 사색을 기록하려 했던 것으로 보이는데, 그의 사후 25년이 지나 출판된 일기(Malinowski 1967)는 공식적인 민족지적 설명과 뚜렷한 대조를 이룬다. 일기 속에서 그는 성적 공상, 약물남용, 트로브리안드 문화의 일부 측면에 대한 혐오감, 트로브리안드 섬에서 느낀 권태로움 등을 솔직히 털어놓고 있다. 후에 케냐의 초대 대통령이 되는 말리노프스키의 제자 케냐타는 자신의 민족에 대한 민족지에서 성찰적인 논평을 포함시켰지만(Kenyatta 1938), 말리노프스키 학파나 보아스 학파의 인류학자 대부분은 성찰성에 대한 별다른 고민 없이 연구를 진행했다. 레비-스트로스는 『슬픈 열대』(1976〔1955〕)에 자서전적 내용을 많이 포함시켰지만, 그 역시 이를 민족지나 이론적 논의와 분리시켰다. 포스트모더니즘 작가의 노력을 근본적으로 차별화하는 것은 성찰성 자체가 민족지이거나 최소한 그것의 핵심적인 부분이며, 민족지는 인류학 이론의 주요한 부분이라는 주장이다(Rabinow 1977 참조).

성찰성은 여성주의 인류학과 밀접하게 연결된다. 여성주의 인류학과 성별 연구(gender studies)는 많은 주제를 공유하지만, 그들의 접근법은 다소 다르다. 무어(1988: 188)의 말에 따르면 성별 연구는 "성별 정체성과 그것의 문화적 구성"에 대한 것인 반면, 여성주의 인류학은 "인간의 사회생활을 조직하는 원리로 작용하는 성별에 관한 연구"다. 지난 20여 년 동안 성별에 관심을 가진 인류학자들은 '성별 연구'의 접근에서 확연히 벗어나, 정보제공자(또는 연구대상) 및 민족지학자로서 여성이 차지하는 위상을 강조하는 접근 쪽으로 가닥을 잡았다. 성찰성이 포스트모더니스트 사이에서(특히 여성주의자 집단에서), 그리고 궁극적으로는 인류학계 전체에서 크게 호응을 얻게 되는 80년대 중반에 이르면, 인류학자가 자신을 인류학적 논의의 주된 주제로 삼는 일도 흔하게 나타난다(Okely and Callaway 1992). 극단적인 성찰성은 자칫하면 물신화되기 쉬운(즉 그 자체가 목적이 되어버리는) 이론적 시각(성찰주의)으로, '자신'을 지나치게 강조하여 '타인'을 상실하는 위험도 자주 눈에 띈다.

분석가가 자신의 경험에 입각하여 억압받는 자들의 집단을 폭넓게 대변하거나, 자신을 통해서 억압된 자들에게 '목소리'를 부여하려고 시도하는 연구에서는 상황이 더욱 복잡하다. 이 전통에 속한 학자들은 때때로 후기구조주의, 스피박(Gayatri Chakra-vorty Spivak)의 여성주의 문학이론, 그녀와 관련된 '종속집단 연구'(예를 들면 Guha and Spivak 1988)에서 영감을 얻는다. 베두인 여성에 관한 아부-루고드의 저술 중 일부도 이 계열에 속한다. 기본적인 생각은 종속집단——그 종속이 성별·계급·민족·식민지적 불평등의 역사 등 무엇에 뿌리를 두든——사이에는 공감대가 형성되어 있다는 것이다.

한편 오트너(1995)는 이러한 접근을 취하는 연구에서 발견되는 거츠류의 '천박성'을 지적하는데, 여기에서 천박성은 내부의 정치적 갈등과 '타자' 또는 종속집단의 대표성 문제를 본격적으로 파헤치지 않으려는 태도에서 비롯된다(이는 과거 우리 나라의 민중 연구가 표출했던 바와 같은 맥락의 문제점이다. 즉 민중의 주체성·혁명성·동질성을 내세우기에 급급하여 그들의 다양한 이해관계, 내적 모순, 반대세력과의 역동적 관계 등 정작 중요한 사항에 대한 사회학적 천착은 뒷전이었다―옮긴이).

지난 10년간 등장한 또 다른 동향은 개인적인 성찰을 이론에 관한 사색과 섞는다든지, 전통적으로 민족지의 대상이었던 사람들의 성찰적 경험을 관조하는 등 중재적인 방안을 모색하는 것이다. 전자의 예로는 인류학의 전제와 방향에 대한 하스트루프(Hastrup 1995)의 예리한 비판을 들 수 있다. 후자의 예는 카플란(Caplan 1997)이 탄자니아의 스와힐리(Swahili)족에서 30년 동안 연구하면서 우정을 나눈 정보제공자 중 한 명인 모하메드에 대해 기록한 것이다. 카플란의 텍스트는 대부분 인용문으로 이루어져 있으며, 민족지학자의 고백과 함께 모하메드의 '목소리'도 들린다. 하지만 텍스트에는 영혼의례에 대한 '사실'도 기록되어 있으며, 결과적으로 민족지와 자서전 간의 균형이 잘 잡혀 있다.

쉽게 알아차리기 어려운 또 다른 종류의 성찰성이 있다. 이것은 개별적인 자아가 아니라 집단적인 자아를 조사하는 성찰적 연구로서, 인류학 전체 또는 공통의 관심사를 갖고 같은 지역을 조사하는 인류학자들의 집단을 대상으로 한다. 내가 염두에 두고 있는 것은 (개별적인 정보제공자들이 아니라) 집단적 자아가 문화―실제로 발생한 일과 민족지에 묘사된 이미지로 구성되는―와 상호작용하는 과정을 검토하는 연구다. 좋은 예는 야노마모(Yanomamo) 민족지에 대한 라모스의 연구(Ramos 1992)다. 그녀는 브라질의 야노마모 집단을 연구했던 인류학자들이 그들을 묘사하기 위해 동원한 다양한 수식어(격렬한, 관능적인, 지적인, 이국적인 등)에 주목한다. 야노마모족은 보는 각도나 그들이 처한 상황에 따라서 그 모든 수식어에 해당되기도 하지만, 그들을 둘러싸고 형성된 이미지는 지나치게 강하고 선정적이다. 라모스는 떠들기 좋아하는 언론이 민족지 내용을 과장해 보도했고, 이에 염증을 느낀 일부 민족지학자, 특히 샤농(Napoleon Chanon)은 새로 책을 내거나 세인의 관심을 끌었던 책의 수정판을 내놓을 때 의도적으로 표현의 수위를 낮추는 지경에까지 이르렀다고 지적한다.

오리엔탈리즘, 옥시덴탈리즘, 세계화

포스트모던 인류학의 중요한 요소는 푸코로부터 연유한 권력에 대한 관심이다(제9장 참조). 이와 관련해 중요한 것은 '오리엔탈리즘'을 통해 식민주의 및 탈식민주의 담론에 나타나는 권력을 확인하는 작업이다. 오리엔탈리즘이란 개념은 미국에 오래 거주한 팔레스타인 출신의 사이드(Edward Said)가 도입했다. 『오리엔탈리즘』(*Orientalism*, 1978)과 이어지는 저서에서 사이드는 서양이 교역, 식민주의 등의 착취형태를 통해 동양을 지배하기 위해 동양이라는 관념을 창조했다고 비판한다. 또한 서양은 자신을 정의하기 위해 동양을 필요로 한다고 사이드는 보다 논쟁적으로 선언한다. 즉 동양이 아닌 것이 서양이라는 것이다. 그의 독특한 사상은 사실 식민지 시대의 인류학적 연구가 서구와 제3세계의 불균등한 관계에 착상되어 있다고 지적한 인류학자들에 의해 예견된 것이었다(Asad 1973; Goody 1996과 비교해보라). 사이드는 문학가, 비교언어학자, 고고학자를 주된 공격대상으로 삼았으나, 인류학과 인류학의 오리엔탈리즘 담론도 넌지시 비판하고 있다.

그러나 일부 인류학자들은 사이드가 펼치는 주장의 방향을 바꾸었는데, 이는 그것을 부정하기 위해서가 아니라 그것이 오직 절반의 이야기임을 지적하기 위해서다. 캐리어(James Carrier)가 편집한 『옥시덴탈리즘』(*Occidentalism*, 1995a)에서는 9명의 학자(대부분이 미국인 인류학자이며, 캐리어를 포함한 일부는 사회학을 공부했다)가 '서구'의 개념을 논의하고 있다. 대부분의 기고자는 '서양' 사람이 동양에 대해 편견을 가지듯이, '동양' 사람도 서양에 대해 편견에 젖은 상투적인 시각을 가진다는 사실에 주목한다. 사회학에서 인류학으로 전향한 캐리어는 서문에서 흥미로운 체험을 밝히고 있다. 캐리어는 자신이 산업화된 자본주의 사회의 복잡한 뉘앙스에만 전념하다가 멜라네시아 사회를 연구하게 되었을 때, 인류학자들이 자신이 속한 사회에 대해 이야기하는 방식이 전혀 정교하지 않다는 사실을 알고 깜짝 놀랐다고 한다.

그것은 전문가의 이중 잣대로, 당시 나는 크게 놀랐고 불쾌하기까지 했다. 그들은 자신들이 연구하는 사회의 뉘앙스, 복합성, 내적 연관성을 발견하기 위해 많은 노력을 아끼지 않는 성실한 학자들이었다. 이러한 그들이 서구사회를 무심결에 설명하는 단순하기 그지없는 관점은 마을 사회를 연구하는 어떤 인류학자도 용납하지 못할 수준에 머물러 있었다. (Carrier 1995b: vii~viii)

캐리어는 현재 옥시덴탈리즘과 관련해서 인류학계에 세 가지 동향이 있다고 제안한다. 자기성찰의 성향, '전통의 창출'(invention of tradition: 얼핏 생각하기에 상당한 역사를 지닌 것 같은 전통이 사실은 최근에 발명된 것이라는 관념—옮긴이)에 관한 관심의 고조, 그리고 서구 자체의 민족지에 대한 점증하는 관심이 그것이다(1995b: viii~ix).

서양과 동양의 관계는 가상이든 실재든 인류학적 탐구의 대상으로 떠오르고 있는 세계화 과정과 결합되어 있다. 1993년 10년마다 열리는 영연방 사회인류학회 모임에서 노먼 롱(Long 1996)은 '세계화', '지역화'(localization), '재지역화'에 대해 논평했다. 세계화는 인구(예컨대 이주노동력), 기능, 자본, 기술과 기술관련 지식, 그리고 상징적 표상(예를 들어 '근대화'와 '세계화'의 개념, 유럽 공동체에서 새롭게 나타난 '시민권'의 개념)의 이동과정을 말한다. 지역화는 지역 특유의 지식 형태와 외부적 압력 사이의 상호작용을 수반하며, 재지역화는 지역적 기반을 갖는 지식—특히 농업경제와 사회발전에 이용될 수 있는—의 주장·재발견·발명을 동반한다. 롱은 이런 이슈에 관해 행위자 중심의 접근을 강조한다.

같은 책에서 옹(Ong 1996)은 세계화·근대화·산업화의 모든 국면을 같은 것으로 보는 오류를 지적하면서, 그것을 단순하게 서구문화와 동일시하는 것은 더 큰 오류라며 날카롭게 비판한다. 중국의 근대화는 오랜 기간의 역사적 과정을 거친 것이며, 일본의 근대화와 산업화도 1853년 페리 제독의 방문과 함께 시작된 것(미국의 학생들이 배우듯이)이 아니라, 장기간에 걸쳐 중국, 동아시아, 동남아시아와의 교역을 확대해온 결과라는 것이다.

내가 생각하기에 진정한 '포스트모던 조건'은 난민수용소·국제호텔·자동차도로·공항휴게실 등의 세계화된 '비공간'(nonspace: 역사적 순간과 창조적인 사회생활에 둘러싸인 공간에 비해, 비공간은 개인들이 일률적인 방식으로 연결되며 유기적인 사회생활이 불가능한 자기 충족적 영역이다. 컴퓨터 앞에 장시간 고독하게 앉아 있는 현대인의 모습을 떠올려 보면 비공간의 개념을 이해할 수 있을 것이다─옮긴이)에 대한 마르크 오제(Augé 1995〔1992〕)의 흥미로운 연구에 반영되고 있다. 진화론자와 포스트모더니스트가 진전시킨 주제인 동시에 현지조사를 하거나 학회에 참석할 때 인류학자의 피부에 와닿는 논제이기도 한 세계화는 한창 부각되고 있는 시의적절한 관심이다. 세계화가 모든 이론적 관점 중에서 가장 유행에 뒤떨어진 전파론에 가까워 보인다는 것은 다분히 역설적이다.

포스트모더니즘과 포스트모던 인류학

포스트모더니즘은 모든 '근대적' 이해를 비판한다. 포스트모더니스트들은 '근대적인' 것을 포괄적인 것으로 규정하며, 인류학의 거대이론과 민족지 기술의 완결성이란 관념을 모두 거부한다. 그들은 후자와 관련해서 인류학자에게 민족학적 권위를 부여하는 근거에 반대한다. 그래서 성찰성, 나아가 체현이 전면에 부각된다. 좀더 넓은 의미에서 포스트모던 인류학은 '오리엔탈리스트'의 저술을 비판적으로 검토함으로써 영감을 얻고, 지금까지 존재한 모든 인류학적 관점의 원동력이 된 '타자'의 창조(와 그에 입각한 '자아'의 정의)에 비평을 가한다. 포스트모더니즘은 상대주의와 해석주의의 논리적 귀결이기도 하므로 이 시각들을 확연히 분리하기는 어려우며, 다만 연대순, 어휘, 글쓰기 스타일 등 피상적 수준에서 구분할 수 있을 따름이다.

다시 상대주의로

반 데르 헤스트(van der Geest 1990)는 도발적인 한 논문에서 상대주의 자체는 독단이지 결코 독단에서 벗어난 것이 아니라고 말한다. 인류학자는 자신이 연구하는 타문화의 구성원과 자신이 속한 문화의 비인류학자 사이에서 발견되는 인지구조가 고정불변의 필연적 산물이라는 발상에 반대하여 상대주의를 퍼뜨린다. 하지만 지난 10년 사이 인류학은 각 문화가 고유의 가치체계나 의미구조를 갖는다는 온건한 상대주의적 관념에서 베니딕트나 워프를 연상시키는 단호한 관점으로 되돌아갔다. 현재는 포스트모더니즘의 용어로 표현되며 총체적인 문화이론을 벗어던진 점이 다를 뿐이다. 이 모든 것은 '상대주의'가 완전히 통일된 개념이 아니라는 사실을 입증해준다. 그 용어는 보아스 학파의 견고한 기반에서 떨어져 나온 무수한 이론적 단편을 가리킨다. 다양한 형태의 보아스주의는 상대주의적 독단에 반대하는 자나 인류학과 그 연구대상의 관계에 대한 신경향의 사유로부터 최근 획득된 통찰력을 신봉하는 자 모두에게 미국 인류학의 초석으로 남아 있다.

포스트모더니즘은 일찍이 미술과 건축양식의 연구에서 유행한 후 뒤늦게 인류학에 유입되었다. 그 분야에서는 50년대 말 이후로 스타일의 형식적 원리를 타파하고 예상을 깨는 혼합, 특히 지역적 변형을 받아들이는 경향을 나타내기 위해 포스트모더니즘이란 용어가 사용되었다. 인류학을 포함한 사회과학에서 그 용어는 파리 8대학(뱅센) 철학교수인 장-프랑수아 리오타르가 내린 정의를 상기시킨다. 그는 '포스트모던 조건'에 관해 퀘벡 정부에 제출한 보고서에서 "단적으로 단순화해 나는 포스트모던을 거대 담론(metanarratives)에 대한 불신으로 정의한다"(Lyotard 1984 〔1979〕: xxiv)고 밝혔다.

이로부터 인류학의 포스트모더니즘은 거대한 이론적 진실과 민족지적 실체의 전체성을 배격했다. 다시 말해서 포스트모던 인류학자에게 문화에 대해 참되고 완벽한 진술은 존재하지 않는다. 대부분의 학자는 근사치에 접근하기도 어렵다고 본다. 따라서 리오타르가 '거대담론'이라 부른 거대이론은 사라질 운명에 처해 있다―단 포스트모더니즘이라는 거대담론 자체는 제외하고.

『문화 쓰기』

인류학 최고의 포스트모더니즘 교재는 『문화 쓰기』(*Clifford and Marcus* 1986)로, 이 책은 1984년 뉴멕시코의 산타페에서 개최된 '민족지 텍스트 만들기'에 관한 학술회의에 기초하고 있다(Marcus and Clifford 1985도 참조). 8명의 인류학자와 한 명의 인류학사가(클리퍼드), 한 명의 문학비평가(프랫)가 논문을 제출했으며, 그 중 손턴(Robert Thornton)이 제출한 것만 빼고 모두 유명한 그 책에 수록되었다. 『문화 쓰기』의 통일된 주제는 문학적 방법을 인류학에 접목시키는 작업을 모색하는 것으로, 이 주제에 대해 여러 저자는 온건한 입장에서 과격한 입장까지 폭넓은 관점을 지니고 있다. 몇몇 기고자는 민족지 작성과정에 개입하는 권력관계를 살펴보기도 한다. 각각에 대해 간단하게나마 다루는 것은 가치 있는 일이다.

클리퍼드는 서론에서 민족지를 문화적 총체성의 재현(representation)으로 보는 생각을 공격하고, 토착적인 학자에 의한 민족지적 표현조차도 불완전한 것임을 강조한다. 그는 민족지를 글쓰기로 재평가할 것을 주장하면서도, 글쓰기가 민족지의 전부라는 주장과 민족지를 '시'로 인식하면 객관성이 배제된다는 극단적인 관점을 모두 거부했다. '민족지적 풍유'(allegory)에 관한 그의 실질적인 기고논문은 확실히 문학적 성격을 띠며, '문화적 재현의 설화적(narrative) 성격'(Clifford 1986: 100)에 초점을 둔다. 마커스 역시 문학적 분석을 제공하지만, 그의 경우 저자에게 부여된 '권위'의 실체를 밝히기 위해 세계체제론을 원용한다. 그는 후기에서 산타페 학회가 인류학에 던진 도전에 대해 간단히 논평하고 있다.

프랫(Mary Louise Pratt)은 다양한 민족지를 논의한다. 그녀는 객체와 주관적 이해의 '융합'을 지지하고, 민족지학자 스스로 역사적 전례와 문학 장르에 비추어 스스로의 작업을 재검토할 것을 촉구한다. 크라판자노(Vincent Crapanzano)는 전혀 다른 세 가지 텍스트, 즉 18세기 문헌, 19세기 문헌, 거츠(발리의 닭싸움에 관한)의 논문을 통해 번역의 문제를 고찰한다. 로살도(Renato Rosaldo)는 에번스-프리처드의 『누에르족』을 포함한 두 텍스트에서 권위가 드러나는 양식을 살펴보고 있으며, 아사드(Talal Asad)는 영국 인류학의 전통, 특히 『누에르족의 종교』에 표출된 번역 문제를 다룬 겔너의 논문을 '번역'의 대상으로 삼는다.

피셔(Michael Fischer)는 각 세대마다 재창출되는 민족정체성의 역동성을 검토하고 있으며, 라비노(Paul Rabinow)는 재현이 사회적 사실임을 예시하기 위해 거츠의 해석주의와 클리퍼드의 '텍스트적 메타인류학'(인류학자가 민족지의 권위를 세우기 위해 사용한 텍스트 구성방식에 대한 비판적 검토―옮긴이) 등의 예를 들어 텍스트의 구성을 다룬다. 인지인류학에서 전향한 타일러(Stephen Tyler)는 가장 강한 목소리로 포스트모더니즘을 논한다. 그는 과학적 사고의 종말을 언급하면서 가상의 포스트모던 민족지가 선보이는 단편적 성격을 칭송한다. 포스트모던 민족지는 '담론' 즉 대화를 목표로 한다는 점에서 기존 민족지 '텍스트'의 독백과 대비된다. 하지만 그는 진정한 포스트모던 민족지가 존재하지 않음을 탄식하는 동시에 "모든 민족지는 본질적으로 포스트모던하다"(Tyler 1986: 136)고 단언한다(포스트모더니즘의 정신을 철저하게 구현한 민족지가 아직까지는 나타나지 않았지만, 모더니스트들이 주장하는 민족지의 완결성 및 민족지학자의 권위를 부정하고 단편적이고 부분적인 민족지의 특성을 강조하는 포스트모더니스트들의 관점에서 보면, 모든 민족지가 포스트모던하다고도 볼 수 있다는 뜻이다―옮긴이).

『문화 쓰기』 이후 그 프로젝트에 참여했던 학자와 나머지 학자 중 몇몇이 논의를 이어갔다. 주목할 만한 예로는 현대 인류학 저술의 실험적이고 비판적인 성격을 정당화하려는 마커스와 피셔의 시도(1986), 20세기 민족지, 문학, 예술에 관한 클리퍼드의 논의(1988), 자아/타자 대립 상태(예컨대 서구 식민세력과 미개 사회의 관계)에서 모방(mimesis)에 의해 나타나는 문화적 변질(alterity)에 관한 타우시그(Michael Taussig)의 독창적인 연구(1993), 라비노의 논문집(1997) 등을 들 수 있다. 관련성에 대한 온건한 탐구는 현재 영국의 주도적인 인류학자 중 한 명인 스트래선(Marilyn Strathern)의 연구에서 현저히 드러난다. 무엇보다도 그녀는 (사회생활의 재현 또는 인류학적 글쓰기와 민족지적 자료 간의) '부분적 연결'이 불가피하다고 주장하는데, 이는 인류학자들이 다루어야 할 엄청난 양의 자료를 다른 식으로는 처리할 수 없기 때문이다. 한편 미국의 사회학자 덴진(Denzin 1997)은 포스트모던 민족지를 '도덕적 담론'이라고 요약한다. 그는 민족지학자가 사람들에 대해 글을 쓰는 전통적이고 객관적인 형태를 넘어서, 자서전과 연행(演行)에 기초한 미디어를 포함해 보다 실험적이고 경험적인 텍스트를 향해 나아가야 하며, 감정의 표현을 극대화하고, 허구화를 통해 과학적인 진실에 대비되는 시적이고 설화적인 진실을 표현하면서, 살아 있는 경험, 실천, 다중적인 관점을 지향해야 한다고 말한다.

포스트모더니스트는 가끔 문화, 문화의 기술, 문화에 대한 이론화에서 나타나는 자의성을 강조한다. 또 포스트모더니즘 자체에 대해 논평할 때에는 성찰성을 원용하는 경향이 있다. 크라판자노(1992: 88)가 표현하듯이, "기호의 자의성은 어떤 의미표시 행위에서나 계열적(paradigmatic)으로도, 또한 통합적(syntag-matic)으로도 나타난다." 다시 말해서 일부 후기구조주의자(특히 부르디외)가 소쉬르의 구분에 완전히 반대하는 반면, 단호한 포스트모더니스트 크라판자노는 소쉬르의 자의성 개념을 확대하여 기호 자체뿐 아니라 기호들간의 관계까지 다루고 있다. 포스트모더니스트에게는 누군가가 우월한 지위를 점한다는 것도 자의적이다. 그러므로 소쉬르 이후 대부분의 언어학자와 인류학자가 승인해온 관찰자와 피관찰자의 구분도 의문의 대상이 된다.

성찰론자와 이보다는 덜 자기중심적인 후기 해석주의자가 보기에 법칙정립적인(nomothetic) 것과 개별기술적인(ideographic) 것(Radcliffe-Brown 1952: 1)은 뒤섞여 경계가 허물어진 혼합물을 형성한다. 민족지와 이론, 관찰자와 피관찰자(또는 집단적인 자아와 집단적인 타자)는 인류학적 텍스트 속에서 거의 구별할 수 없게 된다. 유럽인이 쓴 유럽인의 민족지, 미국인이 쓴 미국인의 민족지가 그런 분야의 좋은 예가 되는 것은 아마 우연이 아닐 것이다. 허즈펠드(Michael Herzfeld, 하버드에 재직중이며 그리스를 전공한 영국 인류학자)는 인류학의 유연한 포스트모던 전통을 전형적으로 보여준다. 그의 저서 『거울을 통해 본 인류학』(*Anthropology Through the Looking Glass*, 1987)은 형식적이고 실증주의적인 인류학 이론을 비판하면서, 그리스의 역사에서 발견되는 유추를 통해 그리스 문화 내의 모순, 나아가 자아와 타자, 관찰자와 피관찰자의 인류학적 구분에 내재하는 모순을 논의하고 있다. 그 책은 모순을 뛰어넘는 연관성을 모색하고 있다. 허즈펠드는 비코(Gimbattista Vico)의 『신과학』(*New Science*) 최종 제3판(영어 번역에 대해서는 Pompa 1982〔Vico 1774〕: 159~267 참조)에 크게 의존하고 있는데, 비코는 당대에는 널리 알려지지 않은 18세기 이탈리아의 철학자로 역사와 사회 진화, 국가와 종교 같은 실체들 사이의 관계를 이해하려고 노력했던 인물이다.

은유·환유·제유·반어법 등의 수사(trope) 이론에 관한 최신 연구도 포스트모더니즘의 탐구와 관련성을 지니며, 시카고 대학의 페르난데스(Fernandez 1986)는 이 분야의 주도적 인물이다. 가봉의 팡(Fang)족에 대한 그의 민족지는 심층적인 내부적 관점의 탐색이며, 따라서 말리노프스키, 보아스, 거츠를 잇는 거대한 인류학적 전통 내에 자리잡고 있다. 그의 연구에는 또한 미국 및 야프(Yap: 미크로네시아의 소수민족—옮긴이) 친족의 다양한 상징적 특성을 모범적으로 해석해낸 데이비드 슈나이더의 정신도 살아 있는 것으로 보인다(특히 Schneider 1980[1968]; 1984). 페르난데스가 편집한 수사에 관한 논문집(Fernandez 1991)에 기고한 학자들은 때때로 언어학에서 새로운 개념을 차용하기도 하며(예를 들면 Lakoff and Johnson 1980), 문화를 항구적이고 복합적인 수사의 작용으로 본다. 하지만 라코프와 존슨은 사람들이 익숙하지 않은 것을 익숙한 것에 접목시켜 [은유를 만들어냄으로써 세상에 대한] 새로운 이해를 창조한다고 주장한 반면, 퀸(Naomi Quinn)은 기본적으로 그 역을 주장한다. 즉 은유는 문화적으로 합의된 이해에 기초하며, 세상을 바라보는 새롭고 명료한 시각보다는 기존의 문화적 모델에 바탕을 둔 복합적인 시각을 낳는다는 것이다. 전 세대의 인류학자들과 마찬가지로 그녀에게 가장 핵심적인 것은 문화다.

포스트모더니즘의 문제점

비판적 논조의 탁월한 글을 많이 남긴 영국의 철학자 겸 인류학자 고(故) 어니스트 겔너는 상대주의와 포스트모더니즘을 주관적이고 자기탐닉적이라고 공격했다. 포스트모더니즘은 오늘날 가장 지배적인 형태의 상대주의이며, 겔너가 특히 문제삼은 것은 식민지 시대 유럽의 민족지가 공언한 객관주의에 대한 포스트모더니즘의 비판이다. 포스트모더니스트는 식민지 시대의 민족지가 억압적 식민정부와 다국적 기업의 수중에 들어 있던 도구에 불과하다고 본다. 포스트모더니즘에 반대하는 입장에서 볼 때 포스트모더니즘이 인류학을 해방시키려는 시도는 그릇된 인식에서 나온 것으로, 기존의 인류학 전통에 대한 공격은 잘못 겨냥되었으며, 그것의 주관성은 상식의 궤도에서 많이 벗어나 있다. 겔너에 따르면 포스트모더니스트는 인류학이 실증주의(객관적 사실에 대한 믿음)에서 해석학으로 변모한 것으로 본다. 하지만 포스트모더니즘 운동은 사실 두 세기 전 계몽시대 유럽의 질서를 전복시킨 낭만주의 운동의 재연이다. 겔너는 계속해서 『문화 쓰기』에 수록된 논문들이 엄밀성을 결여하고 있다는 점을 비판한다. 그는 다음과 같이 결론짓는다. "결국 인류학에서 포스트모더니즘이 내세운 전략적 의미는 어떤 객관적 사실이나 독립적인 사회구조도 인정하기를 거부하고(실제로는 거부하고 싶은 대상만 골라서 거부한다), 그것을 탐구 대상과 탐구자의 의미를 추구하는 작업으로 대체하는 것으로 보인다"(1992: 29).

겔너는 우선 라비노와 클리퍼드를 정면으로 비판한 후, 인류학이 해석학에 사로잡히게 된 책임을 거츠에게 돌리고 상대주의의 옹호자인 거츠(1984)를 향해 철학자의 칼날을 겨누었다.

거츠는 극도의 모호성과 주관주의(포스트모더니즘 문체의 주요한 특성)를 정당화하기 위해 인식론적 회의와 혼돈에 주의를 환기함으로써, 모든 인류학자로 하여금 양심의 가책과 사고의 마비(실재하기도 하고 꾸며내기도 한)를 과장하도록 독려해왔다. 포스트모더니스트는 객관주의와 실증주의가 걸어온 길을 거슬러올라가 탐구자와 탐구 대상의 의미를 재정립하려 애써보았지만, 오랜 번뇌 끝에 자신과 타인을 이해하기에는 역부족임을 깨닫고 더 이상 타인에 대해 고민하지 않기로 자포자기했다. 세상 모든 것이 단편적이며 다중적인 형태를 띠고, 서로 비슷한 것이 아무것도 없으며, 아무도 타인(또는 자신)을 알 수 없고, 진정한 의사소통이 불가능하다면, 그런 상황이 빚어낸 고뇌를 뜻조차 헤아리기 힘든 산문으로 표현하는 것 외에 달리 무슨 일을 할 수 있겠는가? (Gellner 1992: 45)

해석주의와 포스트모더니즘의 작업을 요약해보자. 거츠류의 해석주의자를 비롯한 온건한 포스트모더니스트는 사회를 민족지학자가 '읽어야' 할 텍스트—마치 독자들이 그의 텍스트를 읽듯이—와 같다고 본다. 다른 포스트모더니스트는 (로이의 표현을 빌려) 문화를 '누더기 잡동사니'로 본다(각각의 누더기와 잡동사니는 서로 작용한다). 또 다른 학자는 문화를 일련의 말의 작용 또는 '수사'라고 생각한다. 민족지도 마찬가지며, 인류학도 크게 다르지 않다. 이런 사조를 신봉하는 대부분의 학자들에 따르면 문화는 정형화되지 않은 '텍스트와 같다'는 사실 이외에는 어떤 거대이론이나 거대유추도 존재하지 않는다. 내가 모든 해석주의자에게 제기하고 싶은 질문은, 그들의 거대담론이 진실이라고 가정할 경우 그들이 생각하는 인류학은 어떤 모습인가 하는 것이다. 모든 것이 상대적이며 민족지에는 진실이 없다면, 인류학은 해체되어 문학비평에 흡수되거나, 문학비평의 한 지류로 인류학 주제의 큰 부분을 차지해버린 문화연구(cultural studies)로 편입되고 말 것이다(Bratlinger 1990 참조).

그러나 해석주의자와 포스트모더니스트 사이에서도 미묘한 갈등이 없는 것은 아니다. 한쪽은 민족지 자체를 궁극적인 목적으로, 또는 이해를 위한 시도—그 이전의 민족지가 지향하던 이해의 수준에는 미치지 못하지만—로 간주한다. 이 인류학자들은 구체적인 사항을 통해서, 심지어 민족지적 활동 자체의 세부사항까지 고려하면서 인간의 조건을 이해하려고 애쓴다. 급진적인 성찰론자들은 민족지의 대상인 피관찰자보다 민족지를 하고 있는 자신에 대해 더 많이 쓰고 싶어 한다. 이는 모든 개별기술적인 접근 가운데 가장 극단적인 것으로, 민족지(사람들에 대해 쓰는 작업)와 민족지적 방법(현지조사 활동)이 하나가 되는 격이다. 한 배를 타고 있는 인류학 전체로 봐서는 성찰성에 대한 최근의 논의에서 많은 것을 얻었지만, 그래도 지나치게 자기중심적인 성찰주의는 자료수집자 및 사회적 행위자인 민족지학자의 역할에 관한 겸허한 깨달음과 구별되어야 한다.

다른 쪽은 민족지를 목적에 이르는 수단, 즉 인간성의 폭넓은 이해를 구축하기 위한 수단으로 파악한다. 온건한 해석주의자로서 포스트모던 비판의 긍정적 측면을 수용한 이들 인류학자에게는 희망이 있다. 그들은 아마도 진화론과 기능주의, 구조주의적 마르크스주의, 생물인류학으로부터 자유롭게 아이디어를 차용할 수 있을 것이다. 이 이론적 시각은 법칙정립적 탐구의 분야에 속한다. 이런 모습의 인류학이 제시하는 가능성에 대해 잠시 후에 짚어볼 것이다.

혼합과 절충: 타협안?

레이턴(Robert Layton)은 현재 인류학이 사회생물학과 포스트모더니즘으로 양극화되어 있다고 진단한다(1997: 157~215). 이 진단은 어느 정도는 사실이지만 지나친 감이 있다. 인류학자들은 여러 접근방식을 기꺼이 혼합하고, 상이한 이론적 전통에서 아이디어를 취사선택하는 추세를 보여준다. 적어도 50년대 이후로는 그런 식으로 연구가 진행되어왔다.

　구조주의, 상호작용론, 해석주의라는 세 갈래의 사유를 중심으로 50년대 이후의 새로운 발전을 살펴보자. 그 세 갈래는 서로 배타적이지 않으며, 오히려 다양한 이론가와 민족지학자에 의해 서로 얽히고, 중복되고, 교차된다. 레비-스트로스의 구조주의는 구조, 거래행위론은 상호작용, 거츠의 해석주의는 해석이 주된 관심사라는 것은 두말할 나위도 없지만, 그럼에도 불구하고 둘 이상의 이론적 시각에 의존하여 이해를 도모할 가능성은 얼마든지 있다. 앤서니 코언(Cohen 1985; 1994) 같은 학자는 최근에 해석주의와 상호작용론의 관심을 섞었다. 리치(1954), 터너(1957)와 부르디외(1977〔1972〕)는 사회적 과정의 분석에서 구조와 행위를 모두 강조했으며, 윌리스(1974)와 니덤(1979)은 구조와 해석을 융합했다. 홀리(Ladislav Holy)와 스투흐리크(Milan Stuchlik)의 연구(1983)는 하나의 패러다임 안에 세 가지를 잘 섞어서 이용했다. 그렇다면 인류학의 미래는 여러 접근의 융합에 달려 있다고 간단히 진단할 수 있다. 사회학자들과 일부 인류학자들은 세 명의 위대한 사회사상가, 즉 마르크스, 뒤르켐, 베버의 관점에서 생각하기를 좋아한다. 그들은 원색과 같아서, 그들을 종합하거나 그들 사유의 다른 갈래를 혼합하면 어떤 이론적 입장도 만들어낼 수 있다.

　물론 사정이 그렇게 간단하지 않을 수도 있다. 이탈리아의 인류학자 파스퀴넬리(Pasquinelli 1996)는 '문화'의 개념에 대해 다른 해석을 제시했다. 그녀의 지적에 의하면, 이 개념은 근대주의자가 전(前)근대적 '타자'를 규정하기 위해 채택했다는 점에서 본질적으로 '근대적'이다. 그것은 진화론에서 발생했으며, 그녀가 보는 인류학적 사유의 세 단계인 실질적 단계(관습에 관심을 가지며, 타일러에서 보아스에 이른다), 추상적 단계(크로버나 클룩혼처럼 유형에 관심을 가짐), 상징적 단계(거츠가 대표하는 상징에 대한 관심)를 거치면서 건재를 과시했다. 하지만 그녀는 거츠의 입장이 과도기적이라 주장하는데, 이는 그가 문화를 분산적이고 단편적인(즉 포스트모던) '지역 고유의 지식'(local knowledge)으로 보면서도, '중층기술'을 통해 타일러가 제창한 문화의 총체성(즉 모던)을 추구하기 때문이다. 이러한 전통은 클리퍼드(1988)가 대상(문화)을 버리고 설화의 주관성(민족지학자의 관점)을 특권화하면서 전기를 맞는다.

그러나 과연 대상이 없는 인류학이 존재할 수 있는가? 우리가 문화나 사회를 연구하지 않는다면, 문화인류학 또는 사회인류학은 무엇을 해야 하는가? 이는 포스트모더니스트들이 우리 세대에 던진 난제다(Strathern 1987b; Fox 1991). 이 책에서 나는 당연한 말을 늘어놓는다는 비난을 감수하고, 문화인류학이 다양한 관점의 분야로 남아 있다는 사실을 보여주고자 노력했다. 현 세대는 진화주의 학파 내에서 혁신적인 작업을 선택할 수도 있고, 허심탄회하게 포스트모던 조건을 수용하고 그 결과에 대비할 수도 있다. 지금으로서는 온갖 종류의 오래된 사상을 혼합하는 것이 가장 안전한 선택으로 보인다.

요약

해석주의와 포스트모더니즘은 언어와 문화 간의 유서 깊은 유추만큼이나 인류학에 썩 잘 어울린다. 인류학 사상과 언어적 유추 간의 관계와 그것의 역사적 변형을 이해하면, 인류학과 다른 사회과학 분야에 앞으로 다가올 새로운 발전의 싹을 알 수 있다.

인류학의 역사를 통해 인류학 이론과 언어학 이론은 신기할 정도로 유사성을 보이는데, 이는 결코 우연이 아니다. 오히려 그것은 여러 세대를 거치면서 인류학자들이 언어적 유추 및 관련된 유추를 인식하고 활용해온 결과다. 유추는 형식을 표현하지만, 언어가 문화의 한 측면이며 언어와 글쓰기에 대한 토론이 인류학에서 부각되었다는 면에서 인류학자들은 언어학과 내용을 공유하기도 한다. '언어학적 유추'에 대해 말하는 것은 상식이 되어 버렸지만, 인류학의 역사를 통해 볼 때 여러 가지 언어학적 유추가 서로 경합을 벌였으며, 이와 동시에 다른 유추(예컨대 생물학적 유추)와도 경쟁했다고 보는 편이 더 정확할 것이다.

레비-스트로스(1963〔1952〕: 67~68)는 한때 언어학과 문화인류학 사이에 존재하는 세 가지 수준의 관계—한 언어와 한 문화의 관계, 추상적인 언어와 문화의 관계, 언어학과 인류학의 관계—에 주목했다. 나는 문화인류학에 포함된 언어학적 사고의 전체영역을 다루기 위해 다른 조합의 관계를 선택할 것이다. 그것은 문법으로서의 사회 또는 문화, 번역으로서의 민족지, '담론'으로서의 사회와 민족지다.

문법적 유추는 래드클리프-브라운과 지지자들의 연구에서 은연중에 드러난다. 물론 그들은 인류학을 언어학에, 문화를 '언어'에 비유하기보다는 인류학을 생물학에, 사회를 '유기체'에 비유하는 경우가 더 많다. 문법적 유추는 후에 레비-스트로스와 구조주의 인류학자들에 의해 명시적으로 사용되었다. 그들에게 있어서 문화와 사회의 기반은 언어의 문법과 유사한 형태를 갖는다.

이것은 특정한 문화의 문법일 수도 있고, 레비-스트로스의 연구 대부분에서처럼 모든 문화가 공유하는 보편적인 문법일 수도 있다.

번역의 유추는 에번스-프리처드의 연구에서 묵시적으로, 때로는 명시적으로 나타난다. 그것은 종교를 문화체계로 보는 거츠의 연구(Geertz 1966)에서, 그리고 그의 '해석인류학' 논문집(1973; 1983)에서 보다 확연히 노정된다. 에번스-프리처드에게 외국문화는 외국어와 마찬가지여서 자기 문화의 '언어'에서 익숙한 용어로 '번역'되어야 하는 것이다. 거츠에게 문화는 사람들의 의사소통을 가능하게 해주는 상징 속에 구현된다. 거츠는 인지인류학과 추상적인 사고에 대한 관심에서 벗어나, 행위자의 관점에서 행위를 이해하고자 했다. 이 점에서 그는 한때 스승이었던 사회학자 파슨스(Parsons 1949〔1937〕), 터너(1967)를 비롯한 과정주의적이고 행위중심적인 인류학자, 그리고 의례를 '체현'으로 보는 시각의 지지자와 공유하는 바가 많다.

푸코(1974〔1969〕)에서 유래한 담론 유추는 자신을 포스트모던 프로젝트의 일부분으로 여기는 사회인류학자들의 연구에서 특히 두드러진다. 해묵은 근대 인류학의 담론은 부분적으로 그것이 유래한 사회 일각의 이해를 대변한다. 하지만 일례로 기능주의를 단지 영국의 식민지 사업에 의해 생산된 담론(Asad 1973)으로 규정하는 것은 너무 단순하다. 오히려 인류학은 인류학자의 조사를 받는 사람과 인류학자 자신 간의 대화에 의해 전개된 인간 조건에 대한 담론이라고 보는 편이 역사적으로 훨씬 의미심장하다. 이 관점은 포스트모던 인류학과 근대적 인류학을 공동의 작업으로 묶어주며,『브리태니커 백과사전』초판에 실린 인류학의 정의

(1771: I, 327)——인류학: 인간성에 대한 담론——와도 일맥상통
한다.

읽을거리

Douglas의 『에번스-프리처드』(1980)는 에번스-프리처드 인류학의
기초에 대한 최고의 안내서다. Pals의 『일곱 가지 종교이론』(*Seven
Theories of Religion*, 1996)은 에번스-프리처드와 거츠에 관한 흥미
로운 논문을 담고 있다. Geertz의 『작품과 생애』(1988)는 주요 인류학
자 몇 명의 사상을 참신하게 해석하고 있다. 하지만 거츠의 가장 중요
한 저서는 두 권의 논문집(1973; 1983)이다. Shankman의 논문 「중층
성과 천박성」(The Thick and the Thin, 1984)도 참조하라.

Knauft의 우수한 저서 『현대인류학의 계보』는 포스트모던 인류학과
여타 최신 경향에서 나타난 논쟁점을 검토하고 있다. Lechte의 『주요
현대 사상가 50인』(*Fifty Key Contemporary Thinkers*, 1994)은 대
개 인류학 외부에서 인류학에 영향을 미친 구조주의, 후기구조주의,
포스트모더니즘 사상가의 개념을 살펴보기에 유용한 책이다. 포스트
모더니즘 전반에 대한 많은 입문서가 있는데, 그 중 흥미를 끄는 것
은 Smart의 『포스트모더니즘』(1993)이다. 문화 연구와 관련분야의 이
론적 개념에 대해서는 Milner의 『현대문화이론』(*Contemporary Cul-
tural Theory*, 1994)을 보라.

H. L. Moore의 논문 「거대설화: 인류학과 글쓰기」(Master Narra-
tives: Anthropology and Writing, 1994〔1993〕)는 쓰기의 문제에 대
한 자극적인 검토로 한번 읽어볼 만하다. 『문화 쓰기』(1986)에서 조
명되었던 문제에 대한 영국 학자들의 최신 접근은 James, Hockey,
Dawson이 편집한 『문화 쓰기 이후』(*After Writing Culture*, 1997)를
보면 된다. 성찰성을 다룬 논문집으로는 Okeley와 Callaway의 『인류
학과 자서전』(*Anthropology and Autobiography*, 1992)이 있다.

II 결론

이 책은 인류학 이론의 '내용'을 다루었다. 그런데 인류학 이론의 내용을 구성하는 사상과 패러다임은 낡거나 약해졌다고 해서 곧장 새롭고 강력한 것으로 대체되는 것은 아니다. 물론 인류학 이론은 내용뿐 아니라 '형식'도 가지며, 이 마지막 장에서 우리는 우선 그 형식이 어떠한지에 대한 문제를 살펴본 연후에, 내용과 형식의 관계에 관한 이슈로 돌아가 인류학적 사고의 미래에 대해 심사숙고하면서 결론을 내리도록 하겠다.

국가별 전통과 인류학 이론의 미래

국가별 전통이란 견지에서 인류학을 생각해보는 것은 흔한 일이며, 때로는 유용하기도 하다. 그것은 보아스의 전통과 말리노프스키/래드클리프-브라운 전통의 연원이나 그들간의 관계, 그리고 인류학과 사회학(인류학의 한 부분이 될 가능성도 있었으며, 반대로 인류학이 사회학의 일부가 될 수도 있었다)의 관계를 상상할 때 특히 유용하다. 새로운 이론의 발전은 물론 개인적인 사유의 산물이지만, 또한 당시 사상가가 처한 상황의 산물이기도 하다.

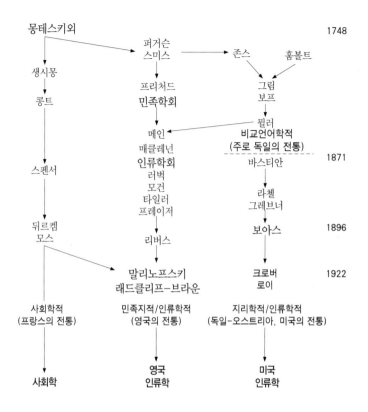

몽테스키외   1748

그림 11.1 인류학의 세 가지 전통

그러한 상황을 구성하는 것 중에는 하나의 사건 또는 동시다발적인 사건들이 있다. 기억해야 할 연도로는 1748년(상당한 영향력을 행사했던 몽테스키외의 『법의 정신』이 출판된 해), 1871년(타일러와 모건의 주저를 포함한 여러 중요 서적이 출판되고 인류학회가 설립된 해), 1896년(보아스가 컬럼비아에 인류학과를 설립한 해), 그리고 1922년(리버스가 사망하고, 말리노프스키와 래드클리프-브라운의 주요 저서가 출판되었으며, 각자 기능주의 이론

을 본격적으로 가르치기 시작할 무렵)을 꼽을 수 있다. 그림 11.1
은 영국 인류학, 독일의 비교언어학에서 출발한 미국 인류학, 사
회학의 발달로 이루어진 세 가지 전통을 보여주고 있다.

그렇지만 인류학의 전통을 국가별 계보에 따라 규정하는 것이
손쉬운 것만은 아니다. 포티스는 근대 사회인류학이 '두 가지 구
분되는 계보'를 포함한다고 여러 차례 강조했다.

내가 보기에 하나는 래드클리프-브라운, 로이, 리버스를 거
쳐 모건과 메인으로 거슬러올라가며, 다른 하나는 크로버, 말리
노프스키, 프레이저를 거쳐 타일러로 거슬러올라가는데 보아스
도 어느 정도 이 전통과 관련된다. 나는 첫째 계보는 구조적 개
념과 이론의 원천이라 보고, 둘째는 우리의 전공인 관습적 사실
또는 문화 연구의 산실이라 본다. (Fortes 1969: 14)

이는 미국 인류학은 문화에 관심을 갖는 전통이며, 영국 인류학
은 사회에 관심을 갖는 전통이라는 통념을 깨는 것이다(래드클리
프-브라운·리버스·메인·말리노프스키·프레이저·타일러는 영
국인이며, 로이·모건·크로버·보아스는 미국인이다). 포티스는
나아가 인류학을 구성하는 은유적인 '이중 출계체제'에서 각 인류
학자는 두 출계집단에 동시에 속하며, 작업의 성격에 따라 각 집
단에서 아이디어를 취한다고 말한다.

모든 이론적 접근을 통합하는 것은 하나의 논리적 가능성이다.
하지만 가까운 시일 내에 모두가 동의하는 하나의 패러다임이 등
장할 것 같지는 않다. 그보다는 개인별로 아이디어를 취합할 확
률이 높아 보인다. 이는 구조주의와 행위중심적인 사상을 혼합

했던 리치 같은 인물에서 비롯되어 오랫동안 실행되어왔다. 오늘날 많은 인류학자들은 하나 이상의 패러다임에 속하며, 둘 이상의 패러다임을 섞는 이들도 있다. 크게 보면 해석, 행위, 구조라는 세 가지 보완적인 접근이 눈에 띄지만, 다른 가능성도 있다. 예를 들어 구조, 사건, 역사의 조합이 논의될 때도 있다(Auge 1982〔1979〕). 지역비교와 마르크스주의는 서로 다른 방식으로 구조와 역사라는 양 요소를 포함한다고 볼 수 있으며, 그 두 가지 중 하나를 사건과 혼합하는 또 다른 접근도 가능하다(Holy and Stuchlik 1983).

현재 인류학자의 선택을 기다리는 수많은 이론적 시각이 있으며, 이들은 각기 영향력 있는 여러 계보로 구성된다. 그것들을 조합할 가능성은 무궁무진하다. 이는 긍정적이며 진정한 포스트모더니즘의 경향이기도 하다. 다만 우려되는 것은 포스트모던 프로젝트의 편향된 시각으로 인해 포스트모더니즘에 이론적 뿌리를 두지 않을 경우 비록 올바른 입장이라 하더라도 거부당할 수 있다는 점이다. 그러나 다양한 접근을 수용하고 연구주제에 따라 다른 학파의 이론적 개념을 적극 활용하는 것은 적어도 보아스의 초창기 상대주의만큼이나 오래된 일이다. 아니 그 이전부터도 인류학자들은 자유롭게 다른 영향을 받아들이고 여러 시각을 결합시켰다. 예컨대 모건과 타일러는 그들의 특유한 단선진화론에 전파론적 요소를 기꺼이 가미했다.

인류학자는 거대이론, 중간범위의 이론, 그리고 증가추세에 있는 특수한 이론적 논쟁 등 이론의 여러 수준에서 활동한다. 인류학 전체는 인간성의 이해와 문화적 다양성의 연구라는 서로 다른 두 문제에 지속적인 관심을 가져왔다. 18세기 계몽기에는 전자가 주요 관심사였다. 19세기에 본격적인 인류학이 발달하면서 복수 기원론자의 지배 아래 문화적 다양성이 현저하게 부각되었다. 그것은 후에 단선진화론이 설명하려고 애쓴 문제이기도 했다. 보아스와 초창기의 상대주의자에 의해 다양성은 인류의 경이로움으로 찬양되었고, 최근 그것에 대한 관심이 부활한 듯하다. 70년대 이후 돌아온 상대주의는 사회적 법칙에 대한 낡은 기능주의적 관심과 문화적 보편성에 대한 구조주의적(구조주의적 마르크스주의를 포함한) 관심을 잠재웠다.

인류학의 역사 재고

한 분야의 진정한 역사는 있을 수 있는가? 아니면 모든 역사는 '휘그의 역사'(Whig history)인가? 나는 본질적으로 상대주의적인 후자의 관점을 선호할 만한 충분한 근거가 있다고 생각하며, 적어도 인류학자는 어느 정도 휘그사관에 입각해 사건을 설명한다는 점을 인정해야 한다고 생각한다. '휘그의 역사'란 1931년 무렵 버터필드(Herbert Butterfield)가 만든 표현으로, 역사가들이 역사를 진보와 보수 간의 갈등으로 설정하고, 진보진영(Whig)이 결국 승리해 변화를 주도한다고 보는 일이 비일비재하다고 말한 데서 비롯되었다. 휘그의 역사는 그래서 주관적이고 '현재중심적'이며, 이 때문에 진정한 역사가의 호응을 얻지 못한다(Stocking 1968〔1965〕: 1~12). 제대로 된 역사는 충실하게 '역사주의적'(일반적으로 역사주의란 역사의 진행 방향을 지배하는 특별한 법칙이 존재한다고 보고, 그것을 발견하여 역사적 예측을 제시할 필요가 있다고 주장하는 입장을 가리키지만,

여기서는 단순히 사회의 역사적·통시적 측면을 객관적으로 탐구하는 접근을 일컫는다—옮긴이)이라는 것이 정통 역사학자의 주장이다.

그러나 현재 활동 중인 인류학자가 저술한 인류학사의 대부분은 유난히 현재중심적인데, 이는 현재의 관심에 직결된 역사를 다루기 때문이다. 그것은 또한 많은 인류학자의 손에서 **신화적**—말리노프스키(1948〔1925〕: 79, 120)가 사용한 의미에서—으로 바뀌기도 한다. 이는 역사가 인류학자들에게 인류학 분야 내에서 자신의 위치를 조망하도록 해주는 '신화적 헌장'(mythical charter)을 부여한다는 뜻이다('신화적'이란 현존하는 사회적 관계를 역사적으로 설명하는 신화의 특징을 가리키며, '신화적 헌장'이란 신화에 바탕을 두고 신념이나 행위를 정당화하는 틀을 뜻한다. 인류학자는 자신의 신념과 역사의식, 이론적 입장에 따라 인류학사를 구성하게 마련이라는 점을 강조하기 위해 저자가 인용한 표현이다—옮긴이).

나는 나 자신의 인류학사도 다소 '신화적'이며 '현재중심적'이고 '휘그적'임을 부인하지 않겠다. 이런 이단적 관점이 용납되는 것은 이 책에서 내가 제시하고자 한 것이 인류학의 유일한 역사가 아니라 여러 가능성 중 하나일 뿐이기 때문이다. 좀더 정확히 말하면, 나는 인류학의 역사라기보다는 인류학적 이론을 구성하는 상이한 사상 사이의 복잡한 관계를 보여주기 위해 선택, 배치된 역사의 작은 단편을 제시하고 있다.

인류학의 역사는 얼마든지 다르게 조명할 수 있으며, 인류학 사상을 예시하기 위해 역사는 보다 복합적으로 이용될 수 있다. 많은 책에서 단순한 '위인이론'이 발견되곤 하는데, 그 예는 애덤 쿠퍼의 『인류학과 인류학자들』(*Anthropology and Anthropologists*, 1996〔1973〕) 및 무어(Jerry Moore)의 『인류학의 거장들』이다. 이와 대조적으로 하이엇(L. R. Hiatt)은 『원주민에 대한 여러 주장』(*Arguments about Aborigines*, 1996)에서 독특한 역사적 서술방법을 택했다. 그는 원주민 사회의 특징적 측면(성별관계·기원신앙·정치조직·토지문제 등)과 그것이 각 세대의 인류학자들에 의해 해석되는 방식에 초점을 맞춘다.

『한 세기의 논쟁』(*A Century of Controversy*, 1985)에서 서비스는 친족용어의 지위나 문화의 성격처럼 전면에 부각된 이슈를 매개로 구체적인 인류학적 논쟁에 주안점을 둔다. 『인간, 정신, 과학』(*Man, Mind, Science,* 1979)의 저자 리프(Murray Leaf)의 주목적은 인류학사를 철학적 관점에서 살펴보는 것이므로 인류학적 논쟁은 거의 무시한다. 레이턴의 최신 저서 『인류학 이론 입문』(*An Introduction to Theory in Anthropology*, 1997)은 그 중간에 위치한다. 레이턴은 인류학의 논쟁과 철학적 질문(그리고 민족지 해석의 문제)을 모두 다루고 있는데, 기능주의 이전의 인류학과 국가별 전통은 대체로 무시한다. 구디의 『확장의 순간』(*The Expansive Moment*, 1995)과 쿠클릭(Henrika Kuklick)의 『내부의 야만인』(*The Savage Within*, 1991)은 영국 인류학의 사회사를 제시하지만, 그들이 취한 방법과 해석은 근본적으로 다르다. 어리(James Urry)의 『사회인류학 전사』(*Before Social Anthropology*, 1993)는 영국 인류학의 역사에 관한 그 자신의 다양한 논문을 모은 책답게 여러 가지 접근을 혼용하고 있다.

지금까지 열거한 것이 완전한 목록은 아니지만, 여태껏 이루어진 가능성의 범위를 엿보게 해준다. 오늘날의 민족지학자는 자신이 연구한 사람들에 관해 유일한 민족지를 쓴다고 주장하지 못한다. 이와 마찬가지로 내가 제시한 목록은 하나의 인류학사 같은 것은 존재하지 않는다는 개인적 신념을 입증하려는 것이다.

요약

나는 오래된 인류학 이론들이 그 주창자들과 함께 사라진다고 생각하지 않는다. 오히려 그것들은 새로운 경향에 통합되거나, 세월이 지나 다른 모습으로 복귀하는 것이 일반적이라고 본다. 인류학의 토대는 계몽사상, 특히 사회계약의 개념—17세기와 18세기 모든 사회과학의 기반이었던—에 있지만, 분야 자체가 등장한 것은 19세기였다. 초기 이론가들의 주장은 태동기와 과거의 인류학이 어떠했는가를 잘 보여주기 때문에 세심하게 검토될 가치가 있다. 그것이 중요한 또 다른 이유는 후대의, 그리고 오늘날의 인류학자들이 초창기 학자들과의 관련 속에서—그들에 반대하든 또는 그들의 이론적 개념을 확대하고 변형하든—자신의 입지를 정의하기 때문이다.

진화론은 흔히 19세기 이론으로 치부된다. 그렇다면 그것이 20세기 후반에도 사랑받고 있다는 것은 무엇을 말하는가? 진화는 일상적인 진보의 개념, 또는 사회발전의 관념과 불가분의 관계에 있다. 19세기의 개념이었던 '진보'는 현재 우리의 사고 속에 살아 있다. 오늘날 가난한 나라의 국민들을 최소한 경제적으로 거들어 준다는 뜻을 담고 있는 '발전'이라는 단어는 겨우 4, 50년의 역사를 갖고 있을 뿐이다. 그런데 이 개념은 어떤 측면에서 보면 마치 빅토리아 시대의 진화론이 부활한 것 같다. 그것은 기술, 경제, 사회의 관계에 대해 19세기 개혁주의자와 사회이론가가 추구하던 것과 유사한 사고방식을 시사한다. 19세기와 20세기 후반의 많은 인류학자들이 공유하는 것은 '진보'나 '발전'의 틀 내에서 인과관계를 이해하려는 열망이다. 20세기 후반의 일부 인류학자들은 인간의 문화적 기원을 탐구하기 시작했고, 이는 고고학, 언어학, 인간유전학 등 인접 분야의 눈부신 발전을 감안할 때 전도유망한 작업으로 보인다.

순수하고 극단적인 전파론은 사장된 지 오래지만, 역사적 특수성에 대한 관심이나 문화영역의 개념처럼 전파주의 학파에서 유래한 사상은 지난 수십 년간 더욱 중요해졌다. 인류학 연구가 밀접하게 관련된 문화 사이의 유사성과 차이점에 큰 비중을 두게 되면서, 지역연구도 다양한 이론적 전통 내에서 점차 중요한 것으로 인식되었다. 현대 인류학자들이 내놓는 민족지적 연구가 양적으로 팽창함에 따라, 지역에 초점을 두는 연구는 자연스럽게 증가했다.

상대주의는 보아스 이후 미국의 인류학 전통을 규정해온 뚜렷한 특징이었다. 인간 문화의 다양성을 연구한다는 성격 자체로부터 문화를 그 고유한 관점에서 평가해야 한다는 당위성이 도출된다는 면에서, 어떻게 보면 모든 인류학은 상대적이다. 이는 모든 인류학자가 절대적인 의미에서 상대주의자임을 뜻하지는 않는다. 오늘날에는 상대주의에 대한 '찬성'과 '반대' 입장이 뚜렷이 드러나고 있으며, 성찰성과 담론 분석을 내세우는 새로운 상대주의는 보아스 사상에 대한 관심의 소생일뿐더러 여러 학문 분야를 관통하는 포스트모더니즘의 영향으로부터 유래한다.

전파론의 경우와 마찬가지로 현재 기능주의라는 단어와 관련된 인류학자는 거의 없다. 하지만 기능주의 방법론은 인류학 현지조사의 밑바탕으로 남아 있다. 리치가 말하듯이, 조사 현장에 있는 모든 인류학자는 사회제도들이 서로 연결되고 개인들이 상호작용하는 방식을 살펴보아야 한다는 면에서 일종의 기능주의자다. 인류학자는 현장에서 돌아온 다음에야 비로소 기능주의를 초월하는 틀 안에서 자신의 생각을 재조직한다는 것이 리치의 주장이다. 리치 자신의 경우에는 구조주의와 과정주의를 혼합하는 방향으로 귀결되었다. 각 인류학자는 나름대로 다른 식의 혼합을 시도하는데, 이럴 때에도 인류학의 기능주의적 기조는 상대주의적 기반처럼 굳건히 남아 있다.

구조주의는 주로 레비-스트로스의 연구 덕분에 인류학의 경계를 넘어서까지 영향력을 발휘하며 대단한 명성을 얻었다. 인류학 내에서는 마르크스주의적 사고가 구조주의적 요소를 강하게 간직하곤 했다. 지역비교의 이론적 패러다임은 레비-스트로스의 구조주의와 그에 앞선 네덜란드 학파에서 많은 것을 취했다. 해석주의와 포스트모더니즘의 시각도 구조주의와 기능주의의 신조에 대한 명시적 거부를 발판으로 삼고 있다는 점에서 어느 정도 그 패러다임과 관련이 있다. 그것은 적어도 인류학에서는 구조주의 자체에 대한 구조적 반대에 의존하고 있다(문학비평의 경우 사정이 다르다).

과정주의적 접근과 상호작용론적 접근은 기능주의 직후에 전성기를 누리긴 했지만, 모든 종류의 정태적 접근에 내재한 보수성에 도전하면서 입지가 강화되었다. 오늘날 인류학자들은 사회적 상호작용과 사회변화의 뉘앙스를 반드시 설명해야 한다는 점을 깨닫게 되었으므로, 아마도 그러한 접근들이 쉽게 사라지는 않을 것이다. 과정적 접근은 기능주의와 구조주의에서 발견되는 지나치게 형식적인 개념들을 수정하는 좋은 수단이다. 그것은 또 기능주의와 구조주의에 경도된 인류학자들로 하여금 상이한 사회적·상징적 구조간의 관계를 연구하게끔 함으로써, 사회생활의 뉘앙스를 보다 유심히 살피도록 해준다.

옥스퍼드의 에번스-프리처드, 니덤과 아드너 등의 다양한 학자가 보여준 초창기의 해석학적 접근은 기능주의와 구조주의에 바탕을 두긴 했지만, 그 사상들의 핵심적 유추는 단호히 거부했다. 그들은 직관적인 구조를 추구했고, 형식적 접근과 보편적 비교에 회의적인 입장을 표명했다. 비슷한 취지에서 포스트모더니즘, 후기구조주의, 여성주의, 그리고 마르크스주의는 인류학자의 문화와 정보제공자의 문화 사이의 관계를 강조한다. 특히 그 접근들은 각기 나름대로 상대를 이해하는 행위자인 인류학자와 정보제공자의 상호작용에 주목한다. 이를 의식하는 인류학자는 과거와는 달리 '타자'와의 접촉과정에서 자신의 행위와 목적의식을 재해석해야만 한다.

마지막으로 인류학은 자신의 과거를 상당히 의식하는 학문이라는 사실을 되풀이할 필요가 있다. 인류학 이론은 복잡한 역사를 지니지만, 그 구조는 개별 학자들이 미친 영향, 국가별 전통의 발달 및 전통간의 상호작용, 새롭게 떠오른 관심의 초점, 인류학 안팎의 새로운 사상, 2, 30년마다 등장하는 거대한 시각 등을 통해 알아볼 수 있다. 그러나 이러한 요인들 사이의 관계는 여러 가지 방식으로 조망할 수 있다. 나는 나 자신이 읽은 방식대로 인류학의 역사를 구성했다. 다른 사람은 그것을 다르게 읽고, 해석하고, 구성하고, 해체할 것이다.

1908~2009

레이턴, 로버트(Layton, Robert), 1944~2002

레이턴, 엘리엇(Leyton, Elliot), 1939~

로살도, 레나토(Rosaldo, Renato), 1941~

로살도, 미셸(Rosaldo, Michelle Z.), 1944~81

로이(Lowie, Robert H.), 1883~1957

로크(Locke, John), 1632~1704

롱(Long, Norman), 1936~

루소(Rousseau, Jean-Jacques), 1712~78

루이스(Lewis, Oscar), 1914~70

리(Lee, Richard B.), 1937~

리버스(Rivers, W. H. R.), 1864~1922

리오타르(Lyotard, Jean-François), 1924~98

리치(Leach, Sir Edmund R.), 1910~89

리콕(Leacock, Eleanor), 1922~87

린네(Linnaeus, Carolus(Carl von Linné), 1707~78

린하르트(Lienhardt, Godfrey), 1921~93

마르크스(Marx, Karl), 1818~83

말리노프스키(Malinowski, Broni-slaw), 1884~1942

매클레넌(McLennan, John Fergu-son), 1827~81

머독(Murdock, George Peter), 1897~1985

메인(Maine, Sir Henry Sumner), 1822~88

멘델스존(Mendelssohn, Felix), 1809~47

모건(Morgan, Lewis Henry), 1818~81

모스(Mauss, Marcel), 1872~1950

몬보도(Monboddo, Lord(James Burnett)), 1714~99

몬텔리우스(Montelius, Oscar), 1843~1921

몽테스키외(Montesquieu, Charles-Louis de Secondat, baron de la Brède et de: 라브레드 및 몽테스키외의 남작 샤를-루이 드 스콩다), 1689~1755

무어(Moore, Henrietta L.), 1957~

뮐러(Müller, Friedrich Max), 1823~1900

미드(Mead, Margaret), 1901~78

미첼(Mitchell, J. Clyde), 1918~95

바스(Barth, Fredrik), 1928~2016

바스티안(Bastian, Adolph), 1826~1905

바흐오펜(Bachofen, J. J.) 1815~77

반스(Barnes, J. A.), 1918~2010

반 헤네프(Van Gennep, Arnold), 1873~1957

버크(Burke, William), 1792~1829

버터필드(Butterfield, Sir Herbert),

조지 1세(George I, King of Great Britain and Elector of Hanover: 영국의 왕이며 하노버 가의 선거후인 조지 1세), 1660~1727

존스(Jones, Sir William), 1746~94

지멜(Simmel, Georg), 1858~1918

차일드(Childe, V. Gordon), 1892~1957

촘스키(Chomsky, Noam), 1928~

카디너(Kardiner, Abram), 1891~1981

카플란(Caplan, Pat), 1942~

캐리어(Carrier, James G.), 1947~

캐버리(Kaberry, Phyllis M.), 1910~77

캐퍼러(Kapferer, Bruce), 1940~

케냐타(Kenyatta, Jomo, 본명은 Johnstone Kemau), 1889~1978

케임스(Kames, Lord〔Henry Home〕), 1696~1782

코마로프, 존(Comaroff, John), 1945~

코마로프, 진(Comaroff, Jean), 1946~

코언(Cohen, Anthony P.), 1946~

콜슨(Colson, Elizabeth), 1917~

콩트(Comte, August), 1798~1857

쿠싱(Cushing, Frank), 1857~1900

쿠퍼, 애덤(Kuper, Adam), 1941~

쿠퍼, 힐다(Kuper, Hilda Beemer), 1911~92

쿡 선장(Cook, Captain James), 1728~79

쿤(Kuhn, Thomas), 1922~96

크라판자노(Crapanzano, Vincent), 1939~

크로버(Kroeber, Alfred Louis), 1876~1960

크로포트킨(Kropotkin, Peter), 1842~1921

크리헤(Krige, Eileen Jensen), 1904~95

클룩혼(Kluckhohn, Clyde), 1905~60

클리퍼드(Clifford, James), 1945~

타일러, 스티븐(Tyler, Stephen A.), 1932~

타일러, 에드워드(Tylor, Sir Edward Burnett), 1832~1917

택스(Tax, Sol), 1907~95

터너(Turner, Victor W.), 1920~83

톰센(Thomsen, Christian Jürgensen), 1788~1865

트루베츠코이(Trubetzkoy, Nikolai Sergeyevich), 1890~1938

파든(Fardon, Richard), 1952~

파스퀴넬리(Pasquinelli, Carla), 1939~

파이크(Pike, Kenneth L.), 1912~2000

퍼거슨(Ferguson, Adam), 1723~1816

퍼스(Firth, Sir Raymond), 1902~2002

페르난데스(Fernandez, James, W.),

1930~

페리(Perry, William James), 1887~
1949

페리 제독(Perry, Commodore Matthew), 1794~1858

포천(Fortune, Reo F.), 1903~79

포티스(Fortes, Meyer), 1906~83

폭스(Fox, Robin), 1934~

푸코(Foucault, Michel), 1926~84

푸펜도르프(Pufendorf, Samuel, Freiherr von), 1632~94

프랑크(Frank, Andre Gunder), 1929~2005

프레이저(Frazer, Sir James), 1854~
1941

프레이크(Frake, Charles O.), 1930~

프로베니우스(Frobenius, Leo), 1873~1938

프로이트(Freud, Sigmund), 1856~
1939

프리드먼(Friedman, Jonathan), 1946~

프리먼(Freeman, J. Derek), 1916~
2001

프리처드(Prichard, James Cowles), 1786~1848

피셔(Fischer, Michael M. J.), 1946~

피아제(Piaget, Jean), 1896~1980

하스트루프(Hastrup, Kristen), 1948~

하이엇(Hiatt, L. R.), 1931~2008

해리스(Harris, Marvin), 1927~2001

허즈펠드(Herzfeld, Michael), 1947~

헌트(Hunt, James), 1833~69

헤르더(Herder, Johann Gottfried von), 1744~1803

헤르츠(Hertz, Robert), 1881~1915

헤스코비츠(Herskovits, Melville J.), 1895~1963

헤이에르달(Heyerdahl, Thor), 1914~2002

헬먼(Helman, Cecil), 1944~2009

호지킨(Hodgkin, Thomas), 1798~
1866

홀리(Holy, Ladislav), 1933~97

홉스(Hobbes, Thomas), 1588~1679

화이트(White, Leslie A.), 1900~75

훔볼트, 빌헬름 폰(Humboldt, Wilhelm von), 1767~1835

훔볼트, 알렉산더 폰(Humboldt, Alexander von), 1769~1859

흄(Hume, David), 1711~76

개별기술적(ideographic) 일반적인 것보다 특수한 것, 즉 사회적 과정에 대한 일반화보다는 구체적 사실의 정확한 기술에 초점을 두는(**법칙정립적**과 비교해보라).

거대담론, 거대설화(metanarrative) 거대이론을 가리키는 리오타르의 표현.

거대한 존재의 사슬(Great Chain of Being) 세상은 신에서 인간, 동물, 식물 등의 존재에 이르기까지 위계적으로 구성된다는 관점. 16세기에서 18세기에 걸쳐 유행했으며, 진화론과 달리 고정된 종의 개념에 기초한다.

거래행위론, 교섭행위론(transactionalism) 사회분석의 기초로 개인들간의 거래행위를 강조하는 시각.

거츠의(Geertzian) 클리퍼드 거츠의 사상을 가리키는(**해석주의** 참조).

경험주의(empiricism) 지식은 선험적인 추론이 아니라 경험에서 나온다고 믿는 학설(**합리주의** 참조).

계몽주의(Enlightenment) 자연과 사회의 비판적 이해를 위해서는 이성이 중요하다고 강조한 18세기의 운동.

계열적(paradigmatic) 일련의 통합적 구조에서 동일한 위치를 점유하는 요소들간의 관계를 나타내는 구조주의 용어. "철수는 영희를 사랑한다"와 "철수는 순자를 사랑한다"라는 두 문장에서 영희와 순자의 관계. 상징주의 인류학에서 계열적 관계는 환유에 대립되는 은유의 관계다(**통합적** 참조).

고상한(고귀한) 야만인(noble savage) '야만인'에 구현된 자연상태 또는 원시사회의 인간성을 미화시킨 17, 18세기의 개념. 주로 북아메리카 원주민들과 동일시되었다.

공동체(community) 공통의 가치를 지닌 사람들의 집단. 일부 포스트모던 사상가(그리고 일부 정치가)에 의해 존재가 의문시되고 있는 '사회'보다 무난한 용어로 간주된다.

공시적 시각(synchronic perspective) 시간의 흐름을 고려하지 않고 동일 시간대의 틀에서 사물을 보는 시각(통시적 시각 참조).

과정주의, 과정중심의 시각(processualism) 사회구조보다 사회적 과정을 중시하는, 또는 사회적·상징적 구조의 변형가능성에 초점을 두는 시각.

교차사촌(cross-cousins) 부모와 성(姓)이 다른 형제자매를 통해 연결된 사촌. 우리의 외사촌과 고종사촌이 여기에 속함. 평행사촌과 달리 많은 사회에서 교차사촌끼리는 서로 혼인할 수 있다(**평행사촌** 참조).

교호작용(Wechselwirkung) 둘 이상의 사람이 상호작용할 때, 그리고 한 사람의 행동이 다른 사람의 행동에 대한 반응으로 보일 때 사회적인 것이 존재한다는 지멜의 개념.

구문론적, 통사론적(syntactic) 언어학에서 문장의 구조를 분석하는 수준 또는 넓은 의미에서 음운론과 의미론 사이에 있는 영역과 관련된. 문화의 구조적 측면에 비유되기도 한다.

구조기능주의(structural-functionalism) 사회제도간의 형식적인 관계에 중점을 두는 래드클리프-브라운의 사상에 관련된 시각(**기능주의** 참조).

구조적 대립(structural opposition) 구조주의 이론에서 변별적 자질의 존재 유무에 따른 두 구조적 요소 간의 관계.

구조적 형태(structural form) 사회구조의 관찰에 기초한 일반화를 가리키는 래드클리프-브라운의 용어. 그의 '사회구조' 개념은 일반적으로 통용되는 개념보다 훨씬 구체적이며, 대신 '구조적 형태'라는 용어가 다른 학자들이 말하는 '사회구조'에 해당하는 의미를 갖는다.

구조주의(structuralism) 구조적 관계를 이해의 축으로 강조하는 모든 시각. 구조주의자들에게 있어서 사물은 구조 또는 체계 내의 위치를 통해 의미를 획득한다. 인류학에서는 레비-스트로스와 밀접하게 관련되는 시각이다.

굼라오, 굼사(gumlao, gumsa) 버마 카친족의 두 가지 사회형태. 굼라오는 평등하며, 굼사는 위계적이다.

귀납적 추론(inductive computation) 말리노프스키의 시각에서 사회조직의 상호 연결된 국면을 지배하는 '보이지 않는 원리'를 발견하는 과정.

귀납주의(inductivism) 구체적 예에서 일반적 결론으로 진행하는 접근(**연역주의** 참조).

규범적 규칙(normative rules) 올바른 사회적 행동을 이상화시켜 기술한 것으로 실제로 일어나는 사회적 행동과는 구분된다.

규범적 상대주의(normative relativism) 문화는 자신의 고유한 내적 기준에 따라 서로를 판단하므로 문화를 평가할 보편적 기준은 없다고 보는 상대주의의 형태. 인지적 상대주의와 도덕적 상대주의 두 입장이 있다(**기술적 상대주의, 인식론적 상대주의** 참조).

근대적, 현대적, 모던(modern) 포스트모던과 대조적으로 세계를 보는 총체적이고 통합적인 관점을 강조하는.

근원적 사고(Elementargedanken) 바스티안이 모든 인류에게 공통적이라 생각한 기본적인 사고(**심적 동일성, 민속적 사고** 참조).

기능(function) 관습이나 사회제도의 추상적 목적 또는 관습이나 사회제도가 한 사회체계 내의 다른 관습이나 제도와 맺는 관계(를 가리키기 위해 다양하게 사용되는 용어).

기능주의(functionalism) 관습이나 사회제도의 기능을 강조하는 모든 시각. 인류학에서는 말리노프스키('순수한' 기능주의자로 간주됨)와 래드클리프-브라운(구조기능주의자)의 시각을 지칭한다.

기본적 욕구(basic needs) 말리노프스키의 이론에서 일곱 가지 문화적 반응(예컨대 보호)을 초래하는 일곱 가지 생물학적 욕구(예컨대 안전).

기본적 구조(elementary structure) 혼인이 이루어질 범주(예를 들면 교차사촌의 범주)가 미리 정해져 있는 친족체계를 가리키는 레비-스트로스의 용어(**복합적 구조** 참조).

기술적 상대주의(descriptive relativism) 문화는 인간이 세상을 인지하는 방식을 규제하며, 따라서 상이한 문화를 가진 각 집단은 사회적·물리적 세계를 서로 다르게 이해한다고 보는 상대주의의 형태(**인식론적 상대주의, 규범적 상대주의** 참조).

기의(記意, signifié) 기표에 의해 재현되는 대상이나 개념.

기표(記標, signifiant) 의미당하는 대상을 나타내는 단어나 상징.

기호(sign) 기표와 그것에 의해 의미되는 것(기의)의 조합을 일컫는 소쉬르 언어학의 용어. 상징주의 연구에서 유사한 조합에 확대 적용된다.

기호학, 기호론(semiology, semiotics) 기표와 기의를 포함하는 '기호'의 연구(**기표, 기의** 참조).

남성중심적(androcentric) 남성 위주의.

네덜란드 구조주의(Dutch structuralism) 말레이 제도 전체의 문화처럼 특정 지역의 구조를 강조하는 네덜란드의 구조주의. 논쟁의 여지는 있으나 그 발단은 1920년대로 거슬러 올라간다(**영국 구조주의, 프랑스 구조주의** 참조).

네 분야(four fields) 미국과 캐나다 인류학의 고전적 구분. 문화인류학, 언어인류학, 고고학, 생물인류학으로 이루어진다. 다른 나라에서는 이 네 분야가 한 주제의 하위분야라기보다는 독립된 분야로 취급되는 경향이 있다.

네이번(naven) 복장도착을 비롯한 일상행위의 전도를 연출하는 파푸아뉴기니 이아트물족의 의식.

'눈속임'(hocus-pocus) 내부적 범주의 분석은 관련 자료에 대한 올바른 설명을 제공할 수는 있지만, 반드시 정보제공자의 (헤아리기 어려운) '진정한' 심리적 실체를 표출하지는 않는다는 언어학과 인지인류학의 시각('**신의 진실**' 참조).

다선진화론(multilinear evolutionism) 통문화적 다양성과 환경의 영향을 강조하는 사회진화의 이론.

다신론(polytheism) 하나 이상의 신을 숭배하는 신앙(**일신론** 참조).

다윈(류)의(Darwinian) 다윈의 사상과 관련되는(이를테면 라마르크의 사상에 대립되는).

다윈주의(Darwinism) 다윈의 진화론에서 파생된 몇 가지 관련된 시각, 특히 자연선택을 통한 진화의 개념.

단선진화론(unilinear evolutionism) 환경이나 특수한 역사적 영향에 상관없이 모든 인류는 동일한 진화단계를 거친다는 사회진화론.

단일기원론(monogenesis) 모든 인종이 하나의 기원을 갖는다는 설(**복수 기원론** 참조).

단일기원론자(monogenist) 단일기원론을 믿는 사람(또한 단일기원론의 형용사형이기도 함).

담론(discourse) 사람들이 무엇에 대해 말하거나 쓰는 방식, 암시된 지식체계, 또는 그 지식을 권력구조에서 이용하는 행위(푸코의 연구에서 부각되는 측면)를 포함하는 복잡한 개념. 이 용어는 언어학에서 한 문장보다 긴 이야기의 단위라는 뜻도 가지고 있다.

도덕적 상대주의(moral relativism) 특수한 문화적 가치의 관점에서 미적·윤리적 판단을 내려야 한다고 믿는 상대주의의 형태(**인지적 상대주의** 참조).

뒤르켐(류)의(Durkheimian) 뒤르켐의 사상, 특히 신념과 이데올로기의 결정인자인 사회구조를 강조하는 시각과 관련된.

디오니소스형(Dionysian) 감정·정열·극단을 특징으로 삼는 드라마나 문화의 측면(**아폴론형** 참조).

'뜨거운' 사회('hot' societies) 기본적으로 역동적이라 믿어지는 사회를 가리키는 레비-스트로스의 용어. '뜨거운' 사회는 신화보다 역사에 관심을 둔다(**'차가운' 사회** 참조).

라마르크의(Lamarckian) 획득된 특질이 부모로부터 자식에게로 전해진다는 라마르크의 사상을 가리키는.

랑그(langue) 언어적 구조 또는 문법이라는 의미에서의 언어를 지칭하는 소쉬르의 용어. 유추에 의해 언어뿐아니라 문화의 문법을 뜻하기도 한다(**파롤** 참조).

래드클리프-브라운(류)의(Radcliffe-Brownian) 래드클리프-브라운의 사상에 관련된(**구조기능주의** 참조).

레비-스트로스(류)의(Lévi-Straussian) 레비-스트로스의 사상과 관련된(**구조주의** 참조).

마니투(manitoo) 오지브와 신앙에서 발견되는 개인의 수호정령(**토템** 참조).

마르크스주의(Marxism) 카를 마르크

스의 사상. 인류학자들은 이 용어를 물질적 힘과 권력관계의 연관성에 관한 이론적 관심을 나타내기 위해 사용하지만, 마르크스의 정치적 이념을 반드시 고수하지는 않는다.

마술(witchcraft) 파괴적이고 부정적인 목적을 이루려는 주술의 일종. 마술은 남에게 해를 끼치겠다는 생각과 마음만으로 악령을 동원할 수 있다는 점이 요술과 다르다(**요술, 주술** 참조).

말리노프스키(류)의(Malinowskian) 현지조사 방법론자 또는 기능주의 이론가인 말리노프스키의 사상과 관련된.

맨체스터 학파(Manchester School) 50년대에서 70년대까지 맨체스터 대학의 맥스 글럭먼을 중심으로 형성된 학파.

명칭(designatum) 성분분석에서 한 범주의 이름.

모계출계, 모계(matrilineal descent, matrilineality) 어머니에서 자식으로 이어지는 여성을 통한 출계(**부계출계** 참조).

모음 삼각형(consonant triangle) 소리의 상대적인 크기와 높이(pitch)에 따라 정의되는 체계인 모음 u·i·a간의 구조적 관계를 가리키는 야콥슨의 용어(**자음 삼각형** 참조).

모음체계(vowel system) 특수한 언어에서 발견되는 모음의 조합과 그것을 규정하는 구조적 관계.

문명시대(civilization) 진화론에서 말하는 사회의 최고수준. 도시화, 사회계층, 복합적인 사회구조 등의 특징을 갖는다(**야만시대, 미개시대** 참조).

문화(culture) 하나의 공동체나 사회에서 공유되는 사상, 기술, 문물을 총체적으로 표현하는 인류학 용어. 맥락에 따라 엘리트층의 '고급문화'와 구성원 다수의 '대중문화'를 구별하는 것이 유용한 경우도 있다.

문화결정론(cultural determinism) 인간이 세계를 인지하는 방식을 규제하는 것은 생물학적 요인이 아니라 문화라는 관념.

문화권(culture circle) 연관된 문화특질의 모임 또는 그것이 발견된 지리적 영역. 독일-오스트리아 전파론의 핵심적인 개념으로, 이 학파는 새로운 문화권이 기존의 문화권으로 점차 퍼져나간다고 보았다(독일어로는 *Kulturkreis*).

문화기원론(culturo-genesis) 문화(주로 상징문화)의 기원에 대한 탐구.

문화상대주의(cultural relativism) 기술적 상대주의, 인식론적 상대주의, 규범적 상대주의를 비롯해서 상대주의에 대한 인류학의 다양한 이론적 시각 모두를 가리키는 용어.

문화생태학(cultural ecology) 주로 스튜어드의 이론적 시각에 기초한 문화와 자연세계의 관계 연구.

문화연구(cultural studies) 대중문화에 관심을 갖는 분야. 인류학적 관심을 다루기도 하지만, 그 뿌리가 되는 문학비평과 사회학에 긴밀하게 연결되어 있다.

문화영역(culture area) 보통 하나의 지리적 영역을 차지하는 연관된 문화의 모임.

'문화와 인성'('culture and personality') 개인보다는 전체문화의 '인성'을 강조하는 루스 베니딕트와 그 추종자들의 시각.

문화유물론(cultural materialism) 물질적 힘과 문화적 측면 사이에 직접적인 인과관계가 있다고 주장하는 해리스의 이론적 시각(**조잡한 유물론** 참조).

문화의 영혼(Paideuma) 원래 교육을 뜻하는 그리스어지만, 프로베니우스는 문화의 '영혼'(Volksgeist)을 지칭하기 위해 사용했다.

문화인류학(cultural anthropology) 문화의 다양성 연구에 관심을 보이는 인류학의 분파 또는 학문 분야. 이 용어는 북미 전통에서 전형적으로 사용되며, 다른 전통에서는 주제가 약간 다르긴 하지만 '민족학'이나 '사회인류학'이란 표현이 더 널리 사용된다(**민족학, 사회인류학, 네 분야** 참조).

문화적 반응(cultural response) 말리노프스키 이론에서 일곱 가지 생물학적 욕구(예컨대 안전)를 충족시키는 문화의 일곱 가지 기본 반응(예컨대 보호).

문화특질(culture trait) 문화의 개별적 항목(물질적이든 비물질적이든 상관없다).

문화핵심(cultural core, culture core) 스튜어드의 생태인류학에서 생태적 영향(생계, 이주유형 등)에 가장 민감한 반응을 보이는 문화의 측면(**전체문화** 참조).

문화화(enculturation) 사람들, 특히 아이들이 문화를 습득하는 과정(**사회화** 참조).

물신주의, 페티시즘(fetishism) 물체가 초자연적 힘을 가졌다는 믿음.

물신화(物神化, fetishization) 어떤 것을 물신 또는 물신과 같은 것으로 다루는 행위. 후자의 경우 특히 은유적 의미에서 사용된다(예컨대 마르크스의 '상품의 물신화').

미개시대(barbarism) 진화론에서 야만시대와 문명시대의 중간에 위치한 사회의 단계. 이 시기의 특징은 토기, 가축 등을 보유한다는 점이다(**야만시대, 문명시대** 참조).

민속적 사고(Völkergedanken) 모든 인류에 공통적인 것이 아니라, 문화마다 특수한 신념과 문화적 측면을 가리키는 바스티안의 개념(**근원적 사고** 참조).

민속학(Volkskunde) 자국 내의 수공예를 포함한 민속(folklore)이나 지역의 관습을 연구하는 것으로, 독일과 유럽의 몇몇 나라에서 발달했다.

민족과학(ethnoscience) 글자 그대로 풀이하면 토착민에 대한 과학적 관념을 말하지만, 주로 그런 지식을 추출하기 위해 고안된 성분분석 등의 방법을 암시한다.

민족지(ethnography) 문자 그대로 '사람들에 대해 쓰는 것'이며, 인류학적 현지조사의 수행을 뜻하기도 한다.

민족학(ethnology) 민족 집단의 연구를 가리키며, 넓은 의미에서는 사회인류학 또는 문화인류학과 동의어다. 영국에서는 1870년 이전에 주로 사용되었으며, 그 후로는 유럽대륙과 북미 일각에서 흔히 사용되고 있다(**문화인류학, 사회인류학** 참조).

민족학(Völkerkunde) 민족의 연구. 'ethnology'와 같은 뜻의 독일어. 민속학과는 구별된다.

반(半)복합적 체계(semi-complex system) '크로-오마하 체계'의 동의어. 레비-스트로스의 친족이론에서 '기본적 구조'와 '복합적 구조'의 속성을 함께 지니고 있다는 점에서 붙여진 이름이다(**크로-오마하 체계** 참조).

반어법, 아이러니(irony) 평상시와는 반대되는 의미를 나타내도록 단어를 사용하는 수사학적 기술.

반족(moiety) 한 사회의 반이란 뜻으로, 구성원들은 주로 족외혼의 단위를 이루는 두 단계출계집단 중 하나에 속하게 된다.

범세계적 비교, 범세계적 표본 비교(global comparison, global-sample comparison) 보편적·통문화적 일반화 또는 예측을 목적으로 세계적 기반 위에서 행하는 비교.

법칙정립적(nomothetic) 특수성보다는 일반성을 강조하는, 즉 특수한 사실들의 기술보다는 규칙성이나 일반적 법칙을 추구하는(**개별기술적** 참조).

베버(류)의(Weberian) 사회구조보다 행위를 우선시하는 베버의 사상을 가리키는.

변별적 자질(distinctive features) 그것의 존재 유무가 현상을 규정하는 특징. 예를 들면 음운론에서 발성이라는 특징이 p(무성음)와 b(유성음)의 차이를 정의한다.

보아스 학파의(Boasian) 프란츠 보아스의 사상, 특히 문화상대주의를 지칭하는.

보편진화론(universal evolutionism) 특수한 단선적 진화과정보다는 광범위한 일반적 단계를 강조하는 사회진화론.

복수기원론(polygenesis) 상이한 인종은 복수의 독립적인 기원을 갖는다는 이론(**단일기원론** 참조).

복수기원론자(polygenist) 복수기원론을 믿는 사람(또는 복수기원론의 형용사형).

복합적 구조(complex structure) 특정인(예컨대 가까운 친척)과는 혼인할 수 없다는 규정에 기초한 친족체계를 일컫는 레비-스트로스의 용어(**기본적 구조** 참조).

부거제(夫居制, virilocal residence) 남편이 속한 집단과 거주하는 제도. 부거제가 세대를 거치면서 반복되면 남성을 중심으로 부계친족집단이 생긴다.

부계출계, 부계(patrilineal descent, patrilineality) 아버지에서 아들로 이어지는 남성을 통한 출계(**모계출계** 참조).

부방 평행사촌혼(patrilateral parallel-cousin marriage) 남성이 아버지의 형제의 딸(친사촌)과 혼인하는 것(또는 여성이 아버지의 형제의 아들과 혼인하는 것).

비교사회학(comparative sociology) 래드클리프-브라운이 '사회인류학'을 뜻하기 위해 가끔 사용한 용어.

비교언어학(comparative philology) 여러 언어간의 역사적·구조적 관계를 연구하는 분야를 일컫는 옛날 용어.

비직계친(ablineal relative) 본인의 직계도 아니고 직계친족의 형제나 자매도 아닌 혈연(즉 사촌). 표 7.2를 참조하고 직계친의 형제자매, 이차적 친족과 비교해보라.

사교성(sociability) 사회성과 붙임성을 동시에 시사하는 18세기의 개념(**사회성** 참조).

사피어-워프 가설(Sapir-Whorf hypothesis) 사람들이 사용하는 언어의 구조는 그들의 세계관에 무의식적으로 결정적인 영향을 미친다는 가설. 북아메리카 원주민 언어에 관한 벤저민 워프와 그의 스승 에드워드 사피어의 연구에 근거해서 만들어졌다. 워프 가설이라 불리기도 한다.

사회(society) 하나의 언어집단, 문화적 공동체, 또는 민족국가와 여러 면에서 범위가 유사한 사회적 단위. 그러한 단위의 성원들 사이에 존재하는 사회관계를 가리키기도 한다.

사회계약(social contract) 사회 또는 국가는 개인들의 합의에 기초해 구성된다는 사상. 개인은 자연상태에서 누리던 자유의 일부를 포기하는 대신 보호 같은 공동의 선을 얻는다.

사회구조(social structure) 사회의 여러 요소들간의 관계. 특별한 개인과 관련되기도 하고(래드클리프-브라운의 경우), 그가 차지하는 지위와 관련되기도 한다(**구조적 형태** 참조).

사회생물학(sociobiology) 생물학적 틀 안에서 사회관계를 연구하는 분야. 구체적으로 말하면 문화와 사회가 인류의 동물적 속성에서 파생된 것으로 보는 분야나 이론적 입장.

사회성(sociality) 사회에서 살아가는 능력. 17세기 정치철학과 20세기 후반의 사회생물학처럼 다양한 이론적 시각에서 중요한 개념이다.

사회이론(social theory) 큰 이론적 문제를 다루는 사회학의 분파 또는 유사한 현상에 관심을 가지는 사회과학의 모든 분야.

사회인류학(social anthropology) 비교문화적 시각에서 사회의 연구에 관심을 갖는 인류학의 분파 또는 학문 분야. 이 용어는 영국을 비롯한 몇몇 나라에서 쓰이며, 북미에서는 '문화인류학'이 보편적인 명칭이다(**문화인류학, 민족학** 참조).

사회적 가치(social values) 한 공동체 또는 사회의 성원이라는 이유로 사람들이 획득하는 가치.

사회적 과정(social processes) 사회의 주기적 변화 또는 시간을 통한 변화를 지칭하는 일반적 용어.

사회적 드라마, 사회극(social drama) 의례과정의 성격을 규정하는 터너의 용어. 순례나 통과의례가 이에 해당되며 위기(갈등) 전과 후의 단계를 갖는다.

사회적 사실(social fact) 관습이나 제도 같은 사회구조의 최소단위를 가리키는 뒤르켐의 용어.

사회적 행위(social action) 사람들이 실제로 하는 일(역할)을 가리키는 용어로, 사회구조(사회적 지위)와 대비되는 개념이다.

사회제도(social institution) 사회체계의 한 요소(예컨대 친족체계의 한 측면으로서의 혼인).

사회조직(social organization) 사회구조의 역동적 측면, 즉 사회구조의 일부로서 사람들이 참여하는 여러 가지 활동.

사회체계(social system) 사회 내의 특수한 체계(경제·정치·친족·종교) 또는 체계적으로 구성된 사회 전체를 지칭하는 용어.

사회화(socialization) 사람들, 특히 어린이들이 사회생활에 필요한 지식을 얻는 과정(**문화화** 참조).

삼시대 이론(three-age theory) 인간의 역사는 석기시대, 청동기시대, 철기시대라는 세 시대로 구성된다는 고고학의 개념.

상대주의(relativism) 문화적 보편성 또는 보편적 가치를 가정하지 않는 세계관. 인류학에서는 '문화상대주의'의 동의어로 쓰인다. 다르게 표현하면 기술적 상대주의, 인식론적 상대주의, 규범적 상대주의를 포함하는 다양한 시각.

상부구조(superstructure) 마르크스주의 이론에서 토대 또는 하부구조에 의해 결정되는 사회의 이데올로기적 측면.

상승혼, 앙혼(hypergamy) 여성이 자신보다 지위가 높은 남성과 맺는 혼인(**하향혼** 참조).

상징적 문화(symbolic culture) 물질적 대상이나 사회관계가 아니라, 상징과 상징론에 초점을 두는 문화의 영역.

상호작용론적 시각(interactive perspective) 구조보다 행위를 강조하는 인류학의 모든 시각.

상호텍스트성(intertextuality) 각기 다른 텍스트에 관한 해석을 표출하는 텍스트들 사이의 관계.

생명의 연쇄과정(vital sequences) 모든 문화의 생물학적 근원에 대한 말리노프스키의 관념.

생산관계(relations of production) 생산이 조직되는 사회적 관계. 좀더 전문적으로 말하자면 생산력과 생산수단의 통제에 기초한 잉여노동의 획득(생산양식 참조).

생산력(forces of production) 경제적 토대의 사회적 측면에 대립되는 물질적 측면을 형성하는 원자재와 기술을 일컫는 마르크스주의 용어. 생산요소와 노동의 상호작용으로 볼 수도 있다(**토대, 생산양식, 생산관계** 참조).

생산수단(means of production) 원자재, 도구, 전문적 지식의 조직적 배합을 일컫는 마르크스주의 용어. 생계와 관련된 사회의 기술체계(**생산양식** 참조).

생산양식(mode of production) 마르크스주의 용어. 생산수단 또는 생산력(생계수단 및 환경을 이용하는 사회적 능력)과 생산관계(생산이 조직되는 방식)의 결합(**생산수단, 생산관계** 참조).

생산양식 접합(articulation of modes of production) 예를 들어 식민지 자본주의와 종족중심(lineage-based)의 사회가 접촉할 때처럼 상이한 생산양식간에 일어나는 상호작용.

생태계(ecosystem) 생태학과 생태인류학에서 사회적·자연적 환경을 지칭하는 용어.

샤머니즘, 무속신앙(shamanism) 의례 전문가(샤먼)가 일상세계와 영적 세계를 매개하는 행위. 시베리아어의 일종인 퉁구스어에서 유래한 용어로 시베리아, 북극, 아메리카 인디언 사회의 샤먼이 널리 행하고 있으며, 신들린 상태, 유체이탈 등의 현상이 특징적이다.

성분(component) 성분분석에서 '표지'(significatum)의 동의어.

성분분석(componential analysis) 한 언어의 색깔체계처럼 하나의 체계를 이루는 문화적 범주들간의 관계를 조사하는 방법 또는 이론적 시각.

성찰성(reflexivity) 민족지적 실천에서 자기 자신(민족지학자)의 위치에 대해 깊이 생각해보는 성향.

성찰주의(reflexivism) 성찰성을 인류학 방법과 이론의 정수로 보는 시각.

성향(disposition) 아비투스 내에서 개인이 보여주는 경향 또는 선택을 말하는 부르디외의 용어(아비투스 참조).

세계관(worldview) 독일어 *Welt-anschauung*의 번역어. 특히 보아스 학파의 인류학자들은 특정 집단이 자신의 문화를 통해 유지하는 세계에 대한 폭넓은 관점을 가리키기 위해 이 용어를 사용했다.

세계체제(world system) 소규모 사회의 경제를 서구와 극동의 강력한 자본주의 경제와 연결하는 체제에 대한 월러스틴의 사상.

세계화, 지구화(globalization) 지구상의 여러 사회간에 접촉(특히 경제부문의)이 증가하는 과정(**지역화, 재지역화** 참조).

소쉬르의(Saussurian) 페르디낭 드 소쉬르의 사상(예컨대 랑그와 파롤의 구분)을 가리키는.

수사(trope) 은유·환유·제유·반어법 등의 표현법.

스튜어드의(Stewardian) 줄리언 스튜어드의 사상과 관련된.

시민사회(civil society) 18세기에 정부 또는 국가의 동의어로 널리 사용된 용어(최근에는 반국가 단체를 주로 가리키며, 간혹 '국가'에 대비되는 '사회'를 가리키기 위해 사용되기도 한다).

시외숙거제(媤外叔居制, viri-avunculo-cal) 남편의 어머니의 남자형제 집단과 거주하는 제도. 시외숙거제가 세대를 거치면서 반복되면 남성을 중심으로 한 모계친족집단이 생긴다.

신고고학(new archaeology) 민족지적 유추를 강조하는 60년대 고고학의 시각.

신다윈주의(neo-Darwinism) 인간의 사회적 행위를 설명하기 위해 다윈 이론과 현대 유전학을 결합시킨 인간생물학의 시각. 근래에 자주 사용되는 표현이다.

신민족지(new ethnography) 60년대 당시에는 인지인류학과 대동소이한 시각을 뜻함. 이와는 달리 80년대 들어서는 마커스와 클리퍼드가 편집한 『문화 쓰기』에 드러나는 접근방법과 본질적으로 동일한 시각을 가리킴.

신부대(bridewealth) 신랑 집안에서 혼인의 대가로 신부 집안에 제공하는 선물이나 보상.

'신의 진실'('God truth') 내부적 범주를 제대로 분석하면 정보제공자의 진정한 심리적 실체를 표출할 수 있다는 언어학과 인지인류학의 관점('**눈속임**' 참조).

신진화론(neo-evolutionism) 스튜어드와 화이트의 이론을 포함해서 20세기 후반부에 일어난 인류학의 진화론적 사상을 포용하는 넓은 개념.

신화소(神話素, mytheme) 신화적 체계 내의 단위를 가리키는 레비-스트로스의 용어. 다른 유사한 단위와 결합하여 하나의 신화를 구성할 수 있다.

신화학 대계(Mythologiques) '신화적 논리'를 뜻하는 레비-스트로스의 네 권짜리 신화학 시리즈.

실천, 프락시스(praxis) 마르크스주의 이론에서 사회적 선의 실현과 관련된 실천이나 행위를 일컫는 말.

실천이론(practice theory) 사회구조보다 실천(또는 개인적 행위)을 강조하는 시각.

심적 동일성, 심리적 제일성(psychic identity, psychic unity) 모든 인류가 동일한 심성이나 사고를 가진다는 생각(**전논리적 사고** 참조).

아비투스(habitus) 문화적으로 규정되는 지식과 사회적 행위의 체계를 일컫는 부르디외의 용어로, 개인들이 취할 수 있는 '성향' 또는 선택으로 구성된다(**성향** 참조).

아폴론형(Apollonian) 중용·자제·조화를 특징으로 하는 드라마 또는 문화의 측면(**디오니소스형** 참조).

애니미즘(animism) 돌이나 나무 같은 물체에도 영혼이 깃들여 있다는 믿음.

야만시대(savagery) 평등주의와 낮은 수준의 물질문화를 특징으로 하는 최초의 사회를 일컫는 진화론의 용어(**미개시대, 문명시대** 참조).

야만의(savage) 옛날에는 '야생의' 또는 '자연상태의'라는 뜻으로 쓰였으며, 레비-스트로스도 어느 정도 비슷한 뜻으로 사용했다. 18세기에는 긍정적인 의미를 갖기도 했다('세련된' 또는 '문명화된' 사회에 비해 진정한 인간성이 비교적 잘 드러난다는 면에서). 19세기에는 최초로 나타난, 가장 낮은 수준의 사회를 나타내는 표현이었다(**야만시대** 참조).

야생아(feral child) 인간에 의해 사회화되지 못하고 야생동물에 의해 길러졌다고 간주되는, '자연' 상태에 존재하는 아이.

약탈(foraging) 수렵채집의 동의어. 그날그날 먹을 것을 해결하는 사회를 가리키기 위해 사용되는 용어.

언어(수행)**능력**(competence) 문장 구성이 문법적으로 올바른지 여부를 직관적으로 알아낼 수 있는 모국어 사용자의 능력이나 지식을 의미하는 언어학 용어.

언어운용(performance) 언어를 구성하는 실질적인 발화를 뜻하는 언어학 용어(**언어능력** 참조).

에고(ego) 친족을 논할 때 관계를 추적하는 관점을 제공하는 당사자.

에이도스(eidos) 문화 또는 문화현상의 구조나 형태를 일컫는 베이트슨의 표현(**에토스** 참조).

에믹(emic), **내부적, 내부관찰자적** 토착적인 정의에 기초한 각 문화의 고유한 사고체계를 나타내는 표현.

에토스(ethos) 사건 또는 문화의 변별적 자질 또는 정신을 가리키기 위해 베이트슨이 자주 쓴 용어(**에이도스** 참조).

에틱(etic), **외부적, 외부관찰자적** 보편적이라 간주되는 범주에 관련된, 또는 외부관찰자의 객관적 이해에 바탕을 두는(**에믹** 참조).

역사주의(historicism) 문화 또는 사회의 역사적·통시적 측면을 강조하는 접근.

역할(role) 개인이 하는 일. 구체적으로 말하면 사회적 지위의 역동적 측면(지위 참조).

연관적(associative) 언어 또는 상징체계에서 지금은 흔히 계열적(paradigmatic) 관계라고 불리는 것에 대한 소쉬르의 용어.

연구방침의 출현(agenda hopping) 낡은 패러다임이 더 이상 통찰력을 제공하지 못할 때 연구자들은 관심이나 연구방향을 변경한다는 단드라데의 개념.

연대–지역 가설(age-area hypothesis) 문화영역의 중심보다는 주변에 있는 문화특질이 오래된 것이라는 위슬러의 관념. 그의 가설은 문물이 중심에서 발명되어 주변으로 퍼져나간다는 생각에 기초한다.

연령집단(age sets) 같은 연령층의 사람들을 묶는 사회적 범주로, 흔히 성인식을 함께 치른 집단으로 구성됨.

연망분석(network analysis) 맨체스터 학파의 일각에서 나타난 분석적 도구. 개인들을 이어주는 연결망을 통해서 사회관계를 이해하고자 한다.

연역주의(deductivism) 일반적 가정으로부터 특수한 결론을 이끌어내는 모든 접근(**귀납주의** 참조).

영국 구조주의(British structuralism) 원래 50년대에는 구조기능주의의 동의어였으나, 나중에는(60년대부터) 프랑스 구조주의 사상을 받아들인 영국 인류학자들의 작업을 가리키기 위해 사용되었다. 후자를 가리키는 영국 구조주의는 보편성보다는 한 문화의 특수한 구조적 요소에 일차적으로 관심을 갖는다(**네덜란드 구조주의, 프랑스 구조주의** 참조).

예시적 비교(illustrative comparison) 문화나 사회구조의 범상치 않은 특징을 조명하기 위한 특수한 민족지 사례들의 비교.

오랑우탄(Orang Outang) 오늘날의 '유인원'에 해당하는 뜻으로 쓰였던 18세기 용어. 하지만 오랑우탄은 가끔 인간과 같거나 거의 인간에 가깝다고 믿어지기도 했다. 현재 학계에 알려져 있는 동남아시아의 orang-utan과 혼동하지 말 것.

오리엔탈리즘, 동양주의(orientalism) 서구인에 의한 동양의 정형화를 가리키는 사이드의 용어(**옥시덴탈리즘** 참조).

'오마하형' 친족용어('Omaha' terminology) 외삼촌의 아들이 외삼촌과 같은 용어로 불리는, 보다 일반적으로 말하면 에고가 자신의 어머니 쪽 부계친족집단의 여러 구성원을 같은 용어로 부르는 친족용어의 종류('**크로형**'과 비교해보라).

오이디푸스 신화(Oedipus myth) 이해하기 힘든 사건들이 연속적으로 벌어지면서 오이디푸스가 아버지를 죽이고 어머니와 결혼하게 되는 그리스 신화.

오이디푸스 콤플렉스(Oedipus complex) 이성의 부모에 대한(주로 아들의 어머니에 대한) 복합적인 정서적 욕망을 가리키는 정신분석학 용어.

옥시덴탈리즘, 서양주의(occidentalism) 동양인 또는 비서구인에 의한 서양의 정형화를 가리키는 최신 용어(**오리엔 탈리즘** 참조).

외삼촌-조카관계, 외삼촌제도(avuncu-late) 아이(조카)와 어머니의 형제(외삼촌) 사이의 관계. 좀더 구체적으로 말하면 아이와 외삼촌 사이에서 용인되는 허물없는 행위를 가리키며, 아이와 아버지 사이의 형식적 관계와 대비된다.

외숙거제(外叔居制, avunculocal resi-dence) 남편의 외삼촌 집에서 거주하는 것. 부인의 입장에서 보면 시외숙거제(媤外叔居制, viri-avunculo-cal)가 된다.

외연(外延, denotatum) 성분분석에서 한 범주의 구성요소.

요리의 삼각구도, 요리 삼각형(culinary triangle) 레비-스트로스가 제안한 구조적 모델로, 구운 것·그을린 것·삶은 것이 날것·익힌 것·썩힌 것에 비유된다.

요술(sorcery) 타인에게 위해를 가하기 위해 특정한 기술과 수단을 사용하여 초자연적인 힘을 동원하는 행위. 목적을 달성하기 위해 특별한 물질이나 약을 사용하는 점이 특징이다(**마술, 주술** 참조).

원초적 사회(naiscent society, *société naissante*) '인위적' 불평등이 등장하기 이전의 평화롭고 평등한 사회에 대한 루소의 관념.

유기체적 유추(organic analogy) 사회는 '유기체와 같이' 진화하며, 상호 연결된 부분과 체계로 구성된다는 관념.

유신론(theism) 신에 대한 믿음(**일신론, 다신론** 참조).

유전형(genotype) 유기체의 유전적 구성(**표현형** 참조).

은유(metaphor) 비유 또는 분석의 다른 수준을 가로지르는 유사성의 관계(예컨대 적색신호등은 '정지'를 의미한다).

음성(phone) 음성학에서 말의 최소단위.

음성학(phonetics) 기본적인 음성의 연구.

음소(phoneme) 의미를 갖는 소리의 최소단위. 구체적으로 말하면, 각 언어의 독특한 음성체계 내에 존재하는 단위.

음소론(phonemics) 한 언어의 음소와 음소체계를 연구하는 언어학의 한 분야.

음운추이(sound shift) 한 조합의 음운들이 다른 조합의 음운들로 변형될 때(유성 폐쇄음 b·d·g가 그에 대응하는 무성 폐쇄음 p·t·k로 변하듯이) 언어에서 일어나는 체계적 변화.

음운론(phonology) 음소들간의 체계적 관계 또는 그것을 연구하는 언어학의 하위분야(후자를 뜻할 경우 음소론의 동의어).

음운론적(phonological) 음소체계의 일부로서의 음성에 관한.

의미론(semantics) 언어분석의 가장

높은 단계(음성학, 음운론, 구문론 위)에 있는 의미의 연구.

이데올로기(ideology) 글자 그대로 풀이하면 아이디어의 연구지만, 마르크스주의자와 일부 포스트모더니스트가 주장하듯이 일반적으로 한 집단이 다른 집단을 지배하도록 권력을 부여하는 가치체계라는 의미를 담고 있다.

'이로쿼이형' 친족용어('Iroquois' terminology) 교차사촌과 평행사촌을 구별하는 친족용어의 종류. 평행사촌은 종종 형제자매와 같이 분류된다.

이론(theory) 과학과 사회과학에서 세상에 대한 어떤 결론에 이르게 하는 모든 담론, 시각, 또는 명제. 인류학 이론은 특히 민족지의 이해와 문화와 사회에 관한 일반화에 깊은 관심을 갖는다.

이상형(ideal type) 관찰된 사례에서 단순화시킨 사회현상의 기본적 형태를 가리키는 베버의 개념. 예를 들어 프로테스탄티즘에 대한 그의 연구는 이상형을 가정하는데, 그것이 반드시 모든 프로테스탄트 사회의 정확한 표상일 필요는 없다.

이차적 친족, 방계친(collateral relative) 에고의 직계에 해당하지 않는 혈연(예를 들면 사촌). 형제와 자매가 포함될 때도 있고, 그렇지 않을 때도 있다. 표 7.2의 성분분석 2, 직계친, 일차적 친족 참조. (collateral은 방계라고 주로 번역되나, 성분분석에서 일차적 친족과 대조를 이룬 경우에는 이차적이란 표현을 우선적으로 사용했다―옮긴이.)

이해(Verstehen) '이해' 또는 '해석'을 뜻하는 독일어. 막스 베버 사회학의 기초.

인간정신(esprit humain) 인류 전체의 심적 동일성이나 집합무의식을 가리키는 레비-스트로스의 용어. 그는 인류의 보편적 사고구조를 시사하기 위해 이 용어를 사용하기도 한다.

인류지리학(anthropogeography) 19세기 독일 대학의 과목 이름으로 인문지리학과 대체로 일치한다. 전파론의 모태가 된다.

인류학(anthropology) 가장 넓은 의미에서는 사회·문화인류학, 언어인류학, 선사고고학, 생물(체질)인류학 네 분야를 포함하는 주제. 좁은 의미에서는 사회인류학의 준말이다.

인식론(epistemology) 철학의 지식 이론.

인식론적 상대주의(epistemological relativism) 인간성과 인간의 사고는 문화에 따라 상이하므로 모든 일반적 문화이론은 오류라고 보는 상대주의의 형태(**기술적 상대주의, 규범적 상대주의** 참조).

인지과학(cognitive science) 인지인류학을 지칭하는 다소 넓은 용어, 또는 문화적 범주와 사고의 구조 및 과정 사이의 관계를 강조하는 모든 분야.

인지인류학(cognitive anthropology) 문화적 범주와 사고의 구조 및 과정 간의 관계를 강조하는 인류학의 분과 또는 인류학 내의 시각.

인지적 상대주의(cognitive relativism) 세상에 대한 모든 진술은 문화에 의존한다고 주장하는 상대주의의 한 형태(**도덕적 상대주의** 참조).

인척(affine, affinal relative) 혼인에 의해 맺어진 친족.

일반교환(generalized exchange) 친족집단의 혼인교환에서 여성이 한 방향으로만 '교환'되는 유형을 가리키는 레비-스트로스의 용어. 예를 들어서 아들은 아버지의 처가 쪽 친족집단의 성원과 혼인할 수 있으나, 딸은 그렇지 않다. 이는 남성이 외삼촌의 딸과 결혼하는 경우 생기는 논리적 결과다(**지연된 직접교환, 직접교환** 참조).

일반정신(esprit general) 한 문화의 본질적인 핵심을 말하는 몽테스키외의 용어.

일신론(monotheism) 오직 하나의 신을 섬기는 신앙(**다신론** 참조).

일차적 친족(direct relative) 직계친족 또는 직계친족의 형제자매(**이차적 친족** 참조).

자연법(natural law) 인간성에 담겨 있는 법이론, 또는 그 이론에서 말하는 법의 본질. 계몽시대 법이론의 특징으로, 후에 법을 일련의 규칙으로

보는 관념에 의해 비판되었다.

자연상태(state of nature) 사회를 갖지 않은 인간에 관한 관념으로 18세기 유럽의 사회이론을 풍미했다.

자연선택(natural selection) 우월한 특성을 가진 개인이 그렇지 못한 개인에 비해 더 많이 번식하며, 따라서 다음 세대에 적응력이 향상된 개인을 낳을 수 있다는 다윈의 관념(성적 선택이라고도 불림).

자연주의(naturism) 고대 종교를 자연숭배로 보는 막스 뮐러의 개념.

자음 삼각형(consonant triangle) 소리의 상대적인 크기와 높이에 따라 정의되는 체계인 자음 p·t·k간의 구조적 관계를 가리키는 야콥슨의 용어(**모음 삼각형** 참조).

재생산(reproduction) 후손의 재생산뿐 아니라 현존하는 문화적 또는 사회적 측면의 재생산을 의미하는 마르크스주의 용어.

재지역화(re-localization) 지역적 기반을 갖는 지식—특히 농업경제와 사회발전에 이용될 수 있는—을 주장, 재발견 또는 발명하는 과정(**지역화, 세계화** 참조).

전(前)논리적 사고(pre-logical mentality) 원인과 결과를 구별해낼 정도의 문화를 갖추지 못한 사람들이 지녔으리라 가정되는 사고과정을 뜻하는 레비-브륄의 용어.

전체문화(total culture) 스튜어드의 문화생태학에서 환경의 영향에 그다지

민감하지 않은 문화의 일반적 측면 (언어, 종교적 신앙 등).

전파(diffusion) 한 민족에서 다른 민족에게로 문화특질이 이동하는 것.

전파주의, 전파론(diffusionism) 문화적 변화의 주요 원인으로 진화보다 전파(때로는 이주)를 강조하는 시각.

정신(Geist) 글자 그대로 사회의 '영혼' 또는 '정신'을 말함.

제유(提喩, synecdoche) 일부로써 전체를 또는 전체로써 일부를 나타내는 표현법.

조잡한 유물론(vulgar materialism) 해리스의 '문화유물론'에 대한 조너선 프리드먼의 멸시적 표현. 그것은 토대와 상부구조를 구별하지 않는다는 의미에서 '조잡'하다(**문화유물론** 참조).

족보상의 준거점(genealogical grid) 특정 사회나 문화에서 친척이 구분되는 방식에 상관없이 모든 친족제도의 근원에 깔려 있다고 믿어지는 지위의 조합.

종속집단 연구, 하위주체 연구(subaltern studies) 지배적 집단이 아니라 종속적 집단의 입장을 중시하는 역사와 문학비평의 시각. 남아시아에서 뚜렷하게 나타나며, 여성주의 인류학에 영향을 주기도 했다.

주변부(periphery) 경제적으로 취약하거나 의존적인 장소 또는 지역으로 중심부와 대조된다. 마르크스주의 인류학 이론에서 중요한 개념이다(**중심**

부, 세계체제 참조).

주술(magic) 일정한 기술과 수단을 사용해 초자연적인 힘을 동원함으로써 자신이 원하는 바를 달성하려는 행위. 기우제를 지내거나 건강을 기원하는 등 사회적으로 선용되는 백주술 (white magic)과 남에게 위해를 가하려는 흑주술(black magic)로 나뉘는데, 요술과 마술은 흑주술에 속한다(**요술, 마술** 참조).

중심부(centre) 주변부와 반대로 경제적으로 지배적인 지역. 그 중심성이 반드시 지리적인 것은 아니다. 예를 들어 세계체제론에서 제국주의 열강은 '중심부'로, 그것의 식민지들은 '주변부'로 규정할 수 있다.

중층기술(thick description) 좋은 민족지는 세부적이고 다양한 해석(민족지학자와 연구대상 주민들의)이 다층적으로 중복되어 구성되는 것이라는 거츠의 관념.

증여론(theory of the gift) 선물을 주는 행위는 단순히 자발적인 것이 아니라 사회적 의무에 바탕을 두고 있다는 모스의 이론. 이 사회적 의무는 사회의 근간을 이루는 호혜성 관계를 수반한다. 이런 현상은 특히 폴리네시아, 멜라네시아, 북아메리카 북서 연안 일대에서 두드러진다.

지역비교(regional comparison) 비교의 대상을 한 지역 내(예컨대 오스트레일리아 원주민 또는 북아메리카 대평원 지역)로 국한시키는 통제된 비교의 한 형태.

지역화(localization) 특정 지역의 고유한 지식과 외부적 압력 간의 상호 작용(**세계화, 재지역화** 참조).

지연된 직접교환(delayed direct exchange) 친족집단간 혼인교환의 한 형태를 가리키는 레비-스트로스의 용어. 여성이 한 세대에서 한 방향으로 이동하면, 다음 세대에서는 반대 방향으로 이동한다. 이것은 논리적으로 남성이 고모의 딸과 혼인하게 될 경우 나타난다(**직접교환, 일반교환** 참조).

지위(status) 사회구조 내에서 개인이 차지하는 자리(**역할** 참조).

직계친(lineal relative) 에고의 출계선 상에 있는 친족(예를 들면 할머니와 손녀).

직계친의 형제자매(co-lineal relative) 에고(ego)의 형제자매, 또는 에고의 직계에 해당하는 이들의 형제자매(예컨대 삼촌이나 조카)를 말함. 표 7.2를 참조하고 비직계친, 이차적 친족과 비교해보라.

직접교환(direct exchange) 친족집단 간의 혼인교환에서 여성의 교환이 어느 방향으로나 가능한 형태를 가리키는 레비-스트로스의 용어. 이것은 남성이 서로 여동생을 교환하거나, 외삼촌의 딸과 고모의 딸을 포함하는 범주의 여성과 혼인할 경우의 논리적 귀결이다(**지연된 직접교환, 일반교환** 참조).

진화(evolution) 단순한 것에서 복잡한 것으로의 변화나 발전. 보통 변화는 점진적이라 생각된다(**혁명** 참조).

진화주의, 진화론(evolutionism) 단순함에서 복잡함으로 개선되거나 향상되는 변화를 강조하는 시각. 전파론과 대조적으로 문화변화의 주원인은 전파나 이주가 아니라 진화임을 강조하는 시각. 혁명적 시각에 비해 급격한 변화보다 점진적 변화를 우선시한다.

집단성(group) 집단의 구성원인 개인에게 가해지는 속박의 '차원'을 가리키는 메리 더글러스의 용어(**행동준칙** 참조).

집합무의식(collective unconsciousness) 인간정신, 또는 인류 전체의 심적 동일성을 가리키는 레비-스트로스의 용어.

집합의식(collective conscience, collective consciousness) 한 사회의 성원들이 공유하는 집합적인 이해를 가리키는 뒤르켐의 용어(프랑스어는 *conscience collective*).

집합표상(collective representation) 한 사회의 성원들이 공유하는 집합적인 이해, 즉 집합의식을 나타내는 모든 것(종교, 의식, 분류체계 등).

징후적 독해(symptomatic reading) 사실적 표현보다 텍스트의 심층적 의미에 초점을 두는 식의 마르크스 읽기. 알튀세르의 용어(**피상적 독해** 참조).

'차가운' 사회('cold' society) 기본적으로 정태적이라 믿어지는 사회를 지칭하는 레비-스트로스의 용어. '차가운' 사회는 역사보다 신화에 관심을 갖는다(**'뜨거운' 사회** 참조).

차연(差延, différence) 대충 '차이에서의 지연'을 시사하는 데리다의 용어. 어떤 것을 다른 것과 대비시켜 규정하는 차이는 완벽하게 개념화될 수 없는 것이다. 그런 차이를 뛰어넘는 그 무엇이 항상 있다고 데리다는 주장한다. (데리다에 따르면 의미는 지연과 차이 속에서 형성된다. 무한한 기표작용인 의미는 기표에서 기표로의 이동〔흐름 또는 미끄러짐〕이 지연된 상태에서 일시적으로 고정될 수 있을 뿐이다. 또한 한 개념의 의미는 다른 개념과의 대비 속에서 비로소 생성된다. 이러한 두 가지 의미 생성 과정은 실제로는 유기적으로 통합되어 있으며, 데리다는 이를 차연이라 칭한다―옮긴이.)

참여관찰(participant observation) 민족지학자가 연구대상 주민의 사회생활에 참여하여 관찰을 통해 자료를 수집하는 현지조사 방법론.

처거제(妻居制, uxorilocal residence) 신부가 소속된 집단과 거주하는 것(**부거제** 참조). 처거제가 세대를 거치면서 반복되면 여성을 중심으로 한 모계친족집단이 생긴다.

체현(embodiment) 사회문화적 범주는 그것을 담지한 개인들의 신체로부터 분리될 수 없다는 관념.

추측의 역사, 억측의 역사(conjectural history) 본래는 18세기에 애덤 스미스 같은 사상가가 선호한 역사적 재구성의 방법을 가리키는 용어였으나, 후에 진화론자와 전파론자도 사용했다. 진화론의 오류를 비판할 때에도 자주 등장하는 표현이다.

층서학(stratigraphy) 한 유적지에서 지층간의 관계를 지칭하는 고고학 용어. 이로부터 유물의 상대적 연대를 측정할 수 있다.

친밀한 관계(pinalua) 친밀한 또는 성을 공유하는 관계를 뜻하는 하와이어.

코뮤니타스(communitas) '사회구조'의 비구조화된 영역을 가리키는 터너의 용어로 개인적인 지위나 그 지위의 상징이 전도되기도 하는 상태를 말한다. 이런 의미의 공동체가 통과의례를 특징짓는다.

쿠바드(couvade) 부인이 출산을 앞두고 있을 때 남편이 임신한 것처럼 느끼거나 가장하는 풍습으로, 산모와 아이로부터 악령을 몰아낸다고 여겨지기도 한다.

쿤의(Kuhnian) 토마스 쿤의 사상, 특히 과학을 일련의 연쇄적 패러다임으로 보는 관념과 관련되는.

쿨라(kula) 트로브리안드 섬과 인근 지역에서 팔찌와 조가비 목걸이를 교환하는 형식화된 체계.

크로-오마하 체계(Crow-Omaha system) 기본적 구조와 복합적 구조 사이에 존재하는 구조에 대한 레비-스트로스의 용어로서, 친족용어로 불리는 모든 사람과의 혼인을 금하는 크로형 또는 오마하형 친족용어를 가진 체계다.

'크로형' 친족용어('Crow' terminology) 고모의 딸이 고모와 같은 용어로 불리는, 보다 일반화시켜 말하면 에고가 자신의 아버지 쪽 모계친족집단의 여러 구성원을 같은 용어로 부르는 친족용어의 종류(**'오마하형'**과 비교해 보라).

태양중심주의(heliocentrism) 태양을 숭배하는 고대 이집트가 인류문명의 가장 위대한 발상지라고 주장하는 20세기 초 극단적인 전파론의 시각.

토대(base) 마르크스주의자가 사회의 상부구조 또는 이데올로기적 측면을 결정한다고 믿는 사회의 물질적 기반 (**하부구조, 상부구조** 참조).

토테미즘(totemism) 자연(동물의 종과 그 특징)에 의한 사회(예컨대 씨족의 구성원)의 상징적 표상을 수반하는 신앙체계. '토테미즘'이라 기술되는 현상은 매우 다양해서 일각에서는 그 모두를 한 용어로 부르는 것이 과연 유용한지 의문을 제기하기도 한다.

토템(totem) 오지브와 신앙에서 동물로 표현되는 부계씨족의 정신. 다른 민족의 유사한 정신으로 확대할 수 있다.

통과의례(rites of passage) 삶의 한 상태에서 다른 상태로의 이행(이를테면 청년기에서 성년기로의 이행)을 나타내는 의례. 반 헤네프의 개념이며 모스, 터너 등이 발전시켰다.

통시적 시각(diachronic perspective) 동일한 시간의 틀이 아니라 시간의 흐름을 통해 사물을 보는 시각(**공시적 시각** 참조).

통제된 비교(controlled comparison) 비교를 한 지역 내로 국한시키는 경우처럼 변수의 범위를 제한하는 모든 형태의 비교.

통합적, 결합적, 연쇄체적(syntagmatic) 구조주의에서 한 문장의 단어들처럼 연속적인 요소들간의 관계를 뜻하는 표현. 상징인류학에서 통합적 관계는 은유에 반대되는 환유의 관계다(**연관적, 계열적** 참조).

퇴화론(degeneration theory) 유기체나 사회의 물리적·도덕적 질이 점점 떨어진다는 반진화론적 관념.

파롤(parole) 실질적인 발화라는 의미에서의 말을 가리키는 소쉬르의 용어. 유추에 의해 사회구조에 대비되는 사회적 행위를 지칭하기도 한다 (**랑그** 참조).

패러다임(paradigm) 특정 시대 특정 학문 종사자에게 공통으로 나타나는 가정의 집합을 뜻하는 토마스 쿤의 용어. 자연과학에서 거대이론이나 시각(뉴턴 물리학이나 아인슈타인 물리학 등)을 구성하며, 사회과학에서도 유사한 의미를 띤다(즉 진화론과 기능주의는 인류학의 패러다임이다).

페미니즘(feminism), **여성주의** 남성 중심적인 표현체계와 일반적인 남성의 지배에 대항하기 위해 발달한 운동.

평행사촌(parallel cousins) 부모와 성(姓)이 동일한 형제자매를 통해 연결된 사촌. 우리의 친사촌과 이종사촌이 여기에 속함. 많은 사회에서 평행사촌은 형제자매와 같은 것으로 취급되어 교차사촌과 극명하게 구별된다(**교차사촌** 참조).

포스트모더니즘(postmodernism) 계몽주의적 이상의 붕괴를 강조하는 모든 시각. 인류학과 다른 사회과학에서 이 용어는 객관적 범주나 과학적 방법의 타당성을 거부하는 것을 시사한다.

포스트모던, 탈근대의, 탈현대의(postmodern) 원래 건축과 미술에서 모더니즘(근대적 건축)에 대한 반발과 고전적 전통의 재생이 무차별적으로 뒤섞인 현상을 지칭하기 위해 채택된 용어(**포스트모던 조건, 포스트모더니즘** 참조).

포스트모던 조건(postmodern condition) 세계화와 사회적 집단구성의 복합성에 의해 특징지어지는 사회의 상태를 가리키는 리오타르의 용어.

포틀래치(potlatch) 북아메리카 북서해안 주민들이 행하는 의례로서, 잔치를 벌이고 자신들의 재산을 나누어 줌으로써(때로는 파괴를 통해) 부를 재분배하고 스스로 위세를 얻는다.

표지(標識, significatum) 다른 표지와 함께 한 범주를 규정하는 성분분석의 요소(**함의** 참조).

표현형(phenotype) 유전적 요인과 환경의 상호작용에 의해 생성된 유기체의 물리적 구조(**유전형** 참조).

푸코(류)의(Foucauldian, Foucaultian) 미셸 푸코의 사상을 지칭하는.

프라하 학파(Prague School) 변별적 자질의 확인(특히 음운론 분야에서)을 분석의 기반으로 삼는 언어학의 학파. 중부 유럽에서 발흥했고 제2차 세계대전 중 뉴욕으로 근거지를 옮겼다.

프랑스 구조주의(French structuralism) 넓은 의미로는 레비-스트로스와 그를 흠모하는 자들의 사상을 뜻하며, 좁은 의미로는 특수한 문화의 성원들 또는 특정 문화영역에 속하는 사람들의 사고구조보다는 인류의 보편적 사고구조를 강조하는 시각을 뜻한다(**영국 구조주의, 네덜란드 구조주의** 참조).

피상적 독해(surface reading) 텍스트의 심층적 의미보다 사실적 표현에 초점을 두는 식의 마르크스 읽기. 알튀세르의 용어(**징후적 독해** 참조).

하부구조(infrastructure) 토대 또는

사회의 물질적 측면을 가리키는 단어 (**토대, 상부구조** 참조).

하향혼, 강혼(hypogamy) 여성이 자신보다 지위가 낮은 남성과 맺는 혼인 (**상승혼** 참조).

한정교환(restricted exchange) '지연된 직접교환' 및 '일반교환'에 대비되는 '직접교환'의 동의어. 레비-스트로스와 추종자들은 두 용어를 번갈아 사용했다.

함의(connotatum) 겉으로 드러나는 개념적 특성보다는 내포된 의미를 시사하는 성분분석의 요소(예를 들면 '삼촌'을 규정하는 형식적인 특징과 대비되는 '삼촌다운 행동')를 말함(**표지** 참조).

합리성 논쟁(rationality debate) '원시인'이 문화적으로 합리적인 사고를 할 수 있는가를 둘러싸고 60년대에서 80년대까지 벌어진 철학자와 인류학자 사이의 논쟁.

합리주의(rationalism) 반드시 경험을 동반하지 않아도 이성으로부터 지식이 도출될 수 있다고 보는 입장(**경험주의** 참조).

해석(interpretation) 직관적 이해, 좀 더 정확히 말하면 문화를 언어처럼 '번역'되어야 하는 존재로 이해하는 것.

해석적(interpretive) 해석에 기반을 둔 접근이나 방법의.

해석주의(interpretivism) 형식적 구조의 추구보다 문화의 해석을 강조하는

시각. 거츠의 인류학이 가장 널리 인용되는 예다.

해체(deconstruction) 텍스트의 바탕에 깔린 전제를 드러내어 보이는 문학적 분석방법을 말하는 데리다의 용어(데리다는 기존의 대립관계를 폭로할 뿐 새로운 대안을 제시하지는 않는다. 그가 이런 해체의 전략을 택한 것은 기존의 진리를 보충하는 새로운 억압적 논리를 내세우는 자가당착에 빠지지 않기 위해서다. 그는 텍스트 자체가 담고 있는 내적 불일치를 드러내어 자기모순을 폭로함으로써, 이성이 스스로 모순에 빠져 숨긴 차이를 털어놓게 하는 전략을 취하고 있다―옮긴이).

행동준칙(grid) 개인의 고립화를 통한 속박의 '차원'을 가리키는 더글러스의 용어(**집단성, 행위준칙/집단성** 분석 참조).

행동준칙/집단성 분석(grid/group analysis) 더글러스의 스타일로 '행동준칙'과 '집단성'의 규제를 분석하는 것.

행위중심의 접근(action-centred approach) 거래행위론처럼 사회구조보다 사회적 행위를 강조하는 접근법.

혁명주의(revolutionism) 사회의 진화는 '사회계약'이나 상징의 발명 같은 혁명적 사건의 결과라고 보는 시각.

현재중심주의(presentism) 인류학사의 연구에서 현재의 관심을 통해 과거를 보는 입장. 이 표현은 주로 경멸적인

의미로 쓰인다.

혈연, 혈족, 혈친(consanguine, consan-guineal relative) 혈연관계로 맺어진 친척.

협족, 포족(phratry) 씨족 같은 작은 집단이 뭉친 큰 규모의 단계출계집단.

형태소(morpheme) 뜻을 가지는 언어의 최소단위(영어의 cars는 'car'와 복수를 나타내는 's' 두 형태소로 구성된다).

형태학적(morphological) 언어학에서 형태소의 수준을 가리키는.

호혜적 이타주의(reciprocal altruism) 보상에 대한 기대를 갖고 타인을 위해 수행하는 행위를 가리키는 사회생물학의 개념.

확대된 사례연구(extended case study) 민족지적 논문이나 서적에서 보다 일반적인 주장을 예시하기 위해 구체적으로 기술된 사례연구. 법학을 통해 인류학에 유입되었으며, 맨체스터 학파의 특징이다.

환유(換喩, metonymy) 동일한 분석수준에 있는 대상들간의 관계(즉 적색신호등과 녹색신호등의 관계).

후기구조주의, 탈구조주의, 포스트구조주의(poststructuralism) 구조주의 방법론, 또는 고전적인 구조주의적 구분(랑그/파롤, 공시적/통시적 등)을 거부하는 모든 시각.

참고문헌

Abu-Lughod, Lila. 1986. *Veiled Sentiments: Honour and Poetry in a Bedouin Society*. Berkeley: University of California Press.

———. 1990. "The Romance of Resistance: Tracing Transformations of Power through Bedouin Women." *American Ethnologist* 17: 41~55.

———. 1991. "Writing against Culture." In Richard Fox(ed), *Recapturing Anthropology*. pp. 137~62. Santa Fe: School of American Research.

Adams, William Y. 1998. *The Philosophical Roots of Anthropology*. Stanford: CSLI Publications.

Ahmed, Akbar S. 1976. *Millenium and Charisma among Pathans: A Critical Essay in Social Anthropology*. London: Routledge & Kegan Paul.

Althusser, Louis. 1969(1965). *For Marx*. Harmondsworth: Penguin Books.

Althusser, Louis and Etienne Balibar. 1970(1968). *Reading Capital*. London: New Left Books.

Anderson, Stephen R. 1985. *Phonology in the Twentieth Century*. Chicago: University of Chicago Press.

Andreski, Stanislav(ed). 1971. *Herbert Spencer: Structure, Function and Evolution*. London: Thomas Nelson & Sons.

Ardener, Edwin. 1989(1970~87). *The Voice of Prophecy and Other Essays*. Oxford: Basil Blackwell.

Asad, Talal(ed). 1973. *Anthropology and the Colonial Encounter*. New York: Humanities Press.

Atran, Scott. 1990. *Cognitive Foundations of Natural history: Towards an Anthropology of Science*. Cambridge: Cambridge University Press.

Augé, Marc. 1982(1979). *The An-thropological Circle: Symbol, Function, History*. Cambridge: Cambridge University Press.

———. 1995(1992). *Non-Places: Introduction to an Anthropology of Supermodernity*. London:

Verso.

Bachofen, J. J. 1967(1859~1916). *Myth, Religion and Mother Right: Selected Writings of J. J. Bachofen.* Princeton: Princeton University Press.

Badcock, C. R. 1975. *Lévi- Strauss: Structuralism and Sociological Theory.* London: Hutchinson & Co.

Barfield, Thomas(ed). 1997. *The Dictionary of Anthropology.* Oxford: Blackwell Publishers.

Barnard, Alan. 1983. "Contemporary Hunter-Gatherers: Current Theoretical Issues in Ecology and Social Organization." *Annual Review of Anthropology* 12: 193~214.

――. 1992. "Through Radcliffe-Brown's Spectacles: Reflections on the History of Anthropology." *History of the Human Sciences* 5(4): 1~20.

――. 1995. "Orang Outang and the Definition of Man." In Han F. Vermeulen and Arturo A. Roldan(eds), *Fieldwork and Footnotes: Studies in the History of European Anthropology.* pp. 95~112. London: Routledge.

――. 1996. "Regional Comparison in Khoisan Ethnography."

Zeitschrift fur Ethnologie 121: 203~20.

――. 1999. "Modern Hunter-Gatherers and Early Symbolic Culture." In Robin Dunbar, Chris Knight, and Camilla Power(eds), *The Evolution of Culture: An Interdisciplinary View.* pp. 50~68. Edinburgh: Edinburgh University Press.

Barnard, Alan and Anthony Good. 1984. *Research Practices in the Study of Kinship.* London: Academic Press.

Barnard, Alan and Jonathan Spencer (eds). 1996. *Encyclopedia of Social and Cultural Anthropology.* London: Routledge.

Barrett, Stanley R. 1996. *Anthropology: A Student's Guide to Theory and Method.* Toronto: University of Toronto Press.

Barth, Fredrik. 1959. *Political Leadership among Swat Pathans.* London: The Athlone Press.

――. 1966. *Models of Social Organization.* London: Royal Anthropological Institute(Occasional Paper No. 23).

――. 1969. "Introduction." In Fredrik Barth(ed), *Ethnic Groups and Boundaries.* pp. 9~38. London: George Allen & Unwin.

Bateson, Gregory. 1958(1936). *Naven: A Survey of the Problems Suggested by a Composite Picture of the Culture of a New Guinea Tribe Drawn from Three Points of View* (second edition). Stanford: Stanford University Press.

———. 1972(1935~71). *Steps to an Ecology of Mind: Collected Essays in Anthropology, Psychiatry, Evolution and Epistemology*. St. Albans: Paladin.

Benedict, Ruth. 1934. *Patterns of Culture*. Boston: Houghton Mifflin Co.

———. 1946. *The Chrysanthemum and the Sword*. Boston: Houghton Mifflin Co.

Berlin, Brent. 1992. *Ethnobiological Classification*. Princeton: Princeton University Press.

Berry, Christopher J. 1997. *Social Theory of the Scottish Enlightenment*. Edinburgh: Edinburgh University Press.

Bloch, Maurice(ed). 1975. *Marxist Analyses and Social Anthropology*. London: Malaby Press.

———. 1983. *Marxism and Anthropology*. Oxford: Oxford University Press.

———. 1991. "Language, Anthropology and Cognitive Science." *Man* 26: 183~98.

Bloor, Celia and David Bloor. 1982. "Twenty Industrial Scientists." In Mary Douglas(ed), *Essays in the Sociology of Perception*. pp. 83~102. London: Routledge & Kegan Paul.

Boas, Franz. 1938(1911). *The Mind of Primitive Man* (revised edition). New York: Macmillan.

———. 1940. Race, *Language and Culture*. New York: Macmillan.

Bock, Phillip K. 1980. *Continuities in Psychological Anthropology*. San Francisco: W. H. Freeman & Co.

———. 1988. *Rethinking Psychological Anthropology*. San Francisco: W. H. Freeman & Co.

Bonte, Pierre and Michel Izard (eds). 1991. *Dictionnaire de l'ethnologie et de l'anthropologie*. Paris: Presses Universitaires de France.

Boon, James A. 1973. *From Symbolism to Structuralism: Lévi-Strauss in Literary Tradition*. Oxford: Basil Blackwell.

Borofsky, Robert. 1997. "Cook, Lono, Obeyesekere, and Sahlins." *Current Anthropology* 38: 255~82.

Bourdieu, Pierre. 1977(1972). *Outline of a Theory of Practice*. Cambridge: Cambridge University Press.

———. 1990(1980). *The Logic of Practice*. Stanford: Stanford University Press.

Bowler, Peter J. 1989. *The Invention of Progress: The Victorians and the Past*. Oxford: Basil Blackwell.

———. 1990. *Charles Darwin: The Man and His Influence*. Oxford: Basil Blackwell.

Bratlinger, Patrick. 1990. *Crusoe's Footprint: Cultural Studies in Britain and America*. New York: Routledge.

Brockman, John(ed). 1977. *About Bateson: Essays on Gregory Bateson*. New York: E. P. Dutton.

Buffon, Georges-Louis Leclerc, comte de. 1749~1804. *Histoire naturelle, générale et particuliére* (44 vols). Paris: De l'Imprimerie Royale.

Caplan, Pat. 1997. *African Voices, African Lives: Personal Narratives from a Swahili Village*. London: Routledge.

Carrier, James G(ed). 1995a. *Occidentalism: Images of the West*. Oxford: Oxford University Press.

———. 1995b. "Preface." In James G. Carrier(ed), *Occidentalism: Images of the West*. pp. vii~x. Oxford: Oxford University Press.

Chalmers, A. F. 1982(1976). *What is This Thing Called Science?* (second edition). Milton Keynes: Open University Press.

Cheater, Angela(ed). 1999. *The Anthropology of Power*. London: Routledge.

Childe, V. Gordon. 1936. *Man Makes Himself*. London: Watts & Co.

———. 1942. *What Happened in History*. Harmondsworth: Penguin.

Chomsky, Noam. 1965. *Aspects of the Theory of Syntax*. Cambridge: MIT Press.

Clifford, James. 1986. "On Ethnographic Allegory." In James Clifford and George E. Marcus (eds), *Writing Culture: The Poetics and Politics of Ethnography*. pp. 98~121. Berkeley: University of California Press.

———. 1988. *The Predicament of Culture: Twentieth Century Ethnography, Literature, and Art*. Cambridge: Harvard University Press.

Clifford, James and George E.

Marcus(eds). 1986. *Writing Culture: The Poetics and Politics of Ethnography*. Berkeley: University of California Press.

Cohen, Anthony P. 1985. *The Symbolic Construction of Community*. London: Tavistock Publications.

———. 1994. *Self Consciousness: An Alternative Anthropology of Identity*. London: Routledge.

Collier Jane F. and Michelle Z. Rosaldo. 1981. "Politics and Gender in Simple Societies." In Sherry Ortner and Harriet Whitehead(eds), *Sexual Meanings: The Cultural Construction of Gender and Sexuality*. pp. 275~329. Cambridge: Cambridge University Press.

Comaroff, Jean. 1985. *Body of Power, Spirit of Resistance: The Culture and History of a South African People*. Chicago: University of Chicago Press.

Comte, August. 1869[1839]. *Cours de philosophie positive*, vol 4(third edition). Paris: J. B. de Bailliare et Fils.

Corbey, Raymond and Bert Theunissen(eds). 1995. *Ape, Man, Apeman: Changing Views since 1600*. Leiden: Department of Prehistory, Leiden University.

Crapanzano, Vincent. 1992. "The Postmodern Crisis: Discourse, Parody, Memory." In George Marcus(ed), *Rereading Cultural Anthropology*. pp. 87~102. Durham: Duke University Press.

Csordas, Thomas J. 1990. "Embodiment as a Paradigm for Anthropology." *Ethos* 18: 5~47.

———(ed). 1994. *Embodiment and Experience: The Existential Ground of Culture and Self*. Cambridge: Cambridge University Press.

Cucchiari, Salvatore. 1981. "The Gender Revolution and the Transition from Bisexual Horde to Patrilocal band: The Origins of Gender Hierarchy." In Sherry B. Ortner and Harriet Whitehead (eds), *Sexual Meanings: The Cultural Construction of Gender and Sexuality*. pp. 31~79. Cambridge: Cambridge University Press.

Culler, Jonathan. 1976. *Saussure*. Glasgow: Fontana/Collins.

Daiches, David, Peter Jones, and Jean Jones(eds). 1986. *A Hotbed of Genius: The Scottish Enlightenment, 1730~1790*. Edinburgh: Edinburgh University Press.

D'Andrade, Roy. 1995. *The Development of Cognitive Anthropology*. Cambridge: Cambridge University Press.

Darwin, Charles. 1859. *On the Origin of Species by Means of Natural Selection*. London: John Murray.

———. 1871. *The Descent of Man, and Selection in Relation to Sex*. London: John Murray.

De George, Richard and Ferdinande de George(eds). 1972. *The Structuralist: From Mauss to Lévi-Strauss*. Garden City, NY: Doubleday & Co.

De Heusch, Luc. 1982(1972). *The Drunken King or the Origin of the State*. Bloomington: Indiana University Press.

———. 1985. *Sacrifice in Africa: A Structuralist Approach*. Manchester: Manchester University Press.

Denzin, Norman K. 1997. *Interpretive Ethnography: Ethnographic Practices for the 21st Century*. Thousand Oaks, CA: Sage Publications.

Derrida, Jacques. 1976(1967). *Of Grammatology*. Baltimore: Johns Hopkins University Press.

———. 1978(1967). *Writing and Difference*. Chicago: University of Chicago Press.

Douglas, Mary. Douglas, Mary. 1960. *Purity and Danger: An Analysis of Concepts of Pollution and Taboo*. London: Routledge & Kegan Paul.

———. 1969. *Natural Symbols: Explorations in Cosmology*. London: Routledge & Kegan Paul.

———. 1978. *Cultural Bias*. London: Royal Anthropological Institute(Occasional Papers no. 35).

———. 1980. *Evans-Pritchard*. Glasgow: Fontana/Collins.

———. 1982. "Introduction to Grid/Group Analysis." In Mary Douglas(ed), *Essays in the Sociology of Perception*. pp. 1~8. London: Routledge & Kegan Paul.

———. 1996. *Thought Style: Critical Essays on Good Taste*. London: Sage Publications.

Dumont, Louis. 1980(1967). *Homo Hierarchicus: The Caste System and Its Implications* (revised edition). Chicago: University of Chicago Press.

Durkheim, Emile. 1915(1912). *The Elementary Forms of the Religious Life*. London: George Allen & Unwin.

———. 1963(1898). *Incest: The Nature and Origin of the Taboo*. New York: Stuart.

———. 1966(1897). *Suicide: A Study in Sociology*. New York: The Free Press.

Durkheim, Emile and Marcel Mauss. 1963(1903). Primitive Classification. London: Cohen & West.

Edholm, Felicity, Olivia Harris, and Kate Young. 1977. "Conceptualizing Women." *Critique of Anthropology* 3(9/10): 101~30.

Eggan, Fred. 1950. *Social Organization of the Western Pueblos*. Chicago: University of Chicago Press.

Ellen Roy F. 1993. *The Cultural Relations of Classification: An Analysis of Nuaulu Animal Categories from Central Seram*. Cambridge: Cambridge University Press.

Encyclopedia Britannica; or a Dictionary of Arts and Sciences, *Compiled upon a New Plan* (3 vols). 1771. Edinburgh: A. Bell and C. Macfarquhar.

Engels, Friedrich. 1972(1884). *The Origin of the Family, Private Property and the State, in the Light of the Researches of Lewis H. Morgan*. London: Lawrence and Wishart.

Evans-Pritchard, E. E. 1937. *Witchcraft, Oracles and Magic among the Azande*. Oxford: Clarendon Press.

———. 1940. *The Nuer: A Description of the Modes of Livelihood and Political Institutions of a Nilotic People*. Oxford: Clarendon Press.

———. 1951a. *Kinship and Marriage among the Nuer*. Oxford: Clarendon Press.

———. 1951b. *Social Anthropology: The Broadcast Lectures*. London: Cohen & West

———. 1956. *Nuer Religion*. Oxford: Clarendon Press.

———. 1962(1932~61). *Essays in Social Anthropology*. London: Faber & Faber.

———. 1965(1928~63). *The Position of Women in Primitive Societies and Other Essays in Social Anthropology*. London: Faber & Faber.

Fardon, Richard(ed). 1990. *Localizing Strategies: Regional Traditions of Ethnographic Writing*. Edinburgh: Scottish Academic Press.

———. 1998. *Mary Douglas: An Intellectual Biography*. London: Routledge.

Fernandez, James, W. 1986. *Persuasions and Performances: The Play of Tropes in Culture*. Bloomington: Indiana University Press.

———(ed). 1991. *Beyond Metaphor: The Theory of Tropes in Anthropology*. Stanford: Stanford University Press.

Ferguson, Adam. 1966(1767). *An Essay on the History of Civil Society*. Edinburgh: Edinburgh University Press.

Finnegan, Ruth and Robin Horton (eds). 1973. *Modes of Thought*. London: Faber.

Firth, Raymond. 1936. *We, the Tikopia: A Sociological Study of Kinship in Primitive Polynesia*. London: George Allen & Unwin.

———. 1961(1951). *Elements of Social Organization* (second edition). Boston: Beacon Press.

———. 1956. "Alfred Reginald Radcliffe-Brown, 1881~1955." *Proceedings of British Academy* 62: 287~302.

———(ed). 1957. *Man and Culture: An Evaluation of the Work of Bronislaw Malinowski*. London: Routledge & Kegan Paul.

Fortes, Meyer. 1945. *The Dynamics of Clanship among the Tallensi*. London: Oxford University Press.

———. 1949. *The Web of Kinship among the Tallensi*. London: Oxford University Press.

———. 1969. *Kinship and the Social Order: The Legacy of Lewis Henry Morgan*. London: Routledge & Kegan Paul.

Fortes, Meyer and E. E. Evans-Pritchard(eds). 1940. *African Political Systems*. London: Oxford University Press.

Foucault, Michel. 1973(1966). *The Order of Things: An Archaeology of Human Sciences*. New York: Vintage Books.

———. 1974(1969). *The Archaeology of Knowledge and the Discourse on Language*. London: Tavistock Publications.

———. 1977(1975). *Discipline and Punish: The Birth of the Prison*. London: Allen Lane.

Fox, Richard G. 1991. "Introduction: Working in the Present." In Richard Fox(ed), *Recapturing Anthropology*. pp. 1~16. Santa Fe: School of American Research.

Fox, Robin. 1975. "Primate Kin and Human Kinship." In Robin Fox (ed), *Biosocial Anthropology*. pp. 9~35. London: Malaby Press.

Frake, Charles O. 1980. *Language*

and Cultural Description: Essays by Charles O. Frake. Stanford: Stanford University Press.

Frank, Andre Gunder. 1967. *Capitalism and Underdevelopment in Latin America*. New York: Monthly Review Press.

Frazer, James G. 1910. *Totemism and Exogamy: A Treatise on Certain Early Forms of Superstition and Society* (4 vols). London: Macmillan & Co.

———. 1922. *The Golden Bough: A Study in Magic and Religion* (Abridged Edition). London: Macmillan & Co.

Freeman, Derek. 1983. *Margaret Mead and Samoa: The Making and Unmaking of an Anthropological Myth*. Cambridge: Harvard University Press.

Freud, Sigmund. 1960[1913]. *Totem and Taboo*. London: Routledge & Kegan Paul.

Friedman, Jonathan. 1974. "Marxism, Structuralism, Vulgar Materialism." *Man* 9: 444~69.

———. 1975. "Tribes, States, and Transformations." In Maurice Bloch(ed), *Marxist Analyses and Social Anthropology*. pp. 161~ 202. London: Malaby Press.

———. 1996[1979]. *System, Struc-ture, and Contradiction: The Evolution of 'Asiatic' Social Formations* (second edition). Walnut Creek, CA: AltaMira Press.

Frobenius, Leo. 1933. *Kulturgeschichte Afrikas: Prologomena zu einer historischen Gestaltlehre*. Frankfurt: Frobenius Institut.

Gamble, Clive. 1993. *Timewalkers: The Prehistory of Global Colonization*. Stroud: Alan Sutton.

Geertz, Clifford. 1960. *The Religion of Java*. New York: The Free Press.

———. 1963. *Agricultural Involution: The Process of Ecological Change in Indonesia*. Berkeley: University of California Press.

———. 1966. "Religion as a Cultural System." In Michael Banton(ed), *Anthropological Approaches to the Study of Religion*. pp. 1~46. London: Tavistock Publications.

———. 1968. *Islam Observed: Religious Developments in Morocco and Indonesia*. New Haven: Yale University Press.

———. 1973. *The Interpretation of Cultures: Selected Essays*. New York: Basic Books.

———. 1983. *Local Knowledge: Further Essays in Interpretive Anthro-*

pology. New York: Basic Books.

―――. 1984. "Anti Anti-Relativism." *American Anthropologist* 86: 263~78.

―――. 1988. *Works and Lives: The Anthropologist as Author*. Stanford: Stanford University Press.

Geertz, Hildred and Clifford Geertz. 1975. *Kinship in Bali*. Chicago: University of Chicago Press.

Gellner, Ernest. 1982(1981). "Relativism and Universals." In Martin Hollis and Steven Lukes(eds), *Rationality and Relativism*. pp. 181~200. Oxford: Basil Black-well.

―――. 1985. *Relativism and the Social Sciences*. London: Cambridge University Press.

―――. 1992. *Postmodernism, Reason and Religion*. London: Routledge.

Gerth, H. H. and C. Wright Mills (eds). 1946. *From Max Weber: Essays in Sociology*. New York: Oxford University Press.

Gierke, Otto von. 1934. *Natural Law and the Theory of Society, 1500 to 1800* (2 vols). Cambridge: Cambridge University Press.

Givens, David B., Pasty Evans, and Timothy Jablonski. 1997. "1997 Survey of Anthropology PhDs." *American Anthropological Association 1997~98 Guide*. pp. 308~21. Arlington, VA: American Anthropological Association.

Gluckman, Max. 1955. *Custom and Conflict in Africa*. Oxford: Basil Blackwell.

―――. 1965. *Politics, Law and Ritual in Tribal Society*. Oxford: Basil Blackwell.

Godelier, Maurice. 1975. "Modes of Production, Kinship, and Demographic Structures." In Maurice Bloch(ed), *Marxist Analyses and Social Anthropology*. pp. 3~27. London: Malaby Press.

―――. 1977(1973). *Perspectives in Marxist Anthropology*. Cambridge: Cambridge University Press.

―――. 1986(1982). *The Making of Great Men: Male Domination and Power among the New Guinea Baruya*. Cambridge: Cambridge University Press.

Goodenough, Ward. 1956. "Componential Analysis and the Study of Meaning." *Language* 32: 195~216.

Goody, Jack. 1995. *The Expansive Moment: Anthropology in Britain and Africa, 1918~1970*. Cambridge: Cambridge University Press.

――. 1996. *The East in the West*. Cambridge: Cambridge University Press.

Graburn, Nelson(ed). 1971. *Readings in Kinship and Social Structure*. New York: Harper & Row.

Graebner, Fritz. 1911. *Die Methode der Ethnologie*. Heidelberg: Carl Winter's Universitats Buchhandlung.

Grotius, Hugo. 1949(1625). *The Law of War and Peace*. Roslyn, NY: Walter J. Black.

Guha, Ranajit and Gayatri C. Spivak(eds). 1988. *Selected Subaltern Studies*. New York: Oxford University Press.

Hallpike, C. R. 1979. *The Foundations of Primitive Thought*. Ox-ford: Clarendon Press.

Hammond-Tooke, W. D. 1997. *Imperfect Interpreters: South Africa's Anthropologists, 1920~ 1990*. Johannesburg: Witwatersrand University Press.

Haraway, Donna. 1988. "Situated Knowledges: The Science Question in Feminism and the Privilege of Partial Perspective." *Feminist Studies* 14: 575~99.

――. 1991. *Symians, Cyborgs and Women: The Reinvention of Nature*. New York: Routledge.

Harris, Marvin. 1968. *The Rise of Anthropological Theory: A History of Theories of Culture*. New York: Thomas Y. Crowell.

――. 1977. *Cannibals and Kings: The Origins of Cultures*. New York: Random House.

――. 1979. *Cultural Materialism: The Struggle for a Science of Culture*. New York: Random House.

Harris, Olivia and Kate Young. 1981. "Engendered Structures: Some Problems in the Analysis of Reproduction." In Joel Kahn and Joseph R. Llobera(eds), *The Anthropology of Pre-Capitalist Societies*. pp. 109~47. London: Macmillan.

Hart, Keith. 1982. *The Development of Commercial Agriculture in West Africa*. Cambridge: Cambridge University Press.

Hastrup, Kirsten. 1995. *A Passage to Anthropology: Between Experience and Theory*. London: Routledge.

Headland, Thomas N., Kenneth L. Pike, and Marvin Harris(eds). 1990. *Emics and Etics: The Insider/Outsider Debate*. London:

Sage Publications.

Helman, Cecil G. 1994(1984). *Culture, Health and Illness* (third edition). Oxford: Butterworth-Heinemann.

Hénaff, Marcel. 1998(1991). *Claude Lévi-Strauss and the Making of Structural Anthropology*. Minneapolis: University of Minnesota Press.

Héritier, Francoise. 1981. *L'exercice de la parenté*. Paris: Gallimard.

Herskovits, Melville J. 1926. "The Cattle Complex in East Africa." *American Anthropologist* 28: 230~72, 361~88, 494~528, 633~64.

———. 1930. "The Culture Areas of Africa." *Africa* 3: 59~77.

Herzfeld, Michael. 1984. "The Horns of the Mediterraneanist Dilemma." *American Ethnologist* 11: 439~54.

———. 1987. *Anthropology through the Looking-Glass: Critical Ethnography in the Margins of Europe*. Cambridge: Cambridge University Press.

Hiatt, L. R. 1968. "Gidjingali Marriage Arrangements." In Richard Lee and Irven DeVore(eds), *Man the Hunter*. pp. 165~75. Chicago: Aldine Publishing Company.

———. 1996. *Arguments about Aborigines: Australia and the Evolution of Social Anthropology*. Cambridge: Cambridge University Press.

Hindess, Barry and Paul Hirst. 1975. *Pre-Capitalist Modes of Production*. London: Routledge & Kegan Paul.

———. 1977. *Mode of Production and Social Formation: An Auto-Critique of Pre-Capitalist Modes of Production*. London: The Macmillan Press.

Hjelmslev, Louis. 1953(1943). *Prolegomena to a Theory of Language*. Baltimore: Waverly Press.

Hobbes, Thomas. 1973(1651). *Leviathan*. London: J. M. Dent & Sons.

Hollis, Martin and Steven Lukes (eds). 1982. *Rationality and Relativism*. Oxford: Basil Blackwell.

Holy, Ladislav. 1996. *The Little Czech and the Great Czech Nation: National Identity and the Post-Communist Social Transformation*. Cambridge: Cambridge University Press.

Holy, Ladislav and Milan Stuchlik. 1983. *Actions, Norms and Representations: Foundations of An-*

thropological Inquiry. Cambridge: Cambridge University Press.

Ingold, Tim. 1986. *The Appropriation of Nature: Essays on Human Ecology and Social Relations*. Manchester: Manchester University Press.

────(ed). 1994. *Companion Encyclopedia of Anthropology: Humanity, Culture and Social Life*. London: Routledge.

────(ed). 1996. *Key Debates in Anthropology*. London: Routledge.

Jakobson, Roman. 1962. *Selected Writings*, vol. I. The Hague: Mouton.

────. 1971. *Selected Writings*, vol. II. The Hague: Mouton.

James, Allison, Jenny Hockey, and Andrew Dawson(eds). 1997. *After Writing Culture: Epistemology and Praxis in Contemporary Anthropology*. London: Routledge.

Jenkins, Richard. 1992. *Pierre Bourdieu*. London: Routledge.

Josselin de Jong, J. P. B. de. 1977 (1935). "The Malay Archipelago as a Field of Ethnological Study." In P. E. de Josselin de Jong(ed), *Structural Anthropology in the Netherlands*. pp. 166~82. The

Hague: Martinus Nijhoff.

Josselin de Jong, P. E. de(ed). 1977. *Structural Anthropology in the Netherlands*. The Hague: Martinus Nijhoff.

Kaberry, Phyllis M. 1957. "Malinowski's Contribution to Fieldwork Methods and the Writing of Ethnography." In Raymond Firth (ed), Man and Culture: An Evaluation of the Work of Bronislaw Malinowski. pp. 71~91. London: Routledge & Kegan Paul.

Kahn, Joel S. 1980. *Minangkabau Social Formations: Indonesian Peasants and the World Economy*. Cambridge: Cambridge University Press.

────. 1981. "Marxist Anthropology and Segmentary Societies: A Review of the Literature." In Joel Kahn and Joseph R. Llobera (eds), *The Anthropology of Pre-Capitalist Societies*. pp. 57~88. London: Macmillan.

Kahn, Joel S and Joseph R. Llobera. 1981. "Towards a New Marxism or a New Anthropology." In Joel Kahn and Joseph R. Llobera (eds), *The Anthropology of Pre-Capitalist Societies*. pp. 263~329. London: Macmillan.

Kames, Lord. 1774. *Sketches of the History of Man* (2 vols). London: W. Strahan and T. Cadell.

Kapferer, Bruce (ed). 1976. *Transaction and Meaning: Directions in the Anthropology of Exchange and Symbolic Behavior.* Philadelphia: Institute for the Study of Human Issues.

Katz, Pearl. 1981. "Ritual in the Operating Room." *Ethnology* 20: 335~50.

Kenyatta, Jomo. 1938. *Facing Mount Kenya: The Tribal Life of the Gikuyu.* London: Secker & Warburg.

Kloos, Peter and Henri J. M. Claessen (eds). 1991. *Contemporary Anthropology in the Netherlands: The Use of Anthropological Ideas.* Amsterdam: VU University Press.

Kluckhohn, Clyde. 1936. "Some Reflections on the Methods and Theories of the Kuturkreislehre." *American Anthropologist* 38: 157~96.

———. 1944. *Navaho Witchcraft.* Cambridge, MA: Peabody Museum.

Kluckhohn, Clyde and Dorothea Leighton. 1974 (1946). *The Navaho* (revised edition). Cambridge:

Harvard University Press.

Knauft, Bruce M. 1996. *Genealogies for the Present in Cultural Anthropology.* New York: Routledge.

Knight, Chris. 1991. *Blood Relations: Menstruation and the Origins of Culture.* New Haven: Yale University Press.

Knight, Chris, Camilla Power, and Ian Watts. 1995. "The Human Symbolic Revolution: A Darwinian Account." *Cambridge Archaeological Journal* 5(1): 75~114.

Knox, Robert. 1850. *Races of Men: A Fragment.* Philadelphia: Lea and Blanchard.

Korn, Francis. 1973. *Elementary Structures Reconsidered: Lévi-Strauss on Kinship.* London: Tavistock Publications.

Kroeber, A. L. 1909. "Classificatory Systems of Relationship." *Journal of the Royal Anthropological Institute* 39: 77~84.

———. 1931. "The Culture-area and Age-area Concepts of Clark Wissler." In Stuart A. Rice (ed), *Methods in Social Science: A Case Book.* pp. 248~65. Chicago: University of Chicago Press.

———. 1939. "Cultural and Natural Areas of Native North America." *University of California Publi-*

cations in American Archaeology and Ethnology 38: 1~240.

———. 1963[1948]. *Anthropology: Culture Patterns and Processes*. New York: Harcourt, Brace & World.

Kroeber, A. L. and Clyde Kluckhohn. 1952. *Culture: A Critical Review of Concepts and Definitions*. Cambridge, MA: Peabody Museum.

Kropotkin, Peter. 1987[1902]. *Mutual Aid: A Factor of Evolution*. London: Freedom Press.

Kuhn, Thomas. 1970[1962]. *The Structure of Scientific Revolution* (second edition). Chicago: University of Chicago Press.

Kuklick, Henrika. 1991. *The Savage Within: The History of British Anthropology*, 1885~1945. Cambridge: Cambridge University Press.

Kuper, Adam(ed). 1977. *The Social Anthropology of Radcliffe-Brown*. London: Routledge & Kegan Paul.

———. 1979a[1977]. "Regional Comparison in African Anthropology." *African Affairs* 78: 103~13.

———. 1979b. "A Structural Approach to Dreams." *Man* 14: 645~

62.

———. 1982. *Wives for Cattle: Bridewealth and Marriage in Southern Africa*. London: Routledge & Kegan Paul.

———. 1988. *The Invention of Primitive Societies: Transformations of an Illusion*. London: Routledge.

———. 1992. "Post-Modernism, Cambridge and the Great Kalahari Debate." *Social Anthro-pology* I: 57~71.

———. 1994. *The Chosen Primate: Human Nature and Cultural Diversity*. Cambridge: Harvard University Press.

———. 1996[1973]. *Anthropology and Anthropologists: The Modern British School* (third edition). London: Routledge.

———. 1999. *Culture: The Anthropologists's Account*. Cambridge: Harvard University Press.

Kuper, Adam and Jessica Kuper (eds). 1996[1985]. *The Social Science Encyclopedia* (second edition). London: Routledge.

Lacan, Jacques. 1977[1966]. *Ecrits: A Selection*. London: Tavistock Publications.

Lakoff, George and Mark Johnson. 1980. *Metaphors We Live by*. Chicago: University of Chicago Press.

Lamarck, J. B. 1914(1809). *Zoological Philosophy: An Exposition with Regard to the Natural Philosophy of Animals*. London: Macmillan.

Lane, Harlan. 1977. *The Wild Boy of Aveyron*. London: George Allen & Unwin.

Langham, Ian. 1981. *The Building of British Social Anthropology: W. H. R. Rivers and His Cambridge Disciples in the Development of Kinship Studies, 1898~1931*. Dordrecht: D. Reidel Publishing Company.

Lapointe, Francois and Claire Lapointe. 1977. *Claude Lévi-Strauss and His Critiques: An International Bibliography of Criticism*(1950~1976). New York: Garland.

Layton, Robert. 1997. *An Introduction to Theory in Anthropology*. Cambridge: Cambridge University Press.

Leach, Edmund R. 1954. *The Political Systems of Highland Burma: A Study of Kachin Social Structure*. London: The Athlone Press.

————. 1961a. *Pul Eliya: A Village in Ceylon*. Cambridge: Cam-bridge University Press.

————. 1961b(1945~61). *Rethinking Anthropology*. London: The Athlone Press.

————(ed). 1967. *The Structural Study of Myth and Totemism*. London: Tavistock Publications.

————. 1970. *Claude Lévi-Strauss*. Glasgow: Fontana/Collins.

————. 1976a. *Social Anthropology: A Natural Science of Society*? Oxford: Oxford University Press.

————. 1976b. *Culture and Communication: The Logic by which Symbols are Connected*. Cambridge: Cambridge University Press.

Leacock, Eleanor. 1978. "Women's Status in Egalitarian Society: Implications for Social Evolution." *Current Anthropology* 19: 247~75.

Leaf, Murray J. 1979. *Man, Mind, and Science: A History of Anthropology*. New York: Columbia University Press.

Lechte, John. 1994. *Fifty Key Contemporary Thinkers: From Structuralism to Postmodernity*. London: Routledge.

Lee, Richard B. 1979. *The !Kung San: Men, Women, and Work in a Foraging Society*. Cambridge: Cambridge University Press.

————. 1981(1980). "Is There a

Foraging Mode of Production?" *Canadian Journal of Anthropology* 2: 13~19.

Lee, Richard B. and Mathias Guenther. 1991. "Oxen or Onions? The Search for Trade (and Truth) in the Kalahari." *Current Anthropology* 32: 592~601.

———. 1993. "Problems in Kalahari Historical Ethnography and the Tolerance of Error." *History in Africa* 20: 185~235.

Legros, Dominique. 1977. "Chance, Necessity, and Mode of Production: A Marxist Critique of Cultural Evolutionism." *American Anthropologist* 79: 26~41.

Levine, Donald N. 1995. *Visions of Sociological Tradition*. Chicago: University of Chicago Press.

Lévi-Strauss, Claude. 1963(1958) (1945~58). *Structural Anthropology*. New York: Basic Books.

———. 1966a. "The Future of Kinship Studies." *Proceedings of Royal Anthropological Institute for 1965*. pp. 13~22.

———. 1966b(1962). *The Savage Mind*. Chicago: University of Chicago Press.

———. 1968. "The Concept of Primitiveness." In Richard Lee and Irven DeVore(eds), *Man the Hunter*. pp. 349~52. Chicago: Aldine Publishing Company.

———. 1969a(1949). *The Elementary Structures of Kinship*. Boston: Beacon Press.

———. 1969b(1962). *Totemism*. Harmondsworth: Penguin Books.

———. 1976(1955). *Tristes Tropiques*. Harmondsworth: Penguin Books.

———. 1978a. *Myth and Meaning*. London: Routledge & Kegan Paul.

———. 1978b(1968). *The Origin of Table Manners*. New York: Harper & Row.

———. 1988(1950). *Introduction to the Work of Marcel Mauss*. London: Routledge.

———. 1997(1993). *Look, Listen, Read*. New York: Basic Books.

Lévi-Strauss, Claude and Didier Eribon. 1991(1988). *Conversations with Claude Lévi-Strauss*. Chicago: University of Chicago Press.

Lévy-Bruhl, Lucien. 1926(1910). *How Natives Think*. London: George Allen & Unwin.

———. 1975(1949). *The Notebooks on Primitive Mentality*. Oxford: Basil Blackwell & Mott.

Lewis, Oscar. 1951. *Life in a Mexican Village: Tepoztlan Restudied*.

Urbana: University of Illinois Press.

Leyton, Elliot. 1974. "Opposition and Integration in Ulster." *Man* 9: 185~98.

Lienhardt, Godfrey. 1961. *Divinity and Experience: The Religion of the Dinka*. Oxford: Clarendon Press.

Linnaeus, Carolus. 1956(1758). *Systema Naturae. Regnum Animale* (tenth edition, vol. 1). London: British Museum(Natural History).

Locke, John. 1988(1690). *Two Treatises of Government*. Cambridge: Cambridge University Press.

Long, Norman. 1996. "Globalization and Localization: New Challenges to Rural Research." In Henrietta L. Moore(ed), *The Future of Anthropological Knowledge*. pp. 37~59. London: Routledge.

Lovejoy, Arthur O. 1936. *The Great Chain of Being: A Study of the History of an Idea*. Cambridge: Harvard University Press.

Lowie, Robert H. 1937. *The History of Ethnological Theory*. New York: Holt, Rinehart & Winston.

———. 1947(1920). *Primitive Society* (second edition). New York: Liveright Publishing Company.

Lubbock, Sir John. 1874(1870). *The Origin of Civilization and the Primitive Condition of Man*. New York: D. Appleton & Co.

Lucy, John A. 1992. *Language Diversity and Thought: A Reformulation of the Linguistic Relativity Hypothesis*. Cambridge: Cambridge University Press.

Lyotard, Jean-Francois . 1984(1979). *The Postmodern Condition: A Report on Knowledge*. Minneapolis: University of Minnesota Press.

McGrew, W. C. 1991. "Chimpanzee Material Culture: What are its Origins and Why?" In R. A. Foley (ed), *The Origins of Human Behavior*. pp. 13~24. London: Unwin Hyman.

McLennan, John F. 1970(1865). *Primitive Marriage: An Inquiry into the Origin of the Form of Capture in Marriage Ceremonies*. Chicago: University of Chicago Press.

Maine, Henry Sumner. 1913(1861). *Ancient Law: Its Connection with the Early History of Society and Its Relation to Modern Ideas*. London: George Routledge & Sons.

Malefijt, Annemarie de Waal. 1976. *Images of Man: A History of Anthropological Thought*. New York: Alfred A. Knopf.

Malinowski, Bronislaw. 1922. *Argonauts of the Western Pacific: An Account of Native Enterprise and Adventure in the Archipelagoes of Melanesian New Guinea*. London: George Routledge and Sons.

―――. 1927a. *The Father in Primitive Psychology*. New York: Norton & Company.

―――. 1927b. *Sex and Repression in Savage Society*. London: Kegan Paul.

―――. 1934. "Introduction." In Ian Hogbin. *Law and Order in Polynesia: A Study of Primitive Legal Institutions*. pp. xvii~lxxii. London: Christophers.

―――. 1935. *Coral Gardens and Their Magic* (2 vols). London: George Allen and Unwin.

―――. 1944(1939~42). *A Scientific Theory of Culture and Other Essays*. Chapel Hill: University of North Carolina Press.

―――. 1948(1916~41). *Magic, Science and Religion and Other Essays*. New York: The Free Press.

―――. 1967. *A Diary in the Strict Sense of the Term*. London: Routledge and Kegan Paul.

Marcus, George E. and James Clifford. 1985. "The Making of Ethnographic Texts: A Preliminary Report." *Current Anthropology* 26: 267~71.

Marcus, George E. and Michael M. J. Fisher. 1986. *Anthropology as Cultural Critique: An Experimental Moment in the Human Sciences*. Chicago: University of Chicago Press.

Marx, Karl. 1965(1857~8). *Pre-Capitalist Economic Formations*. New York: International Publishers.

―――. 1974(1867). *Capital*, vol 1. London: Lawrence & Wishart.

Mason, Paul. 1990. *Deconstructing America: Representations of the Other*. London: Routledge.

Mauss, Marcel. 1990(1923). *The Gift: The Form and Reason for Exchange in Archaic Societies*. London: Routledge.

Mead, Margaret. 1928. *Coming of Age in Samoa: A Psychological Study of Primitive Youth for Western Civilization*. New York: William Morrow.

―――. 1930. *Growing Up in New*

Guinea. New York: William Morrow.

Meillassoux, Claude. 1964. *Anthropologie économique des Gouro de Côte d'Ivoire*. Paris: Mouton.

———. 1972. "From Reproduction to Production." *Economy and Society* 1: 93~105.

———. 1981(1975). *Maidens, Meal and Money: Capitalism and the Domestic Community*. Cambridge: Cambridge University Press.

Merleau-Ponty, Maurice. 1962. *Phenomenology of Perception*. Evanston, IL: Northwestern University Press.

Milner, Andrew. 1994. *Contemporary Cultural Theory: An Introduction*. London: UCL Press.

Milton, Kay. 1979. "Male Bias in Anthropology." *Man* 14: 40~54.

Monboddo, Lord. 1773~92. *Of the Origin and Progress of Language* (6 vols). London: T. Cadell.

———. 1779~99. *Ancient Metaphysics* (6 vols). London: T. Cadell.

Montesquieu, C. L. de Secondat. 1964(1721). *The Persian Letters*. Indianapolis: Bobbs-Merrill.

———. 1989(1748). *The Spirit of the Laws*. Cambridge: Cambridge University Press.

Moore, Henrietta L. 1988. *Feminism and Anthropology*. Cambridge: Polity Press.

———. 1994(1993~94). *A Passion for Difference: Essays in Anthropology and Gender*. Cambridge: Polity Press.

Moore, Jerry D. 1997. *Visions of Culture: An Introduction to Anthropological Theories and Theorists*. Walnut Creek, CA: AltaMira Press.

Morgan, Lewis Henry. 1871. *Systems of Consanguinity and Affinity of the Human Family*. Washington: Smithsonian Institution.

———. 1877. *Ancient Society; or Researches in the Lines of Human Progress from Savagery through Barbarism to Civiliza-tion*. New York: Henry Holt.

Muller, F. Max. 1977(1892). *Anthropological Religion*. New Delhi: Asian Educational Services.

Murdock, George Peter. 1949. *Social Structure*. New York: Macmillan.

Myerhoff, Barbara G. 1978. *Number Our Days*. New York: Touchstone.

Nadel, S. F. 1957. "Malinowski on Magic and Religion." In Raymond

Firth(ed), *Man and Culture: An Evaluation of the Work of Bronislaw Malinowski*. pp. 189~208. London: Routledge & Kegan Paul.

Needham, Rodney. 1962. *Structure and Sentiment: A Test Case in Social Anthropology*. Chicago: University of Chicago Press.

———. 1972. *Belief, Language and Experience*. Oxford: Basil Blackwell.

———. 1973. "Prescription." *Oceania* 42: 166~81.

———. 1979. *Symbolic Classification*. Santa Monica, CA: Goodyear Publishing Company.

———. 1981. *Circumstantial Deliveries*. Berkeley: University of California Press.

Obeyesekere, Gananath. 1992. *The Apotheosis of Captain Cook: European Mythmaking in the Pacific*. Princeton: Princeton University Press.

Okely, Judith. 1996[1975~96]. *Own or Other Culture*. London: Routledge.

Okley, Judith and Helen Callaway(eds). 1992. *Anthropology and Autobiography*. London: Routledge.

O'Laughlin, Bridget. 1975. "Marxist Approaches in Anthropology." *Annual Review of Anthropology* 4: 341~70.

Olson, David R. and Nancy Torrance(eds). 1996. *Models of Thought: Explorations in Culture and Cognition*. Cambridge: Cambridge University Press.

Ong, Aihwa. 1996. "Anthropology, China and Modernities: The Geopolitics of Cultural Knowledge." In Henrietta L. Moore (ed), *The Future of Anthropological Knowledge*. pp. 60~92. London: Routledge.

Ortner, Sherry. 1974. "Is Female to Male as Nature is to Culture?" In Michelle Z. Rosaldo and Louise Lamphere(eds), *Woman, Culture and Society*. pp. 67~88. Stanford: Stanford University Press.

———. 1984. "Theory in Anthropology Since the Sixties." *Comparative Studies in Society and History* 26: 126~66.

———. 1995. "Resistance and the Problem of Ethnographic Refusal." *Comparative Studies in Society and History* 37: 173~93

Ottenberg, Simon and Phebe Ottenberg(eds). 1960. *Cultures and Societies of Africa*. New York: Random House.

Pals, Daniel L. 1996. Seven *Theories of Religion*. Oxford: Oxford University Press.

Parsons, Talcott. 1949(1937). *The Structure of Social Action*. New York: The Free Press of Glencoe.

Pasquinelli, Carla. 1996. "The Concept of Culture between Modernity and Postmodernity." In Václav Hubinger(ed), *Grasping the Changing World: Anthropological Concepts in the Postmodern Era*. pp. 53~73. London: Routledge.

Perry, William James. 1923. *The Children of the Sun: A Study in the Early History of Civilization*. London: Methuen and Company.

Pike, Kenneth L. 1967. *Language in Relation to a Unified Theory of the Structure of Human Behavior* (second edition). The Hague: Mouton.

Pompa, Leon(ed). 1982. *Vico: Selected Writings*. Cambridge: Cambridge University Press.

Pouillon, Jean and Pierre Maranda (eds). 1970. *Echanges et communications* (2 vols). The Hague: Mouton.

Prichard, James Cowles. 1973 (1813). *Researches into the Physical History of Man*. Chicago: University of Chicago Press.

Pufendorf, Samuel. 1991(1673). *On the Duty of Man and Citizen*. Cambridge: Cambridge University Press.

Quinn, Naomi. 1991. "The Cultural Basis of Metaphor." In James W. Fernandez(ed), *Beyond Metaphor: The Theory of Tropes in Anthropology*. pp. 56~93. Stanford: Stanford University Press.

Rabinow, Paul. 1977. *Reflections on Fieldwork in Morocco*. Berkeley: University of California Press.

———. 1997. *Essays on the Anthropology of Reason*. Princeton: Princeton University Press.

Radcliffe-Brown, A. R. 1922. *The Andaman Islanders*. Cambridge: Cambridge University Press.

———. 1931. *The Social Organization of Australian Tribes*. Sydney: Oceania Monographs (no. 1).

———. 1952(1924~49). *Structure and Function in Primitive Society*. New York: The Free Press.

———. 1957. *A Natural Science of Society*. Glencoe, IL: The Free Press.

———. 1958. *Methods in Social Anthropology: Selected Essays by A. R. Radcliffe-Brown*. M. N. Srinivas(ed). Chicago: University of Chicago Press.

Radcliffe-Brown, A. R. and Daryll Forde(eds). 1950. *African Systems of Kinship and Marriage*. London: Oxford University Press.

Ramos, Alcida R. 1992. "Reflecting on the Yanomami: Ethnographic Images and the Pursuit of the Exotic." In George Marcus(ed), *Rereading Cultural Anthropology*. pp. 48~68. Durham: Duke University Press.

Ratzel, Friedrich. 1891. "Die afrikanischen Bogen, ihre Verbeitung und Verwandtschaften." *Abhandlungen der Königlichen Sachsische Gesellshaft der Wissenschaften*. Philologischhistorischen Classe 13: 291~346.

――――. 1896~8(1885~8). *The History of Mankind*. London: Macmillan.

Redfield, Robert. 1930. *Tepoztlan: A Mexican Village*. Chicago: University of Chicago Press.

Reed-Donahay, Deborah. 1995. "The Kabyle and the French: Occidentalism in Bourdieu's Theory of Practice." In James Carrier(ed), *Occidentalism: Images of the West*. pp. 61~84. Oxford: Oxford University Press.

Richards, A. I. 1939. *Land, Labour and Diet in Northern Rhodesia*. London: Oxford University Press.

Rivers, W. H. R. 1968(1914). *Kinship and Social Organization*. London: The Athlone Press.

Romney, A. Kimball and Roy G. D'Andrade. 1964. "Cognitive Aspects of English Kin Terms." *American Anthropologist* 66(3), Special Publication, part 2:146~70.

Rosaldo, Michelle Z. 1974. "Woman, Culture and Society: A Theoretical Overview." In Michelle Z. Rosaldo and Louise Lamphere(eds), *Woman, Culture and Society*. pp. 17~42. Stanford: Stanford University Press.

Rousseau, Jean-Jacques. 1973 (1750~62). *The Social Contract and Discourses*. London: J. M. Dent & Sons.

Sacks, Karen. 1979. *Sisters and Wives: The Past and Future of Sexual Equality*. Westport, CT: Greenwood Press.

Sahlins, Marshall. 1974(1972). *Stone Age Economics*. London: Tavistock Publications.

――――. 1976. *Culture and Practical Reason*. Chicago: University of Chicago Press.

――――. 1977(1976). *The Use and*

Abuse of Biology: An Anthro-pological Critique of Sociobiology. Ann Arbor: University of Michigan Press.

―――. 1981. *Historical Metaphors and Mythical Realities*. Ann Arbor: University of Michigan Press.

―――. 1985. *Islands of History*. Chicago: University of Chicago Press.

―――. 1995. *How 'Natives' Think: About Captain Cook, for Example*. Chicago: University of Chicago Press.

Said, Edward W. 1978. *Orientalism*. New York: Pantheon.

Sapir, Edward. Sapir, Edward. 1949 (1915~38). *Selected Writings in Language, Culture, and Perso-nality*. David G. Mandelbaum (ed). Cambridge: Cambridge University Press.

Sarana, Gopala. 1975. *The Meth-odology of Anthropological Com-parisons: An Analysis of Compar-ative Methods in Social and Cul-tural Anthropology*. Tucson: University of Arizona Press.

Sarup, Madan. 1988. *An Introduc-tory Guide to Post-structuralism and Postmodernism*. New York: Harvester Wheatsheaf.

Saussure, Ferdinand de. 1974(1916). *Course in General Linguistics*. Glasgow: Fontana/Collins.

Schapera, Isaac. 1947. *Migrant Labour and Tribal Life*. London: Oxford University Press.

Scheper-Hughes, Nancy and Mar-garet Lock. 1987. "The Mindful Body: A Prolegomenon to Future Work in Medical Anthropology." *Medical Anthropology Quarterly* 1: 6~41.

Schmitt, Wilhelm. 1939(1937). *The Culture Historical Method of Ethnology: The Scientific Appro-ach to the Racial Question*. New York: Fortuny's.

Schneider, David M. 1980(1968). *American Kinship: A Cultural Account*. Chicago: University of Chicago Press.

―――. 1984. *A Critique of the Study of Kinship*. Ann Arbor: University of Michigan Press.

Service, Elman R. 1962. *Primitive Social Organization: An Evolu-tionary Perspective*. New York: Random House.

―――. 1985. *A Century of Contro-versy: Ethnological Issues from 1860 to 1960*. Orlando: Aca-demic Press.

Shankman, Paul. 1984. "The Thick

and the Thin: On the Interpretive Theoretical Program of Clifford Geertz." *Current Anthropology* 25: 261~79.

Shott, Michael J. 1992. "On Recent Trends in the Anthropology of the Foragers: Kalahari Revisionism and its Archaeological Implications." *Man* 27: 843~71.

Skorupski, John. 1976. *Symbol and Theory: A Philosophical Study of Theories of Religion in Social Anthropology*. Cambridge: Cambridge University Press.

Slotkin, J. S.(ed). 1965. *Readings in Early Anthropology*. Chicago: Aldine Publishing Company.

Smart, Barry. 1985. *Michel Foucault*. London: Routledge.

———. 1993. *Postmodernism*. London: Routledge.

Smith, Adam. 1970(1761). *A Dissertation on the Origin of Languages*. Tubingen: Tubinger Beitrage zur Linguistik.

———. 1981(1776). *An Inquiry into the Nature and Causes of the Wealth of Nations*. Indianapolis: Liberty Press.

Solway, Jacqueline S. and Richard B. Lee. 1990. "Foragers, Genuine or Spurious? Situating the Kalahari San in History." *Current An-*thropology 31: 109~46.

Spencer, Jonathan. 1989. "Anthropology as a Kind of Writing." *Man* 24: 145~64.

Sperber, Dan. 1975(1974). *Rethinking Symbolism*. Cambridge: Cambridge University Press.

———. 1982. "Apparently Irrational Beliefs." In Martin Hollis and Steven Lukes(eds), *Rationality and Relativism*. pp. 149~80. Oxford: Basil Blackwell.

———. 1985(1982). *On Anthropological Knowledge*. Cambridge: Cambridge University Press.

Spiro, Melford. 1992. "Cultural Relativism and the Future of Anthropology." In George Marcus (ed), *Rereading Cultural Anthropology*. pp. 124~51. Durham: Duke University Press.

Steiner, P.(ed). 1982. *The Prague School: Selected Writings, 1929~46*. Austin: University of Texas Press.

Steward, Julian H.(ed). 1946~50. *Handbook of the South American Indians*. Washington, DC: Smithsonian Institution.

———. 1955. *Theory of Culture Change: The Methodology of Multilinear Evolution*. Urbana: University of Illinois Press.

Stipe, Claude E. 1985. "Scientific Creationism and Evangelical Christianity." *American Anthropologist* 87: 148~50.

Stocking, George W., Jr. 1968 (1962~6). *Race, Culture, and Evolution: Essays in the History of Anthropology*. New York: The Free Press.

———. 1971. "What's in a Name? The Origins of the Royal Anthropological Institute." *Man* 6: 369~90.

———(ed). 1974. *A Franz Boas Reader: The Shaping of American Anthropology, 1883~1911*. Chicago: University of Chicago Press.

———(ed). 1983. *Observers Observed: Essays on Ethnographic Fieldwork*. Madison: University of Wisconsin Press.

———(ed). 1986. *Malinowski, Rivers, Benedict and Others: Essays on Culture and Personality*. Madison: University of Wisconsin Press.

———. 1987. *Victorian Anthropology*. New York: The Free Press.

———. 1996a. *After Tyler: British Social Anthropology, 1888~1951*. London: The Athlone Press.

———(ed). 1996b. *Volkgeist as Method and Ethic: Essays on Boasian Ethnography and the German Anthropological Tradition*. Madison: University of Wisconsin Press.

Strathern, Andrew and Pamela Stewart. 1998. "Embodiment and Communications. Two Frames for the Analysis of Ritual." *Social Anthropology* 6: 237~51.

Strathern, Marilyn. 1981. "Culture in a Netbag: The Manufacture of a Subdiscipline in Anthropology." *Man* 16: 665~88.

———. 1987a. "An Awkward Relationship: The Case of Feminism and Anthropology." *Signs* 12: 276~92.

———. 1987b. "Out of Context: The Persuasive Fictions of Anthropology." *Current Anthropology* 28: 251~81.

———. 1991. *Partial Connections*. Savage, MD: Rowman and Littlefield Publishers.

———. 1992. "Parts and Wholes: Refiguring Relationships in a Postplural World." In Adam Kuper (ed), *Conceptualizing Society*. pp. 75~104. London: Routledge.

Swingewood, Alan. 1984. *A Short History of Sociological Thought*. Basingstoke, Hants: Macmillan.

Taussig, Michael. 1993. *Mimesis and*

Alterity: A Particular History of the Senses. London: Routledge.

Terray, Emmanuel. 1972(1969). *Marxism and 'Primitive' Societies: Two Studies by Emmanuel Terray*. London: Monthly Review Press.

Trigger, Bruce G. 1989. *A History of Archaeological Thought*. Cambridge: Cambridge University Press.

Turner, Victor W. 1957. *Schism and Continuity in an African Society*. Manchester: Manchester University Press.

———. 1967. *Forests of Symbols: Aspects of Ndembu Ritual*. Ithaca: Cornell University Press.

Turner, Victor and Edith Turner. 1978. *Image and Pilgrimage in Christian Culture: Anthropological Perspectives*. New York: Columbia University Press.

Tyler, Stephen A.(ed). 1969. *Cognitive Anthropology*. New York: Holt, Rinehart and Winston.

———. 1986. "Post-Modern Ethnography: From Document of the Occult to Occult Document." In James Clifford and George E. Marcus(eds), *Writing Culture: The Poetics and Politics of Ethnography*. pp. 122~40. Berkeley: University of California Press.

Tylor, Edward Burnett. 1861. *Anahuac, or Mexico and the Mexicans, Ancient and Modern*. London: Longman, Green, Longman, and Roberts.

———. 1871. *Primitive Culture: Researches into the Development of Mythology, Philosophy, Religion, Language, Art, and Custom* (2 vols). London: John Murray.

Urry, James. 1993. *Before Social Anthropology: Essays on the History of British Anthropology*. Chur, Switzerland: Harwood Academic Publishers.

Van der Geest, Sjaak. 1990. "Anthropologists and Missionaries: Brothers under the Skin." *Man* 25: 588~601.

Van Gennep, Arnold. 1960(1909). *The Rites of Passage*. London: Routledge & Kegan Paul.

Vermeulen, Han F. 1995. "Origins and Institutionalization of Ethnography and Ethnology in Europe and the USA, 1771~1845." In Han F. Vermeulen and Arturo A. Roldan(eds), *Fieldwork and Foot-notes: Studies in the History of European Anthropology*. pp. 39~59. London: Routledge.

Wallace, Anthony F. C. and John Atkins. 1960. "The Meaning of Kinship Terms." *American Anthropologist* 62: 58~80.

Wallerstein, Immanuel. 1974~89. *The Modern World System* (3 vols). New York: Academic Press.

Weber, Max. 1930[1922]. *The Protestant Ethic and the Spirit of Capitalism*. London: George Allen & Unwin.

Werbner, Richard. P. 1984. "The Manchester School in South-Central Africa." *Annual Review of Anthropology* 13: 157~85.

White, Leslie A. 1949. *The Science of Culture: A Study of Man and Civilization*. New York: Grove Press.

————. 1959. *The Evolution of Culture: The Development of Civilization to the Fall of Rome*. New York: McGraw-Hill.

Whorf, Benjamin Lee. 1956. *Language, Thought and Reality: Selected Writings of Benjamin Lee Whorf*. John B. Carroll(ed). Cambridge: MIT Press.

Williams, Robert Charles. 1983. "Scientific Creationism: An Exegesis for a Religious Doctrine." *American Anthropologist* 85: 92~102.

Willis, Roy G. 1974. *Man and Beast*. London: Hart-Davis, MacGibbon.

————. 1981. *A State in the Making: Myth, History and Social Transformation in Pre-Colonial Ufipa*. Bloomington: Indiana University Press.

Wilmsen, Edwin N. 1989. *Land Filled With Flies: A Political Economy of the Kalahari*. Chicago: University of Chicago Press.

Wilmsen, Edwin N. and James R. Denbow. 1990. "Paradigmatic History of San-speaking Peoples and Current Attempts at Revision." *Current Anthropology* 31: 489~524.

Wilson, Bryan R(ed). 1970. *Rationality*. Oxford: Basil Blackwell.

Wilson, Edward O. 1975. *Sociobiology: The New Synthesis*. Cambridge: Harvard University Press.

————. 1980. *Sociobiology: The Abridged Edition*. Cambridge: Harvard University Press.

Wissler, Clark. 1923. *Man and Culture*. New York: Thomas Y. Crowell Company.

————. 1927. "The Culture-area Concept in Social Anthropology." *The American Journal of Sociol-*

ogy 32: 881~91.

Wolf, Eric R. 1982. *Europe and the People without History*. Berkeley: University of California Press.

Wolff, Kurt H.(ed). 1950. *The Sociology of Georg Simmel*. New York: The Free Press.

───(ed). 1965. *Simmel: Essays on Sociology, Philosophy and Aesthetics*. New York: Harper & Row.

Worsley, Peter. 1956. "The Kinship System of the Tallensi: A Revaluation." *Journal of the Royal An-thropological Institute* 86: 37~73.

Yanagisako, Sylvia and Jane Collier.

1987. "Toward a Unified Analysis of Gender and Kinship." In Jane Collier and Sylvia Yanagisako (eds), *Gender and Kinship: Essays Toward a Unified Analysis*. pp. 14~50. Stanford: Stanford University Press.

Yolton, John W.(ed). 1991. *The Blackwell Companion to the Enlightenment*. Oxford: Blackwell Publishers.

Zwernemann, Jurgen. 1983. *Culture History and African Anthropology: A Century of Research in Germany and Austria*. Stockholm: Almqvist & Wiksell International.

찾아보기

지은이 **앨런 바너드** Alan Barnard

1949년 미국에서 태어났으며, 부시먼의 친족을 비교론적 관점에서 연구해
런던 대학에서 박사학위를 받았다. 보츠와나와 나미비아 등 남아프리카에서
현지조사를 수행했으며, 케이프타운 대학과 런던 대학 유니버시티칼리지를
거쳐 지금은 에든버러 대학 남아프리카 인류학 교수로 있다.
18세기 계몽시대 스코틀랜드의 인류학 사상에 관심이 많으며,
수렵채집인에 관한 역사 연구에도 몰두하고 있다.
주요 저서로는『남아프리카의 수렵인과 목축인』
(*Hunters and Herders in Southern Africa*, 1992), 조너선 스펜서와 공동
편집한『사회문화인류학 백과사전』(*Encyclopedia of Social and Cultural
Anthropology*, 1996) 등이 있다.

옮긴이 **김우영** 金宇榮

서울대학교 고고미술사학과를 졸업하고 동 대학교 대학원 인류학과와 코넬
대학 대학원 인류학과에서 인류학을 전공했다. 제리 무어의
『인류학의 역사와 이론』, 케이트 크리언의『그람시·문화·인류학』,
셰리 오트너의『문화의 숙명』, 아일린 파워의『중세의 사람들』 등을 번역했다.

인류학의 역사와 이론

세계 인류학의 패러다임

지은이 앨런 바너드
옮긴이 김우영
펴낸이 김언호

펴낸곳 (주)도서출판 한길사
등록 1976년 12월 24일 제74호
주소 10881 경기도 파주시 광인사길 37
홈페이지 www.hangilsa.co.kr
전자우편 hangilsa@hangilsa.co.kr
전화 031-955-2000~3 **팩스** 031-955-2005

부사장 박관순 **총괄이사** 김서영 **관리이사** 곽명호
영업이사 이경호 **경영이사** 김관영 **편집주간** 백은숙
편집 노유연 김지연 김대일 김지수 최현경 김영길
마케팅 정아린 **관리** 이주환 문주상 이희문 원선아 이진아
디자인 창포 **CTP출력 및 인쇄** 예림 **제본** 예림바인딩

제1판 제1쇄 2003년 10월 20일
제2판 제1쇄 2016년 12월 20일
제2판 제4쇄 2021년 9월 13일

값 20,000원
ISBN 978-89-356-7015-4 03900